西方哲学史

[英] 罗素 —— 著

毛婷 易乐湘 —— 译

THE

HISTORY

OF

WESTERN

PHILOSOPHY

江苏人民出版社

许多人宁愿死，也不愿思考，
事实上他们也确实至死都没有思考。

——罗素

目 录
CONTENTS

卷一 古代哲学
第一篇 前苏格拉底哲学家

第二篇　苏格拉底、柏拉图、亚里士多德

卷二　天主教哲学

第一篇　教父哲学

卷三　近代哲学

第一篇　从文艺复兴到休谟

第二篇 从卢梭到现代

前　言

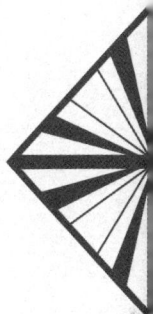

　　关于哲学史的著作有很多，我的目的不仅仅是在数量上再增加一本，而是将哲学作为社会和政治生活的一个基本组成部分展示出来：它不是杰出个体的单独思考，而是曾在不同体制蓬勃发展的各种社会性格的成因和影响。这就要求对总的历史叙述比哲学史学家通常给出的要多。我发现，在谈论普通读者并不熟悉的历史阶段时，这一点尤其必要。11世纪改革的结果，是经院哲学的辉煌，而反过来，这些改革又是对之前腐败行为的反应。如果不了解从罗马衰落到中世纪教皇崛起之间的几个世纪，就很难理解12世纪、13世纪的理智氛围。在谈论这一历史阶段时，与探讨其他历史时期一样，我仅提供我认为必要的通史，目的是让读者理解哲学家与塑造他们的时代和他们帮助塑造的时代之间的关联。

　　这种见解所产生的一个后果是，对哲学家的重视程度往往与他的哲学价值并不相配。例如，就我而言，我认为斯宾诺莎是比洛克更伟大的哲学家，但他的影响力却要小得多。因此，我对他的介绍比洛克的要简短得多。一些人（如卢梭和拜伦）尽管在学术意义上根本就不是哲学家，却对当时盛行的哲学风气产生了极为深刻的影响，如果对他们略而不谈，就无法理解哲学的发展。在这方面，即使是纯粹的行动者有时也很重要。很少

I

有哲学家像亚历山大大帝、查理大帝或拿破仑那样对哲学产生如此大的影响。斯巴达立法者莱库格斯如果存在过，会是一个更显著的例子。

在试图涵盖如此广阔的时间跨度时，必须有非常严格的筛选原则。通过阅读标准的哲学史，我得出的结论是，过于简短的叙述对读者没有任何价值。因此，我完全（除了少数例外）忽略了在我看来不值得全面介绍的人物。就我所讨论的那些人而言，我提到了与他们的生活和社会环境看起来相关的事件；当我认为细节能够阐释一个哲学家或他所处的时代时，我有时甚至会记录一些本身看似并不重要的细节。

最后，我要向我这个庞大题材中任何一部分的专家们做一个解释，并表达歉意。该书对每位哲学家的了解，显然不可能如一个涉及领域不那么广泛的人所知的那样充分。我毫不怀疑，除了莱布尼茨之外，我提到的每一位哲学家，都有很多专家比我更了解他们。然而，如果这被认为是保持沉默以示尊重的充分理由，那么按同样的逻辑，任何人都不应承担通史的介绍工作。斯巴达对卢梭的影响，柏拉图对 13 世纪之前基督教哲学的影响，聂斯托利派对阿拉伯人和阿奎那的影响，圣安布罗斯对从伦巴第城市兴起直至今天的自由政治哲学的影响，都是一些只有全面的历史著作才能探讨的话题。基于这样的理由，我请求那些发现我对自己的题材这个或那个部分了解得不够充分的读者们宽容一些。

在此，需致谢阿尔伯特 C. 巴恩斯博士，该书最初的设想和作为演讲形式给出的部分内容是在宾夕法尼亚州的巴恩斯基金会的资助下完成的。

我的大部分工作是在过去的十三年里完成的，在研究和其他许多方面，我得到了我的妻子帕特里西亚·罗素的大力协助。

绪　论

关于生命和世界的"哲学"概念是两个因素的产物：一个是传统宗教和伦理观念；另一个可以被称为"科学"的调查研究，用的是科学这个词最广泛的含义。这两个因素以何种比例进入哲学体系，在哲学家之间的差异很大，但在某种程度上，这两个因素的存在赋予了哲学之为哲学的特征。

"哲学"这个词在很多方面都有使用，有的用得广泛，有的狭窄。我建议在非常广泛的意义上使用它，这一点我将尝试解释一番。

按照我对这个词的理解，哲学是介于神学和科学之间的东西。与神学一样，它囊括了对那些目前为止尚不能确定的知识的思考。但就像科学一样，哲学诉诸人类理性，而不是权威，无论是传统的权威还是天启的权威。所有确定的知识（我就是这么认为的）都属于科学；超越于确定的知识之上的一切信条，都属于神学。但是，在神学和科学之间，却有一片"无人区"，受到双方的攻击，这个"无人区"就是哲学。几乎所有思考者最感兴趣的问题都是科学无法回答的问题，而神学家们自信的答案也不再像过去几个世纪那样令人信服。世界是被分为精神的和物质的吗？如果是这样，那什么是精神？什么是物质？心灵是受物质支配，还是拥有独立的

力量？宇宙具有统一性或任何目的吗？它是否在朝着某个目标演进？真的有自然法则吗？还是我们相信它们，就仅仅是因为我们天生热爱秩序？人类是否如天文学家认为的那样，就是一小块不纯粹的碳和水，无力地在一颗渺小而不重要的行星上爬行？还是像哈姆雷特看到的那样？也许同时具备这两种特质？是否有一种生活方式是高尚的，而另一种是卑贱的，或者所有的生活方式都是徒劳的？如果有一种高尚的生活方式，它包括哪些东西？我们该如何去实现它？善必须是永恒的才值得被珍惜吗？还是即使是宇宙正在无可阻挡地走向死亡，去追求善也仍旧值得呢？真的有智慧这种东西吗？或者这种所谓的智慧仅仅是对愚蠢的提纯？对于这些问题，在实验室里是找不到答案的。神学已经宣称要给出答案，而且是非常明确的答案；但是，正是这种确定性使近代人对它们产生了怀疑。对这些问题进行研究，而不是给出答案，就是哲学的工作了。

那么，你可能会问，为什么要把时间浪费在这些无法解决的问题上呢？对这个提问，我们可以作为一个历史学家或者作为一个面对宇宙级孤独所带来的恐怖的个体给出回答。

历史学家的答案，在我力所能及的范围内将在本书中体现。自从人们能够自由思考以来，在无数重要方面的行为，都取决于对世界和人类生活的理念，取决于对什么是善、什么是恶的理念。这一点在今天和过去任何时候都是真实的。要理解一个时代或一个民族，我们必须理解它的哲学，而要理解它的哲学，我们自己在某种程度上也必须是哲学家。这里有一个相互的因果关系：人的生活环境很大程度上决定了他们的哲学，反之，他们的哲学也很大程度上决定了他们的生活环境。这种持续几个世纪的相互作用将是本书的主题。

然而，还有一个更私人化的答案。科学告诉我们什么是我们能知道的，而我们能知道的很少，如果我们忘记了有多少是我们不知道的，我们就会对许多非常重要的事情变得迟钝。另一方面，神学引发了一种固执的信念，即我们有知识，这样就产生了一种对宇宙无礼傲慢的态度，但实际上我们很无知。在活生生的希望和恐惧面前，不确定性令人痛苦，但如果我们希望在没有安抚人心的童话故事的支持下生活，就必须忍受不确定性。忘记哲学所提出的问题，或者让自己相信这些问题已经找到了不容置疑的答案，两者都是不好的。教人们如何在没有确定性的情况下生活，同时又不会因犹豫而麻痹，这也许是在我们这个时代，哲学仍然能为研究哲学的人所做的主要事情。

　　哲学不同于神学，它起源于公元前 6 世纪的希腊。在古代经历了一番发展之后，随着基督教的兴起和罗马的衰落，哲学的第二个伟大时代，从 11 世纪到 14 世纪，除了少数了不起的叛逆者 —— 如皇帝腓特烈二世（1195—1250）时期外，这一时期完全由天主教支配。这一时代因混乱而终结，最后产生了宗教改革。第三个时期，从 17 世纪到今天，与前两个时期相比，这一时期更多受到科学支配；传统的宗教信仰仍然很重要，但人们感觉需要合理的解释，并且要在科学认为必须的地方进行修改。从天主教的立场来看，这一时期的哲学家很少是正统的，毕竟在他们的思考中，世俗国家比教会更重要。

　　社会凝聚力和个人自由，就像宗教和科学一样，在整个过程中都处于一种冲突或不稳定的妥协状态。在希腊，社会凝聚力通过对城邦的忠诚得以保证；甚至亚里士多德也看不出其他任何政体的优点，尽管在他生活的时代，亚历山大已经让城邦变得过时了。个人的自由在多大程度上受到他对城邦所尽职责的限制，其差别是很大的。在斯巴达，公民自由度和近代德国或俄国的公民差不多；在雅典，尽管偶尔有迫害事件发生，但在最好

的时期，公民享有不受城邦限制的极大自由。从亚里士多德开始，希腊人的思想中就充斥着宗教和对城邦的爱国热情；它的伦理体系与公民的生活相适应，并具有很大的政治因素。当希腊人先屈从于马其顿人，然后又屈从于罗马人时，那些在他们独立时期很适合的观念就不再有用了。一方面，这使得他们因为与传统决裂而失去了活力；另一方面，这又造成了更多的个人主义和社会伦理的减少。斯多葛学派认为，高尚的生活是灵魂与上帝之间的关系，而不是公民与国家的关系。因此，他们为基督教铺平了道路。基督教和斯多葛派一样，最初是没有政治因素的，因为在起初的三个世纪里，它的信徒们对政府没有影响。从亚历山大大帝到君士坦丁大帝的六个半世纪里，社会凝聚力的增强，不是靠哲学，也不是靠古时的忠诚，而是靠武力，先是军队，其后才是市政管理。首先建立的是罗马军队、罗马道路、罗马法律和罗马官员，然后维持一个强大的中央集权国家。没有任何东西可以归结于罗马哲学，因为根本就没有什么罗马哲学。

在这一漫长的时期里，从自由时代承继而来的希腊思想经历了一个渐进的转变过程。一些旧的观念，尤其是那些我们认为属于宗教的观念，变得相对重要；其他更理性的观念则被抛弃了，因为它们不再符合时代精神。后来的异教徒就这样消解了希腊传统，直到它开始适应被并入基督教教义。

基督教普及了一个重要观点，这个观点早已隐含在斯多葛学派的教义中，但与古代的总体精神格格不入——我指的就是"一个人对上帝的责任比他对国家的责任更重大"这种观点。这种观点——如苏格拉底和使徒们所说的"我们应该服从上帝而不是人"——在君士坦丁大帝的皈依后依然存在，因为早期的基督教皇帝都是阿里乌斯派，或倾向于阿里乌斯派。当皇帝变成正统的基督徒时，这种观点就中止了。在拜占庭帝国，它仍然潜伏着，之后的俄罗斯帝国也有这种观点，因为俄罗斯帝国的基督教信仰源自君士坦丁堡。在西方，天主教皇帝们几乎立即被信奉异教的野蛮征服者取代（高卢部分地区除外），但宗教忠诚相对于政治忠诚的优越性依然存在，在某种程度上，今天仍然存在。

野蛮人的入侵结束了西欧长达六个世纪的文明。在爱尔兰，文明的影响持续了下来，直到9世纪时丹麦人将其摧毁；在爱尔兰文明灭绝之前，产生了一个著名的人物——司各特·爱留根纳。在东罗马帝国，希腊文明以枯燥腐朽的形式保存在博物馆里，直到1453年君士坦丁堡沦亡。可是，除了艺术传统和查士丁尼的罗马法典之外，君士坦丁堡对世界没有什么重要贡献。

从5世纪末到11世纪中叶的黑暗时期，西罗马世界经历了一些非常有趣的变化。基督教引发的对上帝的义务和对国家的义务之间的冲突，表现为教会和国王之间的冲突。教皇的教会管辖权扩展到意大利、法国、西班牙、大不列颠、爱尔兰、德国、斯堪的纳维亚半岛和波兰。起初，在意大利和法国南部之外，教会对主教和修道院院长的控制非常有限，但从格里高利七世（11世纪晚期）开始，这种控制变得切实有效了。从那时起，在罗马的领导下，整个西欧的神职人员组成了一个单一组织，他们聪明而无情地追求权力，常常在与世俗统治者的冲突中获胜，直到公元1300年之后。而教会与国家之间的冲突不仅仅是神职人员与普通人之间的冲突，也是地中海世界和北方蛮族之间冲突的重演。教会的统一与罗马帝国的统一相呼应；它的礼拜仪式以拉丁语进行，它的首要人物大多是意大利人、西班牙人或法国南部人。当教育得以复兴时，他们接受的教育是传统教育；与近代的君主相比，马可·奥勒留（121—180）更容易理解他们对法律和政府的观念。教会既代表着过去的延续，又代表着当时最文明的

东西。

与之相反，日耳曼后裔的国王和贵族掌握着世俗权力，他们尽力保持从德国森林中创造出来的体制。绝对的权力与这样的制度格格不入，在这些充满活力的征服者看来，那是一种沉闷而毫无生气的墨守成规。国王必须与封建贵族分享他的权力，但所有人都希望偶尔能以战争、谋杀、掠夺或强奸的形式发泄一下激情。君主们可能会忏悔，因为他们是虔诚的，而忏悔本身就是一种激情。但是在他们身上，教会永远也无法培养出近代雇主所要求的而且通常也能得到的，他的雇员们的那种安静而有规律的良好行为。如果不能按自己的心意那样去喝酒、杀人和恋爱，征服世界又有什么用呢？为什么在拥有骄傲的骑士军队的情况下，他们要服从那些发誓独身和没有武装力量的书呆子们的命令呢？所以他们不顾教会的反对，通过战争，保留了决斗和审判，拓展了比武和宫廷恋爱。偶尔一怒之下，他们甚至会谋杀著名教士。

虽然所有的武装力量都站在国王一边，教会却还是取得了胜利。教会赢了，部分原因是它几乎垄断了教育，还有部分原因是国王之间常年交战，但主要原因是除了极少数例外，统治者和人民都深信教会拥有关键性的权力。教会可以决定一个国王是应该在天堂还是下地狱；教会还可以免除臣民的效忠义务，挑起叛乱。此外，教会代表着秩序取代了无政府状态，因此赢得了新兴商人阶级的支持。尤其是在意大利，最后这一点因素是决定性的。

日耳曼人试图保持相对于教会的部分独立状态，这一点不仅表现在政治上，还表现在艺术、恋爱、骑士精神和战争上。在知识界，日耳曼人的表达很少，因为教育几乎完全局限于神职人员。中世纪的公开哲学并不能准确地反映这个时代，而只能反映一个政党的想法。然而，在神职人员中，特别是方济各会修士中，有相当数量的人出于各种原因与教皇不和。此外，在意大利，早在文明传播到阿尔卑斯山北部之前几个世纪，教育就扩散到普通人之间。试图建立新宗教的腓特烈二世就代表了反教皇文化的极端；而托马斯·阿奎那出生在腓特烈二世统治下的那不勒斯王国，直到今天，他仍然是教皇哲学的典型倡导者。大约五十年后，但丁完成了整合，并给出了唯一一个阐述整个中世纪思想世界的平衡之作。

在但丁之后，由于政治上和知识界的原因，中世纪的哲学整合瓦解了。在它存在的这段时间里，有一种整齐和精致的完整性；这个体系所考虑的任何内容，都按照其限定宇宙内与其他内容的关系进行精确安排。但是，教会大分裂、议会运动和文艺复兴时期的教皇统治导致了宗教改革运动，这破坏了基督教世界的统一性，也破坏了政府以教皇为中心的经院理论。在文艺复兴时期，关于古代世界和地球表面的新知识使人们厌倦了那些束缚精神的制度。与托勒密的理论相比，哥白尼的天文学赋予地球和人类的地位比较低。而在聪明人中间，发现新事实的乐趣取代了推理、分析和系统化的乐趣。尽管在艺术上，文艺复兴时期仍然井然有序，但在思想上，它倾向于一种大规模且成果丰硕的无序状态。在这方面，蒙田是这个时代最典型的代表人物。

在政治理论上，就像除艺术以外的一切事物一样，存在着一种秩序的崩溃。虽然在事实上中世纪是动荡不安的，但在思想上却被一种对合法性的狂热和严谨的政治权力理论所支配。一切力量最终来自上帝；在宗教事务上，上帝将权力下放给教皇；在世俗事务上，上帝将权力下放给皇帝。而在15世纪，教皇和皇帝都失去了他们的重要性。教皇只是意大利王子们中的一员，并被卷入意大利令人难以置信的复杂和不择手段的政治权力游戏。法国、西班牙和英国的新国家君主们在自己的领土上，拥有教皇和

皇帝都无法干涉的权力，很大程度上是因为火药的出现，使民族国家对人的思想和感情产生了前所未有的影响，并逐渐摧毁了罗马残余的对文明统一的信仰。

这种政治上的混乱体现在马基雅维利的《君主论》中。在没有任何指导原则的情况下，政治变成了赤裸裸的权力斗争；关于如何成功地玩赢这个游戏，《君主论》给出了精明的建议。在希腊辉煌时代所发生的事情，在文艺复兴时期的意大利再次发生了：传统的道德约束消失了，因为它们被认为与迷信有关；从桎梏中解放出来的个人精力充沛，充满创造力，产生了罕见的天才们的盛世；但道德沦丧不可避免地导致了无政府状态和背叛行为，这使意大利人变得集体无能，他们像希腊人一样，委身于不如他们文明，但比他们更具社会凝聚力的国家的统治下。

其实结果也没有像希腊那么糟糕，因为除了西班牙以外，其他新兴强国都表现出有能力实现和意大利一样的成就。

自 16 世纪以来，欧洲思想史一直被宗教改革运动主导。宗教改革是一场复杂的、多方面的运动，它的成功得益于多种因素。总的来说，这是北方国家对罗马复辟的反抗。宗教是曾征服过北方的力量，却在意大利衰败了：教皇统治作为一种制度被保留了下来，并从德国和英国获得了大量的贡品。这些国家依然是虔诚的，但对波吉亚家族和美第奇家族不再有敬畏之情。这两个家族自称他们可以从炼狱中拯救灵魂，为的是敛财以挥霍在奢侈品和不道德行为上。民族动机、经济动机和道德动机联合起来，增强了对罗马的反抗。此外，王公们很快就意识到，如果他们领土上的教会只属于本国，他们就能够控制教会，使自己在国内拥有比与教皇共治时更强有力的权力。由于所有这些原因，路德的神学改革受到了北欧大部分地区的统治者和人民的欢迎。

天主教会有三个起源：它的神圣历史来自犹太史，它的神学来自希腊理论，它的政体和教规来自罗马体制，至少间接上是如此。但宗教改革排斥了罗马因素，弱化了希腊因素，并大大加强了犹太教因素。因此，它与民族主义势力展开合作。而正是民族主义势力破坏了一开始由罗马帝国带来，而后由罗马教会延续的那种社会凝聚力。在天主教教义中，神的启示并不仅限于经文本身，而是通过教会这一媒介，从一个时代延续到另一个时代。因此，个人见解服从于神启是个体的责任。相反，新教徒拒绝把教会作为启示的媒介，真理只能从《圣经》中寻找，每个人都可以自己解释《圣经》。如果人们的解释不同，也没有神所指定的权威来定案。实际上，国家开始宣称原本属于教会的权力是一种越权。在新教的理论中，灵魂和上帝之间不应该有世俗的中介。

这一变化带来的影响是巨大的。真理不再靠咨询权威来确定，而是靠内在的思考。这在政治上体现为一种快速增长的、趋于无政府主义的倾向，宗教上则有趋于神秘主义的倾向，这种倾向很难与天主教的正统教义相吻合。

该变化产生的不只有一个新教，而是多个教派；也不只有一种哲学在反对经院哲学，而是众多哲学家都反对；不是像13世纪那样，一个皇帝去反对教皇，而是一大批异教国王在反对教皇。这在思想界和文学界产生的结果就是主观主义不断深化。起初这在精神奴役得到彻底解放的方面发挥了作用，其后却朝着到不利于社会健康的个人孤立倾向稳步推进了。

近代哲学从笛卡尔开始，他从根本上肯定了自己和自身思想的存在，由此推断出外部世界。笛卡尔只是这一思想发展的第一阶段，经过贝克莱与康德，直到费希特，对他来说，一切就只是自我的发散了。这听起来很疯狂，从那时起，哲学就试图从这种极端逃到日常常识的世界中去。

哲学上的主观主义与政治上的无政府主义是相辅相成的。在路德的有生之年，那些不受欢迎和不被承认的门徒们发展出了再洗礼的教义，一度统治了明斯特城。再洗礼派否定了所有的律法，因为他们认为，在任何时刻，善良的人都会受到圣灵的引导，而不受规则的约束。从这个前提出发，该理论演变成了共产主义和滥交；在英勇的抵抗之后，再洗礼派被消灭了。但是，他们的学说以较为温和的形式传到了荷兰、英国和美国。这就是历史上是贵格会的起源。19世纪出现了一种更加激烈的无政府主义，这种无政府主义不再与宗教相关，它在俄罗斯、西班牙以及意大利（程度较轻）取得了相当大的成功，直到今天，它仍然是美国移民当局的一块心病。这种近代形式虽然反宗教，但仍具有早期新教的精神；与路德对教皇的敌意不同，该无政府主义主要是反对世俗政府。

主观性一旦被释放，在完成自身的发展之前，就不可能被限制在一定的范围内。在道德方面，新教对个人良知的强调基本上是无政府主义的。习惯和风俗是如此强大，除了像明斯特城那样偶然爆发的情况外，个人主义伦理学的信徒们继续以一种传统的道德方式行事。但这是一种不稳定的平衡，18世纪对"感性"的崇拜开始破坏这种平衡：这一时期，一种行为被欣赏，不是因为它产生了好的结果，也不是因为其对道德规范的遵从，而是因为激发这一行为的情感。这种态度形成了对英雄的崇拜，如卡莱尔和尼采所表现的那样，以及拜伦式的对所有激情的狂热崇拜。

在艺术、文学和政治领域，浪漫主义运动都与这种用主观判断他人的方式密切相关。这种方式不是将个人当作一个群体的成员，而是将其看作审美上令人愉悦的思考对象。猛虎比绵羊漂亮，但我们更喜欢把它们关在笼子里。典型的浪漫主义者却会把笼子打开，欣赏猛虎扑杀绵羊时的壮美一跃。浪漫主义者会鼓励人们把自己想象成猛虎，但当猛虎成功完成猎杀后，结果却很难让人全然愉悦起来。

对近代这种更为疯狂的主观主义，人们有过各种各样的反应。首先是一种折中的哲学，即自由主义学说，它试图划分政府和个人各自的领域。这种学说的近代形式始于洛克，他既反对"热情主义"，即再洗礼派的个人主义，又反对绝对权威和对传统的盲从。于是一场更彻底的反抗引出了国家崇拜主义，它赋予国家的地位就和天主教赋予教会，甚至有时赋予上帝的地位一样。霍布斯、卢梭和黑格尔代表了这一理论的不同阶段，他们的学说在克伦威尔、拿破仑和近代德国的实践中得到了体现。在理论上，共产主义与这些哲学相距甚远，但在实践中，却趋向于形成一种与国家崇拜非常相似的社会。

从公元前600年到今天，在这一漫长的发展过程中，哲学家们分成了两派，一派希望加强社会约束力，另一派希望放宽社会约束力，其他派别的差异也与此有所关联。信奉严格纪律的学派提倡某种教义体制，但要么是新的教义，要么是旧的。因此，他们或多或少地对科学怀有敌意，因为他们的教义无法通过经验来证明。他们几乎无一例外地教导我们，幸福不是好事，应该被推崇的是"高尚"或"英雄主义"。他们支持的是人性中非理性的部分，因为他们觉得理性对社会凝聚力不利。另一方面，除了极端的无政府主义者，自由主义者倾向于科学的、功利主义的、理性的态度，反对强烈的激情，反对一切形式更加深奥的宗教。在我们所承认的哲学兴起之前，这种矛盾就存在于希腊，并且在最早的希腊思想中就已经非常明确了。通过形式的变化，它一直延续到今天，毫无疑问还将延续许多时代。

很明显，就像所有经历了漫长时期而留存下来的争论一样，这场争论的每一方都有部分对的地方，也有部分错的地方。社会凝聚力是必需的，

人类还从来没有成功地只通过理性的探讨来加强凝聚力。每个社会都面对着两种相反的危险：一方面，由于过多的纪律和对传统的崇拜导致僵化；另一方面，因为个人主义和个人独立性的膨胀使合作变成了不可能的事情，从而导致社会的崩溃或被外来者征服。一般来说，重要的文明开始时遵循的是严格的、迷信的制度，然后逐渐放宽松，并在一定时期进入一个辉煌的天才时代，此时旧传统的好处仍然存在，导致其崩溃的内在之恶尚未得以发展。但随着恶的出现，产生了无政府状态，进而不可避免地导致一种新的暴政，并产生一种由新的教条体系担保的新综合体。自由主义学说试图摆脱这种无休止的循环，其本质就是试图确保一个不以非理性教条为基础的社会秩序，并且除非是维护社会的必要手段，不再采用更多限制以保证其稳定性。只有未来才能告诉我们，这种尝试是否会成功。

卷一

古代哲学

BOOK ONE

ANCIENT PHILOSOPHY

RUSSELL

WESTERN PHILOSOPHY

第一篇

前苏格拉底哲学家

PART I THE PRE-SOCRATICS

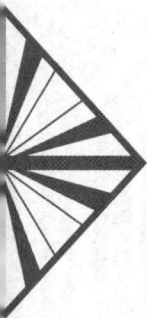

第一章　希腊文明的兴起

历史上没有比希腊文明的突然兴起更让人惊讶或难以解释的了。大量构成文明的元素已在埃及和美索不达米亚存在了几千年，又从那里传至周边国家。但有些元素一直缺失，直至被希腊人提了出来。人们耳熟能详的是希腊人的文学艺术成就，但他们在纯粹知识领域的贡献更加非凡。他们首创数学[1]、科学和哲学，最先以不同于纯粹编年史的方式撰写历史，自由地思考世界的本质及人生的目的，不受任何传统正统观念束缚。这些成就十分惊人，直至最近，人们对希腊人的天赋仍津津乐道、赞叹不已，而现在已经有可能而且也的确值得用科学的观念来了解希腊的发展了。

哲学始于泰勒斯，他预言过一次日食。天文学家说，这次日食出现于公元前585年，所以很幸运地能根据此事推断他的年代。哲学和科学原本不分家，因此它们都诞生于公元前6世纪初。此前，希腊及邻国发生过什么？不管怎么回答肯定都有揣测的成分。

埃及文字的发明大约在公元前4000年，巴比伦王国也没晚多少。两国文字都从象形图形开始。这些图形很快约定俗成，用表意符号来表示文

---

[1]　埃及和巴比伦人已有算术和几何学，但主要凭经验。从一般的前提进行演绎推理则是希腊人的首创。

字，就像中国现在还在使用表意文字。这种复杂的体系经过几千年发展成了拼音文字。

埃及和美索不达米亚文明的早期发展源于尼罗河、底格里斯河和幼发拉底河，这些河流非常利于农耕，使农业高产。这些文明许多方面类似西班牙人在墨西哥和秘鲁发现的文明，这里有专制的神圣国王；在埃及，国王拥有全部土地。这里有一种多神教，国王与该教最高的神有特殊的亲密关系。这里有军事贵族，还有祭司贵族。若君主软弱无能或作战不力，祭司贵族往往能篡夺皇权。耕种土地的则是隶属国王、贵族或祭司的农奴。

埃及神学和巴比伦神学颇为不同。埃及人关注死亡，相信人死后灵魂进入阴间，在那里，冥王奥西里斯根据他们在人间的生活方式进行审判。人们认为灵魂终会回归身体，因此制作木乃伊，建造豪华陵墓。公元前4000年末到公元前3000年初，历代国王建造了金字塔群。此后，埃及文明越来越僵化，宗教上的保守主义阻碍进步。约公元前1800年，埃及被称为喜克索人的闪族征服，并被统治了约两个世纪。闪族人在埃及没有流传千古的痕迹，但他们出现在此，确实促进了埃及文明在叙利亚和巴勒斯坦的传播。

比起埃及，巴比伦的发展史有更多战事。最初，统治种族不是闪族，而是起源不详的"苏美尔"人。他们发明了楔形文字，却被征服者闪族攫取。曾有一段时间，发生了许多独立的城邦混战，但巴比伦最终称霸，建立帝国。其他城邦的神成了从属，而巴比伦的神马尔杜克的地位就像后来宙斯在希腊众神中的地位。同样的事在埃及早已有之。

埃及与巴比伦王国的宗教像其他古代的宗教一样，本是生殖崇拜。大地是阴性的，太阳是阳性的。通常认为公牛是阳性生殖能力的化身，牛神

非常普遍。在巴比伦，大地女神伊什塔尔是众女神中至高无上的。这位"伟大母亲"在整个西亚以各种称谓受到崇拜。希腊殖民者在小亚细亚发现其神殿时，称她为阿尔忒弥斯，并保留了已有的膜拜仪式。这就是"以弗所的狄安娜"[1] 的起源。基督教又将她转化成童贞女玛利亚，但一开始是以弗所的宗教大会将"圣母"这个头衔加给玛利亚的。

只要宗教和帝国政府结合在一起，政治动机就会大大改变宗教的原始面貌。与国家联系起来的神，既要保佑丰收，又要保佑打胜仗。富有的祭司阶级便创造出一套礼制和神学，把帝国各部的神都集中在一个万神殿里。

神与政府有关，就和道德扯上了关系。立法者从神那里领受法典，因此犯法就是亵渎神明。现在所知最古老的法典，是约公元前 2100 年巴比伦王的《汉谟拉比法典》，国王宣告该法典是马尔杜克交付于他的。整个古代，道德与宗教间的这种关系日益紧密。

不同于埃及宗教，巴比伦宗教更关注现世繁荣而非来世幸福。巫术、占卜和占星术并非巴比伦独有，但在巴比伦的发展比在其他地方更成熟，而且主要通过巴比伦的影响，它们才在古代后期占有控制地位。巴比伦流传下来了一些科学的东西：一天分为 24 小时，圆周分为 360 度，日月食周期的发现使得他们能够准确预言月食，并能大致预言日食。在后面我们会看到，泰勒斯掌握了巴比伦的这些知识。

埃及与美索不达米亚是农业文明，周围民族最初是畜牧文明。贸易的开始几乎都是海上贸易，贸易发展会带来新事物。直到约公元前 1000 年，武器还是青铜制造的，有些国家本土不出产这种必需的金属，就不得

---

[1] 狄安娜是拉丁语的阿尔忒弥斯。希腊文《圣经》里使用阿尔忒弥斯，而英译本则称为狄安娜。

不以贸易获取或海盗掠夺。海盗掠夺只是权宜之计，在社会与政治条件相当稳定的地方，商业获利更大。商业方面，克里特岛似乎走在前列。大约从公元前2500至公元前1400年，克里特文明艺术水平高超，被称为米诺斯文化。遗留下来的克里特艺术给人的印象是欢快而几近颓废奢靡的，与埃及神殿那种阴森恐怖大相径庭。

那是一种与埃及紧密相连的航海民族的文明（喜克索人统治时期除外）。从埃及图画中显然可见，埃及和克里特大量的贸易活动通过克里特水手进行。约公元前1500年，此类贸易达到顶峰。克里特宗教似乎与叙利亚和小亚细亚的宗教颇为相似，但艺术上更接近埃及，而克里特艺术极具创新与活力。克里特文明的中心在克诺索斯所谓的"米诺斯官"，古希腊传说中一直流传着对它的回忆。克里特的宫殿极其宏伟，但约公元前14世纪末被毁，罪魁祸首可能是希腊侵略者。

约公元前1600年，米诺斯文明被毁前，传至希腊大陆，逐渐演化延续至公元前900年。这种大陆文明就是迈锡尼文明，通过发掘帝王陵墓以及山顶上的堡垒得以发现，说明这里的人比克里特岛人更怕战争。陵墓及堡垒总让人联想到古希腊。宫殿里比较古老的艺术品不是出自克里特工匠之手，但也十分接近克里特工艺。荷马诗歌里描写的正是这种充满传说迷雾的迈锡尼文明。

关于迈锡尼人还有许多不确定的地方。他们的文明是由于被克里特人征服而产生的吗？他们说希腊语吗？他们是否曾是更早的当地种族？这些问题还没办法有确切的答案，但总体来说，他们很可能是说希腊语的征服者，至少他们的贵族是来自北方的金发入侵者，他们带来了希腊语。[1] 希

---

[1]　见马丁·佩尔森·尼尔森著《米诺斯－迈锡尼宗教及其在希腊宗教中的残余》，第11页以下。

腊人连续三次进入希腊，先是爱奥尼亚人，然后是亚该亚人，最后是多利安人。爱奥尼亚人虽是征服者，但似乎相当完整地接纳了克里特文明，正如后来罗马人接纳希腊文明一样。但爱奥尼亚人后来基本上被亚该亚人驱逐。从博阿兹柯伊古城发掘出来的赫梯人的书版里，可知亚该亚人在公元前14世纪建立过庞大且有组织的帝国。迈锡尼文明由于爱奥尼亚和亚该亚人的战争被削弱，几乎被最后的希腊侵略者多利安人毁灭。从前的入侵者大部分采纳了米诺斯的宗教，但多利安人却保留了其祖先原始的印度－欧罗巴体系的宗教。然而迈锡尼时代的宗教继续存在，尤其在下层阶级；古希腊宗教是这两种宗教混合的产物。

虽然上述可能是事实，但必须记住，我们仍旧不确定迈锡尼人是不是希腊人。我们只知迈锡尼文明衰落及至灭亡时，铁取代了青铜，而且海上霸权一度掌握在腓尼基人手里。

迈锡尼时代的后期至其结束后，有些入侵者定居下来从事农耕；有些则继续前进，先进入希腊群岛和小亚细亚，然后进入西西里和意大利南部，他们在此建起城市，以海上贸易为生。就在这些沿海城市，希腊人首次为文明做出全新的贡献。后来崛起的雅典霸权，同样与制海权有关。

希腊的陆地多山，大部分是不毛之地，但也有许多肥沃的山谷。虽通海便利，但山谷间便利的陆地交通被群山阻断。这些山谷里兴起的以农业为生的小型独立社区，通常集中在近海城镇。社区人口增长太快而国内资源不足时，陆上生活不下去的人自然就会以航海为业。在大陆上的城邦往往会在比本国更容易谋生的地方建立殖民地。因此在历史记载的最早期，小亚细亚、西西里和意大利的希腊人比希腊大陆人富有得多。

希腊不同地区的社会制度也大不相同。在斯巴达，少数贵族靠压榨另一个种族的农奴劳动过活；在较贫穷的农业区，占人口大多数的农民主要靠家庭耕种自己的土地为生。但在工商业繁荣的地区，自由的公民则靠奴隶发财致富，男奴采矿，女奴纺织。在爱奥尼亚，这些奴隶都是周边的野蛮人，最初通常是战俘。

那时通常先从君主制过渡到贵族制，然后是僭主制与民主制交替出现。国王不像埃及和巴比伦王国的国王那样有绝对的权力，他们须听从元老会议的建议，违背习俗就免不了受惩罚。"僭主制"不一定意味着体制邪恶，只是指执政者的权力不是世袭而来。"民主制"即全体公民的统治，但不包括奴隶与女人。早期的僭主像美第奇家族，是财阀中最富有的成员获得权力。他们的财富往往来自占有的金银矿，又由于爱奥尼亚附近的吕底亚王国传来了新的铸币制度更是让他们发了大财。[1] 铸币似乎是公元前700年前不久发明的。

贸易或海盗掠夺在一开始很难区分，而这对希腊人最重要的结果之一是使他们学会了书写。虽然文字出现在埃及和巴比伦王国已有几千年，而且米诺斯的克里特人也曾用过一种文字，但没有任何最终证据表明希腊人在公元前10世纪左右以前会书写。他们从腓尼基人那里学会书写；腓尼基人像其他叙利亚人一样，受埃及和巴比伦王国的影响，在爱奥尼亚、意大利和西西里的希腊城市兴起前，一直掌握海上贸易的霸权。公元前14世纪，叙利亚人给阿肯那顿（埃及的异端国王）写信仍在使用巴比伦的楔形文字，但推罗的海勒姆（前969—前936）使用的或许是从埃及文字中发展而来的腓尼基字母表。最初埃及人使用纯粹的象形文字。最后使字母具备其所有优势的并非埃及人，而是腓尼基人。希腊人从腓尼基人那里借用这种字母表，根据自己的语言加入元音，不像以往一样仅有辅音。无

---

[1]　见珀西·内维尔·乌雷：《僭主制的起源》。

疑，掌握这种便利的书写方式大大促进了希腊文明的兴起。

　　希腊文明第一位著名人物是荷马。现存的荷马诗歌是庇西特拉图带到雅典的，自他以后，雅典青年就背诵荷马诗歌，这是他们教育中最重要的部分。但在希腊某些地区，特别是在斯巴达，直到后期，荷马才享有同样的声望。

　　荷马诗歌像是中世纪后期的宫廷传奇，代表着文明的贵族阶级观点，认为当时大众流行的各种迷信低俗不堪，所以忽略不谈。近代作家根据人类学研究认为：荷马不是原创，只是修订，他怀着一种上层阶级温文尔雅的启蒙理想，就像是18世纪对古代神话的合理化解释一样。荷马诗歌中代表宗教的奥林匹斯山诸神，无论在当时还是后来，都不是希腊人唯一崇拜的对象。大众信仰的宗教中还有更黑暗、更野蛮的成分，虽然在希腊智慧的全盛时期被压抑着，但一到衰弱或恐惧时就反扑。所以每逢颓废期，荷马所摈弃的那些宗教迷信就在整个古希腊若隐若现，继续存在。这一事实解释了许多看似矛盾且惊人的事。

　　必须承认，荷马诗歌中描写的宗教并不是很有宗教色彩。神是完全人性化的，与人的不同只是他们不死，且有超人的能力。他们道德上不值得称颂，也很难看出他们怎么能让人敬畏。被人认为后出的几节诗里，对神的描写还带有伏尔泰式的不敬。荷马诗歌中与真正的宗教情感有关的，不是奥林匹斯山诸神，而是连宙斯也要服从的"命运""必然"与"定数"这些虚无的存在。命运对整个希腊的思想影响巨大，也许这就是科学得出自然法则信仰的渊源之一。

　　希腊分为许多独立的小城邦，每个都包括一个城市及其附近的农业区。希腊的各地区文明水平不同，仅有少数对整个希腊的成就有过贡献。我后面要详细谈到的斯巴达，是在军事上重要而不是文化上。科林斯富庶繁荣，是巨大的商业中心，但没有出现多少伟大人物。

还有纯粹农业地区，例如众所周知的阿卡迪亚，城市人以为它是田园牧歌，但实际上充满古老的野蛮恐怖。

人们崇拜牧神潘，潘原名"潘恩"，意思是饲养人或牧人；公元前5世纪波斯战争后，雅典人开始崇拜潘，于是他便获得了这个更为人熟知的称号，意思是"全神"。[1]

然而古希腊有许多我们理解中的宗教和奥林匹斯山诸神无关，而是与狄俄尼索斯，也叫巴库斯相关。我们很自然地把这个神想象成有点名声不好的酗酒的酒神。出于对他崇拜，产生了一种深刻的神秘主义，极大影响了许多哲学家，甚至对基督教神学的形成也起过一定的作用；这种神秘主义产生如此影响的方式十分值得关注，任何想要研究希腊思想发展的人都必须加以理解。

狄俄尼索斯原是色雷斯的神。色雷斯人文明程度远不如希腊人，希腊人把色雷斯人看作野蛮人。像所有原始农耕者一样，色雷斯人也有各种丰收的祭仪和一位叫巴库斯的丰收之神。巴库斯究竟是人形还是牛形，始终不太清楚。当人们发现如何酿啤酒时，以为醺醉是神圣的，并赞美巴库斯。后来他们知道了葡萄又学会饮葡萄酒时，对巴库斯评价就更高了。于是他保佑丰收的作用，基本上不如他因葡萄以及因酒而产生的神圣的癫狂状态所起的作用了。

对巴库斯的崇拜何时从色雷斯传到希腊尚不清楚，但似乎是刚有历史记载前。对巴库斯的崇拜虽遭到正统教派反对，但也确立了起来。它包含许多野蛮的成分，比如把野兽撕碎，全部生吃下去。它还有一种奇怪的女

[1]　简·艾伦·赫丽生：《希腊宗教研究导论》第651页。

权主义的成分。有身份的主妇和少女们成群结队在荒山上彻夜欢舞忘形，可能一部分由于酒精作用，但大部分无法言明。丈夫们觉得这种做法让人心烦，但又不敢反对宗教。欧里庇得斯在《酒神的伴侣》中描写了这种宗教仪式的美丽和野蛮。

巴库斯在希腊的成功并不意外。像所有快速文明的社会一样，希腊人，至少一部分希腊人开始热爱原始事物，渴望一种比当时道德认可的更本能、更热烈的生活方式。那些被迫让行为比感情更文明的男女认为，理性让人生厌，道德是负担、是奴役。这导致了思想、感情和行为的反抗。我们特别关心的是思想上的反抗，但得先谈谈感情与行为上的。

文明人与野蛮人主要的区别在于审慎，或用更广义的词，即远见。文明人为了哪怕相当遥远的未来的快乐，也愿意忍受眼前的痛苦。这种习惯随着农业的兴起变得重要。动物和野蛮人都不会为了冬天有粮食吃而在春天工作，除非是极少数纯粹本能的行为，例如蜜蜂酿蜜，松鼠埋栗子。这些情况都不是远见，这是一种直接的冲动行为，但在人类的观察中，其后显然证明这种行动是有用的。只有人不被冲动驱使着做事，而是因为理性告诉他，未来他会因此而受益时，这才是真正的远见。打猎不需要远见，因为它能带来快乐；但耕种土地是劳动，不是凭自发的冲动就能做到。

文明不仅通过自我克制的远见，还通过法律、习惯与宗教抑制冲动。文明从野蛮状态继承了这种克制力，减少本能的成分，使之更系统。某些行动被认为是犯罪，要受到惩罚；有些行动虽不受法律惩罚，但被视为是邪恶的，并且犯下这种罪行的人会遭到社会谴责。随私有财产制度而来的是女性的服从，通常还创造出了奴隶阶级。一方面把社会的目的强加给个人，另一方面，个人已习惯把自己的一生视为一个整体，于是不断为自己的将来牺牲现在的利益。

显然，这种做法实际上会走向极端，守财奴就是个例子。即使不这么极端，审慎也很容易造成人们失去生命中某些最美好的事物。巴库斯的崇拜者反对审慎，在沉醉中，无论是肉体还是精神上，人们能找回那种被审慎摧毁的强烈情感；发觉世界充满欢愉和美好，人的想象就突然从日常顾虑的事中解放了出来。巴库斯仪式产生的所谓"激情"，字源上指神进入崇拜者的身体，崇拜者相信自己与神成为一体。人类成就中最伟大的东西大部分都有某种沉醉的成分[1]，某种扫除审慎的激情。没有这种巴库斯成分，生活无趣，有了则危险。审慎和激情的冲突贯穿全部历史。我们不应完全支持任何一方。

在思想领域，冷静的文明大致是科学的同义词。但人不满足纯粹的科学，我们也需要热情、艺术与宗教。科学可以给知识确定界限，但不能给想象设限。希腊哲学家像后世哲学家一样，有些笃信科学，有些信仰宗教；后者大部分直接或间接受巴库斯宗教影响。这特别适用于柏拉图，并也因他而适用于最终体现为基督教神学的那些发展。

巴库斯的原始崇拜形式野蛮，许多方面令人反感。它影响哲学家的不是这种形式，而是以俄耳甫斯为名的精神化的形式，即禁欲主义，而且以精神的沉醉代替肉体的沉醉。

俄耳甫斯的形象模糊而有趣，有人认为确有其人，也有人认为他是神，或是想象中的英雄。传说他像巴库斯一样也来自色雷斯，但他更可能来自克里特。可以肯定，俄耳甫斯教义包括许多源自埃及的东西，而埃及主要通过克里特影响希腊。据说俄耳甫斯是位改革派，被巴库斯正统教义鼓动起来的狂热的酒神女祭司们撕成了碎片。他基本上是一位祭司和哲学家。

---

[1]　我是说精神的沉醉而不是酗酒沉醉。

无论俄耳甫斯本人（若确有其人的话）的教义是什么，俄耳甫斯教的教义众所周知。他们相信灵魂的轮回；他们教导说，按照人在世上的生活方式，灵魂可能获得永恒的福祉或遭受永恒的或暂时的痛苦。他们的目的是变得"纯洁"，部分依靠净化的教礼，部分依靠避免某些玷污。最正统的教徒忌肉食，除非举行仪式时作为圣餐来吃。他们认为人一部分是尘世的，一部分是天上的；通过纯洁的生活，属天的部分增多，而属地的部分减少。最后，人可以与巴库斯合一，被称为"一个巴库斯"。

俄耳甫斯教是苦行派，酒对他们只是一种象征，像后来基督教的圣餐一样。他们追求的是"激情"地与神合二为一的那种沉醉。他们相信这样可以获得以普通方法不能得到的人类无法理解的知识。毕达哥拉斯将这种人类无法理解的因素带入希腊哲学，改革了俄耳甫斯教，正如俄耳甫斯改革巴库斯教一样。俄耳甫斯因素借助毕达哥拉斯进入柏拉图哲学，又经柏拉图进入后来大部分多少带有宗教性质的哲学。

有俄耳甫斯教影响的地方，就一定有某种巴库斯成分。其中之一是女权主义，在毕达哥拉斯主义中有很多体现，在柏拉图主义中则到了要求政治上男女完全平等的地步。毕达哥拉斯说"女性天然地更接近虔诚"。另一种是巴库斯成分崇尚强烈的情感。希腊悲剧来自狄俄尼索斯的祭祀。欧里庇得斯尤其尊崇俄耳甫斯教的两个主神，即巴库斯与厄洛斯。他毫不尊敬那种冷静、自以为是、循规蹈矩的人；在他的悲剧里，这种人往往不是被逼疯，就是由于亵渎神明、惹怒神而遭难。

传统观念认为希腊人有种让人敬佩的宁静，使他们能平静超脱地思考热情，观察热情所表现的一切美妙。这种看法很片面。也许荷马、索福克勒斯与亚里士多德是这样，但那些直接或间接受巴库斯和俄耳甫斯影响的希腊人绝非如此。厄琉西斯秘仪是雅典国教最神圣的部分，在厄琉西斯，有首颂歌唱道：

> 您高举酒杯
>
> 您尽情狂欢
>
> 万岁！巴库斯，潘恩
>
> 降临厄琉西斯繁花盛开的山谷

欧里庇得斯的《酒神的伴侣》里，酒神女祭司的合唱展示了诗意与野蛮的结合，与宁静截然相反。她们欢庆肢解野兽并当场生吃下去的快乐，她们唱道：

> 哦欢乐，欢乐在高山顶上
>
> 舞的精疲力竭神魂晕眩
>
> 只剩下神圣的鹿皮
>
> 其余精光不剩
>
> 血水奔涌的快乐
>
> 撕裂的山羊鲜血淋漓
>
> 吞噬野兽的光荣
>
> 山顶上天光破晓
>
> 向着佛里吉亚和吕底亚的高山走去
>
> 那是布罗米欧[1]在引领我们上路

---

[1]　布罗米欧是巴库斯的众多名字之一。

酒神女祭司在山坡上的舞蹈不仅疯狂，还是种逃避，从文明的负担和烦忧里逃到远离人间的美丽世界和清风明月的自由里去。

再有人说什么希腊人是"宁静的"之前，想想若费城妇女如此行为，哪怕是尤金·奥尼尔描写的剧情。

俄耳甫斯教徒不比未经改造过的巴库斯崇拜者更"宁静"。俄耳甫斯教徒认为，现世的生活就是痛苦与无聊。我们被绑在一个轮子上，在永无休止的生死循环里转动；我们真正地生活在天上，但被束缚在地上。唯有靠生命的净化、否定以及苦行，我们才能逃脱这个轮子，最终达到与神合一的喜悦。那些生活轻松愉快的人绝想不出来这些观点。它更像黑人圣歌：

当我回到家
我要向神诉说一切烦忧

大部分希腊人热情、不幸、无法与自己和解，一方面被理智约束，另一方面被热情驱使，既有想象天堂的能力，又有创造地狱的任性和自作主张。他们的格言是"什么都不过分"；但事实上什么都过分——在纯粹思想、诗歌、宗教以及罪方面。正是热情与理智的结合使他们伟大。单凭热情或理智，都不会像二者结合那样，在任何的未来时代都能改变世界的面貌。他们神话中的原型不是奥林匹斯山上的宙斯，而是普罗米修斯，那个因从天上偷火而遭受永恒苦难的普罗米修斯。

然而，若把上述当作全体希腊人的特征，这就和以"宁静"作为希腊人特征的观点同样片面了。事实上，希腊有两种倾向，一种是热情的、宗教的、神秘的、出世的，另一种是欢愉的、经验的、理性的，热衷于了解多种多样的事实。希罗多德代表后者，最早的爱奥尼亚哲学家亦是如此，某种程度上亚里士多德也是如此。贝洛赫（前引书，第 1 卷，第 1 章，第 434 页）描写的俄耳甫斯教说：

> 但希腊民族极具青春活力，普遍不接受任何一种否定现世并把现实的生命转向来世的信仰。因此，俄耳甫斯的教义始终局限在入教者这个相当狭小的圈子内，对国教没有任何影响，甚至在雅典那种已将神秘仪式纳入城邦祭祀并使用法律保护的地区，也没产生影响。整整过了一千年后，这些观念才在一种截然不同的神学外衣下，在希腊世界获得了胜利。

这看似夸大其词，特别是对饱含俄耳甫斯教义的厄琉西斯秘仪来说。大体上，具有宗教气质的人倾向俄耳甫斯教，理性主义者则鄙视它。其地位可对比 18 世纪末、19 世纪初英国的卫斯理宗。

我们多少知道一个有教养的希腊人能从父亲那里学到什么，但他幼年从母亲那里学到了什么，我们就知之甚少；在很大程度上，希腊女人被挡在男人所享受的文明世界之外。即使在鼎盛时期，无论有教养的雅典人那明确自觉的心理过程是多么理性主义，他们似乎从传统中、从幼年时就一直保留着一种更原始的思想和感情方式，这种方式在紧要关头常常更容易占据优势。因此，不应简单地分析希腊的面貌。

直到最近人们才充分认识到宗教，尤其是非奥林匹斯的宗教对希腊思想的影响。简·赫丽生的《希腊宗教研究导论》具有革命性，他强调了普通希腊人的宗教中原始的成分与狄俄尼索斯的成分；弗朗西斯·麦克唐纳·康福德的《从宗教到哲学》力图使研究希腊哲学的学者注意宗教对哲学家的影响，但此书的许多阐释或书中的人类学研究不完全可信。我知

道的最公允的叙述要算约翰·伯内特的《早期希腊哲学》，特别是第二章《科学与宗教》。伯内特说，科学与宗教的冲突产生于"公元前6世纪，席卷了整个希腊的宗教复兴"，与此同时，历史的舞台从爱奥尼亚转到了西方。伯内特说：

> 希腊大陆宗教的发展与爱奥尼亚的发展很不同。特别是从色雷斯传来的，在荷马诗歌中仅一笔带过的对狄俄尼索斯的崇拜，萌生了对人与世界关系的全新观察方式。当然不能把任何崇高的观点都归功于色雷斯人；但无疑，对希腊人来说，超脱的现象向他们显示，灵魂不只是自我的虚弱的魂，而且灵魂只有"脱离肉体"时才显示其本质……

> 看起来，希腊宗教似乎正要进入东方宗教已达到的同样阶段；若不是科学的兴起，很难看出什么东西能阻止这种趋势。人们通常说由于希腊人没有教士阶级，所以他们的宗教没有东方特点，然而这样说是因果倒错。教士阶级不制定教条，但一旦有了教条，他们就要遵守教条；而且东方各民族在早期发展阶段，也没有上述意义的教士阶级。挽救希腊的不是由于缺少教士阶级，而是由于科学学派的存在。

> 新的宗教——某种意义上是新的，但另一种意义上又和人类同样古老——随着俄耳甫斯各个教团的建立而发展到顶峰。就我们所知，这些教团的发源地是阿提卡，但传播得异常迅速，尤其在意大利南部和西西里。最初它们都崇拜狄俄尼索斯，但有两个特点对希腊人来说是新的。他们渴望有一种启示能作为宗教权威的根源，还组成了人为的社团。那些包含他们神学思想的诗篇据说是色雷斯的俄耳甫斯所作，他本人进入过地狱，因此能妥善引导脱离了躯壳的灵魂在另一

个世界里避开各种危险。

伯内特又说，俄耳甫斯教派的信仰和大约同时在印度流行的信仰惊人相似，但他认为二者不可能有过任何接触。然后他说到了"orgy"（狂欢）这个词的原义，俄耳甫斯教派用它指"圣礼"——净化信徒的灵魂使之躲过生之轮。不同于奥林匹斯宗教的祭司，俄耳甫斯教徒建立了我们所谓的"教会"，即宗教团体，不分种族或性别，人人皆可参加；在他们的影响下，出现了作为一种生活方式的哲学观念。

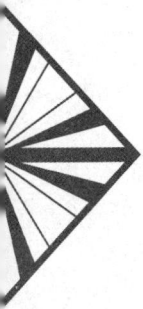

第二章　米利都学派

哲学史教科书都讲哲学始于泰勒斯，泰勒斯说水是万物的本原。

泰勒斯是小亚细亚的米利都人。米利都是个繁荣的商业都市，有大量奴隶人口，自由民中的贫富阶级斗争尖锐。"在米利都，最初人民获胜，杀死贵族的妻儿；后来贵族占了上风，活活烧死他们的敌人，火光照亮了城内的广场。"[1]在泰勒斯时代，小亚细亚大多数希腊城市的类似情况很普遍。

米利都和爱奥尼亚的其他商业城市一样，公元前7世纪和前6世纪时，在经济和政治上有过重要发展。

最能证明泰勒斯生活年代的，就是他预言过一次日食，天文学家推算这次日食一定发生在公元前585年。其他现存的证据也证明他生活在这一时期。预言一次日食证明不了他有过人的天才。米利都与吕底亚是联盟，而吕底亚又与巴比伦王国有文化上的交流；巴比伦的天文学家发现日食大约每十九年出现一次。他们基本能准确预言月食，但由于日食在一个地方可见，在另一个地方却不一定能看到，这阻碍了他们预言日食。因此，他

---

[1]　罗斯多夫采夫：《古代世界史》第1卷，第204页。

们只能知道到在某一日期该留意日食的出现，这或许就是泰勒斯知道的全部。无论是泰勒斯还是巴比伦天文学家，都不知道这种周期循环的原因。

据说泰勒斯到过埃及，给希腊人带去了几何学。埃及人知道的几何学大体凭经验，但没理由相信泰勒斯得了出后来希腊人发现的那种演绎证明。他似乎发现了如何根据陆上两点的观察结果推算船在海上的距离，以及如何根据金字塔影子的长度计算金字塔的高度。其他许多几何定理也归在他名下，但这很可能是不对的。

他是古希腊七贤之一，七贤人人都有一句格言特别闻名。传说泰勒斯的是："水是最好的"。

据亚里士多德记载，泰勒斯认为水是本原，其他一切皆由水而生；他还提出大地浮在水面上。

水是万物本原的说法可看作科学假说，而且绝不是荒谬的。二十年以前，人们接受的观点还是：万物由占水三分之二的氢构成。希腊人一直勇于大胆假设，但米利都学派至少准备用经验验证这些假设。关于泰勒斯，我们知道的很少，所以不可能全然复现他的学说，但对于他的米利都学派的后继者，我们知道的要更多。因此，若是假设后继者的观点来自泰勒斯，也是十分合理的。泰勒斯的科学和哲学都不成熟，但足以激发人们的思想与观察。

米利都派的第二个哲学家阿那克西曼德比泰勒斯更值得关注，他的年代不详，据说公元前546年时他六十四岁。他认为万物的本原是一种简单的原始物质，但不是泰勒斯所说的水，或是我们知道的任何其他实质。它是无限、永恒且无尽的，"它包围着所有世界"——因为他认为我们的世界只是许多世界中的一个。这种原始物质可转化为我们熟悉的各种实质，还可互相转化。他对此给出了一个重要且著名的论述：

万物起源于斯，万物消亡复归于斯，这是命运规定的，因为万物按照时间的秩序，互相补偿彼此间的不义。

无论是对宇宙还是人间的正义观念，其在希腊宗教和哲学所占的地位，近代人是不易理解的。的确，我们的"正义"这个词很难表达出它的意义，但又很难找出更好的。阿那克西曼德的思想似乎是：世界上的火、土和水应有一定比例，但每种元素（被看作是一个神）永远企图扩大自己的领土。而有一种必然性或自然法则永远在校正这种平衡，例如只要有火，就有灰烬，而灰烬就是土。这种正义的观念，即不逾越永恒固定的界限的观念，是最深刻的希腊信仰之一。神跟人一样要服从正义。这种至高无上的力量本身是非人格的，但它不是一位最高的神。

阿那克西曼德论证了这个原始物质不是水，或任何其他已知元素：因为已知元素若其中一种是原始的，那它会征服其他元素。亚里士多德记载他说，这些已知的元素彼此对立。气是冷的，水是湿的，而火是热的。"因此，若它们任何一种是无限的，其余的便不存在。"因此，原始物质在这场宇宙冲突中必须是中立的。

阿那克西曼德认为，在永恒的运动中出现了所有世界的起源。但这些世界不像犹太教和基督教神学里说的那样是被创造的，而是演化而来的。动物界在演化；湿元素被太阳蒸发，便出现生物。人跟其他动物一样也是鱼演化而来。人肯定是从一种不同的生物演变而来，因为人的婴儿期很长，若开始就这样，肯定不能生存下来。

阿那克西曼德充满了科学的好奇心。据说他是第一位绘制地图的人。他认为地球的形状像个圆柱。在各种不同记载里他说过：太阳像地球一样大，或是地球的二十七倍、二十八倍。

他的创见总是科学而理性的。

米利都学派三杰中，最后一位是阿那克西美尼，他不如阿那克西曼德那样瞩目，但也取得了一些重要的进步。他的年代不详，肯定在阿那克西曼德之后，而且一定活跃在公元前 494 年之前。因为这一年，波斯人镇压爱奥尼亚叛乱时，米利都被毁了。

他说气是万物本原。灵魂是气；火是稀薄的气；气先凝结为水，进一步凝结为土，最后变为石头。这个理论的优点是量化了不同实质间的区别，完全取决于凝结的程度。

他认为地球的形状像圆盘，而且气包含万物。"正如我们的灵魂是气，把我们结合在一起一样，气息和空气也包围着整个世界。"仿佛世界也有呼吸。

与近代正相反，在古时候，阿那克西美尼比阿那克西曼德更受人称赞。阿那克西美尼极大影响了毕达哥拉斯及后来的许多思想。毕达哥拉斯学派发现地球是球形的，原子论者则支持阿那克西美尼的见解，认为地球像圆盘。

米利都学派的重要性不在于其成就，而在于其进行的尝试。希腊智慧接触到巴比伦王国和埃及，产生了米利都学派。米利都是个富庶的商业城市，与许多国家的交流削弱了原始的偏见和迷信。直到公元前 5 世纪初被大流士征服，爱奥尼亚始终是希腊世界在文化上最重要的一部分。它几乎完全没受巴库斯和俄耳甫斯相关的宗教运动影响；虽然信奉古希腊宗教，但人们似乎并不虔诚。泰勒斯、阿那克西曼德和阿那克西美尼的思考可看作科学假说，他们很少显示出任何不恰当的神人同体的愿望和道德观念。他们提出的问题都是很好的问题，而他们的活力也鼓舞了后继研究者。

希腊哲学的下一阶段和意大利南部的希腊城市相关，宗教色彩更强，特别倾向俄耳甫斯教义——在某些方面也更有趣了，取得了令人称颂的成就，但科学性不如米利都学派。

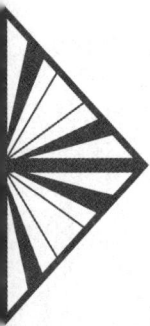

第三章　毕达哥拉斯

　　本章的主题是毕达哥拉斯对古今的影响。无论他聪不聪明，他在思想方面都是世界上最重要的人物之一。演绎论证意义上的数学就是由他开启的，而且数学在他的思想中与一种特殊形式的神秘主义紧密结合。自他以来，因为他的部分缘故，数学对哲学的影响一直深刻又不幸。

　　毕达哥拉斯是萨摩斯岛人，大约活跃在公元前523年。据说他也到过埃及，在那掌握了大部分的学识。不管怎样，可以肯定的是，他最后在意大利南部的克罗顿确立了自己的地位。

　　毕达哥拉斯在克罗顿创建了一个由其弟子组成的团体，在城中一度很有影响。但最后遭到了公民反对，于是他搬到梅达彭提翁（也在意大利南部），并在此去世。不久他成了神话式的人物，被赋予种种奇迹和神力，但他也是一个数学家学派的创始人。[1] 对其回忆有两种相反的传说，因而真相难辨。

　　毕达哥拉斯是历史上最令人关注又最难懂的人物之一。不仅关于其传说几乎是真理与荒诞错综交织在一起，而且即使是最简单、最无争议的传

---

[1] 亚里士多德说，毕达哥拉斯"最初从事数学和算术，后来一度屈尊从事费雷西底奉行的魔术"。

说，也有种非常奇特的心理要素。可以简单地把他描述成爱因斯坦与艾迪夫人[1]的综合体。他创立一门宗教，主要的教义是灵魂的轮回[2]和吃豆子是罪。他的宗教思想通过一个宗教团体体现，这一教团在各处获得国家的控制权并建立起一套圣人统治。但没有改过自新的人还是渴望吃豆子，迟早要叛变的。

毕达哥拉斯教派一些规矩是：

（1）禁食豆子。

（2）东西掉落，不要捡起来。

（3）不要碰白公鸡。

（4）不要与人共餐。

（5）不要迈过门闩。

（6）不要用铁拨火。

（7）不要吃整个的面包。

（8）不要摘花环。

（9）不要坐在量器上。

（10）不要吃心。

（11）不要在大路上行走。

（12）房内不许有燕子。

---

[1]　美国基督教科学派创始人。基督教多数教派认为基督教科学派是一种变种或边缘教派。——译注
[2]　"小丑：毕达哥拉斯如何评价野鸟？
"马伏里奥：他说我们祖母的灵魂可能寄住在鸟儿的身体里。
"小丑：你对此怎么看？
"马：我认为灵魂是高贵的，绝对不赞成他的说法。
"小丑：再见，你就无知吧，你赞成了毕达哥拉斯的说法，我才当你头脑健全。"（莎士比亚《第十二夜》）

（13）锅从火上拿下来的时候，不要把锅的印迹留在灰上，要把它抹掉。

（14）不要在灯旁照镜子。

（15）起床后，要卷好被褥，抚平身上的印迹。[1]

所有这些戒律都属于原始禁忌观。

康福德（《从宗教到哲学》）认为："毕达哥拉斯学派代表的是我们认为与科学倾向对立的那种神秘传统的主流。"他认为巴门尼德——他称其为"逻辑的发现者"——是"毕达哥拉斯的一个支派，而柏拉图本人则主要从意大利哲学中获得灵感"。他说毕达哥拉斯主义是俄耳甫斯教内部的一种改良运动，而俄耳甫斯教又是狄俄尼索斯崇拜的改良运动。理性与神秘的对立贯穿全部历史，在希腊人中最初体现为奥林匹斯诸神与其他不太开化的神之间的对立，后者更接近人类学家研究的原始信仰。在这一分类中，毕达哥拉斯在神秘主义一边，虽然他的神秘主义有种特殊的理智性质。他认为自己有一种半神的性质，而且他似乎说过："既有人，又有神，还有像毕达哥拉斯这样的存在。"康福德说，毕达哥拉斯推崇的各种体系"都倾向于出世，一切价值都在看不见的神的统一性中，并谴责可见的世界为荒谬虚幻，是一种混浊的介质，天光因此被阻断，被雾和黑暗遮蔽"。

狄凯尔卡斯说，毕达哥拉斯教导道："首先，灵魂是个不朽的东西，可转变成别的生物；其次，凡存在的事物，都在某种循环里再生，没什么东西是绝对新的；一切生来有生命的东西都应被当成有血缘关系。"[2]据说，毕达哥拉斯曾像圣方济各一样向动物传道。

他建立的教团，男女都可参加；财产公有，有共同的生活方式，甚至

---

[1] 引自伯内特《早期希腊哲学》。
[2] 康福德：前引书，第201页。

科学和数学的发现也被认为属于集体，并且在一种神秘的意义上归功于毕达哥拉斯；甚至他去世后也是如此。

但这一切与数学有什么关系呢？这中间是通过一种推崇沉思生活的道德规范联系起来的。伯内特总结这种道德观如下：

> 在这个世上，我们都是异乡人，身体是灵魂的坟墓，但我们绝不可以自杀逃避；因为我们属于上帝，上帝是我们的牧人，没有他的命令我们无权逃避。现世有三种人，就像参加奥林匹克运动会的也有三种人。那些来做买卖的人属于最低一等，比他们高一等的是来竞赛的，而最高一等的是那些只来观赛的。因此，最伟大的净化便是无私公正的科学，唯有献身这项事业的人，才是真正的哲学家，能真正摆脱"生之巨轮"。[1]

文字意义的变化往往也非常有启发性。上文提到"狂欢"（orgy）这个词，现在我来谈谈"理论"（theory）这个词。这原是一个俄耳甫斯教派的词，康福德解释为"强烈的共情深思"。他说在这种状态中，"观察者与受难的上帝合二为一，在上帝死亡中死去，在上帝复活中重获新生"；毕达哥拉斯认为这种"强烈的共情深思"是理智上的，能产生数学知识。这样，通过毕达哥拉斯主义，"理论"逐渐获得其近代意义；然而对被毕达哥拉斯启发的所有人来说，它还保留着沉醉式启示的成分。对那些在学校里勉强学过点数学的人来说，这点似乎很奇怪；而对那些时不时因数学上的豁然开朗而沉醉欢欣的人和那些喜爱数学的人来说，毕达哥拉斯的观

[1]《早期希腊哲学》，第108页。

点即使不真实，也似乎完全是自然而然的。似乎经验主义的哲学家受物质的控制，而纯粹的数学家和音乐家一样，可以自由创造自己秩序美的世界。

有趣的是，伯内特叙述的毕达哥拉斯的伦理学里，可见其与近代价值相反的观念。譬如足球赛中，近代人认为球员比观众伟大得多。同样，国家亦然：政治家（政治家是比赛中的竞争者）比旁观者更受人钦佩。这一价值的变化与社会制度的改变有关——战士、绅士、财阀和独裁者，各有其善与真的标准。绅士在哲学理论方面曾长期比较活跃，因为他们与希腊天才联系在了一起，因为沉思的德行获得了神学认可，还因为无私公正的真理理想使学术生活变得崇高。绅士可以被定义为平等人社会中的一分子，他们靠奴隶劳动过活，至少靠那些地位绝对卑贱的劳动人民过活。应看到这个定义也包括圣人与贤人，他们的生活并不积极活跃，而是敛心沉思。

与贵族政权相对的工业文明，激发出了真理的近代定义，例如实用主义和工具主义对真理的定义，就是实用的而不是沉思的。

无论人们怎样看待容许奴隶制存在的社会制度，正是上述意义上的绅士带来了纯粹的数学。沉思的理想能使人创造出纯粹的数学，能因此带来有益的活动；这就使其威望大振，在神学、伦理学和哲学方面获得一种在其他情况下达不到的成功。

我们详细解释了毕达哥拉斯作为宗教先知和纯粹数学家的两方面。他在这两方面都举足轻重，而且这两方面在当时也不是近代人想象得那样相互分离。

大多数专门的科学最初都和某些错误的信仰形式有关，这使之有种虚幻的价值。天文学和占星学相关，化学和炼丹术相关，数学则与一种更复杂的错误相关。数学知识似乎是可靠、准确的，可应用于真实世界，而且数学通过纯粹的思考而不需要观察获得。因此，人们认为数学提供的理想是日常经验知识所缺乏的。人们便根据数学设想思想高于感官、直觉高于观察。若感官世界与数学不符，那么感官世界就更糟糕了。人们以各种方式寻求更接近数学家理想的方法，结果产生的各种建议就成了形而上学与知识论中许多错误的根源。正是毕达哥拉斯开启了这种哲学形式。

毕达哥拉斯所说"万物皆数"，以近代的方式解释，在逻辑上是没意义的，但他所指的东西不完全没意义。他发现了数在音乐中的重要性，他在音乐和数学间建立的联系仍可见于数学名词"调和中项"与"调和级数"。他把数想象成骰子或纸牌上的那类形状。现在所说的数的平方与立方，就是他创造的。他还提到长方形数、三角形数和锥形数等。他假想世界是原子的，原子按不同形状排列构成分子，分子构成物体。这样，他希望像美学一样，让物理学也以算术为基础研究。

几何学对哲学和科学方法一直影响深远。希腊人建立的几何学从不证自明的（或被认为不证自明的）公理出发，根据演绎法推进，得出那些远不能不证自明的定理。公理和定理被认为在实际空间中是真实的，而实际空间又是经验提供的东西。这样，首先注意到不证自明的东西再用演绎法，似乎就可能发现实际世界中一切事物。这种观点影响了柏拉图和康德，以及二人之间的大部分哲学家。美国的《独立宣言》说："我们认为这些真理是不证自明的"，就是仿效欧几里得。18 世纪天赋人权说，就是在政治上寻求欧几里得式的公理。[1] 尽管牛顿的《原理》一书，其材料公认是经验的，但形式完全是欧几里得式的。严格的经院形式的神学，其体

---

[1] 富兰克林用"不证自明的"代替了杰斐逊的"神圣与不可否认的"。

裁也是同一个来源。个人的宗教来自沉醉，神学则来自数学；二者都可见于毕达哥拉斯身上。

我认为，数学是信仰永恒与严格真理的主要根源，也是信仰有一个超感的可知世界的主要根源。几何学研究严格的圆，但没有一个可感知的物体是严格的圆形；无论使用圆规时多么小心，总是画得不完美、不规则。这表明一切精确的推理只能应用于与可感觉对象相对的理想对象；这就可进一步论证，思想比感官更高贵，思想的对象比感官知觉的对象更真实。神秘主义关于时间与永恒的关系的学说，也被纯粹数学强化；因为数学的对象，例如数，若是真实的，就是永恒的、不在时间内的。这种永恒的对象可被想象为上帝的思想。因此，柏拉图的学说是：上帝是几何学家；詹姆斯·金斯爵士也相信上帝嗜好算术。与末日启示的宗教相对立的理性主义的宗教自毕达哥拉斯后，尤其是自柏拉图后，一直完全被数学和数学方法支配。

数学与神学的结合始于毕达哥拉斯，是从希腊到中世纪、直到康德为止的近代宗教哲学的特征。毕达哥拉斯前的俄耳甫斯教类似亚洲一些神秘宗教。但在柏拉图、圣奥古斯丁、托马斯·阿奎那、笛卡尔、斯宾诺莎和康德身上，对宗教与理性、对道德的追求与对不具时间性事物的逻辑崇拜紧密交织在一起；这些都来自毕达哥拉斯，这使得欧洲理性化的神学与亚洲更直接的神秘主义区别开来。也只是到了近期，人们才有可能明确地说出毕达哥拉斯错在哪里了。我不知道还有谁对思想界的影响能与他齐名。之所以这样说，是因为若对所谓的柏拉图主义加以分析，它们本质上不过是毕达哥拉斯主义。只显示于理智而不显示于感官的永恒世界，其整个观念都来自毕达哥拉斯。要不是他，基督徒不会认为基督就是道；要不是他，神学家就不会追求上帝存在与灵魂不朽的逻辑证明。但这一切在他身上体现得不明显。下面要谈一谈这一切是怎样变得明显的。

第四章　赫拉克利特

　　人们对希腊人普遍有两种相反的态度。一种态度自文艺复兴直到最近，近乎迷信地崇拜希腊人，认为他们是一切最美好事物的创造者，具有超人的天才，近代人无法望其项背。另一种态度由科学的胜利和对进步的乐观信仰激发，认为古人的权威是噩梦，最好忘记希腊人对思想的大部分贡献。我不赞成任何一种极端的看法；应该说，两种都不完全正确。所以在谈细节前，先谈一下在研究希腊思想的过程中，我们还能得到什么样的智慧。

　　关于世界的性质与构造，可能有各种假说。形而上学上的进步，是对所有这些假说的逐步精炼，是对含义的发展以及对每种假说重新改造，以应对对立假说的拥护者所主张的反对意见。学习用这些体系来理解宇宙，是一种想象力上的乐事，是克服教条主义的良方。此外，纵使没有一种假说可以证实，但发现使每种假说都能自圆其说并符合已知事实的东西，就包含一种真正的知识。一切支配近代哲学的各种假说，差不多都是希腊人首创；他们对抽象事物富有想象的创造力，怎么称赞都不为过。关于希腊人我要谈的东西，就主要从这个观点出发；我认为他们创造了各种具有独立生命与发展的理论，这些理论最初虽略显幼稚，而历经了两千多年，恰

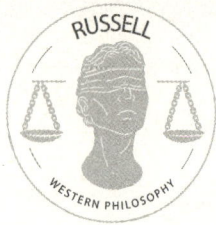

恰证明它是能够存在而且发展的。

的确，希腊人其他的贡献证明，它们对抽象思维更具有永久的价值；他们发现了数学和演绎法，尤其是发明了几何学，没有几何学，就不会有近代科学。在数学上，希腊天赋的片面性似乎是：它是根据不证自明的东西进行演绎推理的，而不是根据观察到的事物进行归纳推理。令人惊讶地的是，他们用这种方法成功误导了大部分古代世界以及近代世界。如今通过观察特殊事实，从而归纳得出原理的科学方法，已代替了希腊人根据哲学家头脑得出的明显公理而进行演绎推理的信念，但这经历了漫长的过程。单就此而论，迷信崇拜希腊人是错的。虽然最早略知科学方法的是少数希腊人，但总体来说，科学方法与希腊人的气质格格不入；而企图通过贬低最近四个世纪的知识进步来美化希腊人，则是在限制近代思想的发展。

还有一种更普遍的反对尊崇前人的论点，不管是对希腊人，还是对其他人。研究哲学家时，正确的态度既不是尊崇也不是蔑视，而应首先有种假设的同理心，直至可能知道在其理论中，哪些大概是可信的为止；唯有在此时，才可重新采取批判的态度——而这种态度要尽可能类似一个人放弃了他所一直秉持的意见之后的那种状态。而我们说的蔑视会妨碍这一过程的前半部分，尊崇则会损害这一过程的后半部分。必须牢记两点：即一个人的见解与理论只要值得研究，就可假设此人具有某些智慧；但没有人可能就任何题目得出最终真理。当我们认为一个聪明人表达的观点明显荒谬时，就不该试图证明这观点有多少是真的，而应努力理解它为何看似为真。这种同时运用历史与心理想象的方法可以开阔思维，同时也能帮助我们认识到，对一个性情不同的时代，我们的许多偏见显得多么愚蠢。

赫拉克利特首创的理论至今仍有影响力，他活跃在约公元前 500 年。

他主要因其万物都处于流变状态的学说扬名古代，但这不过是其形而上学的一方面。

赫拉克利特虽是爱奥尼亚人，但未继承米利都学派的科学传统。[1] 他是特别的神秘主义者。认为火是万物的本原；万物像火焰一样，通过其他事物的死亡而诞生。"有死的是不死的，不死的是有死的：后者死则前者生，前者死则后者生。"世界是统一的，但是一种对立的结合而形成的统一。"万物生于一，而一生于万物"；然而"多"具有的实在性不如一，一就是神。

赫拉克利特鄙视人类，认为唯有强力才能迫使人类为自己的利益而行动。他说"牲畜都是被鞭子赶到牧场上去的"；他还说"驴子宁要草料也不要黄金"。

不出所料，赫拉克利特相信战争。他说："战争是万物之父，是万物之王。战争使一些人成为神，一些人成为人，一些人成为奴隶，一些人成为自由人。"又说："荷马说'但愿诸神和人消灭斗争'的说法不对。他不知道这是在祈祷宇宙毁灭；因为若听从了他的祈祷，万物都消亡了。"又说："必须知道战争对一切是一样的，斗争是正义，一切通过斗争产生和消亡。"

他的道德观是骄傲的苦行主义，非常接近尼采的道德观。他认为灵魂是火和水的混合物，火是高贵的而水是卑贱的。灵魂中大多是火，他称为"干燥的"。"干燥的灵魂最智慧、最优秀。""灵魂变潮湿是快乐的。""人喝醉酒，被孩子带领，深一脚浅一脚地不知道往哪里走；他的灵魂便是潮湿的。""灵魂变成水就是死亡。""与自己心中欲望斗争很难。无论他希望

---

[1]　康福德于前引书（第184页）中强调过这点，我认为这是正确的。赫拉克利特常被人认为与其他爱奥尼亚学者相似而被误解。

得到什么，都是以灵魂为代价换来的。""人所有的愿望都得到满足不是好事。"可以说赫拉克利特重视通过克己获得的力量，但鄙视那些使人背离最重要的抱负的爱好。

赫拉克利特基本反对他那个时代的各种宗教，至少是反对巴库斯教，但不是以科学的理性主义态度。他有信奉的宗教，某种程度上他解释了当时流行的神学来适应其学说，某种程度上他又相当轻蔑地摒弃了神学。有人（康福德）称他为巴库斯派，还有人（普福莱德雷）认为他为秘密仪式注释。我认为相关的碎片信息不能证明这种看法。例如他说："人们所行的秘密仪式是邪恶的秘密仪式。"这暗示他的心目中有种不"邪恶的"秘密仪式，和当时的各种秘密仪式大不相同。要不是他过分藐视流俗而不去宣传，他或许会是位宗教改革家。

赫拉克利特相信火是万物本原。读者会记得泰勒斯认为水是万物本原；阿那克西美尼认为气是万物本原；赫拉克利特则提出火是万物本原。最后恩培多克勒表现出政治家式的妥协，承认有土、气、火和水四种本原。古代化学到这一步突然停滞。这门科学直到后来伊斯兰教炼丹术士开始寻找哲人石、长生药以及把普通金属变成黄金的方法才又进了一步。

赫拉克利特的形而上学充满活力，足以使最急切的近代人得到满足：

> 这个世界对一切存在物是同一的，不是任何神或人创造的；它过去、现在和未来永远是一团永恒的活火，在一定分寸上燃烧，在一定分寸上熄灭。
>
> 火的转化是：首先成为海，海的一半成为土，另一半成为旋风。

在这样一个世界，赫拉克利特自然信仰永恒的变化。

赫拉克利特对其另一个学说比对永恒的流变更重视，那就是对立统一说。他说："人们不了解矛盾的事物如何统一。对立的力量可以造成和谐，正如琴弓和琴。"他对斗争的信仰和该理论有关，因为在斗争中对立面结合起来就产生运动，运动就是和谐。世界上有一种统一，但那是一种来自分歧的统一：

　　结合物既是整体的，又不是整体的；既是聚合的，又是分开的；既和谐，又不和谐；万物生一，一生万物。

有时在他说来，好像统一比差异更有根本性：

　　善与恶是一回事。

　　对于神，一切都是美的、善的和公正的；但人却认为一些公正，另一些不公正。

　　上升的路和下降的路是同一条路。

　　神是日又是夜，是冬又是夏，是战又是和，是饱又是饥。神像火一样变换形相，当火与香料混合，便根据各种味道而得到不同名称。

然而，若没有要结合的对立就不会有统一："对立对我们是好的。"

这个学说包含黑格尔哲学的萌芽，黑格尔哲学正是通过对立的综合开展。

赫拉克利特的形而上学像阿那克西曼德的一样，被一种宇宙正义观念支配，这一观念防止对立斗争中的任何一方获得完全的胜利。

万物换成火，火换成万物，像货物换成黄金，黄金换成货物一样。

火生于气之死，气生于火之死；水生于土之死，土生于水之死。

太阳不能超越其限度；否则复仇女神厄里倪厄斯 —— 正义之神的女使 —— 就会把它找出来。

必须知道战争对一切是一样的，斗争就是正义。

赫拉克利特反复提到与"众神"不同的那个"神"。"人的行为没有智慧，神的行为则有智慧……在神看来，人是幼稚的，就像成年人看儿童是幼稚的一样……最智慧的人和神比，就像只猴子，正如最美丽的猴子与人类相比也是丑陋的一样。"

神无疑体现宇宙正义。

万物处于流变状态是赫拉克利特最有名的学说，也是其弟子最着重强调的，正如柏拉图在《泰阿泰德篇》中描写的：

你不能两次踏入同一条河流；因为新的水不断流过你的身旁。[1]

太阳每天都是新的。

他对普遍变化的信仰，通常被认为体现在这句话里："万物都在流变着。"但这或许像华盛顿所说的"父亲，我不能说谎"，及惠灵顿说的"战士们起来瞄准敌人"一样，虽流传甚广但不足为信。像柏拉图以前所有哲学家一样，他的著作也仅通过引文才被人所知，而且大部分是柏拉图和亚里士多德为反驳他而引用的。设想任何一位近代哲学家若仅通过其对手的

---

[1]　可以比较："我们既踏进又不踏进同一河流；我们既存在又不存在。"

猛烈抨击才被人知晓，他会是什么样子；可以想见苏格拉底前的人物该多么值得赞叹，因为即使透过其敌人散布的恶意的迷雾，他们依然十分伟大。无论如何，柏拉图和亚里士多德都同意赫拉克利特的教导，"没什么东西是存在着的，一切都在变化着"（柏拉图）以及"没什么东西可以固定存在"（亚里士多德）。

后面谈柏拉图时，还会再研究这个他热衷反驳的学说。我在此不探讨哲学家对此的观点，只谈科学家的教导。

追求永恒的东西是促使人们研究哲学最强烈的本能之一，它无疑出自对家的热爱和躲避危险的愿望。因此我们发现生命面临灾难的人，对此追求最强烈。宗教在上帝与不朽两种形式里追求永恒。上帝没有变化，也没有转变的阴影；死后的生命永恒不变。19世纪的快活使人们反对这种静态的观念，近代自由神学信仰天上亦有进步，神性也有演化。但即使这种观念里也有某种永恒的东西，即进步本身及其内在目标。于是稍微有点灾难，人们很容易就寄希望于更古老的超人间的形式：若世间生活了无希望，就唯有在天上才能够寻到安宁。

有哲学倾向的神秘主义者不能否认，凡在时间内的都是暂时的，于是便创造了一种永恒观念，这种永恒不是无穷时间中的持续，而是整个时间过程之外的存在。照某些神学家的说法，例如威廉姆·拉尔夫·英奇教长，永生不是在未来时间中的每一刻都存在，而是一种完全不受时间影响的存在方式，其中既无前，也无后，因此没有变化的逻辑可能性。

几个最有名的哲学体系将这一观念说成是经过我们耐心追求后，理性终将使我们相信的东西。

赫拉克利特本人尽管相信变化，但也承认某种东西是永恒的。赫拉克利特学说没有巴门尼德以来的那种（与无尽的时间延续相对立的）永恒观

念，只有中心的火永不熄灭：世界的"过去、现在和未来永远是一团永恒的活火"。但火不断变化，其永恒是过程的永恒，而不是实质的永恒——虽说这个见解不应归于赫拉克利特。

科学像哲学一样，在变化的现象中寻找某种永恒的基础，力图摆脱永恒流变学说。化学似乎可以满足这个愿望。人们发现火看似破坏，实则只是转化；元素重新结合，燃烧前已存在的每个原子经过燃烧后，仍继续存在。因而人们设想原子不灭，物质世界中的一切变化仅是重新排列持久存在的元素。这个见解一直流行到发现放射现象，彼时人们才发现原子可以分裂。

物理学家也毫不畏惧，发现了新的更小的单位，叫作电子和质子，它们构成原子；若干年以来，他们认为这些单位具有以前属于原子具有的那种不灭性。不幸的是质子和电子似乎可以结合、爆炸，其形成的不是新物质，而是以光速在宇宙中传播的能量波。于是能量必须代替物质成为永恒的东西。但能量不像物质，不是常识概念中"事物"的精炼；只是物理过程中的一种特征。可以异想天开地把它等同于赫拉克利特的火，但它是燃烧过程，而不是燃烧着的事物。近代物理学中已不存在"燃烧着的事物"。

以小见大，天文学已不容我们把天体看成是永恒的了。行星形成于恒星，恒星形成于星云。星云已持续存在若干时间，并将持续存在若干时间；然而它迟早——大约一万亿年后会爆炸，毁灭所有行星，回到到处气体弥漫的状态。至少天文学家这么说，也许临近这一末日了，他们会发现计算有误。

赫拉克利特永恒流变的学说令人痛苦，正如我们所见，科学无力推翻它。而哲学家的主要理想之一，便是复活那些似乎被科学扼杀了的希望。因而哲学家坚持不懈地寻求某种不受时间王国支配的东西。这由巴门尼德首先开始。

第五章　巴门尼德

希腊人在理论和实践上都不热衷于中庸。赫拉克利特认为万物都在变化；巴门尼德则认为没有事物是变化的。

巴门尼德是意大利南部爱利亚人，大约活跃在公元前 5 世纪上半叶。据柏拉图记载，苏格拉底年轻时（约公元前 450 年）见过当时已是老者的巴门尼德，并获益良多。不论是否确有其事，至少可推断出巴门尼德的学说影响过柏拉图，其他方面显然也可见其影响。意大利南部和西西里的哲学家比爱奥尼亚哲学家更倾向神秘主义和宗教。爱奥尼亚哲学家基本上有科学和怀疑的倾向。但在毕达哥拉斯影响下，数学在大希腊[1]发展得比在爱奥尼亚更迅速。那时，数学和神秘主义交织在一起。巴门尼德受毕达哥拉斯的影响，但影响有多大只能推测。巴门尼德的历史重要性在于他创造了一种形而上学的论证形式，其后大多数形而上学学者，一直到黑格尔身上还能发现不同形式的这种论证。人们常说黑格尔创造了逻辑，但他真正创造的是基于逻辑的形而上学。

巴门尼德学说在一首《论自然》的诗里有阐述。他认为感官有欺骗

---

[1]　意大利南部和西西里的希腊各城。——译注

性，并将大量可感知的事物斥为纯粹的幻觉。唯一真实的存在是无限的、不可分的"一"。它不是赫拉克利特说的那种对立物的统一，因为根本没有对立物。比如，他显然认为"冷"就是"不热"，"黑暗"就是"不光明"。巴门尼德想象的"一"不是我们想象的上帝；他似乎认为它是物质的且占据空间，因为他说它是球体。但它不可分，因其整体无所不在。

巴门尼德的学说分为"真理之道"和"意见之道"两部分。我们无需考虑后者。现存他所说的真理之道的要点如下：

> 你不能知道什么不存在 —— 那是不可能的 —— 也不能说出它来；因为能被思维的和能存在的是一回事。
>
> 那么现在存在的如何能在将来存在？或者说，它怎能存在？若它是过去存在的，现在就不存在；若它将来存在，那么现在也不存在。变就这样被消灭，也没有存在消逝的过程。
>
> 能被思维的事物就是思想存在的目的；因为没有思维所要表达的存在物，就不能发现思维。[1]

该论证的本质是：你思想时，必定是想到某个事物；使用一个名称时，它必是某个事物的名称。因此思想和语言都需要其本身以外的对象。而且既然可在一个时刻又在另一个时刻想到或说到同一个事物，那么能被想到或说到的，就必然存在于所有时间内。因此不可能有变化，因为变化包含事物的产生与消亡。

---

[1] 伯内特注："我以为这个意思是……不可能有想法对应的名称不指向真实事物。"

这是从思想和语言推导整个世界的最早的哲学论证。我们当然不能认可其合理性，但值得看看其中包含哪些真理。

我们可以用如下方式表达该论证：若语言不是毫无意义的，那么字词必意味着某个事物，而且它们一般必不意味着别的字词，而是意味着某种存在的事物，不管我们是否能提到它。例如，假设你说到乔治·华盛顿，除非有个历史人物叫这个名字，否则这个名字（看起来似乎）毫无意义，包含这个名字的语句也毫无意义。而巴门尼德认为，不仅乔治·华盛顿过去必然存在过，而且某种意义上他现在必然还存在，因为我们仍能有所指地使用他的名字。这看上去显然不对，但我们如何反驳呢？

似乎只有两种选择：一种是说他仍存在；另一种是说我们用"乔治·华盛顿"这个词时，不是真的在说叫这个名字的那个人。每种说法似乎都是悖论，但后者似乎不那么自相矛盾，我会试着说明它可以为真的意义。

巴门尼德认为字词的意义不变；这实际上是其论证基础，他假设这一点无可置疑。然而，尽管字典或百科全书给出的是官方的、社会公认的意义，但两个人用同一字词时，脑海中的想法不可能完全一样。

乔治·华盛顿本人可以用他的名字和"我"这个字作为同义词。他可以感知自己的思想及身体的动作，因此他比别人使用这个名字时有更充分的意义。他的朋友们在他面前也能感知其身体的动作，并能猜测其思想；对他们来说，乔治·华盛顿这个名字仍是指他们自己感受的某种具体事物。华盛顿去世后，他们不得不以记忆代替知觉，使用他的名字时，就包含一种心理过程发生的变化。对我们这些从不知道他的人来说，心理过程又不同。我们可以想到他的画像并对自己说"就是这个人"。我们可以想着"美国第一任总统"。若我们非常孤陋寡闻，那么他对我们来说可能就

是"那个叫作华盛顿的人"罢了。因为我们从不知道他，不管这个名字使我们想到什么，但绝不是华盛顿本人，只能是目前出现于感官、记忆或思想的东西。这就说明巴门尼德论证的错误。

若巴门尼德辩称，既然我们现在能知道通常被认为是过去的事物，那么它不可能是真正的过去，某种意义上必然是现在存在着。因此他推论说，没有所谓的变化。乔治·华盛顿的例子仍可应对这一论证。在某种意义上，可以说我们不知道过去；当我们回忆时，回忆出现在现在，并不等同于被回忆的事物；而回忆提供一种对过去事件的描述，且大多数实际情况下，没必要区分描述与被描述的事物。

整个论证说明，从语言中得出形而上学的结论是何等容易，而且避免这种谬误推论的唯一方法就是比大多数形而上学者更进一步推进语言的逻辑和心理研究。

我想若巴门尼德起死回生，会认为我的话非常肤浅。他会问："你怎么知道你关于华盛顿的叙述指的是一个过去的时间？照你的说法，直接的推论是对于现存的事物；比如，你的回忆是现在发生的，不是发生在你以为你在回忆时。若记忆被当作一种知识的来源，那么过去必须先于现在的思维，因此某种意义上一定仍存在。"

我现在不想回应这一论证，因为需要讨论记忆这个难题。我在此提出，是要提醒读者：重要的哲学理论以原有的形式被否定后，通常又能以新形式重新出现。很少有否定是不可更改的；大多数情况下，只是进一步完善的序曲。

巴门尼德学说被其之后直到近代哲学所接受的，不是一切变化的不可能性 —— 这个悖论过于强烈了 —— 而是实体的不灭性。其最近的后继人并未使用"实体"这个词，但这个概念已经出现在他们的思想中了。实体被设想为变化的谓项之不变主项。就这样，两千多年以来，它一直是哲学、心理学、物理学和神学的基本概念之一。稍后我还要详细地谈谈这一点。目前引入这个观点，是为了充分说明巴门尼德的论点，而又不否定明显的事实。

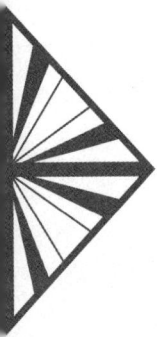

第六章　恩培多克勒

我们发现毕达哥拉斯集哲学家、预言家、科学家和江湖骗子于一身，而恩培多克勒也淋漓尽致地展示了这一点。恩培多克勒活跃于约公元前440年，虽然其学说在某些方面更接近赫拉克利特，但他与巴门尼德是同时代人，只是年纪稍轻。他是西西里南岸阿克拉加斯公民，民主派政治家，还自称为神。在大多数希腊城市，尤其在西西里的城市，民主和僭主制冲突不断；无论哪方领袖被击败，都会惨遭杀戮或流放。那些被流放的人很少会不去勾结希腊的敌人——东方的波斯和西方的迦太基。恩培多克勒也曾遭放逐，但他似乎宁做圣贤，也不愿做流亡的阴谋家。很可能他年轻时多少是俄耳甫斯派，被流放前就把政治和科学结合起来；而且他很可能只是晚年被流放时，才成了预言家。

关于恩培多克勒的传说很多。人们认为他引发过神迹，有时用魔术，有时用他的科学知识。据说他能控制风；曾让一个似乎已死了三十天的女人复活；据说最后他为证明自己是神，跳进埃特纳火山口而死。

有必要分开讲他的科学和宗教理念，因为它们彼此不一致。我们先谈科学，再谈哲学，最后谈宗教。

恩培多克勒对科学最重要的贡献是发现了空气是一种独立的实体。他通过观察将一只桶或类似器皿倒过来放入水中时，水不会进入桶中，证明了这一点。

他还至少发现了一个离心力的例子：把一杯水系在绳子的一端旋转，水不会流出。

他知道植物有性别，提出了一种演化理论与适者生存理论（必须承认多少是异想天开）：最初"到处散布着无数种族的生物，样貌各不相同，蔚为奇观"。有的有头无颈，有的有胳膊没肩膀，有的有眼睛没额头，还有零散的肢体等待结合。这些东西机缘巧合地结合起来；有的生物长着无数只手，走路摇晃；有的生着许多面孔和许多胸部，看向不同方向；有的牛身人面，还有的牛面人身。有结合了男性与女性特征，但不能生育的两性人。最后，只有几种形式生存下来。

天文学方面：他知道月亮因反射的光而发亮，并认为太阳亦如此。他说光传播需要时间，但时间非常短，短到我们察觉不到；他知道日食是由于月亮在地球和太阳中间而产生的，这个似乎是他从阿那克萨戈拉那里学到的。

他创立了影响柏拉图和亚里士多德的意大利医学学派。伯内特（第234页）说它影响了科学和哲学思想的整个趋势。

所有这些表明，他那个时代的科学活力是希腊晚期无法比拟的。

现在来谈他的宇宙论。他确立了土、气、火、水四种元素（虽然他没用过"元素"这个词）。其中每一种都是永恒的，但它们可以按不同的比例混合起来，这产生了世界上被发现的种种变化着的复杂物质。它们因爱结合，又被斗争分离。爱与斗争对恩培多克勒来说，是与土、气、火、水平等的原始物质。有时爱占优势，有时斗争更强大。曾经，在一个黄金时代里，爱大获全胜。那时，人们只崇拜塞浦路斯的爱神阿佛洛狄忒。世界

的一切变化不受任何目的支配，只被"机遇"与"必然"支配。这是一种循环：当各种元素被爱彻底混合后，斗争又逐渐把它们分开；斗争把它们分开后，爱又逐渐把它们结合起来。因此，每种合成的物质都是暂时的，只有元素本身以及爱和斗争是永恒的。

这和赫拉克利特有相似之处，但更缓和，因为造成变化的不仅是斗争，而是斗争与爱。

恩培多克勒认为物质世界是个球体；在黄金时代，斗争在外部而爱在内部；然后斗争逐渐进入内部而爱便被逐向外部，直到最坏的情况是斗争完全进入球内而爱完全处于球外。此后——虽然原因我们并不清楚——相反的运动便开始，直到重回黄金时代，但黄金时代并不永远常在。然后整个循环再次重演。固然可以假设这两个极端中任何一个可能是稳定的，但这不是恩培多克勒的见解。他想要用巴门尼德的论证解释运动，但他不想得出宇宙不变的结论。

恩培多克勒关于宗教的见解，大致是毕达哥拉斯式的。在一段极有可能是谈及毕达哥拉斯的片段里，他说："他们中的一个人有了不起的知识，精于各式各样的巧思，获得了最丰富的智慧；只要他肯用心思考，很容易看出一切事物在人类十代甚至二十代后的各种情况。"在我们已提到的黄金时代里，人们只崇拜爱神，"而且神坛上没有散发公牛的血腥气，人们认为撕碎公牛，并吃掉其肥大的肢体是最可憎的"。

柏拉图有段最有名的文章，把这个世界比作一个洞穴，在洞中只能看到外面明亮世界的各种现实的阴影，而这是恩培多克勒首先提出的；起源于俄耳甫斯派的教义。

有些人，可能是那些多次投生而得免于罪的人，最后达到与神同在的永恒幸福：

但最后他们[1]在人间出现，作为先知、歌者、医生和君主；从此他们荣耀无比的上升为神，与其他诸神同享香火、同享供奉，免于人间灾难，不受命运摆布，再不能受到伤害。

这一切内容，似乎没有什么是俄耳甫斯教义和毕达哥拉斯主义不曾包括的。

恩培多克勒的创造性，除了科学，还在于用四元素说及爱和斗争两个原则来解释变化。

他抛弃了一元论，把自然过程看作被偶然与必然，而不是被目的控制。在这些方面，他比巴门尼德、柏拉图和亚里士多德等人的哲学更科学。虽然，在其他方面他默许当时流行的迷信；但就此来说，他并没有比许多近代科学家更差劲。

---

[1]　这里没说明"他们"是谁，但可以假设他们是那些保持了纯洁性的人。

第七章　雅典与文化的关系

雅典的伟大始于两次波斯战争（公元前 490 年和公元前 480—前 479年）时期。在那之前，爱奥尼亚和大希腊出现过许多伟大的人物。马拉松之役（公元前 490 年）雅典战胜波斯王大流士，加上雅典领导下的希腊联合舰队战胜大流士之子及继承人薛西斯（公元前 480 年），为雅典树立极高的威信。各岛及部分小亚细亚大陆上的爱奥尼亚人曾反叛波斯，波斯人被逐出希腊大陆后，雅典解放了爱奥尼亚人。只关心自己领土的斯巴达人未参与此次战役。因此雅典成为反波斯同盟中的主要一员。盟约规定，任何成员国都有义务提供一定数量的船只或相当价值的资金。大多数城邦选择后者，因此比起其他盟国，雅典掌握了海上霸权，并逐渐将同盟转化为雅典帝国。在伯里克利的英明领导下，雅典变得富庶繁荣；伯里克利由公民自由选举产生，执政约三十年，直到公元前 430 年下台。

伯里克利时代是雅典历史上最幸福、最光荣的时代。参加过波斯战争的埃斯库罗斯开创希腊悲剧；他的悲剧之一《波斯人》一反采用荷马题材的习惯，转而写大流士的溃败。索福克勒斯紧随其后，继索福克勒斯之后是欧里庇得斯。欧里庇得斯一直活到伯里克利下台及其去世后伯罗奔尼撒战争的黑暗时期，他的剧本反映了后期的怀疑主义。他同时代的喜剧诗人阿里斯托芬从稳固而有限的常识出发，嘲笑各种主义；特别是他公开指责苏格拉底，认为他否认宙斯的存在，搞亵渎神明的伪科学的神秘主义。

雅典曾被薛西斯占领，雅典卫城上的神殿被火烧毁。伯里克利致力于神殿重建。他修建帕特农神殿等神殿，这些神殿遗址至今都令人赞叹。雕塑家菲狄亚斯受聘于政府，塑造了巨型男女神像。这一时期末，雅典成为希腊世界最美丽、最繁华的城邦。

历史学之父希罗多德是小亚细亚的哈利卡尔那索斯人，但他住在雅典并得到雅典城邦支持，从雅典的视角记述波斯战争。

伯里克利时代雅典的成就在整个历史上或许是最令人惊叹的。在那之前，雅典落后于许多希腊城邦；不论是艺术还是文学上都未出现过任何伟大人物（除了梭伦，他主要是位立法者）。突然，在胜利、财富以及重建需求的刺激下，大批至今仍无人能及的建筑家、雕塑家和戏剧家创作出了直至近代仍十分重要的作品。

哲学方面，雅典仅出现两位大人物，苏格拉底和柏拉图。柏拉图年代稍晚，苏格拉底的少年及成年初期在伯里克利统治时期。雅典人对哲学十分感兴趣，热切聆听其他城市来的教师们宣讲。青年人追随智者，希望学习辩论术。伯里克利把阿那克萨戈拉引进雅典；苏格拉底自认从阿那克萨戈拉那里学到了心灵在创造过程中的首要地位。

柏拉图假设其大部分对话发生在伯里克利时代，展现了富人惬意的生活画面。柏拉图出身雅典贵族家庭，成长于上层阶级的财富与安全被战争和民主摧毁前的那个时代。那时的青年无需工作，大部分闲暇用于追求科学、数学和哲学；他们几乎都能背诵荷马作品、鉴赏评判职业诵诗者。演绎法刚被发现不久，激发了整个知识领域各种或真或假的新理论。在那个时代就像其他少数时代一样，人们有可能既有智慧又有幸福，而且是通过

智慧得到幸福。

但产生这一黄金时代的各种力量之间是不稳固的。内部受民主政治威胁，外部受斯巴达威胁。为了理解伯里克利以后发生的事，必须简单研究一下阿提卡早期的历史。

阿提卡像希腊其他城邦一样，在荷马时代原是个君主国，但国王变成了没有政治权力的纯宗教官吏。政府落入贵族手中，贵族既压迫乡村农民，也压迫城里的工匠。公元前 6 世纪早期，梭伦朝民主发展方向进行了妥协，他的许多成就一直持续到后来庇西特拉图及其后嗣们的僭主政治时期。这一时期结束时，作为僭主政治对头的贵族已能支持民主政治。直到伯里克利倒台，民主进程赋予了贵族权力，就像 19 世纪的英国那样。但伯里克利晚期，雅典民主政治领袖开始要求享有更多政治权力。同时和雅典繁荣紧密相连的伯里克利的帝国主义政策造成与斯巴达的摩擦不断，最终导致了伯罗奔尼撒战争；雅典在这场战争中完败。

雅典虽政治崩溃，但威望仍在，作为哲学中心几乎达一千年之久。数学和科学上虽被亚历山大城超越，但其哲学上的地位因亚里士多德和柏拉图而至高无上。柏拉图曾讲学的学园，比其他学院存续得更久，罗马帝国皈依基督教后，它作为异教孤岛又持续了两个世纪。公元 529 年才被不容宗教异说的查士丁尼关闭，黑暗时代随之降临欧洲。

第八章　阿那克萨戈拉

哲学家阿那克萨戈拉虽不能和毕达哥拉斯、赫拉克利特及巴门尼德相提并论，但也有相当的历史重要性。他是爱奥尼亚人，传承了爱奥尼亚科学与理性主义的传统。他是将哲学带入雅典的第一人，也是暗示心灵可能是物理变化首因的第一人。

约公元前 500 年，他生于爱奥尼亚的克拉佐美尼。约公元前 462 年至公元前 432 年，他在雅典度过了三十年。他可能是被正致力于教化国人的伯里克利招进雅典。可能是来自米利都的阿斯帕西亚将他介绍给伯里克利。柏拉图在《斐德罗篇》中说：

> （伯里克利）似乎和阿那克萨戈拉交情很好，阿那克萨戈拉是位科学家；伯里克利彻底研究了有关天上事物的理论，了解智与愚的本质后，从中汲取提高自己演讲艺术的东西。这些正是阿那克萨戈拉讨论的主要事物。

阿那克萨戈拉认为万物可以无限分割，哪怕最小的物质也包含各种元素。事物显示的就是其包含最多的东西。这样，例如万物都包含一些火，

但唯有火的数量占优势时，才能称为火。他像恩培多克勒一样反对虚无，说滴漏或充气的皮囊说明看似什么都没有的地方是有空气的。

他和前人不同，认为心灵（努斯）也是生物组成的实质，把生物和死的物质区别开。他说：每一个事物里都含有各种事物的一部分，心灵除外，但有些事物也包含心灵。心灵有支配一切有生命的事物的力量，它是无限的，自己支配自己，不与任何事物混合。除了心灵，每一个事物不管多小，都包含一切对立物的一部分，诸如热与冷、白与黑。他主张雪（有部分）是黑的。

心灵是一切运动的根源。它引起旋转，这种旋转逐渐传至整个世界，使最轻的事物飘到表面上，而最重的则落向中心。心灵是一样的，人和动物的心灵一样善。人明显的优越性在于有一双手；一切看似智力的不同，实则是由于身体的不同。

亚里士多德和柏拉图笔下的苏格拉底，都抱怨阿那克萨戈拉介绍心灵后，却几乎没有应用。亚里士多德指出他将心灵作为一个因，只是因为他不知道有别的因。他尽量在各处做出了机械的解释。他反对以必然与偶然作为事物的起源，而他的宇宙论里没有"天意"。他似乎对伦理或宗教考虑得不多；或许像审判他的检察官所说，他是无神论者。除了毕达哥拉斯，所有他的前人都影响过他。巴门尼德对其影响跟对恩培多克勒的一样。

他对科学贡献很大。他第一个解释了月亮是由于反射光而发光，虽说巴门尼德也很隐晦地暗示自己知道这点。阿那克萨戈拉提出了月食的正确理论，还知道月亮位于太阳之下。他说太阳、星辰都是火石，但我们感觉不到星辰的热，因为它离我们非常遥远。太阳比伯罗奔尼撒还大。月亮上有山，也（他认为）有居民。

　　据说阿那克萨戈拉是阿那克西美尼学派；无疑他保持了爱奥尼亚人理性与科学的传统。他不执着伦理和宗教，这种执着从毕达哥拉斯学派传到苏格拉底，又从苏格拉底传到柏拉图，将蒙昧主义的偏见带进希腊哲学。他不算是第一流的，但作为将哲学带给雅典的第一人，也是影响苏格拉底的人之一，他举足轻重。

第九章　原子论者

原子论的创始人是留基波和德谟克利特。他们通常被一同提起，留基波的某些作品似乎后来还被误认为是德谟克利特所作，因此很难区分二人。

留基波来自米利都，继承了与米利都相关的科学理性主义哲学，约公元前440年，他的事业达到鼎盛时期。[1]他受巴门尼德和芝诺影响很大。人们对他所知太少，以至于有人认为伊壁鸠鲁（德谟克利特后期的追随者）完全否认其存在，一些近代学者也重新提出这一看法。而亚里士多德的著作中多次暗指过他，若他只是神话人物，出现这些暗指（包括对原文的引文），似乎令人难以置信。

德谟克利特则没那么多不确定性。他是色雷斯的阿布德拉人；至于他的年代，他说阿那克萨戈拉年事已高时，可以说是在公元前432年左右，那时他还年轻，所以人们认为他事业鼎盛期在公元前420年左右。他遍历南部和东部各国寻求知识；他也许在埃及待过很长时间，而且肯定到过波斯，然后回到阿布德拉，在此终老。策勒尔称他"知识渊博，超过所有古

---

[1]　西里尔·贝利在《希腊原子论者与伊壁鸠鲁》一书中认为，他约公元前430年或更早一点达到鼎盛。

代和当代哲学家；思维敏锐性和逻辑正确性超过大多数哲学家"。

德谟克利特和苏格拉底和智者学派是同时代，如果完全按时间顺序，应稍后叙述。但很难将其与留基波分开讨论。因此在苏格拉底和智者学派前先讨论他，虽说其哲学一部分就是为了回应其同乡而且是最杰出的智者普罗泰戈拉的。普罗泰戈拉访问雅典时，受到热烈欢迎；而德谟克利特却说："我到了雅典，可没一个人知道我。"他的哲学在雅典长期被人忽视；伯内特说："我们不清楚柏拉图是否知道有关德谟克利特的任何事情……另一方面，亚里士多德却很了解德谟克利特，因为他也是来自北方的爱奥尼亚人。"[1] 柏拉图的《对话录》中从未提到过他，第欧根尼·拉尔修说，柏拉图非常讨厌他，甚至想烧掉他所有著作。但他作为数学家备受希斯尊重。[2]

留基波和德谟克利特哲学共同的基本观念出自留基波，但就其发展而言，不太可能把两人分开。不是德谟克利特，就是留基波试图调和巴门尼德与恩培多克勒分别代表的一元论和多元论时，走向了原子论。他们的观点很像近代科学的观点，避免了大部分希腊冥想易犯的错误。他们认为万物的本原是原子，原子在物理上而不是在几何上不可分；原子之间存在虚空；原子是不灭的；原子一直运动，且将永远运动。原子的数目甚至种类也是无限的，不同的只是形状和大小。亚里士多德说 [3]，照原子论者的说法，原子热度也不同，构成火的球状原子最热；至于重量上，他引用德谟克利特的话："任何不可分割的占比越多，则重量越大。"而原子究竟有没有重量，原子论者说法不一。

---

[1]《从泰勒斯到柏拉图》第 193 页。
[2]《希腊的数学》卷一，第 176 页。
[3]《论产生和毁灭》326 节 a。

原子永远在运动着，但注疏者对原始运动的特性意见不一。有人认为，尤其是策勒尔认为，原子永远在降落，越重的原子降落得越快；于是它们会追上较轻的原子，产生撞击，原子就像台球一样被弹开。这一定是伊壁鸠鲁的观点；其理论很多方面基于德谟克利特的理论，又相当不聪明的努力要顾及亚里士多德的批评。但有充分理由认为，留基波和德谟克利特的原子的本质不是重量。这部分人认为，很可能原子起初是随机运动着，就像近代气体分子运动论。德谟克利特说，在无限的虚空里既无上也无下，他把原子在灵魂中的运动比作没有风时尘埃在一束阳光中的运动。这比伊壁鸠鲁的看法高明得多，我们可以假设这是留基波和德谟克利特的看法。[1]

产生冲撞后，原子群形成漩涡。其余过程大多如阿那克萨戈拉所说，然而从物理上而不是心灵作用上来解释漩涡是个进步。

古代通常总是谴责原子论者把万物归于偶然。然而相反，他们是严格的决定论者，相信万物依照自然法则运行。德谟克利特明确否定任何事物可以由于偶然而发生。[2] 虽说还不确定是否真有留基波其人，人们认为他说过："没什么是无端发生，万物皆有因，万物皆必然。"当然他没解释世界为何本应是其原本的样子，这点可能已因于偶然。但世界一旦存在，其继续发展就不可更改地被机械原理支配。亚里士多德等人指责他和德谟克利特没说明原子的原始运动，但在这点上原子论者比其批评者科学得多。因果关系必从某事物开始，但无论从哪里开始，都不能确定初始数据的原因。世界可归因于造物者，即使那样，造物者自身也不能加以解释。事实上，原子论者的理论比古代提出的任何理论，都更接近近代科学理论。

---

[1] 这是伯内特采用的解释，而且贝利，至少对留基波也采用这个解释（前引书，第83页）。
[2] 见贝利前引书，第121页，论德谟克利特的决定论。

与苏格拉底、柏拉图和亚里士多德不同，原子论者力图不用"目的"或"终极因"的观念解释世界。一件事情的"终极因"是未来的另一件事，这件事以未来那件事为目的发生。这个概念适用于人类事务。面包师为什么要做面包？因为人们会饥饿。为什么要建造铁路？因为人们想要旅行。在这种情况中，用事物实现的目的来解释事物。我们问一件事"为什么"时，可以指："这一事件实现了什么目的？"也可以指："先前什么情况造成了这一事件？"前者的回答是目的论的解释，或是用终极因来解释的；后者的答案是一种机械论的解释。我看不出事先怎能知道科学该问这两个问题中的哪一个？或是否两个都该问？但经验表明，机械论的问题导向科学知识，目的论的却没有。原子论者提出的是机械论的问题，且给出了机械论的答案。但他们的后继者，直到文艺复兴时代，对目的论的问题都更感兴趣，就这样将科学引入了死胡同。

这两个问题有一条大众和哲学家常常忽略的界限。两个问题都不能清楚地提问全体实在（包括上帝），只能提问部分实在。目的论的解释通常很快得出的结论是造物者，或至少是设计者，造物者的目的在自然过程中实现。但若有人坚持目的论，一定要继续追问造物者实现了什么目的，他的问题显然就是不敬了。而且这个问题也毫无意义，因为要使其有意义，一定得设想造物者被一位太上造物者创造，而造物者实现了这位太上造物者的目的。因此，目的的概念只适用于实在的范围之内，而不适用于全体实在。

类似论证也可用于机械论的解释。一件事以另一件事为其原因，这另一件事又以第三件事为其原因，如此类推。若我们要求整体的原因，就不得不又回到造物者，他本身必须是没有原因的。因此，一切因果式的解释必定有一个任意的开端。这就是为何原子论不解释原子的原始运动不能算

缺陷了。

不应设想原子论的前提完全是经验的。原子论在近代被重新用来解释化学事实，这是希腊人所不知的。在古代，经验观察与逻辑论证无显著区别。的确，巴门尼德鄙视观察到的事实，而恩培多克勒和阿那克萨戈拉却把大部分的形而上学和对滴漏与旋转水车的观察结合起来。直到智者时代，似乎没有哲学家怀疑过可由大量推理与某些观察相结合而建立起一套完整的形而上学和宇宙论。原子论者非常幸运地想出一个假说，两千多年后人们发现了支持这个假说的一些证据，而原子论者的观点在他们那个时代是没有任何稳固的基础的。[1]

像他那时的哲学家一样，留基波也一心想发现可以调和巴门尼德的论证和明显的运动与变化事实的方式。

德谟克利特相当详尽地提出其理论，其中有些陈述非常有趣。他说每个原子都不可渗透、不可分割，因为它里面没有虚空。用刀切苹果时，刀必须找到可以插进去的空的地方；若苹果里没有虚空，就会非常坚硬，因此物理上不可分割。每个原子内部是不变的，是一个事实上的巴门尼德式的"一"。原子只是运动和互相冲撞，有时相互结合，若它们的形状正好能互相嵌合的话。原子形状各异；火由小的球状原子构成，灵魂也是。原子冲撞形成漩涡，漩涡产生物体，最终产生世界。[2]存在许多世界，有些在生长，有些在衰亡；有些可能没有日月，有些可能有几个日月。每个世界都有开始和结束。一个世界会由于与另一个更大的世界冲撞而毁灭。

生命从原始的污泥生出。一个生命体全身到处有一些火，大脑或胸中最多。（权威人士对此意见不同。）思想是一种运动，从而能引起其他地

---

[1] 关于原子论派理论的逻辑和数学基础，见加斯顿·米约：《希腊的几何哲学家》，第 4 章。

[2] 关于这一过程发生的方式，见贝利，前引书第 138 页以下。

方的运动。知觉和思想是生理过程。知觉有两种，一种感性的，一种悟性的。悟性知觉只依赖被知觉的事物，而感性知觉则同时依赖感官，所以容易有欺骗性。德谟克利特和洛克一样，认为有些性质，如温暖、美味和颜色不真正在客体内，而是我们感官的作用，但有些性质，如重量、密度和硬度则真正在客体内。

德谟克利特是不折不扣的唯物主义者；我们已看到，他认为灵魂由原子组成，思想是物理过程。宇宙中没有目的，只有被机械法则支配的原子。他不信民间宗教，驳斥阿那克萨戈拉的心灵。伦理学方面，他认为快乐是人生的目标，节制与修养是获得快乐最好的手段。他厌恶任何强烈、狂热的事物；他不赞同性行为，因为他说性使意识被快乐击溃。他珍视友谊，但看不起女人，也不想要孩子，因为教育孩子会干扰哲学。所有这些以及他对希腊人所谓民主的热爱都很像杰里米·边沁。[1]

至少我认为德谟克利特是最后一个没有那种损害了所有后来的古代和中世纪思想错误的希腊哲学家。迄今为止我们探讨过的所有哲学家，都无私地努力想要了解世界。他们以为了解世界比实际上容易得多，但要是没有这种乐观精神，他们也不会有勇气开始。他们的态度只要不只是体现时代的偏见，基本上是真正科学的。但又不仅仅是科学的，还充满想象力、朝气蓬勃，充满冒险的乐趣。他们对一切事物感兴趣——流星和日月食、双鱼宫和旋风、宗教和道德；他们兼有深刻的智慧和赤子的热诚。

此后，尽管有空前的成就，衰落的迹象开始显现，后逐渐衰颓。问题在于，哪怕是德谟克利特之后最明智的哲学，相对于宇宙，还是过分强调了人。首先随智者派出现的怀疑主义，就是引导人们研究我们如何知道，

---

[1] 他说："宁要民主国家的贫困，不要专制者所谓的繁荣，就像宁要自由，不要奴役。"

而不是努力获取新知识。然后随着苏格拉底出现了对伦理的强调；随着柏拉图开始否定感性世界，支持自我创造的纯粹思维世界；随着亚里士多德出现以目的作为科学的基本概念。虽然柏拉图和亚里士多德是天才，但他们的思想也有最后被证明极其有害的缺点。自他们以后，活力衰退，民间迷信逐渐复燃。天主教正统教义的胜利带来了一部分新面貌；但直到文艺复兴，哲学才重获苏格拉底的前辈们特有的那种活力和独立。

第十章　普罗泰戈拉

我们一直在讨论的前苏格拉底时期的那些伟大体系，公元前5世纪后半叶遭到怀疑运动的反对，其中最重要的人物是智者派领袖普罗泰戈拉。"智者"一词本无不好的内涵；意思差不多是我们说的"教授"。智者靠教授青年实际生活中有用事物谋生。当时没有公共教育经费，所以智者只教那些有私产或家长有私产的人。这往往使他们有某种阶级偏见，当时的政治形势又加深了这种偏见。在雅典和许多其他城市，民主制在政治上获胜，但没有采取任何措施削减旧贵族世家的财富。体现我们心目中所谓希腊文化的，基本上是富人：他们受过教育、有闲暇，游历减少了他们的传统偏见，他们花在辩论上的时间又增长了才智。但所谓的民主制未触及使富人无需压迫自由公民便能享有财富的奴隶制。

然而在许多城市里，尤其在雅典，较穷的公民双重仇视富人，一来自嫉妒，二来自反对变革的传统主义。富人被认为不虔敬、不道德，这通常没错；他们在颠覆古代信仰，并可能试图摧毁民主制。于是政治上的民主制与文化上的保守主义互相结合，而文化革新派往往是政治反动派。

雅典民主制严重的局限性是不包括奴隶和女性，但某些方面比任何近代体制更民主。法官和大部分行政官都由抽签选出，且任期很短；因此他

们都是普通公民，就像我们的陪审员，他们有普通公民特有的偏见，而且不专业。一般许多法官审理一个案件。原告与被告，或公诉人与被告，不是通过专业律师，而是亲自出庭。胜败自然大多取决于打动群众偏见的演讲技巧。虽然必须亲自发言，但人们可雇专家代写发言稿，或花钱学习法庭上获胜需要的技巧。智者被公认是教人这些技巧的。

在这样的社会里，那些可能遭民主派政治家敌视的人自然想掌握辩论术。尽管雅典人迫害成瘾，但有一点，远不像近代美国人那样狭隘，因为那些被控不虔敬、败坏青年人的人还可出庭为自己申辩。

这说明为何一个阶级欢迎智者派，而另一个阶级则不欢迎；但智者都自认并非为个人目的服务，显然他们其中很多人确实认为哲学很重要。

普罗泰戈拉约公元前 500 年生于阿布德拉。他到过雅典两次，第二次不迟于公元前 432 年。公元前 444 年至公元前 443 年他为图利城制定一部法典。传说他被控不虔敬，但这似乎不真实，尽管他写的《论神》开头说："至于神，我不确定他们存在还是不存在，也不确定他们长什么样；因为许多事物妨碍可信的知识，例如问题的晦涩以及人生的短促。"

柏拉图在《普罗泰戈拉篇》中略带讽刺地描述了普罗泰戈拉第二次到雅典的情况，在《泰阿泰德篇》中认真讨论了其学说。他主要因其"人是万物的尺度，是存在事物存在的尺度，也是不存在事物不存在的尺度"的学说而著名。该学说被理解为每个人都是万物的尺度，于是人们意见分歧时，就无客观真理可依。该学说本质上是怀疑主义的，且大概基于感觉的"欺骗性"。

实用主义的三位创始人之一，费迪南德·坎宁·斯库特·席勒习惯自称普罗泰戈拉的弟子。这点我想是因为柏拉图在《泰阿泰德篇》里暗示（作为对普罗泰戈拉的一种解释），一种意见可能比另一种意见更好，但不一定更真。例如黄疸病人看上去发黄，说他身上不是真的黄色，而是健康人眼里看到的那种颜色，没有意义；但可以说，既然健康比疾病好，所以健康人的意见比黄疸病人的意见好。这种观点显然接近实用主义。

由于不相信客观真理，大多数人根据实际用途决定自己究竟应相信什么。因此普罗泰戈拉走上捍卫法律、公序良俗和传统道德的道路。可见，尽管他不知道神是否存在，但确信应当崇拜神。对一个彻底而又有逻辑的理论怀疑主义者来说，这一观点显然是对的。

普罗泰戈拉壮年周游希腊各城邦一直以收费讲学为生，教授"任何想要获得实用的能力及更高精神修养的人"。柏拉图反对智者教书收费，在近代观念看来多少有点清高。柏拉图本人私产不菲，显然不能体会那些没他富裕的人的需求。奇怪的是，近代教授虽找不出拒绝薪水的理由，也一再重复柏拉图的指责。

智者还有一点与当时大多数哲学家不同。除了智者派，通常教师会建一所有点儿兄弟会性质的学校；这里多少有一定的共同生活的情况，往往有些类似僧院的规矩，还常有一种不公布于众的深奥学说。在哲学起源于俄耳甫斯教的地方，这很自然。智者派则认为他们所教的与宗教或德行不相干。他们教辩论术，以及有助于这种技术的知识。他们一般和近代的律师一样，只准备教人如何支持或反对某个观点，并不关心去倡导他们得出的结论。认为哲学是一种与宗教紧密结合的生活方式的人自然感到震惊；在他们看来，智者派轻浮无德。

某种程度上，不仅普罗大众，而且柏拉图及其后的哲学家都嫌恶智者派，因为他们智力优异。但若全心全意追求真理，则必须撇开道德因素。我们事先不可能知道真理在某个社会是否被证明有教益。智者派乐意追随论证得出的结论，而这往往使他们走到怀疑主义。其中高尔吉亚主张无物

存在；即使有物存在，也不可知。即使存在且可知，也无法告诉别人。我们不知道他的理由是什么，但我很容易想象到他的理由很有逻辑力量，使其对手只好用教化的说法来逃避。柏拉图热衷宣传使人变成他心目中有德行的样子；但他思想上几乎从来不诚实，因为他判断学说的标准是其社会影响。甚至这一点，他也不诚实；他假装跟随论证且用纯粹理论的标准下判断，但事实上却曲解论述，使之达到道德的结论。他把这个缺点带入哲学，从此哲学一直有这个缺点。或许主要是对智者派的敌意，才使他的对话录有这个特点。柏拉图后所有哲学家的缺点之一，就是对伦理学的研究基于的假设是他们已知要得出的结论。

公元前5世纪晚期的雅典，似乎有人教授着不仅在当时的人，而且今天的民主国家看来都是不道德的政治学说。柏拉图《理想国》第一卷里色拉叙马霍斯就论证过正义即强者利益；法律是政府为自身的利益而制定；权力争斗中没有任何可援用的客观标准。柏拉图记载（见《高尔吉亚篇》）卡里克勒斯有过类似学说。他说自然法则是强者的法则；但人们为了方便，确立种种制度和道德戒条约束强者。这些学说在当今比在古代获得更广泛的认可。无论人们对此怎么看，它们都不是智者派的特征。

公元前5世纪，在愚蠢残酷的保卫摇摇欲坠的正统教义的冲突中，雅典从僵硬的清教徒式的单纯转变为机智且同样残酷的犬儒主义。在这一世纪初，雅典人领导爱奥尼亚的城邦反抗波斯，公元前490年马拉松一役获胜。公元前404年雅典被斯巴达打败，公元前399年苏格拉底被判死刑。此后雅典政治上的重要地位终结，却取得了无可争辩的文化上的至高地位，并一直持续到基督教的胜利。

公元前5世纪，雅典有些史实对理解柏拉图及其后的全部希腊思想极其重要。第一次波斯战争中，由于马拉松之战决定性的胜利，主要荣耀属于雅典。十年后第二次战争中，雅典海上势力仍是希腊最强；但陆上胜利主要属于斯巴达人，他们是希腊世界公认的领袖。而斯巴达人思想狭隘，波斯人被逐出希腊的欧洲部分后，他们就不再抵抗波斯人。雅典则成功地保卫了亚洲部分的希腊人，并解放了那些被波斯人征服的岛屿。雅典成为海上霸主，并获得爱奥尼亚各岛相当大的帝国主义式的控制权。伯里克利是温和的民主派，也是温和的帝国主义者；他领导下的雅典繁荣起来。雅典城的财富及文化迅速增加；在这样的时代不变的是，特别是对外贸易带来财富增加时，传统的道德和信仰在衰退。

此时雅典艺术上的卓越比知识上更显著。公元前 5 世纪的伟大数学家和哲学家除了苏格拉底，没一位是雅典人；苏格拉底不写作，只专注口头论辩。

公元前 431 年伯罗奔尼撒战争的爆发与公元前 429 年伯里克利的逝世，开启了雅典历史上较黑暗的时期。雅典人在海上占优势，但斯巴达人握有陆上霸权，并在夏季多次侵占阿提卡（雅典城除外）。结果雅典城拥挤不堪，且饱受瘟疫折磨。公元前 414 年雅典人派出对西西里的大远征，希望占领与斯巴达联盟的叙拉古，但失败了。战争使雅典人变得凶残暴虐。公元前 406 年他们征服米洛斯岛，杀光了所有到征兵年龄的男子，把其他居民掠为奴隶。欧里庇得斯的《特罗伊妇女》这个剧本就是对这种野蛮行径的抗议。意识形态也有冲突，因为斯巴达是寡头政治的代表，而雅典则是民主政治的代表。雅典人有理由怀疑他们一些贵族有叛国行为，与公元前 405 年伊哥斯波塔米之战中海军的最后溃败脱不了干系。

战后斯巴达人在雅典建立了寡头政府，史称三十僭主。三十僭主中有些人，包括他们的首领克里提亚，曾是苏格拉底的学生。他们当然不

得人心，不到一年就被推翻。斯巴达同意重新恢复民主制，但这民主制受人诟病。这一民主制由于有大赦，无法直接报复其内部敌人，却喜欢找各种在大赦的范围外的借口指控他人。这种形势造成了苏格拉底的审判与死刑。

第二篇

苏格拉底、柏拉图、亚里士多德

PART II SOCRATES, PLATO, AND ARISTOTLE

第十一章　苏格拉底

苏格拉底对于历史学家来说是个棘手的话题。可以肯定，我们对很多人知之甚少，对另外许多人了如指掌，但不确定对苏格拉底，我们究竟是了解还是不了解。毫无疑问，他是出身雅典中产之家的公民，一生从事辩论，给青年教授哲学，但不像智者那样为了赚钱。他的确受审被判死刑，公元前399年就刑，时年七十岁。他无疑是雅典的著名人物，因为阿里斯托芬在剧本《云》中讽刺过他。除此之外，就莫衷一是了。他的两位弟子色诺芬和柏拉图，对其有大量记叙，但内容大不相同。即使两人说法一致时，伯内特暗示是色诺芬抄袭柏拉图。对不一致的地方，有人相信色诺芬，也有人相信柏拉图，还有人两人说法都不信。在这场众说纷纭的争论中，我不敢支持任何一方，但将简述不同的观点。

色诺芬是个头脑不太聪明的军人，思想基本上因袭保守。他对苏格拉底竟被指控不虔敬和败坏青年感到难过；相反，他主张苏格拉底是非常虔敬的，而且对受其影响的人起了十分有益的作用。他的想法看来单调乏味、老生常谈，完全没有颠覆性。伯内特说："色诺芬给苏格拉底做的辩护成功过头了。若苏格拉底真是那样，绝不会被处死刑。"（《从泰勒斯到柏拉图》第149页）

　　人们一直倾向色诺芬说的一定都真实可信，因为他没那种聪明，能想出任何不真实的事物。但愚蠢的人复述聪明人的话时，总不会精确，因为他会不自觉地把听到的话转化成他能理解的语言。我宁愿让我的哲学家死敌，也不愿让不懂哲学的好朋友复述我的话。因此，若色诺芬的话有任何哲学上的难点，或未完全论证苏格拉底受刑不公正，我们就不能接受。

　　但色诺芬的某些回忆非常令人信服。他说过（柏拉图也说过）苏格拉底是如何不断思考使有才能的人当权的问题。苏格拉底会问："若我想修鞋，我要去找谁呢？"对此，一些天真的青年答道："啊，苏格拉底，去找鞋匠。"他继续提到木匠、铜匠等，最后问："谁该来修理国家这艘船呢？"他与三十僭主发生冲突时，三十僭主的领袖，那个曾向他求学而熟知其方法的克里提亚，禁止他继续教导青年，还对他说："别再讲你那套鞋匠、木匠和铜匠了。想想你讲了多少次了，现在都被你讲烂了"（色诺芬《回忆苏格拉底》，卷1，第2章）。这发生在伯罗奔尼撒战争结束后，斯巴达人短暂的寡头统治时期。但雅典大部分时期是民主制，民主到连将军也要经过选举或抽签。苏格拉底劝一个想当将军的青年最好学点战术，又派另一个青年学习理财之道。他对许多人，包括国防长官在内，都采取这种办法；但人们最终裁定鸩死他，让他沉默，这比祛除他指出的种种弊端更简单。

　　柏拉图笔下的苏格拉底，难点与色诺芬的全然不同；那就是，很难判断柏拉图究竟有多少是想描绘历史上真实的苏格拉底，多少想把他《对话录》中的叫苏格拉底的仅作为自己意见的传声筒。柏拉图不仅是哲学家，还是极具天才与魅力、想象力丰富的作家。没人认为，就连柏拉图本人也不真以为他的《对话录》里那些谈话真如他所记录的那样。但不管怎样，早期对话十分自然，人物也十分令人信服。正因为柏拉图是优秀的小

说家，才让人怀疑他撰写的历史。他笔下的苏格拉底前后一致而又极其有趣，远非大多数人能创作出来的；但我认为柏拉图本就能创作出他来。至于他究竟是否创作了苏格拉底，当然是另外一个问题。

通常认为具有历史真实性的一篇对话是《申辩篇》。据说这是苏格拉底受审时为自己做的辩护词。审判时柏拉图在场，似乎很显然，他写下来的就是他记得苏格拉底所说的，而且基本上也是他想要呈现的历史。这篇对话虽有其局限性，却足以相当确切地刻画出苏格拉底的性格。

苏格拉底受审的主要事实毋庸置疑。对其的指控是："苏格拉底是恶人、怪人，他窥探天上地下的事物；把坏的说成好的，还教给别人这一切。"几乎可以肯定，仇视他真正的理由是人们认为他勾结贵族；他的学生大部分是贵族，而且其中当权的几个已证明为害甚剧。而由于大赦，这个理由不能公开提出来。他被多数人认定有罪，那时按雅典法律，他可要求比死刑轻的处罚。法官们如认为被告有罪，就必须在控方和被告要求的处罚间选择。因此，若提出实质性且法庭可能认定适宜的处罚，对苏格拉底是有利的。而他却提出处以三十个迈纳的罚金。这个处罚太轻了，结果法庭恼怒，判他死刑，判他死刑的人比判他有罪的更多。他无疑预见了这个结局。显然他不想以看似认罪的让步以求免死。

检察官有安尼图斯，民主派政治家；美勒托，悲剧诗人 ——"年轻无名，头发细长，胡须稀疏，有个鹰钩鼻"；还有吕孔，寂寂无名的修辞家（见伯内特《从泰勒斯到柏拉图》，第 180 页）。他们主张苏格拉底犯的罪是不敬国家奉的神并宣传其他的新神，还以此教导青年、败坏青年。

我们不再纠结柏拉图笔下的苏格拉底和真实的苏格拉底的关系这个无解的问题，看看柏拉图笔下的苏格拉底如何回应这次控诉吧。

苏格拉底开始就控诉他的检察官们善辩，并反驳别人指责自己的善辩。他说他唯一的辩才就是真理。

他继续说，除了正式的起诉者，还有一大帮非正式的，在这些法官们还是小孩时，他们就到处"宣扬有个苏格拉底，是个聪明人，他思考天上的事物，探究地下的事物，还把坏的说成好的"。他说，人们以为这样的人不信神的存在。舆论这种老套的指责比正式的判决更危险，尤其危险的是除了阿里斯托芬，他不知何人说这样的话。[1] 回应这种老套的、仇视他的种种根据时，他指出自己不是科学家，"我不做物理推测"，也不是教师，不以教学挣钱。他接着嘲笑智者，否认他们有其自称掌握的知识；而"我为何被称为有智慧，但声名狼藉？"

据说有人向德尔斐先知求问，问有没有人比苏格拉底更有智慧，神谕称再无别人。苏格拉底说自己完全困惑了，因为他一无所知，而神又不能撒谎。因此，他遍访以智慧出名的人，看是否能证明神错了。他先请教一位政治家，这位政治家"被许多人认为有智慧，但自视更有智慧"。苏格拉底很快发现此人没有智慧，和蔼而坚定地向他说明这点，"结果他恨上我了"。随后他又请教诗人，请他们讲解作品中的段落，但他们却做不到，"于是我知道诗人写诗不是凭智慧，而是凭天才与灵感"。他又请教工匠，也一样让人失望。他说，这个过程中他树了很多死敌。最后他总结道："只有神有智慧；他的答复是要指明，人的智慧没什么价值或一文不值；神不是在说苏格拉底，只是用我的名字来说明，像在说：人啊！唯有像苏格拉底那样知道自己的智慧实际上毫无价值的人才最有智慧。"他所有时间都耗在让这些冒充智慧的人难堪，结果自己陷入赤贫，但他觉得证实神谕是其责任。

---

[1]　在《云》一剧中，苏格拉底被写成否认宙斯的存在。

他说，富有阶级的青年无所事事，喜欢听他揭露别人，也有样学样；这样他的敌人更多了。"因为他们不愿承认自己假装有知识而被人戳穿。"

这些是第一类起诉者。

苏格拉底接着诘问"那位自称好人和真正爱国者"的检察官美勒托。苏格拉底问他谁是引导青年的人。美勒托开始说是法官；步步紧逼下，不得不说除了苏格拉底，每个雅典人都是引导青年的人；于是苏格拉底称贺雅典城的好运。接着他指出生活在一群好人中比在一群坏人中好；因此，他不可能愚蠢到有意败坏他的同胞；若他是无意的，美勒托应教导而不是控诉他。

本来是起诉苏格拉底不仅否认国家的神，还宣扬自己那些神；而美勒托却说苏格拉底是彻底的无神论者，还说："他说太阳是石而月亮是土。"苏格拉底当然指出彻底的无神论这条新控诉与起诉书矛盾。

《申辩篇》其余部分基本是宗教的笔调。苏格拉底当过兵，并遵照命令坚持职守。现在"神命令我履行哲学家探究自己和他人的使命"，现在放弃职守，就像战场上的逃兵一样可耻。怕死并不明智，因为没人知道死是否更好。若许他活命的前提是不再像以前那样思考，他就要说："雅典人啊！我敬你们、爱你们，但我服从神而不服从你们；[1] 而且只要我活着，还有能力，就绝不停止实践哲学与教授哲学，并规劝我遇到的每个人……因为我知道这是神的命令；而且我相信，在这个国家里没什么比得上我对神的服侍。"他继续说：

> 我还有些话要说，对此你们可能会喊叫起来；但我相信，听我说话对你们有好处，因此我请求你们不要喊叫。我愿你们知道，你们若

---

[1]　可比较《使徒行传》第 5 章，第 29 节。

杀了我这样的人，对你们的损害甚于对我的损害。没什么能损害我，不管是美勒托还是安尼图斯，他们都不能，因为坏人不得损害比自己好的人。我不否认安尼图斯也许可以杀死或流放一个好人，或剥夺其公民权；他可以想象到，别人也可以想象到，他使此人受到很大的损害：但我不同意这个想法。因为像他这种行为的罪过，也就是非正义剥夺他人生命的罪过，是大得多的罪过。

他说申辩是为他的审判官而不是为他自己。他是神派到这个国家让当权派讨厌的牛虻，再找个像他这样的人不容易。"我敢说你们会生气（就像突然从睡梦中被惊醒的人），以为可以像安尼图斯建议得那样轻易打死我，便可安稳度过余生，除非神眷顾你们，再给你们派来一只牛虻。"

那为何他只私下谈论，而不对公共事务提出忠告呢？"你们在不同的地方，多次听我说过有神谕或神迹降临于我，也就是美勒托起诉嘲笑的那个神。这个神迹是一种声音，最初降临于我时，我还是个孩子；它总是禁止我，但从不曾命令我做任何我要做的事。阻止我去当政治家的也是它。"他继续说，从事政治的，没一个诚实的人能长命。他举出自己无可避免卷入公共事务中的两个例子：一是他反抗民主制；二是反抗三十僭主。这两次都是当权者行为不合法。

他指出，出席的人里很多是他从前的学生及学生的父兄们，对他的控告却提不出这些人中哪个证明他败坏青年了（这点差不多是辩护律师在《申辩篇》里唯一认可的论据）。他拒绝遵循惯例，把他哭哭啼啼的儿女带到法庭上以期软化法官们的心；他说这种景象使被告和整个城邦同样荒谬。他要做的是说服法官，而不是求他们开恩。

法官宣判并否决处以三十个迈纳的处罚后，苏格拉底发表最后一次

讲话：

> 现在，你们这些判我有罪的人啊，我愿向你们预言；因为我就要死去，人临死时被赋予了预言的能力。我要向你们，杀害我的凶手们预言，我死后，立刻就有比你们加于我的重得多的惩罚等着你们……若你们以为杀人就能杜绝别人谴责你们罪恶的生活，那就大错特错了；这种逃避的办法既不可行，又不光彩，最容易最高尚的办法不是阻止别人，而是改正自己。

然后他转向那些投票判他无罪的法官们，说他那天所做的一切，神谕始终没反对他，虽然在别的场合神谕常中途打断他说话。他说，这"预示着我遭遇的是好事，而我们当中认为死是坏事的人是错的"。因为死要么是一场无梦的睡眠，那显然很好，要么是灵魂移居到另一个世界。而且"若能和俄耳甫斯、穆赛俄斯、赫西俄德、荷马谈话，还有什么不愿放弃的呢？没有！若果真如此，就让我一死再死吧！"在另一个世界，他可以和其他遭受非正义死法的人们谈话，尤其可以继续追寻知识。

> 在另一个世界，人们不会因为一个人提出问题，就处死他，绝对不会。而且除了比我们更幸福，他们还永远不死，若关于那里的说法是真的……
>
> 分别的时刻已到，我们各走各的路——我去死，你们去活。哪个更好，唯有神知晓。

《申辩篇》清晰刻画了一种类型的人：一个非常自信、思想高尚，不在乎世俗成败的人，相信自己被一个神圣的声音引导，并深信清醒的思想是正确生活最重要的必要条件。除了最后这点，他很像基督教的殉道者或清教徒。从他最后一段谈论死后事，不可能不感到他坚信灵魂不朽；而他口头上说的不确定，只是假设而已。他不像基督徒那样，因害怕无尽的折磨而烦恼：他确信他来世的生活将是幸福的。在《斐多篇》里，柏拉图笔下的苏格拉底给出信仰灵魂不朽的理由；很难说这些是不是影响历史上苏格拉底其人的理由。

人们常常强调他对于肉体欲望的控制。他很少饮酒，但一喝起来，能喝倒所有人，没人见他喝醉过。爱情上，哪怕在最强烈的诱惑下，他始终保持"柏拉图式"，如果他说的是实话的话。他是个完美的俄耳甫斯式圣者；在天上的灵魂与地上的肉体二元论中，他完全达到了灵魂对肉体的掌控。他最后时刻对死的淡然，最终证明了这种掌控力。同时，他不是正统的俄耳甫斯派；他只接受基本教义，不接受迷信与净化的仪式。

柏拉图笔下的苏格拉底预示了斯多葛派和犬儒学派。斯多葛派主张最高的善是德行，人不能被外部原因剥夺德行；这个学说隐含在苏格拉底声称审判他的法官们不能损害他的那篇论辩中。犬儒学派鄙视财产，表现在他们回避文明的舒适生活上；苏格拉底赤脚而衣衫褴褛的生活，也是出于同样的观点。

似乎可以相当肯定，苏格拉底关注的是伦理而不是科学。我们看到他在《申辩篇》中说"我不做物理推测"。公认柏拉图最早的一些对话最接近苏格拉底，主要探寻伦理学名词的定义。《卡尔米德篇》谈节制和中庸的定义，《吕西斯篇》谈友谊，《拉凯斯篇》谈勇敢。所有这些对话都没得出结论，但苏格拉底明确表示研究这些问题是重要的。柏拉图笔下的苏格拉底始终坚称自己一无所知，比别人聪明只在于他知道自己一无所知；但

他不认为知识不可获取。相反，他认为追求知识是最重要的。他坚称没人故意犯罪，因此只要有知识就能使所有人德行完美。

德行和知识的密切联系是苏格拉底和柏拉图二人的特点。某种程度上，也存在于一切希腊思想中，与基督教思想对立。基督教伦理中，纯洁的内心是本质的，至少无知的和有学问的人中都有。希腊伦理学和基督教伦理学的这一区别，一直延续至今。

辩证法，即以问答求知识的方法，不是苏格拉底发明的。似乎是巴门尼德的弟子芝诺首先系统地实践了辩证法；在柏拉图的《巴门尼德篇》里，芝诺用这种方法对付苏格拉底，柏拉图书中其他地方苏格拉底也以这种方法对付别人。但有充分理由设想，苏格拉底使用并发展了这种方法。

辩证法适用于某些问题，但不适用于另一些。也许这可以帮我们确定柏拉图研究的特点，因为他的研究大部分可用这种方式处理。而且由于柏拉图的影响，后来大多数哲学家一直被他这种方法造成的局限所束缚。

苏格拉底的方法适用的是那些我们已足够了解且可以得出正确结论，但由于思想混乱或缺乏分析而没能最合理地应用所知的事物。像"什么是正义"，显然非常适合以柏拉图式的对话来讨论。我们都在随意使用"正义的"或"非正义的"这些词，研究我们使用这些词的方式可归纳出最能与正确用法相符的定义。所需的只是知道如何使用我们所讨论的这些词。但询问结束后，我们的发现不过是语言学而不是伦理学上的。

只要争论的是逻辑问题而不是事实，讨论就是发现真理的好方法。辩证的方法，或更广义地说，无拘无束辩论的习惯，有助于提高逻辑一致性。但要发现新事实，此方法完全行不通。也许"哲学"可定义为能用柏拉图的方法探究的问题总和。若此定义恰当，那也是由于柏拉图对后世哲学家的影响。

第十二章　斯巴达的影响

　　要了解柏拉图，甚至许多后来的哲学家，就有必要了解斯巴达。斯巴达对希腊思想有两个重要作用：一通过现实，二通过神话。现实使斯巴达人打败了雅典，神话则影响了柏拉图及后来无数作家的政治学说。普鲁塔克的《莱克格斯传》可见其发展完整的神话；书中推崇的理想对卢梭、尼采和国家社会主义学说的形成作用很大。[1] 历史上，这种神话甚至比现实更重要；但我们将从现实开始，因为现实是神话的根源。

　　拉科尼亚以斯巴达为首都，占据着伯罗奔尼撒半岛东南部。斯巴达人是统治的种族，在多利安人从北方入侵时，便征服了这片地区，使这里的原住民沦为农奴。这些农奴被称为希洛人。历史上，这里全部土地属于斯巴达人，但他们的法律和风俗禁止他们耕种土地；不仅因劳作可耻，也为了使他们可以一直服兵役。农奴不能买卖，只作为土地的附属；土地被分成份地，每个成年斯巴达男子都有一块或几块份地。希洛人像斯巴达人一样也是希腊人，痛恨自己被奴役。只要可能，他们就反叛。斯巴达人设有秘密警察机构，对付这种威胁，但除了防范，他们还有个办法：每年向希

---

[1]　更不必提托马斯·阿诺德博士和英国公学。

洛人宣战一次，这样他们的青年人就可以杀死那些似乎不肯被驯服的人，但法律上又不算杀人罪。

份地是供给普通斯巴达人的；贵族有自己的领地。份地是国家分配的一块一块的公共土地。

拉科尼亚其他地区的自由居民，被叫作"郊区居民"，他们没有政治权力。

斯巴达公民唯一的工作就是作战，一出生就接受训练。经过部族首领检查，他们会抛弃病弱的孩子，只养大健壮的孩子。所有男孩直到二十岁都在一所大学校里受训；训练他们坚强、不怕痛苦、服从纪律。文化或科学教育都被认为毫无意义；唯一的目的就是培养全心全意为国家的合格战士。

男孩二十岁开始真正服兵役。任何人到了二十岁都可以结婚，但男子必须住在"男子之家"直到三十岁；必须把婚姻当作似乎是违法、秘密的事那样处理。三十岁以后，他就是完全合格的公民。每个公民都属于一个军队食堂，和其他成员一起吃饭；他必须从自己份地的收成中缴纳一部分实物。斯巴达城邦的理论是不让一个公民贫穷，也不让一个公民富有。人人靠自己份地的收成生活，份地除了自由馈赠，是不能转让的。不许私有金银，货币是铁制。斯巴达的简朴众所周知。

斯巴达妇女的地位很特殊。她们不像希腊其他地方有地位的妇女那样与世隔绝。女孩也跟男孩一样接受体能训练；更值得注意的是，男孩和女孩赤身裸体一起训练。他们要求（普鲁塔克《莱克格斯传》）：

> 女孩也要练习赛跑、摔跤、扔铁饼、投标枪，这么做的目的是让她们以后怀的孩子可以从健壮的母体里吸收营养，从而更好地茁壮

发育；而且女孩也会因为这些锻炼增强体魄，得以免除分娩时的痛苦……尽管女孩确实公开赤身裸体了，但人们绝对看不到也感觉不到这有什么不正当的，因为这些运动都充满着嬉戏的感觉，而不含任何的情欲和浪荡。

斯巴达的宪法非常复杂。斯巴达有两个来自不同家族且世袭继承的王。战时，其中一个指挥军队，但平时他们的权力有限。他们是长老院成员，长老院由三十人组成（包括两个王），其余的二十八人年龄必须在六十岁以上，由全体公民选举出来终生任职，但只能从贵族家庭中选出。长老院审判刑事案件，并为公民大会准备议题。公民大会包括全体公民，不能提出任何动议，但有权对提出的任何建议表决通过或否决。未经公民大会通过，任何法律都是无效的。然而公民大会的通过虽必要，但不充分；法律生效前，必须先由长老和行政官宣布决议。

除了两个王、长老院和公民大会，还有第四个组成部分是斯巴达政府特有的。那就是从全体公民中选出的五位监督官；选举的方法，亚里士多德说"太幼稚了"；伯里说实际上就是抽签。监督官在宪法里是个"民主的"成分 [1]，目的显然是平衡王权。王每个月都要宣誓拥护宪法；然后监督官宣誓，只要王信守誓言，他们就拥护王。一个王出征时，两个监督官跟随他，监视其行动。监督官是最高的民事法庭，但可对王进行刑事审判。

古代后期，斯巴达的宪法被认为应归功于一位名叫莱克格斯的立法者，据说他在公元前885年颁布了他制定的法律。但事实上，斯巴达的制

---

[1] 谈到斯巴达宪法的"民主"成分时，必须记得全体公民是一个统治阶级，对希洛人实行严酷的专政，且不许"郊区居民"有任何权力。

度是逐渐发展起来的，莱克格斯只是个神话人物。

斯巴达受其他希腊人的敬仰，这多少让人惊讶。它一开始并不像后来那样和其他希腊城邦有所不同；早期斯巴达也出现过和其他各地一样优秀的诗人和艺术家。但公元前 7 世纪左右，或许更晚些，它的宪法就固定为我们目前说到的形式；他们为夺取战争胜利不惜牺牲一切，斯巴达在整个希腊对世界文明的贡献里不再起任何作用。在我们看来，纳粹若得胜，建立的国家模式的缩影或许就是斯巴达城邦。

希腊人敬仰斯巴达的其他原因之一是它的稳定。别的希腊城邦都闹过革命，但斯巴达宪法几百年不曾变动；除了监督官权力逐渐增大，但那是经过合法程序的，未使用暴力。

不可否认，在很长一段时间，斯巴达人完成了他们的主要目标，成功打造了这个无敌勇士的种族。温泉关之战（公元前 480 年）虽在技术上失败了，但或许最能显示他们的勇敢。温泉关是崇山之间一条窄道，希腊人希望能在此挡住波斯大军。三百名斯巴达人及其随从，抵挡住了全部正面进攻。最终，波斯人发现了一条山中小道，成功从两面夹攻希腊人。每一个斯巴达战士都战死在了自己的岗位上。

战后，斯巴达人在温泉关战场上立的纪念碑上面只写着："过客们，请告诉拉西第蒙人，我们遵照他们的命令，长眠在此。"

斯巴达人曾长期证明了自己在陆上无敌。他们一直保持霸权地位，直至公元前 371 年留克特拉之战中被底比斯人打败。这一战结束了斯巴达人军事上的辉煌。

除了战争方面，斯巴达的实际一贯与理论不大一致。生活在斯巴达兴盛时期的希罗多德惊异地说过，斯巴达人拒绝不了贿赂，尽管斯巴达教育中反复灌输的是鄙弃财富、热爱朴素的生活。据说斯巴达妇女十分贞洁，然而好几次有很出名的继承人被撤销了继承关系，因为他们并非父亲亲生。据说斯巴达人爱国不屈，而普拉提亚之战的胜利者——斯巴达王帕萨尼亚斯，最终却被波斯王薛西斯收买，成了叛国贼。除了这些明目张胆的行径，斯巴达的政策往往是狭隘和地域性的。当雅典从波斯人手中解放了小亚细亚及其邻近岛屿上的希腊人，斯巴达袖手旁观；只要确保伯罗奔尼撒半岛安全，斯巴达对其他希腊人的命运漠不关心。每次建立希腊世界联盟的尝试，都被斯巴达的排他主义击溃。

亚里士多德生活在斯巴达衰落后，他非常反对斯巴达宪法。他说："立法者想要使全国人民艰苦克制，让男人执行其意图，却忽略了女人，女人生活放纵奢侈。结果在这样的国家，像大多数好战的种族一样，人们高度重视财富，特别是被妻子管的公民……甚至在日常不需要，只有战时才需要的勇敢方面，拉西第蒙妇女的影响也极为恶劣……拉西第蒙妇女的放荡自古有之，也是意料之中。因此传说莱克格斯想要妇女遵守其法律时，遭到了她们的反抗；于是他就放弃了。"（《政治学》，第二卷，第九章。）

亚里士多德还谴责斯巴达人贪婪，将其归咎于财产分配的不公。他说，份地虽不许买卖，但可赠与或传给后代。他又说，全部土地有五分之二属于妇女，结果造成公民的人数大为减少：据说斯巴达人口曾达到一万，但被底比斯击败时，已不足千人。

亚里士多德把斯巴达宪法批评了个遍。他说监督官通常很穷，所以容易受贿；他们的权力又很大，连国王也不得不讨好他们，所以斯巴达政体变成民主制了。他说，监督官恣意妄为，生活方式与宪法精神背道而驰，而对普通公民又严厉得让人无法忍受，因此人们沉溺于秘密和非法的肉欲快乐以求逃避。

亚里士多德写这些时，斯巴达已经衰颓；但他明确说，他提到的这些罪恶早已有之。他的语气直截了当而又写实，很难不相信他，而且这也符合近代对法律过分严厉造成的后果的经验。但留在人们想象中的，不是亚里士多德笔下的斯巴达，而是普鲁塔克笔下神话般的斯巴达和柏拉图《理想国》中哲学理想化的斯巴达。许多世纪来，青年人阅读这些作品，激发了想要成为莱克格斯或哲人王的雄心。理想主义和爱好权势的结合，一再把人引入歧途，现在也是如此。

对中世纪和近代的读者来说，斯巴达的神话主要是普鲁塔克确立下来的。他写作时，斯巴达已是浪漫的往事了；斯巴达盛世距普鲁塔克的时代，就像哥伦布离我们的时代一样遥远。普鲁塔克所说的一切，研究制度的历史学家须审慎对待，但对研究神话的历史学家来说，它却非常重要。希腊是通过影响人们的想象、理想和希望，而不是直接通过政治力量影响了全世界。罗马建造了许多大路，大部分仍保存至今，罗马的法律是近代许多法典的根源，然而是罗马军队使这些变得重要的。希腊人虽是可敬的战士，但并未征服过谁，因为他们的军力主要都在内耗上。直到半开化的亚历山大才把希腊文化传播至整个近东，使希腊语成为埃及、叙利亚和小亚细亚内陆部分的文学语言。希腊人永远也不可能完成这项事业，不是因为他们缺乏武力，而是因为他们政治上不团结。希腊文化的政治传播者从来不是希腊人；但正是希腊的天赋激发了外来民族传播他们所征服民族的文化。

对全世界的历史学家来说，重要的不是希腊城邦间的打打杀杀，也不是卑鄙的党派权势争斗，而是这一短暂的时期结束后，人类留下的回忆，就像我们回忆的是阿尔卑斯山区壮丽的日出，而山民却是艰难度过了一场风雪交加的日子那样。这些回忆逐渐消逝时，留在人们心中的是晨曦照耀得分外明亮的某些山峰的景色，人们始终知道乌云背后仍有壮丽的光辉，而且随时可能显现出来。其中最重要的是，在早期基督教时代是柏拉图，在中世纪教会时期是亚里士多德；但文艺复兴后，人们开始重视政治自由时，却首先转向了普鲁塔克。他深刻影响了 18 世纪英国和法国的自由主义者以及美国的缔造者；影响了德国浪漫主义运动，直至今日，主要是间接地继续影响着德国的思想。普鲁塔克的影响有好有坏。关于莱克格斯和斯巴达，他造成的影响不算好；但他讲的莱克格斯很重要，我将简述一下。

普鲁塔克说莱克格斯决心为斯巴达立法，于是周游各地研究各种不同制度。莱克格斯喜欢克里特 "非常明确而严厉的" [1] 法律，不喜欢爱奥尼亚的法律，他觉得那里 "奢靡虚荣"。他在埃及学到把士兵和其他公民划分开的好处，游历归来后，"在斯巴达开始实践：规定商人、匠人和劳工各司其职，确实建立了一个高尚的国家"。他把土地平均分配给斯巴达全体公民，为的是 "消除城内一切破产、嫉妒、贪婪和享受以及一切富有和贫穷"。他禁止用金银货币，只准以铁铸钱，铁的价值很低，所以 "要存上价值十个迈纳的钱币，得塞满整个地窖"。这样，他消除了 "一切多余无益的学问"，因为没那么多钱支付给这些学者；同样这套法律使所有对外贸易都不可能进行了。他还规定全体公民应在一起吃一样的饭。

像其他改革派一样，莱克格斯认为教育儿童是 "变法者应确立的最主要、最重大的事"；而且他像所有以军事力量为主要目的人一样，急于增加出生率。"少女赤裸身体在青年男子面前嬉戏、运动和跳舞，是要引诱青年男子结婚：他们是出于真正的爱恋才结婚，并非像柏拉图说的是被几

---

[1]　引用普鲁塔克时，我用的是诺斯的译本。

何学推理说服而结婚。"他又说，若一老者让年轻的妻子和别的年轻男人生孩子，人们不会看不起他。这里不会有愚蠢的嫉妒，因为"莱克格斯不愿让孩子成为任何人的私有，孩子应是公有的：因此，他希望将来要成为公民的人不是任何人都可以生育的，只有最正直的人才能生育他们"。他解释说这正是农夫对家畜采用的原则。

孩子出生后，父亲要抱他去家族长老面前接受检查：孩子健康，就交还给父亲养育；不健康，就扔进深水潭里。孩子们一开始就接受严格的锻炼。男孩子七岁离家住进寄宿学校，分为若干组，每组选一个懂事勇敢的孩子指挥其他人。"至于学习，他们只学对他们有用的：其余时间学习怎样服从，怎样忍受痛苦，怎样承受劳动，甚至怎样在战斗中克敌制胜。"他们大部分时间一起赤身游戏；十二岁以后，不穿外衣；总是"龌龊邋遢"，一年中除了某几天，从不洗澡。他们睡草床，冬天在草里掺上蓟花。人们教他们偷窃，若被捉到要受罚，不是因为偷窃，而是因为太笨。

斯巴达人一生都无甚自由可言。

> 他们完全成年后，也继续保持纪律和生活秩序。想要随心所欲地生活都是不合法的，他们在城邦内就仿佛在军营里，人人都知道自己生活在这里有什么是允许的，在自己的岗位上有什么是必须做的。总之，他们都认为自己生来不是为个人而是为国家服务……莱克格斯给城邦带来的最美好、最幸福的东西之一，就是使他的公民享有大量的休憩和闲暇，只禁止他们干任何卑鄙邪恶的勾当：而且他们无需操心发大财，在那里财物既无用也不被人看重。因为成为战俘的希洛人为他们耕田，每年向他们缴纳一定的收益。

普鲁塔克讲了个故事，有个雅典人因为游手好闲而被判刑，一个斯巴达人听说后惊呼："带我看看这个人吧，他活得高贵，像个君子，却因此被判刑。"

普鲁塔克继续说："（莱克格斯）就这样训练他的公民，使他们既不想，也不可能单独生活，而是结合在一起，时刻在一起，像蜜蜂围绕着蜂王"。

斯巴达人不许出外旅行，外国人非公务不得进入斯巴达，因为他们担心外国的习俗败坏拉西第蒙人的德行。

普鲁塔克提到，斯巴达人的法律允许他们任意杀戮希洛人，但他不相信应该把这样令人发指的事归咎于莱克格斯。"因为我不相信莱克格斯会创立或制定这样万恶的法令：因为根据他其他行为表现出的仁慈和正义，我想象他的性格是温和、仁爱的。"除此之外，普鲁塔克对斯巴达的宪法全是赞扬。

现在我们要特别谈谈柏拉图，斯巴达对他的影响在他的乌托邦中显而易见。

第十三章 柏拉图见解的来源

柏拉图和亚里士多德是古代、中世纪和近代所有哲学家中最有影响的，尤以柏拉图对后世的影响更大。原因是：第一，亚里士多德继承了柏拉图的衣钵；第二，至少直到 13 世纪，基督教神学和哲学都更倾向柏拉图式，而不是亚里士多德式。因此一部哲学思想史有必要对柏拉图，其次对亚里士多德，比对他们任何前辈后生着墨更多。

柏拉图哲学中最重要的是：第一，他的乌托邦是一长串乌托邦中最早的一个；第二，他的理念论首次尝试解决迄今尚未解决的共相问题；第三，他的灵魂不朽论；第四，他的宇宙生成论；第五，他的知识是回忆而不是知觉的观点。讨论这些前，我要讲讲他的生活环境及决定其政治和哲学见解的人和事。

柏拉图生于公元前 428 或前 427 年，伯罗奔尼撒战争初期。他是个富裕的贵族，与三十僭主统治有关的各式人物都有血缘关系。雅典战败时，他还是个青年；他可以把失败归咎于民主制，他的社会地位和家庭关系很容易使他鄙视民主制。他是苏格拉底的学生，并深深敬爱苏格拉底；而苏格拉底被民主制判处了死刑。因此，他转向斯巴达寻求理想国的样子也不足为奇。

纯哲学对柏拉图的影响也使他偏向斯巴达。影响他的大致有：毕达哥拉斯、巴门尼德、赫拉克利特及苏格拉底。

从毕达哥拉斯那里（无论是否通过苏格拉底），柏拉图获得其哲学中的俄耳甫斯主义成分：即宗教倾向、信仰灵魂不朽、出世精神、僧侣气质以及其洞穴比喻中包含的一切思想，还有他对数学的重视以及他那理智与神秘主义的彻底交融。

从巴门尼德那里，他获得的信仰是：实在是永恒的，没有时间性的；并且根据逻辑，一切变化必是虚妄的。

从赫拉克利特那里，他获得"感觉世界中没有任何东西是永久的"消极学说。这和巴门尼德的学说结合起来，得出的结论是：知识不是由感官得到的，而是只由理智获得。这反过来又与毕达哥拉斯主义完美契合。

从苏格拉底那里，他可能学到了关注伦理问题，以及想要找出目的论而非机械论解释世界的方法。"善"对其思想的主导甚于对苏格拉底前人的主导，因此很难不将这一事实归于苏格拉底的影响。

所有这些如何和政治上的独裁相关呢？

首先："善"与"实在"没有时间性，最好的国家应几乎是天上样本的翻版，变动最少，静态的完美最多，其统治者则应最能理解永恒的"善"。

其次：柏拉图像所有神秘主义者一样，其信仰也有一个确定的核心，如果在本质上不依靠一种生活方式，是不可言传的。毕达哥拉斯学派曾努力为入门者订立一条规矩，而这基本上正是柏拉图想要的。一个人若要成为一个好的政治家，必须知道"善"；而只有将智力训练和道德训练结合起来，才能知道"善"。未受过这种训练的人参政必会败坏政治。

第三：照柏拉图的原则，要成为好的统治者，要受很多教育。在我们

看来，坚持要教给叙拉古的僭主小狄奥尼修斯几何学，使之成为好国王似乎不是明智之举；但柏拉图认为这必不可少。在认为没有数学就不可能有真正的智慧这点上，他是十足的毕达哥拉斯主义者。这一观点暗示着寡头统治。

第四：柏拉图和大多数希腊哲学家一样，认为闲暇是智慧所必不可少的。因此为了生活而不得不劳动的人是没有智慧的，只有那些无需为谋生操劳，或是由国家来负担，不必为生计发愁的人才有智慧。这本质上是贵族的观点。

用近代思想对比柏拉图思想会出现两个普遍的问题，一是：有没有所谓的"智慧"？二是：若有，能否设计出一种宪法可使之具有政治权力？

上述意义的"智慧"不会是任何一种特殊技能，比如鞋匠、医生或军事家掌握的技能。它必须比这些技能更普遍，因为掌握智慧会使人能英明地治理国家。我以为柏拉图会说，智慧在于知道"善"；他还会以苏格拉底的学说补充这个定义，即没人会有意犯罪，因而凡知道什么是善的人会做出正当的事。在我们看来，这一观点似乎不现实。我们会更自然地说，存在各种不同的利益，因此政治家应力求做到最可行的妥协。一个阶级或一个民族的成员可能有共同的利益，但它常和其他阶级或民族的利益冲突。毫无疑问，存在人类整体的某些利益，但不足以决定政治行动。也许将来可以，但只要有主权国家，就绝无可能。即使那时，追求普遍利益最难的也是从各种互相对立的特有的利益中妥协。

但假设有"智慧"，有没有任何一种宪法形式可将政府交付于有智慧的人呢？很明显，多数人（例如全体会议之类）也会犯错，事实上也确实犯过错。贵族阶级并不总有智慧，君主则常常是愚蠢的；尽管有教皇永无谬误论，教皇也犯过大错。那把政府交给大学毕业生，甚至神学博士？或是那些白手起家的人？显然，实际上不会有任何一种法定选择的公民可能比全体人民更有智慧。

有人可能建议，人经过适当训练能获得政治智慧。但问题是：什么是适当的训练？而这最终会成为党派问题。

因此，找到一群"有智慧"的人，把政府交付给他们，是无解的。这就是民主制的最终理由。

第十四章　柏拉图的乌托邦

柏拉图最重要的对话在《理想国》中大致包括三部分。第一部分（到约第五卷末）包括理想国的组织架构；是历史上最早的乌托邦。

他的结论之一是，统治者必须是哲学家。《理想国》卷六和卷七都在给"哲学家"下定义。这一讨论构成了第二部分。

第三部分讨论各种实际存在的体制及其优缺点。

《理想国》名义上是给"正义"下定义。但开场不久他就决定，既然从宏观比从局部看万物更容易，那么最好先探讨什么是正义的国家，而非什么是正义的个人。而且既然正义一定是能想象到的最好的国家的属性之一，所以他首先详述这样一个国家，再断定其哪个完美之处可称为"正义"。

我们先大致描述柏拉图的乌托邦，再考虑出现的问题。

柏拉图开始就确定公民应分为三个阶级：普通人、士兵和卫国者。只有最后一种有政治权力。他们的人数比另外两个阶级少很多。开始他们似乎是被立法者选定，此后通常世袭；特殊情况下，有前途的孩子可从低等阶级中提拔上来，而卫国者后代不合格也会被降级。

柏拉图认为主要的问题是保证卫国者能实现立法者的意图。对此，他提出教育、经济、父母子女关系以及宗教等各方面建议。但这些建议对除了卫国者之外的其他各阶级适用到什么程度，不一定很明确；显然有些适用于士兵；但基本上柏拉图只关注卫国者，而卫国者自成一个阶级，就像过去巴拉圭的耶稣会士、1870 年前罗马教廷的教士。

首先要考虑的是教育。教育分音乐与体育两部分。每一部分的含义都比今天的更广："音乐"指缪斯女神 [1] 掌管的一切事物，而"体育"则指有关身体训练与健康的一切事物。"音乐"差不多跟我们说的"文化"同样广泛，而"体育"比我们说的"体育运动"更宽泛。

学习文化就是要使人成为英国熟悉的那种意义上的绅士，主要由于柏拉图的缘故。柏拉图时代的雅典，某一方面类似 19 世纪的英国：二者的贵族阶级都拥有财富和社会声望，但没有垄断政治权力，他们必须举止行为令人敬佩，以争取尽可能多的权力。不过，在柏拉图的乌托邦里，贵族统治不受约束。

威严、礼仪和勇敢似乎是教育要培养的主要品质。小时候接触到的文学和听到的音乐，有严格的审查制度。母亲和保姆只能给孩子讲官方批准的故事。由于种种原因，不许讲述荷马和赫西俄德的作品。

然后，我们来看对音乐（指近代意义的音乐）的审查制度。吕底亚和爱奥尼亚的乐曲被禁，因为前者表现愁苦，后者则太轻松。只有多利安（因其勇敢）和弗里吉亚（因其节制）的音乐被允许。被许可的音乐，节奏必须简单，能表现勇敢而又和谐的生活。

身体训练非常艰苦。鱼和肉只准烤着吃，不许加任何调料，也不许吃糖果。他说，照他的养生法，绝不需要医生。

---

[1]　九位文艺和科学保护女神的通称。——译注

青年人到一定年龄前，不许看到丑恶与罪恶。但到了适当的时候，必须让他们见识各种"妖魔"；既有各种可怕的事物锻炼他们不再恐惧，也有各种享乐锻炼意志不被诱惑。唯有经得住这些考验，才能认为他们可胜任卫国者。

而男孩子成年前应见识战争，虽说他们不必亲自作战。

至于经济方面：柏拉图提出卫国者应实行彻底的共产主义，（我猜想）士兵也是，但这点不明确。卫国者的房子要小，吃得要简单；要像在军营里一样生活，一起吃饭；除了绝对必需品，不得有私产，不得有金银。虽不富有，但没有任何不快乐的理由；城邦是为全体人民的利益，不是为某个阶级的福祉服务。财富和贫穷都有害，在柏拉图的城邦里二者都不存在。关于战争，他的论点非常奇特，他说既然我们的城邦不想要任何战利品，所以收买盟邦会易如反掌。

柏拉图笔下的苏格拉底假装不情愿地把共产主义也应用到家庭。他说，朋友的一切都应共有，包括妻子和孩子。他承认这有难度，但不认为克服不了。女孩也严格按照和男孩一样的教育，学习音乐和体育，和男孩一起学习作战技术。既然女孩和男孩在所有方面都和男孩有着完全的平等，那么"造就一个男孩成为优秀卫国者的教育，也会造就一个女孩成为优秀的卫国者；因为他们的本性是一样的"。虽然男女之间肯定是有区别的，但这些和政治无关。有的女孩有哲学的头脑，适合做卫国者；有的女孩好战，她就可以成为好的战士。

立法者选定一些男女做卫国者后，就命令他们吃住在一起。我们理解的婚姻，必须彻底地改变。[1] 在一定的节日，新郎们和新娘们抽签结合在

---

[1] "这些女子无一例外应是这些男子共同的妻子，没人有属于他一个人的妻子。"

一起，他们的人数应足以使人口数目保持不变，他们受到的教育是相信婚姻由抽签结合，但事实上是由城邦统治者根据优生原则操控。他们会安排最好的父亲生育最多的子女。所有的孩子一出生就被从父母身边带走，而且要做得极其小心谨慎，使父母们绝不知道谁是自己的孩子，孩子们也绝不知道谁是自己的父母。畸形的孩子和低劣的父母生的孩子，"理所应当要被放到不为人知的神秘地方"。未经国家批准结合出生的孩子，都算非法的。母亲的年龄应在二十至四十岁之间，父亲应在二十五至五十五岁之间。不在年龄范围内，性交是自由的，但要强制他们流产或杀婴。国家安排的"婚姻"中，个人没有发言权；他们受对国家尽义务的想法驱使，而不是被那种诗人常常赞美的平常的感情驱使。

既然每个人都不知道自己的父母是谁，所以人们称呼每个年龄可以作他父亲的人为"父亲"，对"母亲""兄弟""姊妹"也是一样。（这种情况也出现在某些野蛮人中，常使传教士们大惑不解）。"父亲"和"女儿"，或"母亲"和"儿子"不得结婚；一般（但不绝对）"兄弟"和"姊妹"也不得结婚。（柏拉图如更仔细地考虑这一点，会发现除了他认为是极端例外的"兄妹"间的婚姻，他已禁绝所有的婚姻。）

柏拉图寻求的当然是减少个人情感，以消除妨碍公共精神占统治地位以及甘愿没有私产的各种障碍。基本上类似的动机导致了僧侣独身制。[1]

我最后要谈一谈这一体系的神学方面。我不想谈它所接受的希腊诸神，只谈它的政府反复灌输的某些神话。柏拉图明确说过，撒谎是政府的特权，就像开药方是医生的特权。我们已看到政府假装抽签安排婚姻是在欺骗人民，但这不是宗教事务。

---

[1]　见亨利·李，《僧侣独身制史》。

有"一种高贵的谎言"，柏拉图希望它可以骗过统治者，而且无论如何一定会骗过整个城邦的人民。这个"谎言"编得相当详细。其中最重要的是神创造了三种人这一教条：最好的一种是金子做的，其次是银，普通群众则是铜和铁做的。金子做的人适合做卫国者，银做的应是士兵，其余的人则应从事体力劳动。通常（但不一定）孩子属于父母那一等级；若他们不属于那一等级，就必须相应地升级或降级。他认为不太可能使如今这代人相信这个神话，但可以教育下一代及之后世世代代对此深信不疑。

第四卷中"正义"的定义全部是讨论名义上的目标。他说正义在于人人做自己的工作而不要多管闲事：商人、辅助者和卫国者各司其职，不干涉别的阶级的工作时，整个城邦就是正义的。

人人都关心自己的事务，无疑是值得称道的准则，但它很难符合近代人自然地称之为"正义"的东西。这样翻译出的那个希腊字与希腊思想中一个非常重要的观念一致，但我们的语言中缺少一个能与之完全对应的字。我们需要回想阿那克西曼德的话：

> 万物起源于斯，万物消亡复归于斯，这是命运规定了的，因为万物按照时间的秩序，互相补偿彼此间的不义。

有哲学以前，希腊人对宇宙就有种可称为宗教或伦理的看法或感情。照此看法，每个人或事物都有其注定的地位和作用。这不取决于宙斯的命令，因为宙斯本人也要服从这种统摄万物的法令。这种看法与命运或必然的观念相关。它无疑应用于天体。只要有活力的地方，就有超越正义界限的趋势，因而产生斗争。某种非人世的、超奥林匹斯的法则惩罚狂妄自大，恢复侵犯者想要破坏的那种永恒秩序。整个观点最初可能是几乎不知不觉渗透到哲学中；这点也体现在斗争的宇宙论中，比如赫拉克利特与恩培多克勒的宇宙论以及巴门尼德的学说中的一元论。这便是希腊人对自然规律和人类规律信仰的根源，显然也是柏拉图正义观念的基础。

柏拉图的定义中有几点值得注意。首先，它使权力和特权的不平等但又是正义的成为可能。卫国者须有一切权力，因为他们是全社会最有智慧的；在柏拉图的定义里，只有当其他阶级里有人比某些卫国者更有智慧时，才会出现不正义。这就是柏拉图提出公民升级和降级的原因，尽管他认为由于出生和教育的双重优势，大多数情况下已能使卫国者的子孙比其他人的优越。要是有一门更严密的政务学，且更能确信人们遵循其准则的话，那么柏拉图的体系会有很多值得称道的地方。没人会认为把最优秀的足球员放到足球队里不公正，尽管他们因此获得很高的优越性。要是足球队管理得也像雅典的政府那么民主，那也要以抽签的方式选出代表学校踢球的学生。可政治事务上，很难知道谁最有本领；而且也很难肯定，政治家会把他的本领用于公共利益，而不是用于他个人、阶级、党派或宗派利益。

其次是柏拉图关于"正义"的定义预先假设有一个要么是照传统路线，要么是照柏拉图的方式组织起来的"国家"，以便总体上实现某种道德理想。他说正义在于每个人各司其职。但每个人的工作是什么？在古埃及或印加王国那样的国家，世世代代一成不变，一个人的工作就是他父亲的工作，人们对此毫无疑问。但在柏拉图的国家里，没有法定的父亲。因此，工作要么由个人兴趣决定，要么是国家根据其能力判断决定。柏拉图显然希望是后者。而有些工作尽管技术性很高，却被认为有害；柏拉图认为诗歌就是如此，而我认为拿破仑的工作也是如此。因此，决定一个人的工作时，政府的意图是最主要的。虽说所有统治者都得是哲学家，但不会

有任何革新：哲学家永远得是理解并赞同柏拉图的人。

若问：柏拉图的"国家"能成就什么？答案就颇为平淡。它与人口大致相等的国家交战能取得胜利，能保证某些少数人的生活。因其僵化，几乎绝不会产生艺术或科学；在这方面和许多其他方面都类似斯巴达。尽管说得天花乱坠，其全部成就不过是作战技巧和足够的粮食而已。柏拉图经历过雅典的饥荒和战败；也许他下意识认为，避免这些灾难就是政治家能取得的最高成就。

一个认真设计的乌托邦显然必须体现其创造者的理想。我们先考虑一下所谓的"理想"是什么。首先，理想是信仰它的人渴望的，但方式却不同于渴望个人享受，比如吃的和住的。"理想"与普通渴望对象的不同在于，前者是非个人的；它是某种（至少表面上）与有这种愿望的人的自我没有任何特殊关系的东西，因此理论上能被所有人渴望。因而我们可以把"理想"定义为某种被渴望的、不以自我为中心的东西，渴望它的人希望所有其他人也都渴望它。我可以希望人人都有足够的食物，相互友善等；并且若我想要这类事物，还应要求别人也想要。这样，我就能建立起一套看似非个人的伦理标准，尽管事实上它根据的是我个人的愿望——因为愿望始终是我的，即使被愿望的东西不涉及我个人。

此外，可能有一种完全不受个人感情影响的理想的冲突。尼采的英雄和基督教的圣人不同，而尼采的信徒和基督教徒都不是崇拜其个人。除了我们自己的意愿，怎么在这二者间取舍呢？是的，若再无其他东西，道德分歧的裁决只能通过情感好恶或者是武力直至最终诉诸战争。关于事实的问题，可诉诸科学和科学的观察方法；但对道德的终极问题似乎没有类似的方法。然而，若真是这样，那么道德争议就会被归结为力量之争，包括宣传力量。

这在《理想国》第一卷中，色拉叙马霍斯已大致提出；他强调"正义不是别的，不过是强者的利益罢了"。

这个观点被苏格拉底用双关语进行反驳，但实际上从没得到正面回应。它提出伦理学与政治学上的根本问题是有没有"好"和"坏"的标准，除了人们使用这些字眼时想得到的以外。若没有，色拉叙马霍斯得出的许多结论似乎不可避免。而我们又怎能说有呢？

关于这点，乍看起来宗教的答案很简单。上帝决定什么是好，什么是坏；一个人的意志若与上帝的一致，就是好人。而这个答案不是很正统。神学家说上帝是好的，意味着有独立于上帝意志的好的标准。于是我们不得不再次面临这个问题：在"快乐是好的"这个句子中，有没有像在"雪是白的"中那种意义上的客观的真或假呢？

有人会认为，我们事实上能避开这个根本问题，并且说："我不知道'客观真理'意味着什么。但假如所有，或几乎所有考察过此问题的人一致支持某一陈述，我就认为它为'真'。"在此意义上，雪是白的，恺撒是被暗杀的，水由氢和氧构成等都为"真"。那伦理学里有没有类似的陈述呢？若有，则既可作为个人行为准则的基础，又可作为政治理论的基础。若没有，那么无论哲学真理是什么，只要势力集团间存在不可调和的伦理分歧时，实际上我们就被迫要较量武力、宣传或二者兼有。

柏拉图认为这个问题实际上不存在。尽管他的戏剧天赋引得他铿锵有力地叙述了色拉叙马霍斯的立场，但他全然未察觉到它的力量，还对其很不公允地进行反驳。柏拉图确信有"善"，而且可以确定其性质；人们对其意见不一时，那么至少一人理解上有误，就像这是对某个事实的科学分歧一样。

柏拉图和色拉叙马霍斯的分歧很重要；但哲学史学家只需注意到即

可，无需评判。柏拉图认为他能证明其理想国是好的；而承认伦理学客观性的民主主义者可能认为自己能证明这个国家是坏的；但任何支持色拉叙马霍斯观点的人都会说："这里不存在证明或反证；唯一的问题是，你是否喜欢柏拉图想要的这种国家。喜欢，对你来说就是好的；不喜欢，就是坏的。若许多人喜欢，还有许多人不喜欢；那就不可能由理性，只好由实际存在或隐形的力量决定。"这是迄今一直争论不休的哲学问题；双方都有可敬的人物。但很长一段时间，柏拉图宣扬的见解几乎一直毫无争议。

我们还应注意到，用意见一致代替客观标准的观点产生了某些几乎没人愿意接受的后果。像伽利略那样的科学革新者倡导的观点当时鲜有人赞同，但最终几乎赢得所有人的支持，对此我们该说什么？他们是通过论证，而不是通过鼓动情绪、政府宣传或采取武力做到这一点。这意味着除了普遍意见，还有标准。伦理方面，伟大的宗教导师也有类似的情形。耶稣基督教导说，安息日采摘谷穗不是错，但恨你的敌人是错。这种伦理新观念显然意味着除了多数意见，还有某种标准，但无论这种标准是什么，都不像科学问题里的客观事实。这是个难题，我不敢妄称能解决。我们暂且只发表一下意见就好。

不同于近代的各种乌托邦，柏拉图的理想国或许是打算真正建起来的。它当然不像看上去那么异想天开或不可能实现。它的许多规定，包括一些我们认为完全行不通的，实际上已在斯巴达实现。毕达哥拉斯就尝试过哲学家的统治；在柏拉图时代，柏拉图访问西西里和南意大利时，毕达哥拉斯派的阿契塔在塔拉斯（即近代的塔兰托）很有政治影响。当时城邦的惯例是请贤人起草法律；梭伦为雅典，毕达哥拉斯为图利都起草过。那时，殖民地完全不受其母邦控制；一帮柏拉图主义者要在西班牙或高卢的沿岸建立一个理想国也完全可能。不幸的是，柏拉图机缘巧合到了叙拉古，这个伟大的商业城邦正与迦太基殊死战斗；这种环境下，任何哲学家都不可能有所作为。下一个时代，马其顿的兴起使所有小城邦都成了过眼云烟，所有微型政治试验毫无意义了。

第十五章　柏拉图的理念论

《理想国》的中间部分主要论述纯哲学而非政治学问题，问题的提出有点突兀：

> 直到哲学家成为王，或全世界的王和君主同时具有哲学的精神和力量，政治的伟大和智慧合二为一，那些只追求二者之一的平庸之辈被迫退到一旁时，我们这个国家才有可能获得生命、得见天日；否则城邦绝不会免于这些灾难而得到安宁，而且我相信全人类也不会。

若真如此，就必须决定什么是哲学家以及所谓的"哲学"是什么。接下来讨论的是《理想国》中最有名，也许还是最有影响的部分。其中有些部分文采斐然，读者也许会像我一样不同意他说的，却禁不住被他的语言打动。

柏拉图的哲学基于巴门尼德首先提出的实在与现象的区别上；现在谈到的通篇也不断出现巴门尼德式的词句和论证。而柏拉图的实在带有宗教色彩，与其说是巴门尼德式的，不如说是毕达哥拉斯式；他还花大篇幅讲到数学和音乐，可直接追溯到毕达哥拉斯的弟子。巴门尼德的逻辑结合毕达哥拉斯和俄耳甫斯教派出世思想产生的学说，既满足理智又满足宗教情感；产生了非常有影响力的思想综合体，经过各种修改，影响了包括黑格尔在内的大多数伟大哲学家。但不仅是哲学家受柏拉图的影响。清教徒为何要反对音乐、绘画和天主教会的华丽仪式？就可以在《理想国》第十卷中找到答案。学校为何要强迫儿童学习算术？理由就在《理想国》第七卷里。

下面几段概括了柏拉图的理念论。

我们的问题是：什么是哲学家？第一个答案依据字源学：即哲学家是爱智慧的人。但若从好奇的人也可说成是爱知识这个意义上，哲学家则跟爱知识的人不同；庸俗的好奇心不能使人成为哲学家。因此，这个定义应改为：哲学家是爱"洞见真理"的人，但这洞见是什么？

假设有人热爱美的事物，他特意去看所有新悲剧、新画作，去听所有新音乐。这样的人不是哲学家，因为他只爱美的事物，而哲学家爱美本身。仅爱美的事物的人是在做梦，而认识绝对之美的人是清醒的；前者只有意见，而后者有知识。

"知识"和"意见"的区别是什么？一个人有知识，是有关于某物的知识，也就是关于某种存在着的事物的知识，因为不存在的事物是无物（这让人想到巴门尼德）。因此知识是无误的，因为知识有误在逻辑上是不可能的。但意见可能有误。为什么会这样呢？意见不可能是关于不存在事物的意见，也不可能是关于存在事物的意见，如果那样就是知识了。所以意见必须是关于既存在又不存在事物的意见。

但这怎么可能呢？答案是：特定事物永远具有相反的特性：美的事物某些方面也是丑的；正义的某些方面也是不正义的等。柏拉图说，一切特定的可感觉的对象都有这种矛盾的性质；所以它们在存在与不存在间此消

彼长，所以适合作为意见对象，而非知识对象。"但那些理解绝对、永恒与不变的人们可以说是有知识的，而不只是有意见。"

这样，我们得出的结论是意见是关于感官接触的世界，而知识则是关于超感的永恒世界；比如，意见是关于特定的美的事物，知识则是关于美本身。

这里提出的唯一论据是：假设一个事物可以既是美的又是不美的，或既正义又不正义，这个假设自相矛盾，而个体事物似乎又结合了这些矛盾的特性。所以个体事物不是实在的。赫拉克利特说："我们既踏进又不踏进同一条河流；我们既存在又不存在。"这和巴门尼德学说结合起来就得出柏拉图的结果。

柏拉图学说里也有些意义重大的内容无法追溯到前人学说，那就是"理念"论或者说"形式"论。这一理论部分是逻辑的，部分是形而上学的。逻辑部分涉及一般字的意义。有许多个体动物，我们能明确说"这是一只猫"。我们说的"猫"这个字的意义是什么？显然是与每一只个体的猫不同的东西。看来一个动物是一只猫，因为它具有所有猫共有的一般性质。没有像"猫"这样的一般字，语言无法通行，所以这些字显然不是没有意义。但若"猫"这个字有任何意义，那它的意义不是这只或那只猫，而是某种普遍的猫性。这种猫性既不随个体的猫出生而出生，也不因个体的猫死去而死去。事实上，它在时空中没有定位，是"永恒的"。这就是这一学说的逻辑部分。其论据，无论最后有效与否，还是很有分量的，而且与这一学说的形而上学部分完全无关。

根据这一学说形而上学的部分，"猫"这个字的意思是某个理想的猫，是上帝创造出来的唯一的"猫"。个别的猫具有"猫"的性质，但多多少少不完美；正是由于这种不完美，才能有许多只猫。"猫"是实在的；而个别的猫只是现象。

《理想国》最后一卷非常明确地阐述了理念或形式学说。

这里柏拉图解释道，只要若干个体有共同的名称，就有共同的"理念"或"形式"。例如，虽然床有许多，但只有一个床的理念或形式。正如镜中反映的床只是现象而非实在，所以不同的床也不是实在的，只是理念的摹本；理念才是一张实在的床，而且是神创造的。对这张神创造出来的床可以有知识，但对木匠制造出来的许多张床，只能有意见。这样哲学家便只对一张理想的床感兴趣，而对感觉世界中的许多张床不感兴趣。他会有点漠不关心日常世俗事物："智力高超，观察一切时间和一切存在的人，怎能重视人世生活呢？"能成为哲学家的青年在同伴中会显得格外正直文雅、潜心学习，有很强的记忆力与自然和谐的心灵。这样的人将被教育成哲学家和卫国者。

《理想国》第六和第七卷里，柏拉图谈到两个问题：第一，什么是哲学？第二，气质合适的青年男女，怎样才能被教育成哲学家？

对柏拉图来说，哲学是"对真理的洞见"。它不是纯粹理智的；不仅是智慧，而是爱智慧。斯宾诺莎的"对上帝的理智的爱"大体也是思想与感情的这种密切结合。凡从事过创造性工作的人，或多或少都体验过一种心灵状态：在长期工作后，某种真理或美会显现出来，或者说仿佛是伴随着灵光突然出现——可能只关于某个不重要的事物，也可能关乎整个宇宙。那一刹那，经验非常有说服力；事后他可能有怀疑，但当时是确信无疑的。我想在艺术、科学、文学及哲学上，大多数最优秀的创造性工作都是这一刹那的结果。我不能肯定别人是否也这样想。但我发现我想针对某个题目写本书时，必须先沉浸在细节中，直到熟悉主题的所有各部分；幸运的话，某天我会看到各个部分有机联系成的整体。之后，我只要写下我

见到的。最相似的类比是先在雾中走遍一座山，直到熟悉每条道路、每道山岭和每座山谷，然后在明媚的阳光下，从远处清晰、完整地观看这座山。

我相信这种经验对优秀的创造性工作是必要的，但不充分；它的那种主观确定性确实可能是致命的误导。威廉·詹姆斯描写过一个人只要吸了笑气就知道宇宙的奥秘，醒来又忘记了。最后他在这个景象消失前，竭力写下这个奥秘。等他完全清醒过来，发现写的是："到处弥漫着一股石油味。"看似突发的灵感，很可能是误导，所以美妙的沉醉过后，必须冷静地检验。

柏拉图写《理想国》时，完全信赖其洞见，但为了将其洞见的本质传达给读者，他需要借助比喻，那就是洞穴的比喻。他经过各种前期讨论，逐渐引到这个比喻，以便使读者看到理念世界的必要性。

他先把理智世界和感觉世界分开，又把理智和感觉各分为两种。我们无需考虑两种感觉；而两种理智分别是"理性"和"悟性"。其中，理性更高级，只涉及纯粹的理念，其方法是辩证的。悟性是应用于数学的那种理智，比理性低级，因为它使用自身不能验证的假设。例如几何学中说："假设 ABC 是一个直角三角形。"如果问 ABC 是否真是直角三角形，就不合规矩了；尽管若它是我们画的，我们肯定它绝不是直角三角形，因为我们画不出绝对的直线。因而数学永远不能告诉我们什么是存在，只能告诉我们，如果怎样，则会存在什么。感觉世界里没有直线，所以若数学不只是假设的真理，就必须在超感的世界里找出超感的直线存在的证据。悟性做不到这一点，但柏拉图认为理性可以。理性证明天上有直角三角形，可以绝对而不是假设的肯定其几何命题。

柏拉图力图用视觉类比解释清晰的理智洞见和混乱的感觉洞见的不

同。他说视觉和别的感觉不同，不仅需要有眼睛和对象，还需要有光。太阳照耀下的物体清晰可见，暮色微明中则朦胧不清，漆黑一片就什么都看不见。理念世界就像太阳照亮物体时我们看到的；而万物流转的世界是模糊朦胧的。眼睛就像灵魂，作为光源的太阳则是真理或者善。

> 灵魂就像眼睛：它注视被真理和存在照耀的东西时，便看见、理解它们，并闪耀理智的光芒；但它转向变化生灭的朦胧时，就只有意见在闪烁不定，先有这样一个意见，又有那样一个意见，仿佛没有理智……赋予已知事物真理性，并赋予认知者以认识能力的东西，我想要你们称其为善的理念，你们也会将它看作知识的因。

这逐渐引出了那个有名的洞穴比喻，就是说，没有哲学思想的人就像被关在洞穴里的囚犯，因为被绑住，只能朝一个方向看，他们背后燃烧着一堆火，面前是一堵墙。他们与墙中间什么都没有，只看到火光照在自己和背后的物体上形成的影子。他们不可避免地把这些影子看成实在的，而对形成这些影子的物体毫无概念。最后有人逃出洞穴来到阳光下，第一次看到实在的事物，才察觉到之前一直被影像欺骗。若他是那种适合做卫国者的哲学家，就会感到自己的责任是重回洞穴，把真理教给曾一同被囚的同伴，给他们指明出来的道路。但他很难说服他们，因为离开了阳光，他看到的影子还没别人看得清楚，别人看他就好像比逃出去以前还要愚蠢。

"善"在柏拉图哲学里的地位很特别。他说科学和真理都向善，但善有更高的地位。"善不是本质，它在尊严和威力上远高于本质。"辩证法在对绝对善的认知中，走向理智世界的终点。正是靠善，辩证法才不必凭借数学假设。这里根本的假设是：与现象相对的实在是十足完美的善，所以

认识善就是认识实在。整个柏拉图哲学里也像毕达哥拉斯主义那样有理智与神秘主义的融合，但最终神秘主义明显占了上风。

柏拉图的理念说有许多明显错误。尽管如此，它标志着哲学上一个非常重要的进步，因为它是第一个强调共相的理论，此后共相便以各种不同形式一直延续至今。一切开端总归是粗糙的，但不应因此忽视其创造性。柏拉图的话就算经过所有必要的改正后，仍要保留下来。即使强烈反对柏拉图观点的人也至少要保留的是：我们不能用一种完全由专有名词构成的语言来表达思想，而必须要用一些像"人""狗""猫"这样的一般性的字；或不用这些字，便要用一些关系词，如"相似""先于"等。这些词不是毫无意义的声音；但若世界全部由专有名词所指的个别事物构成，那么很难看出这些词怎能有意义。可能有办法解决这一论证，但无论如何它提供了一种乍看上去有利于共相的情况。我暂且承认其某种程度上有效。但即使这样，柏拉图其余的话一点也不合乎逻辑。

首先柏拉图完全不理解哲学的语法。我可以说"苏格拉底是有人性的""柏拉图是有人性的"等。可以认为"有人性的"这个词在这些陈述里的意义完全相同。但无论其意义是什么，都与苏格拉底、柏拉图或任何其他构成人类的个人不同。"有人性的"是形容词；要说"有人性的是有人性的"毫无意义。柏拉图犯的错误就像说"有人性的是有人性的"。他认为美是美的，他认为"人"的共相是神创造的人的典范的名称，而实际的人是其不完美、多少有些不真实的摹本。他全然未能认识到共相与个体之间的鸿沟有多深；他的"理念"其实不过是伦理上和审美上比普通的更高级的其他个体。后来他自己也开始看出这个难题，就像那篇包含历史上最著名的哲学家自我批判的例子之一的《巴门尼德篇》中体现的那样。

《巴门尼德篇》里，巴门尼德、芝诺和苏格拉底的那次著名讨论应是安提丰（柏拉图的同母兄弟）讲述的。据说这时，巴门尼德已上了年纪（大约六十五岁），芝诺正值中年（大约四十岁），而苏格拉底还十分年轻。苏格拉底阐述了理念论，他确信有相似性、正义、美以及善的理念；他不确定有没有人这一理念；他义愤填膺地抵制头发、泥、土也可能有理念的说法——不过他又说，有时他认为没有东西是没有理念的。但他抛弃了这个见解，因为害怕坠入一派胡言的无尽深渊里。

巴门尼德说，是的，苏格拉底，那是因为你还年轻。若我没弄错的话，总有一天哲学会更牢地把握住你，那时你就不会蔑视哪怕是最卑微的事物了。

苏格拉底同意这个说法，他认为，"某些理念是其他一切事物的特点，并因此得名；例如相似的事物成为相似的，是因为它们具有相似性；伟大的事物成为伟大的，是因为它们具有伟大性；正义的和美的事物成为正义的和美的，是因为它们具有正义和美"。

巴门尼德继续提出一些难题：

（1）个体具有全部的理念，还是只是部分理念？无论哪种观点，都有反驳的理由。若是前者，那么一个事物就同时存在于许多地方；若是后者，理念是可分割的，那么一个具有一部分"小"的事物比"绝对小"更小，而这是荒谬的。

（2）一个个体具有一个理念时，个体和理念相似；所以必须另有一个既包含这个个体又包含原来理念的理念。于是必须再有一个理念包括这个个体和这两个理念，如此类推，以至无穷。这样，每个理念就不止一个，会变成理念的无穷系列。（这和亚里士多德关于"第三个人"的论证

相同。）

（3）苏格拉底暗示理念也许只是思想；但巴门尼德指出思想必须是关于某个事物的。

（4）由于以上第二条的理由，理念不能与具有其特点的个体相似。

（5）若有任何理念存在，一定不能被我们认识，因为我们的知识不是绝对的。

（6）若神的知识是绝对的，就不会认识我们，因此不能统治我们。

但理念论并未被完全抛弃。苏格拉底说，没有理念，心灵便无处可依，因此会毁掉推理。巴门尼德说他的麻烦来自缺乏预先训练，但未得出任何定论。

我认为柏拉图对可感觉个体的实在性做的逻辑反驳经不起检查，例如他说，凡是美的某些方面也是丑的；凡是成倍的也是一半等。然而我们说一件艺术品某些方面是美的，而另一些方面是丑的，分析一下总可以（至少理论上）说："这部分或这方面是美的，而那部分或那方面是丑的。"至于"两倍"和"一半"，这些是相对项；2是1的两倍，是4的一半，这一事实没有任何矛盾。柏拉图由于不理解相对项，一直遇到麻烦。他认为若A大于B而小于C，那么A既是大的，又是小的，在他看来这是矛盾的。这种难题属于哲学的幼稚病。

实在与现象的区别，不可能有巴门尼德、柏拉图和黑格尔总结的那些结论。若现象确实出现，它便不是无物，因此是实在的一部分；这是一种正确的巴门尼德式的论证。若现象没有确实出现，那我们为何要为它伤脑筋呢？也许有人要说："现象没有确实出现，但它似乎出现。"这种说法无济于事，因为我们还可以问："它是实在看上去出现呢？还是仅仅似乎看上去出现？"即使现象是看上去出现，我们迟早也会达到某种确实出现，因此现象是实在一部分。柏拉图做梦也想不到否认看上去有许多张床，尽管只有一张唯一实在的床，即神创造的那张床。但他似乎未正视看上去有许多张床，以及这种"多"是实在的一部分这一事实的含义。任何想把世界分成为若干部分，其中一部分比其他部分更"实在"的企图，注定要失败。

与此相关的是柏拉图另一个奇怪的见解，即知识和意见必须关于不同的主题。我们应说：如果我以为要下雪了，这是意见；如果后来我看到在下雪，这是知识；但在这两种情况下，主题是同一个。可柏拉图认为任何时候只要能成为意见的命题内容，永远不能成为知识的命题内容。知识是确实可靠无误的，意见则不仅会错且必然是错的，因它假设了只是现象的东西的实在性。这一切都是重复巴门尼德的话。

柏拉图形而上学有一方面显然与巴门尼德的不同。对巴门尼德来说，只存在"一"；但柏拉图认为有许多的理念。不仅有美、真和善；而且，正如我们已看到的，还有神创造的天上的床、天上的人、天上的狗、天上的猫等，整个诺亚方舟里的东西都有了。而这一切在《理想国》里似乎未被好好考虑过。柏拉图的理念或形式不是思想，虽说可以是思想的对象。很难理解神如何能创造理念，因为理念的存在是永恒的，神决定创造时，除非他思想里已有创造的对象，也就是柏拉图说是他制造出的那张柏拉图式的床，否则他不可能决定创造出一张床来。凡永恒的必然不是被创造出来的。在此，我们碰到那个让许多有哲学头脑的神学家苦恼的难题。唯有这个偶然的世界，这个在时间和空间里的世界，才可能是被创造出来的；但这又正是那个被贬斥为虚幻的、没有价值的日常世界。因此造物者似乎只创造了虚幻和罪恶。某些诺斯替派坚持此观点；但柏拉图仍没发现这一难题，在《理想国》里他似乎从未意识到这个问题。

照柏拉图说的，哲学家要成为卫国者，就必须回到洞穴里去，和那些从未见过真理的阳光的人生活在一起。看来神若想改造自己的创造物，似乎也得这么做；信基督教的柏拉图主义者可能也这么解释道成肉身。但这仍完全不可解释为何神不满足于理念世界。哲学家发现洞穴存在，又因仁慈心驱使而返回洞穴；但人们会想，若造物者真创造了万物，完全可以避免洞穴出现。

也许只因为有基督教的造物者概念才产生了这个难题，不怪柏拉图，因为他说神没有创造万物，只创造了美好的事物。按这个观点，感觉世界的多重性应除了神，另有别的根源。也许与其说理念是神创造的，不如说是神本质的组成部分。这样，理念多重性涉及的明显的多元论就不是最根本的了。最根本的只有神或善，而理念是来形容神的。无论如何，这是对柏拉图一种可能的解释。

柏拉图接着对即将成为卫国者的青年的教育进行了一番有趣的概述。我们看到，一个青年被选中获此殊荣，依据的是其综合智力和道德品质：他必须正直、儒雅好学、记忆力强且心智和谐。具备这些优点而被选出的青年人，从二十岁到三十岁要研究毕达哥拉斯派的四门学问：数学（平面及立体）、几何学、天文学与和声学。研究这些学问不应有任何功利的态度，只为使心灵能洞见永恒事物。例如天文学，不能过多关心实际的天体，而应关心理想天体运动的数学应用。近代人听起来可能非常荒谬，但说来奇怪，这在实验天文学方面却证明非常有用。这种情形的出现方式非常奇怪，值得思考。

从地球上看到的行星运动，在深入分析前，看似是不规则的、复杂的，根本不会是毕达哥拉斯式的造物者选择的那样。显然，每个希腊人都觉得天体应体现数学之美，而行星唯有做圆周运动时才如此。由于柏拉图强调善，所以这点对他特别明显。这就产生一个问题：有没有一种假说能使貌似无秩序的行星运动转化为秩序、美和简单呢？若有，那么善的理念就会证明我们主张的这个假说是合理的。萨摩斯的阿利斯塔克发现一个假说：所有行星，包括地球，都以太阳为中心沿圆周运动。这个观点两千年来被否定，一部分是由于亚里士多德的权威，他将一个颇为相似的假说归于"毕达哥拉斯学派"（《论天》）。哥白尼重提这一观点，它的成功似乎证明柏拉图在天文学上的审美偏见是合理的。不幸的是，开普勒发现行星以椭圆而不是以圆周运动，太阳位于一个焦点而不是位于中心；后来牛顿发现它们甚至不是以严格的椭圆形运动。因此柏拉图追求的，以及显然由萨摩斯的阿利斯塔克发现的，那种几何学的单纯性最终被证明是错觉。

这段科学史说明一条普遍准则：任何假说不论多荒谬，如能使发现者以一种新的方式思考事物，那在科学上就可能有用；但当其碰巧达到这一目的后，就很可能阻碍继续进步。把对善的信仰当作科学理解世界的关键，在一定阶段对天文学有用，但在以后每个阶段都是有害的了。柏拉图的，尤其是亚里士多德的伦理与审美偏见极大扼杀了希腊科学。

值得注意的是，尽管柏拉图非常重视算术和几何学，而且这对其哲学也影响极大，但近代柏拉图主义者几乎无一例外的对数学一窍不通。这就是专业化弊端的例子：一个人将青春都花在了研究希腊文上，才得以著述柏拉图，结果却完全没时间研究柏拉图认为重要的东西。

第十六章　柏拉图的不朽论

以"斐多"命名的对话在好几个方面都令人瞩目。看似它描写的是苏格拉底的最后时刻：他饮鸩前后，直至失去知觉前说的话。它体现了柏拉图心目中最有智慧、最善良且全然不畏死亡的理想人物。柏拉图描写的面对死亡的苏格拉底，无论古代还是近代伦理上都是重要的。《斐多篇》对异教徒或自由思想的哲学家的意义，相当于福音书讲述的耶稣受难和耶稣被钉死于十字架对基督教徒的意义。[1]但苏格拉底最后时刻的泰然自若，和他灵魂不朽的信仰紧密相关；《斐多篇》的重要性在于不仅描述了一个殉道者的死难，还提出了后来成为基督教教义的许多学说。圣保罗和教父神学基本上直接或间接来源于此；若忽略柏拉图，几乎无法理解他们的神学。

较早的《克里托篇》讲述了苏格拉底的一些友人和弟子如何计划使他逃到色萨利。要是他真逃掉了，或许雅典当局会很高兴；拟定的计划很有可能成功。而苏格拉底坚称自己已被合法程序判决，做任何非法的事躲避

---

[1]　甚至许多基督徒也认为这次于基督之死。"无论古代还是现代的任何悲剧中，无论诗歌还是史书中，（除了一个例外）没什么可以与柏拉图书中苏格拉底的最后时刻相媲美。"这是本杰明·乔伊特牧师的话。

惩罚都是错的。他首先宣告的原则使我们想起基督登山训众："我们不应对任何人以怨报怨，无论我们从他那里受了什么怨"。

在《斐多篇》里，最后时辰到来，他被卸去枷锁，获准与朋友自由交谈。他打发哭泣的妻子出去，免得她的悲戚打扰他们讨论。

苏格拉底开头就主张，虽然任何有哲学精神的人都不惧死亡，反而会欣然接受死亡；但他不想了结自己的生命，因为那是非法的。他的朋友问他，为何自杀被认为是非法的；他的回答与俄耳甫斯派的学说一样，也几乎恰好是基督徒的观点。"有种秘密流传的学说，说人是囚犯，无权开门逃走；这是个巨大的奥秘，我不完全理解。"他把人和神的关系比作牛和主人的关系，他说若你的牛擅自了结自己的性命，你会生气；因此"人该等待，不可自行了结生命，要等候神的召唤，就像现在神在召唤我"。他对死不感到悲痛，因为他相信"首先我要到别的智慧且善良的神那儿去（我对此深信不疑，就像我对任何这类事情那样），其次（虽说这最后一点我不那么有把握）已故的人比我身后留下的那些人要好得多。等待逝者的还有些事物，对善人要比对恶人更美好得多，对此我抱有很大希望"。

苏格拉底说，死是灵魂与身体的分离。这里就碰到柏拉图的二元论：即实在与现象，理念与感觉对象，理智与感知，灵魂与身体。这些对立相联：每组对立中，前者都优于后者，无论是实在还是善的方面。苦行式的道德是这种二元论的自然结果。基督教吸收了该学说的一部分，但从未全部吸收。因为有两个障碍：一是若柏拉图是对的，创造有形世界必定是桩罪恶的事，因此造物者不可能是善的；二是正统的基督教虽认为独身主义更高贵，但从不会勉强自己谴责婚姻。而摩尼教徒则在这两点上更加一致。

心与物的区别，已在哲学、科学和大众思想里变得很常见，有其宗教

根源，且始于灵魂与肉体的区别。我们看到，俄耳甫斯教徒宣称自己是大地与星天的孩子，身体来自大地，灵魂来自上天。柏拉图力图用哲学语言来表达该理论。

苏格拉底在《斐多篇》里开始便展开其学说中苦行主义的含义，但他的苦行主义有节制并带点绅士风度。他没说哲学家应禁绝平凡的快乐，只是说不应被其奴役。哲学家不应关心饮食，但当然应有足够饮食；他不提倡禁食。《斐多篇》也说苏格拉底虽不嗜酒，但某些场合他比任何人喝得都多，而且从来不醉。他谴责的不是饮酒而是嗜酒。同样，哲学家也不该钟情于恋爱的快乐，或贵重的华服美履以及个人缀饰。他必须全身心关怀灵魂，而不是身体："他愿意尽量离弃身体而转向灵魂。"

显然，这个学说推广后就会变成禁欲主义；但其本意确切地说不是禁欲主义。哲学家不会努力摒弃感官的快乐，但会考虑其他事物。我就知道许多哲学家会忘记吃饭，最后吃饭时还手不释卷。这些人的行为就是柏拉图说的哲学家应做的：他们不是用道德的力量节制大吃大喝，而只是对其他事物更感兴趣而已。

苏格拉底继续说，哲学家想要断绝灵魂与身体的联系，别人则认为人若"没有快乐的感觉，不能享受身体的快乐"，生活就不值得活。柏拉图的这句话似乎——或许不经意地支持某一类道德学家认为身体的快乐才最重要的观点。他们认为不追求感官快乐的人，必须完全回避快乐而过有德行的生活。这个错误造成了无尽的害处。

现在谈谈柏拉图认为是（无论正确与否）苏格拉底讲的宗教的智力方面。据说身体妨碍知识的获得，视觉和听觉都不是准确的见证：真正的存在若显示给灵魂，那么是显示给思想而不是感官。先考虑一下该学说的含义。它完全摒弃经验知识，包括所有历史和地理在内。我们不能知道有过像雅典这样的一个地方或像苏格拉底这样的一个人，他的死和他的慷慨赴死都属于现象世界。我们唯有通过视觉和听觉知道这一切，而真正的哲学家不注重视觉和听觉。那他还靠什么？首先是逻辑和数学；但逻辑和数学是假设的，不能证实有关实在世界的任何断言。下一步——这一步是决定性的——依赖于善的理念。一旦有了这个理念，据说哲学家就知道了善就是实在，因而能推论出理念世界就是实在世界。后世的哲学家提出过种种论证证明真与善的同一性，但柏拉图似乎假设这不证自明。想要理解柏拉图，就必须假设这一假说的合理性。

苏格拉底说，心灵集中于自身，不为声色苦乐所困，告别肉体，向往真存在时，思想才是最好的；"哲学家就这样鄙弃肉体"。从这一点出发，苏格拉底继续讲到理念、形式或本质。有绝对的正义、绝对的美和绝对的善，但肉眼看不见。"而且我说的不仅是这些，还有绝对的伟大、绝对的健康、绝对的力量以及万物的本质或万物真实的性质。"所有这一切只有理智的洞见才得见。因此，我们在肉体内，灵魂被肉体的罪恶污染时，我们求真理的愿望不会得到满足。

这一观点排除以科学观察与实验作为获得知识的方法。实验者的心灵不"集中于自身"，目的也不是避免声色。柏拉图提出的方法只能追求两种精神活动，即数学和神秘主义的洞见。这说明二者如何在柏拉图及毕达哥拉斯学派中那么紧密地结合在一起。

经验主义者认为，肉体使我们接触外部实在世界；但柏拉图认为，肉体有双重罪恶，既是一种歪曲的媒介，使我们好像透过昏暗的镜子看不清楚；又是欲望的根源，使我们无法集中注意力追求知识并看到真理。

再回到《斐多篇》：西米亚斯对死后灵魂的永存表示怀疑，强烈要求苏格拉底提出证据。虽然苏格拉底进行了论证，但不得不说其论证站不

住脚。

第一个论证是万物都有对立面，且都由其对立面产生，这种表述使我们想到阿那克西曼德关于宇宙正义的观点。既然生与死对立，所以其中之一必产生另一个。于是，死者的灵魂存在于某处，适当的时候再回到地上。圣保罗说"种子不死便没有新生"，似乎属于这样的理论。

第二个论证是，知识是对前世生活的回忆，所以灵魂必定生前就已存在。支持知识是回忆这一理论的主要事实是，我们有像"完全相等"这样一些不能从经验中得出的观念。我们有大致相等的经验，但永远不能在可感觉的对象中找到绝对相等；而我们知道我们说的"绝对相等"的意义是什么。既然这不是我们从经验中学到的，就一定是我们从生前的存在里带来的。他说，类似论据可应用于其他所有观念。这样，本质的存在及我们对其的理解能力证明了预先存在有知识的灵魂。

一切知识都是回忆的论点，在《美诺篇》里更详尽地展开了。文中苏格拉底说："没什么教学，有的不过是回忆罢了。"他让美诺叫来一个小奴隶，问他几何学问题，声称证明了自己的论点。他认为小奴隶的回答表明他的确知道几何学，尽管他一直没意识到自己有这知识。《美诺篇》和《斐多篇》得出同样的结论，即知识是灵魂从前世的存在里带来的。

关于这点，可见首先这一论证完全不能应用于经验知识。这个小奴隶不可能被引导去"回忆"金字塔是何时建的，或特洛伊战争是否真的发生过，除非他恰好当时就在现场。唯有那种被称为"先验"的知识——尤其是逻辑和数学——才可能被认为人人都有，且与经验无关。事实上（撇开神秘的洞察力不谈），这是柏拉图唯一承认的真正的知识。我们来看，数学上怎样处理这一论证。

例如相等这个概念。我们必须承认，在可感觉的对象里，我们没有完全相等的经验；我们只看到大致相等。那如何得出绝对相等的观念呢？还是，也许没有如此观念？

举个具体的例子。一米的定义是现存巴黎的某根棍子在一定温度下的长度。若我们说另一根棍子的长度恰好是一米，意味着什么？我想这句话没任何意义。我们可以说：目前科学已知的最精确的计量过程也无法指明，我们的棍子比巴黎的标准尺究竟是长还是短。若我们够大胆，还可预言未来任何计量技术上的改进都改变不了这一结果。但从经验证据随时可对其加以反证的意义上说，这仍是种经验表述。我认为我们不真正具有柏拉图认为我们具有的那种"绝对"相等的观念。

即使我们有这种观念，显然小孩在一定的年龄前是没有的，而且这种观念虽不直接来自经验，也是由经验引导出来的。此外，除非我们生前的存在不是感觉的存在，否则就像我们现世一样也不能产生这种观念；假设我们以前的存在有一部分是超感的，那对我们现世的存在为什么不做同样的假设呢？因此，这一论证不成立。

回忆说既被认为成立，于是西米亚斯说："大约所需的证明有一半已得到证明；也就是，我们出生前灵魂已存在；但另一半，死后灵魂也像出生前一样存在，还未得到证明。"于是苏格拉底着手解决这个问题。他说，万物都产生于自己的对立面的说法合乎逻辑，因此死必定带来生，就像生带来死。但他又补充了一个哲学上更古老的论据：唯有复杂的才可被分解，而灵魂和理念一样，是单一的，而不是由许多部分合成的。人们认为凡是单一的都不能开始、终结或变化。既然本质不变：例如绝对的美永远不变，美的事物则不断变化。所以凡见到的事物皆是暂时的，未见的则是永恒的。身体是看得见的，但灵魂是看不见的；因此灵魂应归为永恒那类。

永恒的灵魂善于思考永恒的事物，即本质；但在感觉中思考万物流变的世界时，就要迷乱了。

当灵魂用身体作为一种知觉的工具时，也就是用视觉、听觉或其他感官时（因为所谓通过身体来知觉，也就是通过感官来知觉）……灵魂便被身体拖入变化中，会迷惘而困惑；灵魂一接触到变化，世界就会围绕其旋转，它就像喝醉酒一样……但灵魂回归自身思索时，就进入另一个世界，那里有纯洁、永恒、不朽与不变，这些都是灵魂的同类，只要它独处，不被打扰，就总是和它们在一起；这时它不再犯错，永远与不变相感通。灵魂的这种状态就叫作智慧。

真正的哲学家在活着时，灵魂已从肉欲的束缚下解放出来，死后要到那个看不见的世界里，与众神在一起享福。但不纯洁的灵魂爱恋肉体，会变成墓冢游魂，或按其特性进入动物的身体，比如驴、狼或鹰。虽有德但不是哲学家的人，死后将变成蜜蜂、黄蜂或蚂蚁，或其他某种群居、有社会性的动物。

唯有真正的哲学家死后才能升天。"凡是不曾研究过哲学的人，去世时不是纯洁无瑕的人，没一个可与众神同在；只有爱知识的人才可以。"这就是为何真正笃信哲学的人要禁肉欲了：他们不是怕贫穷或耻辱，而是因为他们"意识到灵魂不过是附着在身体上——在哲学接引它以前，只能通过牢狱中的铁窗，自身不能且也不能通过自身来观察实在的存在……而且由于欲念，它已是自己被俘的主谋了"。哲学家有节制，因为"每次快乐和痛苦都是一个把灵魂钉在身体上的钉子，直到灵魂也变得和身体一样，并且凡是身体肯定为真的，它也信以为真"。

说到这，西米亚斯提出毕达哥拉斯认为灵魂是一曲音乐的观点，并质问：若琴碎了，音乐还能继续存在吗？苏格拉底回答，灵魂不是一曲音乐，因为一曲音乐是复杂的，灵魂则是单一的。他还说，灵魂是一曲音乐的观点与回忆说证明了的灵魂预先存在是不一致的；因为有琴之前，音乐并不存在。

苏格拉底继续叙述自己的哲学发展历程，虽然很有趣，却与主要论证没什么关系。他继续讲解理念论，得出这样的结论："理念是存在的，其他事物都参与理念并从理念中获得自己的名称。"最后他描述了人死后灵魂的归宿：善者升天，恶者入地狱，善恶皆有的，则入炼狱。

斐多总结说："在他那个时代所有的人中，他是最智慧、最正直、最善良的。"

柏拉图笔下的苏格拉底成为后来世世代代哲学家的典型。道德上我们应该怎样看待他？（我只谈柏拉图描写的那个苏格拉底。）他的优点很明显。他不在乎世俗成败，无所畏惧，甚至直至最后时刻始终保持安详、儒雅与幽默；对自己信仰的真理比对任何其他事物更热爱。而他也有些非常严重的缺点。他的论证不实且诡辩；私下动脑筋证明他赞同的结论，而不是用于对知识的公正追求。他也有些自鸣得意、油腔滑调，让人联想到败坏的传教士。要是他不曾相信他死后要与众神一起享受永恒的福祉，那就更勇气可嘉了。苏格拉底不像其某些前辈那样，他在思维上不科学，一心一意要证明宇宙符合其伦理标准。这是对真理的背叛，也是最糟的哲学过失。我们相信，作为人，他有资格圣徒相通 [1]；但作为哲学家，他不得不长期待在科学的炼狱里。

---

[1]　所有基督教徒（无论生死）间的精神伙伴关系。——译注

第十七章　柏拉图的宇宙生成论

柏拉图在《蒂迈欧篇》[1]中提出宇宙生成论，西塞罗将其译成拉丁文，后成为中世纪唯一被西欧所知的对话。在中世纪及更早期的新柏拉图派哲学中，这一篇对话比柏拉图其他任何作品影响都更大；这很奇怪，因为比起他的其他著作，这篇明显有更多简直愚蠢的内容。它的哲学意义无足轻重，但其历史影响足以让我们必须对其详加分析。

早期各篇对话中苏格拉底的地位，在《蒂迈欧篇》中被毕达哥拉斯主义者取代；《蒂迈欧篇》中大体也采用了毕达哥拉斯学派的学说，包括以数解释世界的观点。对话开头是《理想国》前五卷的提要，然后是关于亚特兰蒂斯的神话，据说它是直布罗陀海峡之外的一个岛，比利比亚和亚细亚加起来还大。随后这位毕达哥拉斯派的天文学家蒂迈欧继续讲述世界的历史，直至创造人类。他的话大致如下。

凡是不变的都被理智和理性认知，凡是变的都被意见认知。世界既然是可感的，就不能是永恒的，一定是神创造出来的。神是善的，

---

[1]　这一篇对话有许多含糊不清的地方，曾经引发了很多解释者的争论。总体来说，我觉得我的意见和康福德在《柏拉图的宇宙论》中所表明的意见大致相似。

所以按照永恒的模型创造世界；他不嫉妒，想要使万物尽可能像他自己。"神想要万物应尽可能好，没有坏的。""（神）发现整个世界不是静止的，而是处于一种不规则和无秩序的运动中，于是神从无序中创造出秩序。"[1] 神把理智放入灵魂，又把灵魂放入身体。他把整个世界创造成一个既有灵魂又有理智的生物。只有一个世界，不像苏格拉底以前各派教导的那样有许多世界；世界不能多于一个，因为世界是被复制出来的，设计得尽可能符合神理解的那个永恒的原型。整个世界是个看得见的动物，将所有其他动物包罗其中。世界是个球体，因为像比不像更好，只有球体才处处相像。世界是旋转的，因为圆周运动最完美；既然旋转是其唯一运动，所以它不需要有手有脚。

火、气、水、土每一种元素显然由一种数字代表，四种元素构成连比，即火比气等于气比水，等于水比土。神用所有的元素创造了世界，因此世界是完美的，不可能衰老或生病。世界由于成比例而和谐，这使它具有友善精神，因此不可解体，除非神使其解体。

神先创造了灵魂，然后是身体。灵魂由不可分－不可变和可分－可变的东西组成，是第三种和中间性的本质。

随后是毕达哥拉斯派关于行星的解说，并引出关于时间起源的解释：

当造物者天父看到他创造的生物，即被创造出来的永恒的神的影像，运动着、生活着时，他感到欣喜；他高兴地决定使这个复制品更接近原型；既然原型是永恒的，他力图使宇宙也尽可能永恒。理想存

---

[1] 这样看来柏拉图的神不像犹太教与基督教的上帝；柏拉图的神不是从无物中创造出世界，而是重新安排预先存在的质料。

在的性质是永恒的，但却不可能将这种属性完美地赋予一个生物。于是他决心使永恒具有运动着的影像；他安排了天上秩序后，便使这影像既是永恒的，又根据数量而运动，而永恒本身为一。我们称这种影像为"时间"。[1]

此前，没有白天和黑夜。关于永恒的本质，我们绝不能说它过去存在或将来存在；只有说它现在存在才是正确的。但这意味着"运动着的永恒的影像"过去存在且将来存在的这种说法是正确的。

时间和天体在同一瞬间出现。神造了太阳，动物才能学习算术，若无日夜相继，可以设想我们不会想到数。看见日与夜、月与年，就创造了数的知识，并使我们有了时间的概念，从而有了哲学。这是视觉给我们最大的恩赐。

除了世界这个整体，还有四种动物：即神、鸟、鱼和陆上动物。神主要是火，恒星则是神圣的永恒的动物。造物者告诉众神，他可以毁灭他们，但不会这样做。他创造出不朽与神圣的部分后，让众神创造其他所有动物会死的部分。（像柏拉图其他有关神的段落一样，或许对这段也不必太认真。蒂迈欧开头说他只寻求偶然性，但不能确定。许多细节显然只是想象，并不意味真是那样。）

蒂迈欧说造物者为每个星体都创造了一个灵魂。灵魂有感觉、爱、恐惧和愤怒；若灵魂克服了这些，就能正直地生活，否则就不能。一个人若一生令人满意，死后就到他的那颗星里永远幸福地生活。若其一生劣迹斑斑，来生就变成女人；若他（或她）继续作恶，就会变成牲畜，并将继续

---

[1]　沃恩写那首起句是"那天夜里我看见了永恒"的诗时，一定是读过这段话。

不断轮回直至理智最后占了上风。神把有些灵魂放在地上，有些放在月亮上，有些放在其他行星和恒星上，让众神塑造它们的身体。

因有两种：一种是理智的，一种被别的因推动，而不得不再去推动别的。前者被赋予心灵，是美好事物的制造者，后者则产生无秩序、无计划的偶然作用。两种都应加以研究，因为创造是两者兼而有之的，由必然和心灵构成。（我们会注意到，必然性不受造物者权力的支配。）蒂迈欧继续探讨必然性起的作用。

土、气、火和水不是基本原理、字母或元素；甚至不是音节或最初的合成物。例如火不该叫作"这"，而应叫作"这样"，就是说，火不是一种实质，而是实质的一种状态。这里就有个问题：可理解的本质是否仅是名称？他说，答案离不开心灵与真正的意见是否相同。若不同，知识必定是关于本质的知识，因此本质不可能只是名称。既然心灵与意见肯定有别，因为一个被灌输了教导，另一个被灌输的是说服；一个与真正的理性相随，另一个则不是；人人都有真正的意见，但心灵却是神与少数人的属性。

这引出一个颇为奇怪的空间理论，即把空间看成介于本质世界与流变可感事物的世界两者之间的某种东西。

有一种存在永远不变，既不被创造，也不可毁灭，永远不从外部接受任何东西到自身，也永远不到任何其他东西那里去，不被任何感官看见、察觉，只能被理智思索。与其名称相同并与其相似的还有一种性质，被感官所知觉、被创造的，永远处于运动，逐渐进入恰当的位置，又消失在不当的位置；这种本质只能被意见和感官领悟。还有第三种性质，就是空间，它是永恒的、不容毁灭的且为一切被创造物

提供归宿，其认知无需感官而只凭一种站不住脚的推理，并且几乎不是实在的；我们像在梦里那样看到它，我们说一切存在都必然处于某个位置并占有空间，而凡是既不在天上又不在地上的便没有存在。

这段话很晦涩，我不能装作完全理解。我想上述理论必定是由于对几何学的思考而产生；几何学像算术一样，看似纯理性，但又必须牵涉空间，而空间又是感觉世界的一个方面。一般说来，用后世的哲学家类比是异想天开，但我不禁想康德一定欣赏这个关于空间的观点，因其近似他的观点。

蒂迈欧说，物质世界真正的元素不是土、气、火和水，而是两种直角三角形；一种是正方形的一半，另一种是等边三角形的一半。最初一切处于混乱，而且"在各种元素被安排好形成宇宙前，它们有不同的位置"。但当时神以形和数塑造它们，并"从不美不善的事物中把它们创造得尽善尽美"。他说上述的两种三角形是最美的形式，因此神用它们构建物质。用这两种三角形就可能构建出五种正多面体中的四种，而四种元素中每一种的每一个原子都是正多面体。土的原子是立方体；火的是四面体；气的是八面体；水的是二十面体。

欧几里得的第十三卷中提出正多面体的理论，这在柏拉图时代是个新发现；这一理论由泰阿泰德完成。传说，是他第一次证明只有五种正多面体，并发现了八面体和二十面体。[1] 正四面体、八面体和二十面体的表面都是等边三角形；但十二面体的表面则是正五边形，不能用柏拉图的两种三角形构造出来。因此，他未将它用于四种元素。

---

[1] 希思《希腊的数学》，卷一，第 159、162 页，第 294—296 页。

关于十二面体，柏拉图只是说："神描述宇宙的还有第五种组合。"这句话很含混，暗示宇宙是个十二面体；但在别的地方他又说宇宙是个球体。五角星形在魔术中一直非常突出，这种重要地位显然要归功于毕达哥拉斯学派，他们称五角星形为"健康"，并将它作为辨识他们团体成员的符号。[1] 其特性似乎是由于十二面体的表面是五边形，而且它在某种意义上是宇宙的符号。这个话题很吸引人，但很难查明其中到底多少靠得住。

讨论过感觉后，蒂迈欧继续解释人的两个灵魂，一个不朽，一个会死。一个是造物者创造的，另一个则是众神创造的。会死的灵魂"受可怕的、不可抗拒的情感支配——首先是快乐，是对罪恶最强的刺激；其次是痛苦，会妨碍善良；还有轻率与恐惧这两个愚蠢的参谋，难以平息的愤怒以及容易被引入歧途的希望；他们（众神）照必然法则把这些和非理性的感觉与肆无忌惮的情爱混合在一起，造出了人"。

不朽的灵魂在脑袋里，会死的灵魂则在胸中。

这篇对话的最后一段总结说：

> 现在我们可以说，我们已探讨完宇宙的性质。世界容纳了会死的和不朽的动物，并因它们而心满意足，变成一个看得见的动物，包罗可见的——可感觉的造物者神，他是理智的影像，最伟大、最善良、最美好、最完美的——那唯一被创造出来的天。

很难知道《蒂迈欧篇》中，哪些应认真对待，哪些该看作是幻想的游戏。我认为，应十分重视将创世描述为从混沌中造出秩序；还有四元素之

---

[1] 同上书，第 161 页。

间的比例，以及它们对正多面体和它们的组成部分的三角形的关系。显然柏拉图相信时间和空间的说法，以及被创造的世界是永恒原型的复本的看法。早在哲学的兴起前所有希腊人实际上都已相信世界混合着必然与目的。柏拉图接受了它，从而避免了那个困扰基督教神学的罪的问题。我认为他的世界－动物的说法是认真的。但关于轮回的细节和论众神的部分以及其他不重要的，我认为只是加进来增加具体性。

正如我说过的，整篇对话都值得研究，因其对古代和中世纪思想影响巨大，而且影响不只是那些最不离奇怪诞的部分。

第十八章 柏拉图哲学的知识与知觉

大多数近代人认为经验知识理应依靠或来自知觉。而柏拉图及某些其他学派的哲学家的学说截然不同，大意是值得称为"知识"的不会来自感官，唯一实在的知识必须是关于概念。照此观点，"2 + 2 = 4"是真正的知识；但"雪是白的"这样的陈述则十分模糊不定，甚至在哲学家的真理体系中找不到一席之地。

这个观点也许可追溯到巴门尼德，但哲学界认为是柏拉图赋予其明确的形式。本章我只准备讨论柏拉图对"知识与知觉是一回事"这一观点的批判，其《泰阿泰德篇》前半部分都是他对此的批判。

这篇对话想要寻求"知识"的定义，但最终只得出否定的结论；提出几个定义后又予以否定，始终未提出令人满意的定义。

泰阿泰德下文提出的第一个定义，也是我要考虑的唯一一个：

> 我觉得一个人知道，就是知觉到了他所知道的，我目前能看到的是，知识就是知觉。

苏格拉底把这个学说等同于普罗泰戈拉"人是万物的尺度"的学说，

即任何一件事物"对我来说是我看到的那样，对你来说是你看到的那样"。苏格拉底又说："所以知觉总是某种存在的东西，而且作为知识它不会有错。"

随后是大篇幅论证知觉的特性，然后很快证明了知觉最后形成的不可能是知识。

苏格拉底在普罗泰戈拉学说里加上了赫拉克利特的万物永远都在变化着的学说，也就是说，"我们高兴称之为实'有'的万物，实质上都是处于变的过程"。柏拉图相信这对感官对象来说如此，但对实在知识对象则不然。但通篇都没有其肯定的学说。

哪怕只适用于感官对象的赫拉克利特的学说，和知识即知觉的定义加在一起，就会得出：知识是关于变化着的事物，而不是关于实有的事物。

知觉被认为是对象与感官之间相互作用引起的。照赫拉克利特的学说，对象与感官永远处于变化，而且在变化时同时改变知觉。苏格拉底说，他身体好时觉得酒甜，生病时就觉得酒酸。这就是感知者的变化造成了知觉上的变化。

文中对普罗泰戈拉学说提出反驳后，其中一些又被撤销。文中竭力主张普罗泰戈拉应同样承认猪和狒狒也是万物的尺度，因为它们也是感知者。文中还提出做梦和发疯时知觉的有效性问题。文中暗示，若普罗泰戈拉是对的，那么人们知道的就不比别人知道的更多：普罗泰戈拉不仅和众神一样智慧，更严重的是，他不比傻子更有智慧。此外，若人们的判断和别人的一样正确，那么判断普罗泰戈拉错的人，有理由被认为是正确的，就像普罗泰戈拉有同样的理由被认为正确一样。

于是苏格拉底暂时站在普罗泰戈拉的立场上，要回答这些反对的意见。就做梦而论，知觉作为知觉仍是真实的。那个猪和狒狒的论证，则被当作粗俗妄论未予置评。至于另一个论证说，若每个人都是万物的尺度，那么人人就都像别人一样有智慧，苏格拉底代表普罗泰戈拉回答得非常有趣，那就是，一个判断虽不见得比另一个判断更真，但就其有更好的后果这一意义来说，它可以比另一个判断更好。这暗示着实用主义。[1]

苏格拉底虽给出答案，但并不满意。例如，他极力说医生预言其病程时，医生对其未来的确知道得比他本人多。又如人们对国家要颁布什么样的法令才是明智的这一问题意见不一时，就表明某些人比别人对未来有更多的知识。这样，我们就绕不开这个结论：即智者比起愚人来，乃是万物更好的尺度。

所有这些都反驳了"人是万物的尺度"这一学说，但只间接反驳"知识"即"知觉"的学说，因为后一种学说可以引出前一种。然而，也有直接的论证，即记忆和知觉一样都必须得到承认。承认这点后，原来提出的定义也在此限度上得到修正。

接下来谈的是对赫拉克利特学说的批评。据其弟子在以弗所青年才俊中的做法，这一学说最初走向极端。一个事物可以有两种变化方式，一种是运动，一种是性质的变化；而流变说主张一切事物永远在这两方面都变化。[2] 而且不仅一切事物都永远在经历某种质变，还都永远在改变自己的全部性质，据说以弗所的聪明人就这样想。这就带来非常尴尬

---

[1] 大概就是这段话第一次显示了费迪南德·坎宁·斯库特·席勒对普罗泰戈拉的欣赏。

[2] 无论是柏拉图还是以弗所生气勃勃的青年似乎都不曾注意到，在极端赫拉克利特学说里，运动是不可能的。运动要求一个事物 A，时而在此处，时而在彼处；它运动时，必须始终都是这同一个事物。在柏拉图检验的那个学说里既有性质变化，也有位置变化，却没有实质变化。在这方面，近代的量子物理学走得比柏拉图时代最极端的赫拉克利特的弟子们要远。柏拉图一定会认为这是科学的致命伤，但事实证明并非如此。

的后果。我们不能说"这是白的"，因为若我们开始说这话时，它是白的，但我们说完这句话前，它已不再是白的了。说我们正在看一个物体的说法是不对的，因为正在看不断地变为正在不看。[1] 若一切事物都以所有方式变化着，那么正在看就没理由称为正在看而不是正不看，或知觉叫作知觉而不叫作不知觉。而且说"知觉就是知识"时，也可以说"知觉就是非知识"。

上述论证等于说，无论在不断流变中可能有其他什么，但字的意义，至少暂时必须固定不变；否则任何论断都不确定，也没有任何论断是真的而非假的了。若讨论和知识是可能的，就必须有某种东西或多或少恒常不变。我认为应承认这点。但流变说的大部分也认可这点。

谈到这里，柏拉图拒绝讨论巴门尼德，理由是他太伟大、太崇高了。他是"可敬可畏的人物"。"他有种非常高贵的深度。"他是"我最尊敬的人"。柏拉图的这些话显示他喜欢静态宇宙的说法，不喜欢赫拉克利特的流变说，他只是为了论证才认可过流变说。他表达这种敬意后，却未展开巴门尼德的理论来代替赫拉克利特的。

现在来谈柏拉图反驳知识等于知觉的最后论据。开始，他指出我们通过眼和耳感知，而不是用眼和耳感知；他继续指出我们有些知识和任何感官无关。例如我们可以知道声音和颜色不一样，尽管没有任何一种感官可以感知两者。大体上，也没有任何特殊器官可以感知"存在与不存在、相似与不相似、相同与不同以及一与多"。荣誉与不荣誉、好与坏亦是如此。"心灵通过它自身的功能思考某些事物，但其余的事物则需通过身体的官能。"我们通过触觉感知硬与软，但判断它们存在以及之间对立的则是心

---

[1] 比较一下广告语："壳牌壳牌，始终如一。"

灵。唯有心灵才能达到存在；若不能达到存在，就不能达到真理。因此不能单单通过感官认知事物，因为只通过感官不能知道事物存在。所以知识在于思索而不在于印象，并且知觉不是知识；因为知觉"既然不能理解存在，所以也不理解真理"。

第十九章　亚里士多德的形而上学

　　理解任何重要哲学家，尤其是亚里士多德，有必要对照其前人及后辈进行研究。比起前人，亚里士多德的优点显著；与其后辈相比，他的缺点也同样明显。然而对于他的缺点，其后辈的责任比他更大。他生于希腊思想创新时期的末期；他去世后两千年，才出现大致能与之相提并论的哲学家。直到这个漫长时期末期，他的权威几乎已和基督教教会的权威一样不容置疑，而且已严重阻碍科学和哲学的进步。自 17 世纪初开始，几乎每次重大的知识进步都必定从攻击某个亚里士多德的学说开始；在逻辑方面，今天依然如此。但假如任何一位他的前人（也许除了德谟克利特）有他那样的权威，至少同样是灾难性的。要公平看待他，必须先忘掉其身后过高的声望，以及由此引发的同样过度的谴责。

　　亚里士多德约公元前 384 年生于色雷斯的斯塔吉拉。他父亲承袭了马其顿国王的御医职位。他大约十八岁来到雅典，成为柏拉图的学生；在学园里一直住了将近二十年，直到柏拉图逝世。此后，他游历了一段时间。公元前 343 年，他成为当时十三岁的亚历山大的老师，直至其十六岁。人们想知道的关于师生二人的每件事都是不确定的，关于这个话题，不久又出现各种传说，就更不确定了。他们的通信被公认是伪造的。那些崇拜二人的人认为，是老师影响了学生。黑格尔认为亚历山大的事业显示了哲学的实际用途，关于这点，阿尔弗雷德·威廉·班尼特说："若哲学除了亚历山大的性格，没有别的更好的东西来证明自己，那就太不幸了……狂妄、酗酒、残酷、报复成性、又极度迷信，他集苏格兰高地酋长的邪恶和东方专制君主的疯狂于一身。"[1]

　　我虽同意班尼特对亚历山大性格的看法，但认为亚历山大的功绩极其重要且有益；要不是他，整个希腊文明的传统很可能早已消失殆尽。至于亚里士多德对其的影响，我们尽可任意想象成我们觉得最合情合理的样子。而我认为影响为零。亚历山大是个野心勃勃而又热情冲动的孩子，和父亲关系不好，大概也不愿受教育。亚里士多德认为，每个国家的公民都不应超过十万，并宣扬中庸之道。我想他的学生只是把他看成一个迂腐乏味的老学究，被父亲派来管教自己。的确，亚历山大对雅典文明的敬意很势利，他的整个王朝皆是如此，他们都想证明自己不是野蛮人。这类似 19 世纪俄国贵族对巴黎的那种感情。所以这点不是亚里士多德的影响。而且在亚历山大身上，我看不出任何可能来自亚里士多德的影响。

　　更让人惊异的是，亚历山大也未对亚里士多德产生影响，亚里士多德的政治思考竟不知不觉忽视了在当时城邦时代已让位给帝国时代。我猜他从头到尾都把亚历山大看成个"散漫任性的孩子，永远不能理解哲学"。基本上，这两位伟大人物之间似乎并未碰撞出火花，他们像生活在不同世界里。

　　公元前 335 年至亚历山大去世的公元前 323 年，亚里士多德生活在

---

[1] 《希腊哲学家》，卷一，第 285 页。

雅典。在这十二年间，他建立学园，并完成绝大部分著作。亚历山大去世后，雅典人反叛并攻击其亲信，包括亚里士多德；他被控对神不敬，但与苏格拉底不同，他逃亡在外躲避受刑，于次年（公元前322年）去世。

亚里士多德作为哲学家，许多方面和前人非常不同。他是第一位像教授一样著书立说的；他的论著自成体系，讨论也分门别类；他是专业教师，而不是依靠灵感的先知。他的作品有批判性，细致、平实，无任何巴库斯派激情的痕迹。他的思想中少了些柏拉图思想中的俄耳甫斯成分，更多了些常识；他具有柏拉图风格的地方，使人感到其天生禀赋被其所受的教育压抑了。他不热情，宗教信仰也不算深刻。他的前人犯错像是青年人尝试不可为之事，虽错犹荣；而他的错则像老年人摆脱不了习惯性的偏见所犯的错。他最擅长细节与批评；但由于缺乏基本的清晰思路和高涨的热情，他没能成就一番辉煌。

很难决定从何开始叙述亚里士多德的形而上学，或许最好从他对理念说的批评及他自己那套共相说开始。他提出了一大堆很好的理由反驳理念论，其中大部分在柏拉图的《巴门尼德篇》里谈过。最充足的理由是"第三人"的论证：即若一个人之所以为人是因为他像那个理想的人，那必须有另一个更理想的人，而普通的人和理想的人都应像这个更理想的人。其次，苏格拉底既是人又是动物，于是就产生一个问题，即理想的人是不是理想的动物；若是，那么有多少种动物，就必须有多少种理想的动物。我们无须探究此问题；因为亚里士多德说得很清楚，当若干个体有相同谓语时，就不可能是由于它们与某种与它们同类的事物的关系，而是由于它们与某种更理想的事物的关系。这点大致可认为已是定论，但亚里士多德自己的学说却不清楚。正是这种不清晰造成中世纪唯名论者与实在论者之争。

亚里士多德的形而上学，大致可描述为掺杂了常识的柏拉图主义。亚里士多德学说很难理解，因为柏拉图学说和常识很难掺和在一起。人们努力理解他时，有时认为他表达的是不懂哲学的人的通常见解，有时又认为他在用一种新的措辞阐述柏拉图主义。不能过分强调单独的某段话，因为在后面某段话里又会有对其的改正或修订。总的说来，要理解他的共相论和其形式与质料论，最简单的方法是先陈述其观点中常识学说的那一半，再考虑他对其所做的柏拉图式的修正。

某种程度上，共相论十分简单。语言中有专有名词和形容词。专有名词适用于"物"或"人"，其中每一个都只是这个名词所适用的唯一的物或人。太阳、月亮、法国、拿破仑都是独一无二的；没多少事例能适用这些名称。另一方面像"猫""狗""人"这样的字，则适用许多不同的事物。共相问题就是关于这些字的意义，以及像"白""硬""圆"等这些形容词的意义。他说："我认为，'共相'一词指具有一种表述许多主体的性质的东西，'个体'一词指不能这样加以表述的东西。"（《解释篇》）

专有名词指的是"实体"，而形容词或类名（例如"人的"或"人"）指的是"共相"。实体是"这个"，而共相是"这类"——它指事物的种类而不指实际的特殊事物。共相不是实体，因为它不是"这个"。（柏拉图在天上的床，对那些能感知它的人来说，是"这个"；这是亚里士多德与柏拉图意见不同之处。）亚里士多德说："任何一个共相的词应是一个实体的名称，似乎不可能。因为……每个事物的实体都是其特有的东西，不属于任何别的事物；但共相则是共同的，既叫作共相，正是那种属于一个以上的事物的东西。"到目前为止，这个说法的主旨是共相不能自己存在，只能存在于特殊事物中。

亚里士多德的共相论的确比理念论更进一步，且的确关系到一个真正

而又非常重要的问题。

还有一个在亚里士多德及其经院派后继者中非常重要的名词就是"本质"。它和"共相"绝不是同义语。你的"本质"就是"根据你的本性成为你的那样事物"。可以说，丧失它后，你就不是你自己的那些属性。不仅一个个体事物，而且每种品类也有本质。一种品类的定义应提到其本质。后面我还要谈到"本质"这一概念与亚里士多德逻辑的关系。目前我只会说，我觉得它似乎是昏了头后的行为，根本精确不了。

亚里士多德形而上学的另一点是"形式"与"质料"的区别。（必须了解：与"形式"相对立的那种意义上的"质料"，不同于与"心灵"相对立的"物质"。）

这里亚里士多德的理论也有种常识的基础，但这里柏拉图式的改造比共相问题更重要。我们可以从一个大理石像着手，这里大理石是质料，而雕刻家塑造的形状则是形式。或用亚里士多德的例子，若一个人制造了一个铜球，铜是质料，球状则是形式；而以平静的海为例，水是质料，平静则是形式。到此为止，一切都很简单。

他继续说，正是由于形式，质料才成为某种确定的东西，而这便是事物的实质。亚里士多德的意思似乎就是平实的常识：一件"东西"必定是有界限的，界限构成其形式。例如，有一定体积的水：用一个容器盛出的任何一部分水能和剩余的水划分开，于是这部分就变成一件"东西"；但只要这部分无法和其余的浑然一体的物质划分开来，它就不是一件"东西"。一个雕像是一件"东西"，构成雕像的大理石某种意义上就算一块石头，或采石场里石头的一部分，没有变化。我们当然不该说是形式造就了实质性，但那是因为原子说在我们脑海中已根深蒂固。然而，假如每个原子是一件"东西"，则是因它与其他原子划清界限，而且某种意义上有一个"形式"才得以如此。

现在再看一个乍一看很难的陈述。他说，灵魂是身体的形式。显然这个"形式"不是"形状"。后面我会再谈到灵魂是身体的形式的意义是什么；目前我只是说，在亚里士多德的体系里灵魂是使身体成为一个东西的东西，具有目的统一性，以及我们认为与"有机体"这个名词相关的各种特点。眼睛的目的是看，但眼睛脱离身体不能看。事实上，是灵魂在看。

因而，似乎"形式"赋予某一部分物质统一性，而这种统一性即使不总是，也通常是目的论的。但"形式"却远不止这些，多出来的那部分非常难理解。

他说，一件事物的形式是其本质和原始实质。形式是实质的，虽然共相不是。人制作铜球时，质料和形式已存在，他只是把二者结合起来；此人不制造形式，就像他不造铜一样。并非每件事物都有质料：永恒的事物没有质料，除了其中那些能在空间中移动的。事物获得形式，其现实性增加，没有形式的质料不过是潜能。

形式是实质，不依赖体现它的质料，这一观点似乎显示亚里士多德反对柏拉图理念说。他的形式原意是某种与共相迥然不同的东西，可又与其有许多相同的特点。他说形式比质料更实在；这使人联想到理念的唯一实在性。看来亚里士多德对柏拉图形而上学的改变，比他自己描述得少。这是策勒尔的见解，他论及质料与形式的问题时说：

> 然而，亚里士多德这个题目讲得不清楚，最终的解释是，他从柏拉图想要视理念为现实的倾向中，只解放了一半。他的"形式"，正如柏拉图的"理念"，都有自己形而上的存在，规定一切个别事物。尽管他强烈地追随着自经验而生的理念的发展过程，而这些理念，尤

其在其离经验与直接知觉最远的地方，确实最终由一种人类思想的逻辑产物转化成了一种超感世界的直接表象，以及理智直觉意义上的对象。[1]

我看不出亚里士多德该如何回复这一批评。

我唯一能想到的答案是，主张没有两件事物可以有同一形式。若一人制造两个铜球，（我们必须说）每个都有其特殊的圆性，这一特殊的圆性既是实质的又是个别的，是一般"圆性"的例子，但不等同于一般的"圆性"。我认为以上引文不会乐意支持这一解释，而且会受到反驳，即亚里士多德认为特殊的圆性应是不可知的。而其形而上学的关键是，随着形式越来越多和质料越来越少，事物越来越可知。只有形式能体现在许多个体事物中时，这才与他的其他观点吻合。若他要说有多少个球形事物就有多少种形式（这些形式是球性的事例），他就得彻底修改自己的哲学观。例如，他的形式等同于其本质的观点，就和以上的这条出路不相容。

亚里士多德哲学中质料与形式的学说，和潜能与现实的区别相关。只有质料被看作是形式的一种潜能；某一事物变化后比变化前有更多的形式，在此意义上一切变化是我们应称之为"演化"的东西。具有更多形式的，被认为更"现实"。神是纯形式与纯现实；因此神不能有变化。可见这一学说是乐观主义与目的论的：在这一学说里，宇宙及万物都向着某种不断变得比过去更美好的事物发展。

潜能这一概念某些方面很合宜，只要使用它时，能把我们的表述转化成不包括这一概念在内的一种形式。"一块大理石是一座潜在的雕像"，即

---

[1] 《亚里士多德》，卷一，第204页。

"一块大理石经适当加工，可产生一座雕像"。但当潜能被用作一种根本的不可简化的概念时，它就是在掩盖思想的混乱。亚里士多德对它的应用是其体系的缺点之一。

亚里士多德的神学很有趣，和其形而上学的其余部分密切相关，的确，"神学"是他用来称呼我们叫作"形而上学"的那种东西的名字之一。（我们知道的以形而上学命名的那本书，亚里士多德本人并不那样称呼它。）

他说有三种实质：一种是可感觉且可毁灭的，一种是可感觉但不可毁灭的，还有一种是既不可感觉又不可毁灭的。第一种包括植物和动物，第二种包括天体（亚里士多德认为它们除了运动，是不变的），第三种包括人类理性的灵魂以及神。

证明神的主要论据是初因：一定有某种产生运动的事物，而这一事物本身必须是不被推动的、永恒的，是实质和现实。亚里士多德说，欲望的对象与思想的对象以这种方式引起运动，但它们本身不动。所以神由于被爱而产生运动，而其他一切运动的原因是其本身在运动而起作用（像一个台球那样）。神是纯粹的思想；因为思想是最好的。

> 生命也属于神，因为思想的现实就是生命，而神就是那个现实；神自我依存的现实是最有德行的、永恒的生命。因此我们说神是永恒的、最有德行的生物，所以永恒不断的生命与延续属于神；因为这就是神。
>
> 以上所述清楚说明，有一种永恒的、不被推动且独立于可感觉事物之外的实质。也已证明这种实质不能有任何大小，而是既不包含任何部分，又不可分割……还证明了它无感觉、不可改变；因为其他

一切变化都在位置变化之后。(《解释篇》)

神不具备基督教上帝的那些属性，因为除了完美，即神自身，再想到其他东西，就会背离神的完美。"一定是神圣的思想在思想其本身（因为它是万物中最优异的），而其思考就是对思考的思考。"我们必须推论说，神不知道我们这个地上世界的存在。亚里士多德也像斯宾诺莎一样坚持认为，虽然人必须爱神，但神要爱人是不可能的。

神作为"唯一不动的推动者"是不可描述的。相反，天文学研究得到的结论是有四十七个或五十五个不动的推动者。这些不动的推动者与神的关系没说明白；的确，最自然的解释应是有四十七个或五十五个神。因为上述论神的一段话后，亚里士多德继续说："我们绝不能忽略这个问题，不管我们要设想只有一个这样的实质还是不止一个"，接着他谈到那个得出四十七个或五十五个不动的推动者的论证。

不动的推动者这一概念难以理解。对近代人来说，一种变化的原因似乎必须是在此之前的一个变化；并且若宇宙曾是完全静止的，宇宙则会永远静止。要了解亚里士多德的意思，我们必须谈到他关于原因的说法。照他的说法，有四种原因：分别叫作质料因、形式因、动力因和目的因。我们再以那个雕刻塑像的人为例。雕像的质料因是大理石，形式因是要塑造的这座像的本质，动力因是凿子与大理石相接触，而目的因则是雕刻家心目中的目的。用近代术语，"因"这个字会只限于动力因。不动的推动者可看作是一个目的因：它为变化提供一个目的，其本质上是朝着与神相似的一种演化。

我说过亚里士多德生性不笃信宗教，不过这话不完全对。我们也许可以多少大胆对其宗教信仰做如下解释：

神作为纯粹思想、幸福、完全的自我实现，是永恒存在的，没有任何未曾实现的目的。相反，感觉世界是不完美的，但它有生命、欲念，属于不完美那类思想及抱负。一切生物多少意识到神，被对神的敬爱所推动而行动。这样，神就是一切活动的目的因。变化在于赋予质料以形式，但涉及可感觉事物时，总有质料作为基础。只有神由没有质料的形式构成。世界不断朝更大程度的形式演化，日渐变得更像神。但这一过程不可能完成，因为质料不能被全部消灭。这是一种进步与演化的宗教，因为神的静态完美仅通过有限的生物对神的爱而推动世界。柏拉图是数学的，亚里士多德则是生物学的；这就解释了他们宗教上的差别。

然而这会是对亚里士多德宗教观的片面看法。其实，他也有希腊人那种对静态完美的热爱，以及他们那种偏爱静观而不爱行动。他的灵魂说阐释了其哲学的这一面。

亚里士多德究竟有没有提倡过任何形式的灵魂不朽说，注疏家们对此争论不休。阿威罗伊认为他没有；阿威罗伊在基督教国家追随者众多，其中比较极端的被称作伊壁鸠鲁派，但丁把他们都发配到地狱了。事实上，亚里士多德的学说复杂，很容易被误解。在其《论灵魂》一书里，他认为灵魂与身体结合在一起，并嘲笑毕达哥拉斯派的轮回说。似乎灵魂随身体一起死亡："毋庸置疑，灵魂与其身体不可分。"但他随即又道："或者，无论如何，灵魂的某些部分如此。"身体与灵魂的关系即质料与形式的关系。"从物体内部可能存在生命的形式的意义上说，灵魂必是实质。但实质是现实，因而灵魂就是具有上述特征的身体的现实。"灵魂"是实质，若从实质与事物本质的规定公式一致的意义上说的话。也就是说，它是一

个具有上述规定特性（即具有生命）的身体的'本质的东西'"。"灵魂是一个潜存生命的自然体的一级现实。上述的这种自然体是一个有机组织的身体。"灵魂和身体究竟是不是一个的问题，就像蜡和模型铸出的蜡的形象是不是一个的问题，一样没有意义。自我滋养是植物具有的唯一的精神能力。灵魂是身体的目的因。

在这部书里，亚里士多德区别了"灵魂"与"心灵"，使心灵高于灵魂，更少受身体束缚。谈过灵魂与身体的关系后，他说："心灵不一样；它似乎是植于灵魂内的一种独立实质，且不能被毁灭。"又说："我们还没有关于心灵或思维能力的证据；它似乎是一种大不相同的灵魂，就像永恒的东西与可消逝的东西不同；只有它能脱离其他一切精神能力而存在。以上所述显而易见，尽管有些相反的说法，灵魂的其他一切部分不能单独存在。"心灵是我们的一部分，能理解数学与哲学；它的对象是永恒的，所以它本身也被视为永恒。灵魂推动身体并知觉可感觉对象；其特点是自我滋养、感觉、思维与动力；但心灵具有更高的思维功能，与身体或感觉无关。因此心灵可以是不朽的，虽然灵魂的其他部分都不能。

要了解亚里士多德的灵魂说，必须记得灵魂是身体的"形式"，而空间形状是"形式"的一种。灵魂与形状的共同点是什么？我认为是两者都把统一性赋给一定量的质料。一块大理石后来变为一座雕像的那部分，现在还未与大理石其他部分分开；它还不是一件"东西"，也没有任何统一性。雕刻家塑造完这座雕像后，它就有了由其形状而得到的统一性。灵魂的基本特征，使灵魂得以成为身体的"形式"，使身体成为一个有机整体，作为一个统一体而有其目的。一个单独的器官具有的目的在其自身外；例如单独眼睛不能看。所以许多事物，尽管以一个作为整体的动物或植物为主体时，可以那么说；但对它任何一部分就不能也那么说了。正是在这个意义上，有机组织或形式赋予实质性。赋予植物或动物实质性的是亚里士多德称作"灵魂"的。但"心灵"不同，与身体的关系不那么密切；也许它是灵魂的一部分，但只有很少部分生物拥有它。作为思辨的心灵不能成为运动的原因，因为它永远不会思考实际的东西，也永远不会说应避免或追求什么。

《尼各马可伦理学》一书中提出类似学说，虽术语略有不同。灵魂里有一种成分是理性的，还有一种是非理性的。非理性的部分有两种：即各种生物，甚至植物中都有的生长部分，以及只存在于一切动物的嗜欲部分。理性灵魂的生命在于沉思，这是人的极度幸福，尽管不能完全达到。"这样的生活人类难以企及：因为人并不因为是人就可以如此生活，他身上有某种神圣的东西才能如此；并且理想灵魂的活动高于其他各种（实际的）德行的运用，正像它高于我们复合的天性一样。所以，若与人相比，理性是神圣的，那么与人类生命相比符合理性的生命就是神圣的。但我们绝不能听从有些人的劝告，说我们既是人就该去想人的事情，既然有死就该去想凡人的事。我们应尽力使自己不朽，尽最大努力依照生命中最美好的东西去生活；因为即使它数量很少，但它的力量和价值远超一切事物。"

从这些段落来看，似乎将人区别开来的个性与身体和非理性的灵魂相关，而理性的灵魂或心灵是神圣、不带私人感情的。一个人喜欢吃牡蛎而另一个人喜欢吃菠萝；这将人与人区别开。但当他们都想到乘法表时，只要他们想得对，就没有任何分别。非理性的灵魂把我们区分开来；而理性的灵魂把我们团结起来。因此心灵的不朽或理性的不朽不是个别人的个人不朽，而是神之不朽的一部分。这里看不出亚里士多德相信柏拉图及后来

基督教教导的那种个人的灵魂不朽。他只相信就人有理性而论，他们有不朽的神性特点。人可以增加自己天性中的神性，而且这样做也是最高的德行。但若他果真完全成功，就不再作为个别的人而存在。这也许不是对亚里士多德的话的唯一可能的解释，但我以为这是最自然的解释。

第二十章　亚里士多德的伦理学

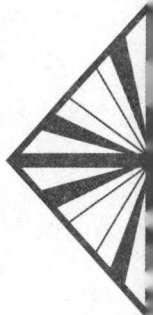

亚里士多德全部著作中关于伦理学的论文有三篇，但其中两篇现在公认是其弟子们的手笔。第三篇即《尼各马可伦理学》，绝大部分的真实性毋庸置疑，但这一篇一部分（即卷五至卷七）被认为是收录自其弟子的某篇著作。我不谈这个有争议的问题，而是把这部书当作一个整体，并当作亚里士多德的著作来处理。

亚里士多德的伦理观大体代表他那个时代教育良好、阅历丰富的人的普遍见解。它既不像柏拉图的伦理学那样充满神秘的宗教色彩，也不支持《理想国》里的那种关于财产与家庭的非正统理论。那些正派的、循规蹈矩的公民会发现，可以用这部伦理学中那套系统的原则来规范自己的行为。但若期望更高，就不免要失望了。这部书正合了正派中年人的胃口，尤其是自 17 世纪以来，被他们用来压抑青年的热情与热诚。但感情丰沛的人只会觉得厌烦。

亚里士多德说，善是幸福，是灵魂的一种活动。他说，柏拉图把灵魂分为理性与非理性是对的。他又把非理性部分分为生长的（这是连植物也有的）与嗜欲的（这是一切动物都有的）。嗜欲部分追求的是那些理性许可的善时，则其在某种程度上可以是理性的。这点对论述德行极其重要，

因为他认为，理性本身是纯粹静观的，不经过欲望，也不走向任何实践活动。

有理智与道德的两种德行对应灵魂的两部分。理智的德行得之于教学，道德的德行则得之于习惯。立法者的任务是通过塑造善良的习惯使公民为善。我们由于做出正直的行为而成为正直的，其他德行亦然。亚里士多德认为通过被迫获得善良的习惯，迟早会在做出善良行为中发现快乐。

现在来看他有名的中庸之道。每种德行都是两个极端之间的中道，而每个极端都是一种罪恶。考察各种德行即可证明这点。勇敢是懦怯与鲁莽之间的中道；慷慨是挥霍与吝啬的中道；不亢不卑是虚荣与卑贱的中道；机智是滑稽与粗鄙的中道；谦逊是羞涩与无耻的中道。有些德行似乎不适用于这一体系，例如真理性。亚里士多德说真理性是自夸与虚伪之间的中道，但这只适用于有关个人的真理性。我看不出任何广义的真理性如何适用于这一体系。认为真理性是中道，似乎一样荒谬。

关于道德问题，亚里士多德依循的也是当时的传统意见。在某些方面，主要与贵族制某种形式有关的地方，与我们这个时代的见解不同。我们认为，至少伦理理论上，人人享有平等的权利，正义包括平等；亚里士多德则认为，正义包括的不是平等而是正当的比例，它只在某些时候才是平等。

亚里士多德设想的最有德行的人，与基督教圣人大不相同。他应有自尊心，不应过低估计自己的优点。他应鄙视任何该当鄙视的人。亚里士多德描述骄傲或大度[1]之人非常有趣；显示了异教伦理与基督教伦理的差

---

[1]　这个希腊字的字面意义是"灵魂伟大的"，通常译作"大度"，但牛津版译作"骄傲"。在近代用法里，这两个字都不能完全表达亚里士多德的意义，但我更愿意用"大度"，所以在牛津版译文的引文中，把"骄傲"换成了"大度"。

异，以及为何尼采视基督教为一种奴隶道德是有道理的。

　　大度的人既然应得最多，就必须是至善的，因为德行越好总该得的越多，至善之人应所得最高。因此，真正大度的人必须是善的。其特点似乎就是各种德行上都是杰出的。逃避危难、袖手旁观或伤害别人，都与大度之人最不相称。对大度之人来说，没什么是比他更伟大的，为何要做不光彩的事呢？……所以大度似乎是一切德行的一种冠冕；它使一切德行更伟大，但没有德行也不会有它。所以真正做到大度很难，因为没有性格的高贵与善良，大度是不可能的。因而大度之人关心的主要是荣誉和耻辱；他对那些善良的人授予的伟大荣誉会感到还算高兴，认为得到自己的所值，甚至低于自己的所值；因为没有一种荣誉能配得上完美的德行，但既然没有更伟大的东西可加之于他，不管怎样，他也就接受这种荣誉；然而他完全鄙视随便一个人而且是基于微不足道的理由给予的荣誉，因为这种荣誉配不上他，同样对耻辱也是如此，因为耻辱对他不可能是正义的……为了荣誉，可以想要得到权势和财富；对他来说，连荣誉也不足为道，更何况别的。因而大度的人被认为藐视一切……他不冒无谓的险……但敢于面对巨大的危险，临危不惜生命，知道有些情况值得以生命为代价。他是那种施惠于人，却耻于受人恩惠的人；因为前者是优秀的人的标志，后者则是低劣的人的标志。他常以更大的恩惠报答别人；这样原来的施惠者除了得到回报，还会亏欠于他……大度之人的标志是不要求或几乎不要求任何东西，而是随时准备帮助别人，并对身处高位的人不失尊严，对中间阶级也不倨傲；因为比前一种人有优越感是难能可贵的，但对后一种人却很容易如此，在前一种人面前举止高傲并

不标志没教养，但若对地位低微的人也如此，就像向弱者炫耀力量一样庸俗……他还必须爱憎鲜明，因为掩饰自己的感情，也就是关心真理远不如关心人的想法是懦夫所为……他不受言论影响，因为他藐视一切，他愿意讲真话，除非他讽刺庸俗之人时……而且他不愿赞美，因为比起他来，没什么是伟大的……他也不爱谈论别人的私生活，因为他不想受人赞扬也不想指责别人，所以既不谈论自己也不谈论别人……他宁要美好但无利可图的东西，也不愿要有利可图又实用的东西……此外，大度的人应徐行缓步，语调深沉且谈吐平稳……这便是大度之人；不及于此的人不免谦卑过度，而过之则不免自视过高。

一个自视过高的人会像什么样子，想来让人不寒而栗。

无论你对大度的人作何想法，有一件事是清楚的：社会上不可能有很多这样的人。我不仅指一般意义上，因为有德行很难，所以不大容易有很多有德行的人；我是说，大度之德行大部分靠其特殊的社会地位。亚里士多德把伦理学看成政治学的一个分支，所以在他夸赞骄傲后，我们发现他认为君主制是最好的政府形式，贵族制次之，就不奇怪了。君主和贵族可以是"大度"的，但普通公民若要试图达到这个标准，就不免滑稽可笑了。

这就引起一个半伦理、半政治的问题。一个社会的宪法只允许少数人拥有最好的，并要求大多数人满足于次等的东西，我们能否认为这个社会在道德上令人满意呢？柏拉图和亚里士多德的回答是肯定的，尼采也同意他们的看法。斯多葛派、基督教徒和民主主义者的回答都是否定的，但他们否定的有很大不同。斯多葛派和早期基督徒认为最大的善是德行，而外界环境不能妨碍一个人有德；所以无须寻求一种正义的社会制度，因为社会的不正义只影响不重要的事情。相反，民主主义者通常主张，至少就政治而论，最重要的东西是权力和财产，因此不能接受一个在这些方面不正义的社会制度。

斯多葛派基督徒规定的道德观念与亚里士多德的大不相同，因其必须主张德行对奴隶和奴隶主是同样可能的。基督教伦理不赞成骄傲，亚里士多德则认为骄傲是种德行；基督教赞美谦卑，亚里士多德则认为谦卑是种罪恶。柏拉图和亚里士多德最看重的理智的德行被基督教完全摒弃，为的是使穷人和地位低微的人也能像其他人一样有德行。教皇格里高利一世严厉谴责过一位主教，因为他教人文法。

亚里士多德认为最高的德行只是少数人的，这在逻辑上和其伦理学附属于政治学的观点相关。若目的在于善的社会而非善的个人，那么善的社会可以有隶属关系。在管弦乐队里，第一小提琴比双簧管更重要，虽说二者对整体的优秀是必需的。给每个个人最好的，不可能组成一支管弦乐队。同样道理适用于近代大国政府，不管它多么民主。近代民主国家跟古代的不同，人们把大权交给某些选出的个人，例如总统或首相，必然期待他们具有某些优点，但不指望普通公民也有。人们不考虑宗教或政治争论时，可能认为好总统比好瓦匠更受人尊敬。在民主国家，人们不指望总统成为完全像亚里士多德描述的大度之人，但仍期待他与一般公民能有所不同，具有某些与其职位相关的优点。这些特殊的优点也许并不被认为是"伦理的"，但那是因为我们用这个形容词的意义比亚里士多德的意义更精确。

基督教教义使道德与其他优点的区别变得比希腊时代更明显。一个人成为大诗人、大作曲家或大画家，这是优点，但不是道德优点；我们不认

为他具有这种才干就更有德行，或更容易进入天堂。道德优点仅与意志行为相关，也就是与在各种可能的行为中做出正当选择有关。[1] 人们不会责备我不曾写出歌剧，因为我不知道怎样写歌剧。正统的观点是：只要有两种可能的行为，良心会告诉我哪种是正当的，而选择另一种便是罪恶。德行主要在于避免罪恶，而不是避免任何积极的东西。没理由期望受过教育的人比没受过教育的人或者聪明人比愚笨的人，在道德上更优越。于是许多具有重大社会意义的优点，就以这种方式被排斥在伦理学领域外。近代用法上，"不道德的"这个形容词比"不利的"这个形容词的范围更窄。意志薄弱是不利的，但并非不道德的。

然而，许多近代哲学家还未接受这一伦理观点。他们认为应先给善下定义，再说我们的行为该怎样才能实现善。这一观点更类似亚里士多德的观点，他认为幸福是善。的确，至善只为哲学家开放，但对亚里士多德来说，这一点不能成为反对这一理论的理由。

伦理学按照视德行为目的还是手段，可分为两类。基本上，亚里士多德认为，德行是达到目的（即幸福）的手段。"目的是我们想要的，手段是我们仔细考虑并选择的，与手段有关的行为必须既与选择相符又是自愿的。德行的实践与手段相关。"但德行另一个意义上包括在行为目的内："人类的善，是灵魂依照德行在一个完整生命里的活动。"我以为亚里士多德会说，理智的德行是目的，而实践的德行只是手段。基督教道德学家认为，虽然道德行为的后果一般是好的，但不如道德行为本身那样好；道德行为应因其本身，而不因其效果受人重视。另一方面，认为快乐是善的人，仅把德行看作手段。除了把善定义为德行，其他任何定义的结果相

---

[1]　的确亚里士多德也说到这一点，但他表达的结果不像基督教解释的那样影响深远。

同，即德行是达到善，而不是达到其本身的手段。这个问题我们已经说过，亚里士多德虽不完全这样认为，但基本认同伦理学的第一要义是要给善下定义，而德行的定义是趋向于产生出善的行为。

伦理学与政治学的关系提出了另一个相当重要的伦理问题。假设正当行为所应追求的善是整个集体或最终是全人类的善，那么这个社会的善是不是个人共有的善的总和，还是根本上是某种属于全体而不属于部分的东西呢？我们可以用人体做类比来说明这个问题。快乐基本上和身体的各个部分相关，但我们认为其属于人这一整体；我们可以享受一种愉快的气味，但我们知道单靠鼻子享受不到。有人主张在一个组织严密的集体里，有许多优点与此类似，也属于全体而不是任何部分。若他们是形而上学家，可能像黑格尔一样，主张凡是性质为善的都是宇宙整体的属性；但他们一般会补充说，把善归于国家比归于个人更不会错。这一观点的逻辑如下。我们可用各种谓语形容一个国家，而这些谓语不能用来形容其个别成员，例如国家人口众多、疆域广阔、强大有力等。我们这里考察的这一观点把伦理谓语也放在这一类，而且说其只能引申后才属于个人。一个人可以属于一个人口众多的国家或属于一个善的国家；但他们说这个人不是善的，正如他不是人口众多的一样。这种德国哲学家广泛持有的观点，并不是亚里士多德的观点，除了其正义的概念可能在某种程度上是例外。

《尼各马可伦理学》一书有相当篇幅是讨论友谊的，包括有关感情的一切关系。完美的友谊只可能存在于善人之间，而且人不可能和很多人做朋友。人不该和比自己身份高的人做朋友，除非此人德行更高，足以配得上受到的尊敬。我们已经看到在不平等的关系中，例如夫妻或父子关系中，在上者应得到更多爱。与神做朋友是不可能的，因为神不能爱我们。亚里士多德讨论人是否能和自己做朋友，断定唯有自己是善人时才有

可能；他肯定说罪恶的人常恨自己。善人应爱自己，但应爱得高贵。不幸时，朋友是安慰；但不应为寻求他们同情而让他们烦恼，就像女人或娘娘腔的男人那样。不止不幸时才需要朋友，因为幸福的人也需要朋友分享幸福。"没人愿意选择整个世界的条件是要独自一人，因为人是政治动物，天性要和别人生活在一起。"他说的所有关于友谊的话都合情合理，但没有一个字不受常识影响。

亚里士多德讨论快乐时再次展现出智慧，而柏拉图多少是用苦行的眼光来看待快乐的。按亚里士多德的用法，快乐与幸福不同，虽说没有快乐就不能有幸福。他说关于快乐的观点有三种：（1）快乐从来不是善的；（2）有些快乐是善的，但大多数不是；（3）快乐是善的，但不是至善的。他反驳第一种观点的理由是：痛苦当然是恶的，因此快乐一定是善的。他说人在忍受极度痛苦时也能幸福的说法是无稽之谈，他说得没错：某种程度上的外部幸运对幸福是必要的。他也摒弃一切快乐都与身体有关的观点；万物都有某种神圣的成分，因此都有享受更高级快乐的能力。善人若非遭遇不幸，总会是快乐的；神则永远享受单一而简单的快乐。

这部书后一部分还有一段讨论快乐，与上述不完全一致。在这里他论证说也有恶的快乐，但那不是善人的快乐，也许各种快乐性质不同；对快乐的善恶判断视其是好的还是坏的活动。有些东西比快乐更重要，没人满足于以小孩子的理智度过一生，即使这样很快乐。每种动物都有其正当的快乐，而人的快乐与理性有关。

这引出书中唯一不仅是常识的学说。幸福在于有德行的活动，完美的幸福在于至善的活动，至善的活动则是静观的。静观比战争、政治或任何其他实际功业更可取，因为静观使人有闲暇，而闲暇是幸福必不可少的。实际的德行只能带来次等的幸福；最高的幸福则存在于理性的运用中，因为理性，而不是任何别的，就意味着人。人不能完全静观，但只要静观，也共同参与神圣的生命。"超乎一切其他福祉的神的活动必然是静观的。"所有人中，哲学家的活动最像神的，所以是最幸福、最善的：

> 运用并培养自己理性的人，似乎心灵处于最好的状态，也是神最爱的。因为若神像人们想的那样，但凡关心人间事，那神应喜欢至善的、最与其接近的东西（即理性），且应奖励热爱并尊敬这些东西的人，因为他们关心神爱的事物，而且行为正当又高贵。这些都是合理的。显然，这一切属性首先属于哲学家。因此哲学家是神最爱的，大概也是最幸福的人；哲学家也因如此而比别人更幸福。

这段话实际上是《尼各马可伦理学》一书的结论；随后几段则是向政治学的过渡。

现在试着决定《尼各马可伦理学》这部书的优缺点。与希腊哲学家探讨过的其他主题不同，伦理学至今还未有过任何明确的进步，也就是明确的发现；伦理学在科学意义上还没有什么东西是已知的。因此，我们无论如何没理由说古代的伦理学论文不如近代的。亚里士多德谈天文学时，我们可以明确说他错了；但他谈的伦理学，我们却不能说他是对是错。我们大致可用三个问题来追问亚里士多德或任何其他哲学家的伦理学：（1）它本身是否自相一致？（2）它与作者其他的观点是否一致？（3）它对伦理问题的回答是否与我们自身的伦理情操一致？若第一个或第二个问题中任何一个的答案是否定的，那么我们讨论的这位哲学家便犯了某种理智方面的错误。但若第三个问题的答案是否定的，我们无权说他错，只能说不喜欢他。

让我们根据《尼各马可伦理学》中提出的伦理理论依次研究这三个问题。

（1）除了某些不太重要的方面，该书总体上自相一致。善是幸福而幸福在于成功的活动，这一学说解释得很好。但每种德行都是两个极端之间中道的学说，尽管也发挥得很巧妙，却不怎么成功，因为它不适用于理智的静观；而亚里士多德说，理智的静观是一切活动中最善的。然而也可主张，中庸之道本来只准备用于实际的德行，而不是理智的德行。或许还有一点就是立法者的地位多少有些模糊。立法者要使儿童和青年养成善行的习惯，最后引导他们在德行里发现快乐，而无需法律强制就可以使他们的行为有德。显然，立法者同样可使青年养成坏习惯。要避免这点，他必须具有柏拉图式的卫国者的所有智慧；若不能避免这点，那么有德的生活是快乐的这一论证就不成立。然而这更是个政治问题，而不是伦理学问题。

（2）亚里士多德伦理学的每个观点都与其形而上学一致。的确，他的形而上学理论本身表现了伦理上的乐观主义。他相信目的因在科学上的重要性，意味着相信目的统御宇宙发展过程。他认为变化，总的来说，体现组织或"形式"的增加，而有德的行为基本上有助于这种倾向的行为。他的实践伦理学大部分的确不是特别与哲学有关，只不过是观察人类事务的结果；但其学说中这部分尽管不受其形而上学影响，却并不与之矛盾。

（3）最终我们比较亚里士多德和我们的伦理品位时，正如已指出的，我们首先发现他赞同一种近代人十分反感的不平等。他不仅不反对奴隶制，或丈夫与父亲相对妻子与孩子的优越地位，反而认为最好的东西本质上只为少数人所有，也就是自豪的男人与哲学家。大多数人似乎主要是产生少数统治者与圣贤的手段。康德认为每个人自身都是一个目的，这可当作表达了基督教的观点。而康德观点里有个逻辑难题，因为两个人利益冲突时，它无法得出一个结论。若每个人自身都是一个目的，我们怎能得出一个原则来决定哪个该让步？这样的原则与其说必须与个人有关，不如说必须与集体有关。就"正义"这个字最广泛的意义而言，它必然是一种"正义"的原则。边沁和功利主义者都把"正义"解释为"平等"：两个人利益冲突时，正当的办法是要产生幸福的总量最多；不管两人中谁来享受这个幸福，或他们如何分配这个幸福。若给予善人的比给予恶人的多，那是因为长远来看，赏善罚恶可增加幸福总量，而不是因为一种基本伦理学说认为善人应比恶人得到的更多。照此观点，"正义"在于只考虑所涉及的幸福数量，而不是偏爱某个人或阶级。希腊哲学家，包括柏拉图和亚里士多德在内，所持的正义观不同，至今仍广泛流传。他们最初的依据来自宗教，认为每个事物或人都有各自适当的范围，逾越这个范围就是"非正义"的。由于性格或能力的缘故，有些人的范围比别人更广阔，所以他们如果享有更多的幸福，没什么不正义的。亚里士多德认为这点理所应当；但这一观点的原始宗教基础虽在早期哲学家里显而易见，但在亚里士多德的著作里已看不出。

亚里士多德思想中几乎完全没有可称为爱或慈爱的东西。他所意识到的人类苦难，感情上打动不了自己；理智上，他认为它们是罪恶，但没有证据说这些曾使他不幸福，除非受难者恰巧是他的朋友。

更广泛地说，《尼各马可伦理学》一书缺乏情感，希腊早期哲学家并非如此。亚里士多德对人类事务的思辨过于自大自满，能使人彼此感到热情与关爱的一切东西似乎都被他遗忘。他甚至对友谊的叙述也是淡淡的。没有迹象表明他曾经的经历使他难以保持通情达理；显然，所有道德生活

中更深刻的部分他都不知道。可以说，他没考虑人类经验中由宗教关心的整个领域。他说的东西对生活安逸但缺乏感情的人有用；他对那些沉迷神或魔鬼的人，那些被外界不幸逼得绝望的人，无话可说。因此，尽管《尼各马可伦理学》很有名，但据我判断，其本身不重要。

第二十一章　亚里士多德的政治学

亚里士多德的《政治学》有趣且重要；有趣是因为它表现了当时受过教育的希腊人共有的偏见，重要是因为它是许多原则的根源，这些原则的影响持续至中世纪末。我认为其中没什么内容能对当今的政治家有任何实际用处，但有许多内容有助于了解希腊世界各地的党派冲突。书中没多少非希腊化国家的统治方式。书中虽然提到埃及、巴比伦、波斯和迦太基，但除了迦太基，其余都只是泛泛而谈。他没提亚历山大，甚至丝毫未意识到亚历山大给全世界带来的彻底变革。他全部的讨论都围绕着城邦，完全未预见到城邦就要过时。希腊由于分裂成了许多独立城邦，所以成了政治实验的地方。但自亚里士多德时代至中世纪意大利城市兴起，这些实验相关的东西已不存在。在许多方面，亚里士多德引据的经验更适用于近代社会，而不是此书写成后一千五百年来存在过的任何社会。

书中开篇就指出了国家的重要性，国家是最高的集体，以至善为目的。按时间次序，最先有家庭；家庭建立在夫妻、主奴这两大自然关系上。若干家庭组成一村；若干村庄只要大得差不多足以自给自足，就形成一个国家。国家虽时间上在家庭之后，但性质上优先于家庭和个人；因为"每个事物充分发展时的样子，我们称之为事物的性质"，充分发展的

人类社会是国家，而全体优先于部分。这里包含的概念是有机体的概念：他说，当身体被毁灭，一只手就不再是一只手。这意味着拿取是手的目的，手被其目的所规定，唯有手与一个活着的身体结合在一起才能完成其目的。同样，一个人除非是国家的一部分，否则也不能达到其目的。亚里士多德说创立国家的人是最伟大的施惠者；因为若没有法律，人就是最坏的动物，法律依靠国家而存在。国家不仅是为了进行交换及防止犯罪的社会。"国家的目的是善的生活……国家由过着完美自足的生活的家庭与村庄组成，也就是我们所谓的幸福体面的生活。""政治社会的存在是为了高贵的行为，而不仅为了共同相处。"

其后亚里士多德关于贸易的讨论，深刻影响了经院哲学的善恶论。事物有正当和不正当两个用途；例如一只鞋可用来穿，这是其正当用途，或可用来交换，这是其不正当用途。因此必须靠卖鞋为生的鞋匠的身份就有些低贱。亚里士多德说，零售不是致富技巧自然的部分。自然的致富方式是巧妙地经营房产与地产。以这种方式获得的财富是有限的，但贸易获得的是无限的。做贸易必须和钱打交道，但财富并不在于获得货币。由贸易获得的财富理应遭人憎恨，因为它不是自然的。"最可恨的一种，且最有理由被憎恨的，是高利贷；高利贷是钱生钱，而不是从钱的自然对象中获利。因为钱本用于交换，而不是靠利息增值……在所有致富方式中，高利贷是最不自然的。"

亚里士多德以各种理由批判了柏拉图的乌托邦。首先他非常有趣地评价乌托邦赋予了国家过多的统一性，把国家弄成一个个体。其次是读者自然会想到的反驳柏拉图废除家庭的提议。柏拉图认为仅称所有同样年纪、可能为人子的人为"儿子"，这人就获得了目前所有人对他们真正的儿子所具有的那种感情。至于"父亲"这个称谓，也是如此。相反，亚里士多德说，最大多数的人所共同的东西最不为人所关心，若"儿子们"是许多"父亲们"共有，那他们就会共同被人忽视；做个实际上的表兄弟比做个柏拉图意上的"儿子"好多了；柏拉图的计划会使爱淡而无味。然后就是一种奇异的论证说，既然禁绝情欲是种德行，那么有个消灭这种德行以及与此相关的罪恶的社会制度就会很可惜。于是他问道，若妇女是共有的，那谁管家？我写的一篇题为"建筑与社会制度"的文章指出所有把共产主义和废除家庭二者结合在一起的人，也提倡人数众多、有公共厨房、餐厅和托儿所的公社家庭。这种制度可描述为僧院制，只是无需独身罢了。要实现柏拉图的计划，这点很重要，且比起他许多其他的建议，这点绝不更离谱。

柏拉图的共产主义让亚里士多德恼火。他说，那会导致对懒人的愤怒，还会造成同路人常有的那类争吵。最好是人人关心自己的事。财产应私有；但人民应受到仁爱的教导，从而愿意使财产主要成为公用的。仁爱和慷慨都是德行，但无私产，二者皆不可能。最后他说，要是柏拉图的计划适宜，早就有人想到了。[1] 我不认同柏拉图的观点，但要是有什么能使我认同，那就是亚里士多德反对柏拉图的论据了。

论及奴隶制时，我们看到亚里士多德不相信平等。即使承认奴隶与妇女的服从地位，但所有公民政治上是否应平等，仍是个问题。他说有些人认为这是可取的，依据是一切革命都离不开财产的管理。他反对这一论证，认为最大的罪行是由于过度而不是由于匮乏；没人因为要躲避寒冷才变成暴君。

政府为整个集体的善时，是合格的；只顾及自身时，就是不合格的。

---

[1] 请参看西德尼·史密斯的《傻子的演说》："要是这个提议合理，撒克逊人会忽略它吗？丹麦人会对它熟视无睹吗？它会逃得过诺曼人的智慧吗？"（引文是根据我的记忆。）

有三种政府是合格的：即君主制、贵族制和立宪政府（或共和制）；还有三种不合格：即僭主制、寡头制和民主制。还有许多混合的过渡形式。可见合格和不合格的政府由当权者的道德品质界定，而不由政体形式界定。可这不完全正确。贵族制是有德行的人的统治，寡头制是富人的统治，亚里士多德不认为德行与财富是严格意义上的同义词。他按中庸之道主张适度的资产最可能与德行结合在一起："人类不借助外部财富获得或保持德行，而是借助德行获得外部财富；无论以快乐、德行，还是两者兼有为特色的幸福，更常见于那些心灵和性格教养极高，但身外财富不多也不少的人，而不是那些身外财富多到无用，却没有高尚品格的人。"因此最善的人的统治（贵族制）与最富的人的统治（寡头制）有区别，因为最善的人往往只有中等财富。民主制与共和制之间，除了政府的伦理差异，也有区别，因为亚里士多德所谓的"共和制"，保留了某种寡头制的成分。但君主制与僭主制唯一的区别是伦理的。

他强调要以执政党的经济地位区分寡头制与民主制：富人统治完全不为穷人考虑时就是寡头制，穷人掌握权力而损害富人的利益时便是民主制。

君主制比贵族制好，贵族制比共和制好。但最好的一旦腐败就变成最坏的；因此僭主制不如寡头制，寡头制不如民主制。这样亚里士多德为民主制的辩护有所保留；因为大多数真实的政府都是坏的，所以其中民主制国家往往是最好的。

希腊人的民主概念许多方面比我们的更极端；例如亚里士多德说，选举行政官是寡头制的，而用抽签来任命行政官才是民主的。在极端民主制国家，公民大会高于法律，且独立决议每个问题。雅典法庭由抽签选出的很多公民组成，没有法学家协助；这些人当然很容易被口才或党派激情左右。所以他批评民主制时，必须理解他指的是这种东西。

亚里士多德对革命的原因有过长篇大论。在希腊，革命曾十分频繁，就像过去的拉丁美洲，所以亚里士多德有丰富的经验可进行推论。革命的主要原因是寡头派与民主派的冲突。亚里士多德说民主制源自同等自由的人应当在一切方面都平等的信念；而寡头制则源自某些方面优异的人要求过多的事实。两者都有一种正义，但都不是最好的。"因此只要两党在政府中的地位与他们预想的观念不符，他们就会掀起革命。"民主制政府比寡头制更不容易掀起革命，因为寡头彼此可能闹翻。寡头们似乎都是些精力旺盛的家伙。他说，有些城邦的寡头宣誓说："我要做人民之敌，竭尽全力设法加害他们。"今天的反动派可没这么坦白。

防止革命所需的三件事是：政府的宣传教育、尊重法律（甚至在小事上）以及法律和行政上的正义，也就是说"按比例的平等且使人人享受自己所有的"。亚里士多德似乎从未意识到"按比例的平等"的困难。若这是真的正义，那么比例必须是德行的比例。可德行难以衡量，是政党间的争议话题。所以政治实践中，倾向于以收入来衡量德行；亚里士多德试图在贵族制与寡头制间做的那种区别，唯有在世袭贵族由来已久的地方才有可能。即使那样，一旦出现一个巨大的非贵族的富人阶级，必须让他们享有政权，以免他们发动革命。除非在土地几乎是唯一财富来源的地方，否则世袭贵族不可能长期保持权力。长远来看，一切社会不平等都是收入上的不平等。支持民主制的一部分论据是：想要根据财富以外的任何其他优点建立"按比例的正义"，必然要失败。为寡头制辩护的声称收入与德行成比例；先知说过从未见过一个正直的人讨饭；亚里士多德则认为善人获得的恰好是他自己的收入，不多也不少。但这些观点都是荒谬的。除非绝对平等，任何一种"正义"实际上奖励的是某种与德行迥然不同的品质，

因此该受谴责。

关于僭主制有一节很有趣。僭主渴望财富，君主则渴望荣誉。僭主的卫士是雇佣兵，君主的卫士则是公民。僭主大部分会蛊惑人心，许诺保护人民反对贵族而获得权力。亚里士多德以讥讽、狡猾的口吻阐述了僭主想要保持权力时，必须要做什么。僭主必须防止任何有特殊才干的人脱颖而出，必要时采取政治谋害或暗杀的手段。必须禁止公共会餐、聚会以及任何可能产生敌对情绪的教育。禁止文艺集会或讨论。必须防止人民互相了解，强迫人民在他的城门前共同生活。应雇用像叙拉古女侦探那样的密探。必须散播纠纷并使其臣民穷困。应使人民忙于浩大工程，像埃及国王那样让人建金字塔。应给女人和奴隶权力，使他们成为告密者。应发动战争，使其臣民有事做，而且永远需要一个领袖。

全书里唯有这段对今天最适用，想来不禁令人沮丧。亚里士多德的结论是，没什么罪恶对僭主来说是太大的。然而，他说还有个方法可以保留僭主制，就是以温和的态度以及假装信仰宗教。至于哪种方法证明更有效，他未有定论。

有段很长的论证证明对外征服不是国家的目的，表明许多人持帝国主义观点。确实也有例外：征服"天生的奴隶"正当且正义。亚里士多德认为，这可以证明对野蛮人的战争是正当的，但对希腊人的战争不正当；因为希腊人都不是"天生的奴隶"。一般说来，战争只是手段而不是目的；因此一个孤立、不可征服别人的城市，可能是幸福的。孤立的国家不需要无所事事。神和宇宙是积极活动着的，尽管他们也不可能对外征服。所以国家应追求的幸福不应是战争，而应是和平的活动，尽管战争有时可能是达到幸福的必要手段。

这就引出一个问题：一个国家应该多大？他说，大城邦永远治理不好，因为一大群人不可能有序。国家应大得足以自给自足，但又不应过大而不能实行宪政。国家应小得足以使公民了解彼此性格，否则无法公正地选举与诉讼。领土应小得从一个山顶上就足以一览无余其全貌。他说国家应自给自足，又说应有进出口贸易，似乎自相矛盾。

关于国家的大小，亚里士多德不同程度上犯了与近代自由主义者同样的错误。一个国家若想要任何开明文化继续存续，必须能在战争中保卫自己，甚至要能轻松保卫住自己。要做到这点，国家究竟有多么大，取决于战术与工业。在亚里士多德时代，城邦已过时，因为它无法抵抗马其顿而保卫自己。在我们这个时代，正如已证明的，整个希腊包括马其顿，在这种意义上都过时了。今天主张希腊或任何其他小国彻底独立，就像主张一个从一处高地就可以一览无余的城市彻底独立一样毫无意义。一个国家或同盟不可能真正独立，除非能通过自身的努力，强大到能够击退一切外来征服的企图。要是比美国和大英帝国加在一起还小，就满足不了这一要求；可能甚至这样也还太小。

我们今天看到的《政治学》似乎没写完，结尾讨论的是教育。当然只有那些会成为公民的孩子才受教育；奴隶学的是些有用的技术，例如烹饪，但这些不是教育的一部分。应根据公民生存的政府形式来塑造他们，因此根据城邦是寡头制还是民主制而有所不同。教育的目的是"德行"，而不是实用。亚里士多德指的"德行"，在《尼各马可伦理学》中谈到，这里又反复提及。

亚里士多德《政治学》中的基本假设，与任何近代作家的大不相同。他认为国家的目的是造就有文化的君子，也就是集贵族精神、爱好知识和艺术于一身的人。在伯里克利时代的雅典，这种结合登峰造极，但不在全民中，只在那些生活富裕的人中。伯里克利时代最后几年，它开始瓦

解。伯里克利的亲信被没有修养的群众攻击，结果他们不得不以阴谋、暗杀、非法的专制以及其他不很君子的方法来保卫富人的特权。苏格拉底去世后，雅典民主制的偏执减弱；雅典仍是古代文化的中心，政治权力则转移到了其他地方。整个古代末期，权力和文化通常是分开的：权力掌握在粗暴的军人手里，文化则属于毫无权力的希腊人，常常还是些奴隶。罗马盛世时不完全如此，但西赛罗之前及马可·奥里略之后则绝对是如此。野蛮人入侵后，"君子"是北方野蛮人，文化人则是南方狡猾的教士。这种情况多少持续到文艺复兴时代，那时，俗人才又开始学习文化。文艺复兴后，由有文化的君子执政的希腊政治观日益流行，到 18 世纪达到顶峰。

但各种不同的力量结束了这种局面。首先体现在法国大革命及其余波的民主制。自伯里克利时代后，有修养的君子必须防御群众，保卫自己的特权；在此过程中，他们既不是君子也不再有修养。第二个原因是工业文明的兴起带来与传统文化大为不同的科学技术。第三个原因是大众教育教会人们读写，但没有教给人们文化；使得新型的蛊惑人心的政客能进行新型的宣传，就像在独裁国家那样。

因此，无论好坏，有修养的君子的时代一去不复返了。

第二十二章　亚里士多德的逻辑学

　　亚里士多德在许多不同领域影响巨大，尤其在逻辑学方面影响最大。古代末期，柏拉图在形而上学方面的地位最高时，亚里士多德已是逻辑方面公认的权威，且在整个中世纪始终保持这一地位。直到13世纪，基督教哲学家才奉其为形而上学领域的泰斗。文艺复兴后，这一至高无上的地位大部分消失殆尽，但在逻辑学上他仍保持这种地位。甚至当今，所有天主教哲学教师及许多其他人仍固执地反对近代逻辑的各种新发现，并奇怪地执着像托勒密的天文学那样肯定已经过时的一种体系。这就很难从历史的角度公平对待亚里士多德。他对当今的影响非常妨碍清晰的思维，以致我们都记不起他在其所有前人（包括柏拉图）之上取得了多大进步，或者说，若其逻辑学著作是持续发展过程中的一个阶段，而不是（像事实上那样）两千多年停滞不前的一个终点的话，仍会显得令人赞叹。他的学说，尤其在逻辑学方面，仍有争论，所以不能以单纯的历史态度来处理。

　　亚里士多德逻辑学最重要的成果是三段论。三段论包括大前提、小前提和结论三个部分。三段论有许多不同种类，经院学者给每一种都起了名字。最为人熟知的称为"全称肯定"式：

人都会死（大前提）。

苏格拉底是人（小前提）。

所以：苏格拉底会死（结论）。

或者：人都会死。

所有的希腊人都是人。

所以：所有的希腊人都会死。

（亚里士多德未区别上述两种形式，下面可见这是个错误。）

其他的形式是：没有一条鱼有理性，所有鲨鱼都是鱼，所以没有一条鲨鱼有理性。（这叫作"全称否定、全称肯定与全称否定"式）

人都有理性，有些动物是人，所以有些动物有理性。（这叫作"全称肯定、特称肯定与特称肯定"式）

没有一个希腊人是黑皮肤，有些人是希腊人，所以有些人不是黑皮肤。（这叫作"全称否定、特称肯定与特称否定"式）

这四种构成"第一格"，亚里士多德增加了第二格和第三格，经院学者又增加了第四格。已证明后三格可以用各种办法都归结为第一格。

从一个单一的前提可推出几种推论。从"有些人会死"，可推论说"有些会死的是人"。按亚里士多德的说法，这也可以从"人都会死"里推论出来。从"没有一个神会死"，可推论说"没有一个会死的是神"，但从"有些人不是希腊人"不能得出"有些希腊人不是人"。

除了上述推论，亚里士多德和其追随者认为，一切演绎的推论若加以严格叙述便都是三段论式的。把各种有效的三段论都提出来，并把提出的任何论证都化为三段论的形式，这样应可能避免一切谬误。

这一体系开启形式逻辑，严格来说，既重要又值得钦佩。但作为形式逻辑的结局而不是开端来考虑，它很容易受到三种批评：

（1）这一体系本身形式上的缺点。

（2）与演绎论证的其他形式相比，高估了三段论。

（3）高估了演绎法作为一种论证的形式。

除了探讨三段论的《前分析篇》，亚里士多德还有一些著作在哲学史上也举足轻重。其中之一就是《范畴篇》那个短篇著作。新柏拉图主义者波菲利给这部书写过一篇显著影响中世纪哲学的评论，但我们暂不谈波菲利，只谈亚里士多德。

"范畴"这个词的确切含义究竟是什么，我必须承认我始终不能理解，不管在亚里士多德，还是在康德与黑格尔的著作里。我自己不相信"范畴"这一术语在哲学里有用，可以表示任何明确的观念。亚里士多德认为有十个范畴：即实体、数量、性质、关系、场所、时间、姿态、状态、动作和遭受。对"范畴"这一术语给出的唯一定义是："绝非复合的用语指示的。"接着就是上述一串名单。这似乎是指凡是意义不是由别的字的意义结合而成的每一个字，都代表一种实体或一种数量等。但没有提到编制这十种范畴列表根据的原则是什么。

"实体"首先是既不能用以叙说主语也不出现在主语的东西。一个事物尽管不是主语的一部分，但没有主语就不能存在时，我们说它"出现在主语"。这里举的例子是人们脑海中一些语法知识，以及可出现于身体的某种白色。在上述的主要意义上，实体是一个个体的物、人或动物。但在次要的意义上，一个种或一个类——例如"人"或"动物"——也可叫作一个实体。这种次要的意义似乎站不住脚，而且后来的作家用它为非常拙劣的形而上学大开方便之门。

《后分析篇》主要探讨一个一定困扰着每一种演绎理论的问题，那就

是：最初的前提是怎样得到的？由于演绎法必须从某个点出发，我们必须从某个未经证明的东西开始，这个东西必须是以证明以外的其他方式为人所知。我不准备详细阐述亚里士多德的理论，因为它取决于"本质"这个概念。他说，一个定义就是对一个事物根本性质的陈述。本质这一概念是自亚里士多德思想以后直至近代各家哲学的核心部分。但我认为这个概念糊涂至极，然而需要说几句其历史重要性。

一个事物的"本质"似乎是指"它那些一经变化就丧失其特性的那些性质"。苏格拉底可以有时愉悦、有时悲哀，有时健康、有时生病。既然他可以变化这些性质而又不失为苏格拉底，所以这些不是其本质。但应认为苏格拉底是人是苏格拉底的本质，尽管信仰灵魂轮回的毕达哥拉斯派不会承认这点。事实上，"本质"的问题是个遣词用字的问题。我们在不同场合，对多少有所不同的事件使用相同的名称，我们认为这些事件是一个单一的"事物"或"人"的许多不同表现。而事实上，这只是为了口头上的方便。因而若没有苏格拉底的"本质"包含的性质，我们不该使用"苏格拉底"这个名字。这纯粹是个语言学问题："字"可以有本质，但"事物"不能有本质。

"实体"的概念像"本质"的概念一样，把纯属语言学上方便的东西转移到形而上学上来。描述世界时，我们发现方便的做法是将某些事情描写为"苏格拉底"一生中的事件，把某些别的事情描写为"史密斯先生"一生中的事件。这使我们想到"苏格拉底"或"史密斯先生"是指某种持续了若干年的东西，而且在某种方式下比发生在他身上的那些事件更"可靠"、更"真实"。若苏格拉底生病，我们想苏格拉底在别的时候是健康的，所以苏格拉底的存在与其疾病无关；另一方面，疾病要有人来生病。虽苏格拉底无需生病，然而他要被认为存在的话，某事必须发生在他身上。所以实际上他不比发生在他身上的那些事更"可靠"。

认真考虑的话，"实体"这个概念不可能没有难题。实体被认为是某些性质的主体，又是某种与其自身一切性质都迥然不同的东西。但抽掉这些性质，试图想象实体本身时，会发现没剩下什么。也就是说：区别一种实体与另一种实体的是什么呢？不是性质的不同，因为照实体的逻辑，性质的不同预先假设有关的两种实体之间有数目的差异。所以两个实体必须"正好"是两个，其本身不能以任何方式区分。那么，我们究竟怎样才能发现它们"是"两个呢？

事实上，"实体"只是把事件聚集成堆的一种方便的方式而已。我们关于史密斯先生能知道什么呢？我们看他时，就看到各种颜色的图案；听他说话时，就听到一串声音。我们相信他也像我们一样有思想、有感情。但离开这些事件，史密斯先生又是什么呢？只是个假想的钩子罢了，各个事件都应挂在钩子上。但事实上这些事件并不需要有个钩子，就像大地无需依靠在大象背上一样。用一个地理区域类比的话，任何人都能看出像（比如说）"法兰西"这样的字不过是为了语言上的方便，除了其各个部分之外，没一个东西叫作"法兰西"。"史密斯先生"也是如此；它是一堆事件的一个集合名称。若我们把它当作更多东西，那它指的就是完全不可知的东西，因此对表达我们所知的来说不是必需的。

总之，"实体"是种形而上学的错误，由于把由主语和谓语构成的语句结构转用到世界结构上而造成。

我的结论是：这一章里探讨的亚里士多德学说完全错误，只有三段论的形式理论例外，而那又无关紧要。今天任何想学逻辑学的人，若去读亚里士多德或其弟子的著作，就是在浪费时间。可他的逻辑学著作还是显示出了不起的才干，而且假如这些著作出现在一个知识创造力依然旺盛的时

代，依然会对人类有用。不幸的是，它们正是在希腊思想创新时期结束时才出现的，因而最终被人当作权威而接受。等到逻辑学的原创性复兴时，两千年的统治地位已很难使亚里士多德走下神坛。实际上在整个近代史，科学、逻辑学与哲学的每次进步都是冒着亚里士多德弟子的反对而取得的。

第二十三章　亚里士多德的物理学

这一章我准备考察亚里士多德的《物理学》和《论天》。这两部书紧密相连；第二部从第一部留下的论点开始论证。两部书都极具影响力，在科学领域直至伽利略时代一直占主导地位。像"第五元素""月球以下"这些词，都来自这两部书中的理论。因此哲学史学家必须研究这两部书，尽管事实上以近代科学的眼光看，其中几乎没一句话可以接受。

在亚里士多德的著作里，物理学（physics）这个词是关于希腊人所称的"phusis"（或"physis"）的科学；这个字被译为"自然"，但不完全是我们所赋予"自然"这个字的意义。我们会说"自然科学"与"自然史"，但"自然"本身，尽管很模糊，却很少与"phusis"的意义重合。"phusis"与生长有关；可以说一个橡果的"自然"（"性质"）是要长成一棵橡树，在这种情况下这个词用的是亚里士多德的意义。亚里士多德说，一件事物的"自然"（"性质"）是其目的，其存在是为了这个目的。因而这个词具有目的论的意义。有些事物是自然存在的，有些事物则是由于别的原因而存在。动物、植物和单纯的物体（元素）是自然存在的；它们具有一种内在的运动原则。（被译作"运动"的这个字，意义比"移动"更广；除了移动，还包括性质或大小的变化。）自然是运动或静止的根源。

若事物具有这种内在原则，便"具有自然（性质）"。"按照自然"这个短语，适用于这些事物及其本质属性。（正是由于这个观点，"不自然"就用来表示责备。）自然存在于形式中而不是存在于质料中；凡是潜存的血或骨都还不曾获得其自然（性质），一件事物充分发展时，才更加是其本身。整个这一观点似乎受生物学启发：橡果就是一颗"潜存"的橡树。

自然属于为了某种东西而起作用的那类原因。这就引出关于自然没有目的而是出于必然而作用的观点的讨论；与这一观点相关，亚里士多德讨论了恩培多克勒教导的那种形式的适者生存的学说。他说这不可能是对的，因为事物以固定的方式发生，而且一个系列完成时，此前所有步骤都是为了这个目的。那些"发源于一个内在的原则，通过连续不断的运动，而达到某种完成"的东西都是"自然的"。

这整个"自然"观，尽管可能很适用于解释动物与植物的生长，结果却大大阻碍了科学进步，而且成为伦理学上许多恶的根源。就后一方面论，它贻害至今。

亚里士多德说，运动是潜存着的东西正在实现。这一观点除了有许多缺点，也与移动的相对性不相容。当 A 相对于 B 运动，B 也相对于 A 运动；说这两者中一个运动而另一个静止，是毫无意义的。当一只狗抓到一块骨头，常识上似乎以为狗在运动而骨头是静止的（直到骨头被抓住时），而且运动有一个目的，即要实现狗的"自然"（"性质"）。但结果这个观点不能应用于死的物质；而且为了科学的物理学，"目的"的任何概念都没用，任何运动在严格的科学意义上，只能作为相对的来处理。

亚里士多德反对留基波和德谟克利特主张的虚空。随后他继续关于时间的讨论，观点颇为奇特。他说可能有人说时间不存在，因为时间由过去和未来组成，过去已不复存在而未来又尚未存在。而他反对这个观点。他说时间是可以计数的运动。（不清楚，他为何认为计数很重要）。他继续说我们实际上可以问，既然除非有人在计数，否则任何事物不可能计数，而时间又涉及计数，那么时间没有灵魂能否存在？亚里士多德似乎把时间想成若干时、若干天或若干年。他又说有些事物就其不存在于时间内的意义而言，是永恒的；大概他想到的是数字之类的东西。

运动一直存在，并将永远存在；因为没有运动就不能有时间，并且除了柏拉图，所有人都同意时间不是被创造的。在这点上，亚里士多德的基督教追随者不得不与其意见相左，因为《圣经》说宇宙有开始。

《物理学》一书结尾论证了支持不动的推动者，对此我们谈《形而上学》时已考察过。有一个不动的推动者直接造成圆周运动。圆周运动是原始的一种运动，并且是唯一能持续无限的一种运动。第一推动者既没有部分也没有大小，并且存在于世界的周围。

得出这个结论后，我们再来看天体。

《论天》提出一种愉快且简单的理论。月亮以下的事物都有生有灭；自月亮而上的一切事物，都不生不灭。大地是球形的，位于宇宙中心。月亮以下的领域里，一切事物由土、水、气、火四种元素构成；但还有一个构成天体的第五元素。地上元素的自然运动是直线运动，第五元素的则是圆周运动。天空是完美的球形，而且上层区域比下层区域更神圣。恒星和行星不是由火构成，而是由第五元素构成；它们的运动是由于它们所依附的那些天球的运动。（这一切都以诗的形式出现在但丁的《天堂篇》里。）

地上的四种元素不是永恒的，而是彼此产生出来的 —— 火就其自然运动是向上的这种意义而言，是绝对轻的；土则是绝对重的，气是相对轻的，而水则相对重的。

这一理论给后世造成许多难题。彗星被认为是可以毁灭的，不得不被

归到月亮以下的区域。但到了 17 世纪，人们发现彗星的轨道围绕着太阳，而且很少像月亮离得那么近。既然地上物体的自然运动是直线的，所以人们认为沿水平方向发射出去的抛射物一定时间内沿着水平方向运动，然后突然开始垂直降落。伽利略发现抛射物沿抛物线运动，让其亚里士多德派的同事们大为震惊。哥白尼、开普勒和伽利略树立地球不是宇宙的中心，而是每天自转一次、每年绕太阳旋转一周的观点时，不得不既要与《圣经》斗争，又要与亚里士多德斗争。

我们来看一个更有普遍性的问题：亚里士多德的物理学与最初由伽利略提出的牛顿"第一运动定律"不符。牛顿第一运动定律说，任何物体如已处于运动中，则当其自身不受外力作用时就保持匀速直线运动。因此需要有外部原因，不是来解释运动而是来解释运动的变化，无论是速度的还是方向的变化。亚里士多德认为的那种对天体是"自然的"圆周运动，其实包含运动方向的不断变化，因此照牛顿的引力定律，需要有一种朝向圆心作用着的力。

最后，天体永恒不毁的观点不得不被摒弃。太阳和星辰生命很长，但不是永远存在。它们从星云中产生，最终不是爆炸就是冷却而亡。在可见世界里，没什么可以免于变化和毁灭；亚里士多德式的信仰与此相反，尽管它被中世纪的基督徒接受，但其实是异教徒崇拜日月星辰的产物。

第二十四章　早期希腊数学与天文学

　　本章要讨论数学，不是由于数学本身，而是因其与希腊哲学有关，尤其在柏拉图思想里的关系非常密切。希腊人在数学和天文学方面，比在任何其他方面更卓越。他们艺术、文学和哲学成就的优劣可依据个人品位来评判，但在几何学上的成就不容置疑。他们从埃及汲取了一些东西，从巴比伦那里得到的则很少；但他们从这些来源获得的，在数学方面主要是经验法则，在天文学方面则是长期的观察记录。数学的证明方法几乎完全起源于希腊。

　　许多有趣但或许没有历史根据的故事讲述了哪些实际问题激发了数学研究。最早、最简单的是关于泰勒斯的，传说他在埃及时，国王要他计算一个金字塔的高度。他等到太阳照出自己影子的长度与其身高相等时，就去测量金字塔的影子，这时金字塔的影子当然就等于金字塔的高度。据说透视定律最初是几何学家阿加塔库斯为了给埃斯库罗斯的戏剧画布景而研究的。传说泰勒斯研究过的一艘船在海上的距离的问题，很早就解出来了。希腊几何学家关心的重大问题之一是把一个立方体增加一倍，据说起源于某处神殿里的祭司；神谕告诉他们，神要一座比原来的大一倍的雕像。最初他们想到只要把原像的比例大小增加一倍，最后发现结果是原像

的八倍，这要比神要求的花费更多的钱。于是他们派使者请教柏拉图学园里有没有人能解决这个问题。几何学家着手解决这个问题并研究了好几百年，顺带取得了许多令人佩服的成果。这个问题当然也就是求 2 的立方根的问题。

毕达哥拉斯永远是个相当朦胧的人物，普罗克洛斯称他为第一个将几何学作为一种通才教育的人。包括托马斯·希斯爵士[1]在内的许多权威学者都相信毕达哥拉斯或许曾发现那个以他名字命名的定理；大意是在一个直角三角形中，弦的平方等于两夹边的平方和。无论如何，毕达哥拉斯派很早就知道这个定理。他们还知道三角形的内角之和等于两个直角。

2 的平方根是第一个被发现的无理数，这是早期毕达哥拉斯派就已经知道的无理数，他们还发现了种种巧妙地求其近似值的方法。除了 2 的平方根之外，特殊情况的其他无理数也被与苏格拉底同时代的狄奥多罗斯研究过，并且被比柏拉图稍早一点的泰阿泰德以更普遍的方式研究过。德谟克利特写过一篇关于无理数的论文，但文章内容不大为人所知。柏拉图对这个题目很有兴趣；他在以"泰阿泰德"命名的对话里提到过狄奥多罗斯和泰阿泰德的研究。在《法律篇》中，他说对这一题目的普遍无知让人无法接受，并暗示自己也是很晚才开始理解。这当然与毕达哥拉斯派哲学关系重大。

发现无理数最重要的结果之一，就是欧多克索斯（约前400—前347）发明了关于比例的几何理论。在他之前，只有关于比例的算术理论。按照该理论，若 a 乘以 d 等于 b 乘以 c，则 a 比 b 就等于 c 比 d。没有有关无理数的算术理论时，这一定义只适用于有理数。而欧多克索斯提出一

---

[1]《希腊的数学》，卷一，第 145 页。

个不受这种限制的新定义，其建构方式使人联想到近代的分析方法。这一理论在欧几里得的书里得以发展，并极具逻辑之妙。

欧多克索斯发明或完善了"穷竭法"，后来阿基米德将其运用得非常成功。这一方法预见了积分学。

欧几里得约公元前300年生活在亚历山大港。我年轻时，他的书还是唯一公认的学童几何学教科书。他的《几何原本》绝大部分不是其首创，但命题次序及逻辑结构大部分是其首创。越研究几何学，就越能看出它们多么值得赞叹。他用有名的平行定理处理平行线，具有双重优点，既演绎缜密，又不掩饰原始假设的可疑性。比例的理论继承了欧多克索斯的理论，运用本质上类似魏尔斯特拉斯引入的19世纪分析数学的方法，避免了有关无理数的各种难题。欧几里得接着研究了一种几何代数学，并在第十卷中探讨了无理数这个题目。此后他研究立体几何，结尾是建构正多面体，这一问题被泰阿泰德完善，并在柏拉图的《蒂迈欧篇》里提到过。

欧几里得的《几何原本》无疑是有史以来最伟大的著作之一，是希腊智慧最完美的丰碑之一。当然它也有典型的希腊局限性：它的方法纯粹是演绎的，其中没有任何可以验证基本假设的方法。这些假设应毋庸置疑，但在19世纪，非欧几里得几何学指出它们有些可能是错的，且只有凭观察才能决定它们是不是错的。

欧几里得几何学鄙视实用价值，这一点柏拉图早就反复教导过。据说一个学生听了一段证明后问，学几何学能得到什么，于是欧几里得叫来一个奴隶说："给这个青年三分钱，因为他一定要从所学的东西里得到好处。"然而鄙视实用却从实用主义的角度被证明是有道理的。希腊时代没人会认为圆锥曲线有任何用处；最后17世纪伽利略发现抛射物沿抛物线运动，开普勒则发现行星做椭圆运动。于是，希腊人出于纯粹爱好理论所

做的工作，突然成了战争与天文学的关键。

罗马人头脑过于实际，欣赏不了欧几里得；第一个提到欧几里得的罗马人是西赛罗，在他那个时代，欧几里得的书或许还没有拉丁文译本；波爱修斯（约前480—前524）以前，确实没有任何关于拉丁文译本的记载。阿拉伯人更能欣赏欧几里得；约760年，拜占庭皇帝送给伊斯兰教哈里发一本欧几里得著作；约800年，哈伦·拉西德在位时，欧几里得著作有了阿拉伯文译本。现存最早的拉丁文译本是巴斯的阿戴拉德1120年译自阿拉伯文。此后，几何学研究逐渐在西方重新活跃起来；但直到文艺复兴晚期才取得重大进步。

我现在要谈天文学，希腊人在这方面的成就像在几何学方面一样显著。在希腊之前，巴比伦人和埃及人几百年来的观察奠定了基础。他们记录从地球上看到的行星的运动，但并不知道晨星和昏星是同一个。日月食的周期肯定在巴比伦，而且可能在埃及已被发现，这就能相当可靠的预言月食，但日食不行，因为在某个指定地点并不一定能看到日食。把一个直角分为90度，把一度分为60分，应归功于巴比伦人；巴比伦人喜欢60这个数字，甚至还有一种以六十进位的计数体系。希腊人喜欢把先驱的智慧归功于他们游历埃及，但先于希腊人之前的成就实在不多。然而泰勒斯预言的一次月食，却是受外来影响的一个例子；没理由设想他在从埃及人和巴比伦人那里学到的东西上增加了任何东西，而且他的预言得以证实，完全是机缘巧合。

我们先看希腊最早的一些发现及正确的假说。阿那克西曼德认为大地是自由浮荡着的，没有受到任何东西支撑。亚里士多德总是反对当时各种最好的假说。阿那克西曼德认为大地位于中心永远不动，因为它没理由朝一个方向运动而不朝另一个方向运动。亚里士多德反驳说，若这一说法有效，那么一个人若站在圆心，圆周的各点摆满食物，他也会饿死，因为没理由要选择哪一部分食物而不选择另一部分。这个论证重新出现在经院哲学里，但不是关于天文学，而是关于自由意志。它以"布里丹之驴"的形式重新出现，布里丹之驴因不能在左右两边距离相等的两堆草之间做出选择，所以饿死了。

毕达哥拉斯很可能是第一个认为地球是球形的人，但他的理由（我们只能设想）是美学的而非科学的。然而，科学的理由不久就被发现了。阿那克萨戈拉发现月亮由于反射的光而发光，并提出有关月食的正确理论。他本人仍认为地球是平的，但出现月食时地球影子的形状使毕达哥拉斯派有了证明地球是球形的确凿论据。他们更进一步把地球看成行星之一。据说从毕达哥拉斯本人那里，他们知道了晨星和昏星是同一个星，而且认为所有行星包括地球，都做圆周运动，但不环绕着太阳而是环绕着"中心的火"。他们发现月亮总是以同一面朝向地球，而且认为地球也总以同一面朝向"中心的火"。地中海区域位于与中心的火相背的那一面，所以永远看不见中心的火。中心的火叫作"宙斯之家"或"众神之母"。太阳应是由于反射中心的火而发光。除了地球，还有另一个叫作反地球的物体，与中心的火距离相等。关于这点，他们有两个理由；一个是科学的，另一个来自他们算术上的神秘主义。科学的理由即他们正确地观察到日月都在地平线之上时，月食有时出现。折射是造成这种现象的原因，他们还不知道折射，于是在这种情形下认为月食必定是由于地球之外的另一个物体有影子造成的。另一个原因是日、月、五行星、地球和反地球以及中心的火构成十个天体，而十是毕达哥拉斯派的神秘数字。

毕达哥拉斯派的这一学说归功于底比斯人费劳罗，他生活在公元前5世纪末。虽然这一学说异想天开，还有些部分非常不科学，但却非常重

要，因其涉及设想哥白尼假说时所需的大部分想象力。设想地球不是宇宙的中心而是行星中的一个，不是永恒固定的而是在空间里遨游的，显示出摆脱人类中心说的非凡的思想解放。一旦这震撼了人对宇宙的自然想象，就不难以科学的论证将其引到更准确的理论上。

许多观察促成了这一点。稍晚于阿那克萨戈拉的恩诺皮德斯发现了黄赤交角。不久，太阳一定比地球大得多这一事实变得显而易见，支持了那些否认地球是宇宙中心的人。中心的火与反地球，在柏拉图时代后不久被毕达哥拉斯派抛弃。本都王国的赫拉克利德斯（他的年代大约在公元前388年至公元前315年，与亚里士多德同时代）发现金星与水星绕太阳旋转，并认为地球每24小时以自身轴线为中心转动一周。这一见解前人不曾有过，而且是非常重要的一步。赫拉克利德斯属于柏拉图学派，并一定是位伟大的人物。

萨摩斯的阿利斯塔克生活在约公元前310年至公元前230年，比阿基米德年长约二十五岁；他是所有古代天文学家中最令人瞩目的，因为他提出了完备的哥白尼式的假说，即包括地球在内的一切行星都绕太阳做圆周运动，且地球每二十四小时以自身轴线为中心转动一周。但令人失望的是，现存阿利斯塔克的唯一作品《论日月的大小和距离》还是墨守地心说。的确，就这本书所讨论的问题而言，采用哪种理论并无不同；所以他可能认为，反对天文学家的普遍意见，会无谓地加重其计算负担，这是不明智的；或者也可能他写完这部书后，才得出哥白尼式的假说。托马斯·希斯爵士的那本关于阿利斯塔克的书[1]里包括原著的全文与译文，倾向后一种观点。但无论哪种情况，阿利斯塔克暗示过哥白尼式的观点，这

---

[1]《萨摩斯的阿利斯塔克，古代的哥白尼》，托马斯斯·希斯爵士著。牛津，1913年版。以下谈的即根据此书。

点的证据无论如何是确凿的。

第一个且最好的证据是阿基米德的，我们说过阿基米德比阿利斯塔克年轻。他写给叙拉古的国王革隆的信里说，阿利斯塔克写了"一部书，其中包括某些假说"；并继续说："他的假说是恒星和太阳不动，地球绕太阳做圆周运动，太阳位于轨道的中心。"普鲁塔克书中提到，克利安提斯（前331—前232）"认为希腊人应以不虔敬的罪名来惩罚阿利斯塔克，因为他使宇宙的炉灶（即地球）运动起来，试图简化现象，因此设想天静止不动而地球则沿着斜圆旋转，同时以自身轴线为中心旋转"。克利安提斯是阿利斯塔克同龄人，约公元前232年去世。普鲁塔克又说，阿利斯塔克提出这一观点只是作为一种假说，而阿利斯塔克的后继者塞琉古坚持认为这是一种定见。（塞琉古的鼎盛期约在公元前150年。）埃提乌斯和塞克斯都·恩披里柯也坚称阿利斯塔克提出了日心说，但没说他仅是作为一种假说提出。即使他确实仅作为假说提出，那似乎可能像两千年后的伽利略一样，是害怕触犯宗教偏见，上面提到的克利安提斯的态度，说明了这种惧怕不无道理。

哥白尼式的假说被阿利斯塔克，无论是正式还是试验性地提出后，被塞琉古明确地接受了，但并未被其他古代天文学家接受。这种普遍的反对主要是由于活跃在约公元前161年至公元前126年的希帕克斯。希斯称他是"古代最伟大的天文学家"。[1] 希帕克斯是系统论述三角学的第一人；他发现分点岁差；计算过朔望月的长度，误差不超过一秒；他改进了阿利斯塔克对日月的大小和距离的计算；编录了850颗恒星，并标注出它们的经纬度。为反驳阿利斯塔克的日心假说，他采用并改进了约公元前220年

---

[1]《希腊的数学》，卷2，第153页。

处于鼎盛期的阿波罗尼奥斯创造的周转圆系统；这一学说发展到后来以托勒密体系而知名，以鼎盛期在公元 2 世纪的天文学家托勒密命名。

哥白尼偶然了解了一些几乎被遗忘的阿利斯塔克的假说，虽然他知道得不多，但依然为自己的新观念追溯到古代权威而感到鼓舞。否则，这一假说对后世天文学的影响几乎为零。

古代天文学家推算地球、日、月的大小以及日与月的距离时使用的各种方法理论上都有效，但因缺少精确仪器而受到制约。考虑到这点，他们的许多成果已相当令人惊叹了。

希腊的天文学是几何学的而非动力学的。古人认为天体运动是等速圆周运动，或各种圆周运动的复合。他们没有"力"的概念。各个球体作为整体而运动，各种不同的天体固定在这些球体上。到牛顿和引力理论时，才引入一种更不具有几何原理的新观点。奇怪的是，爱因斯坦的普遍相对论里重新看到一种几何学观点，牛顿意义上力的概念已被摒弃。

天文学家遇到的问题是：已知从地球上看到的天体在天球上的运动，用假说来介绍第三个坐标，即深度，以便尽可能简单地描述现象。哥白尼假说的优点不在于真实而在于简明；从运动的相对性看，不涉及真实的问题。希腊人追求能"简化现象"的假说，事实上已经以正确的科学方式在解决这一问题了，尽管不完全是有意识的。对比他们前人及直到哥白尼为止的后辈，每个学者一定深信他们绝对天赋惊人。

公元前 3 世纪有两个非常伟大的人物，即阿基米德和阿波罗尼奥斯，他们也是一流的希腊数学家。阿基米德是叙拉古国王的朋友，也许是其表兄弟，公元前 212 年罗马人攻占该城时被害。阿波罗尼奥斯自青年时代就生活在亚历山大港。阿基米德不仅是数学家，还是物理学家与流体静力学家。阿波罗尼奥斯主要以其圆锥曲线的研究而闻名。关于这两人我不多谈，因为他们出现的时代太晚，对哲学没什么影响。

此二人后，虽然有相当重要的工作继续在亚历山大港被完成，但伟大的时代结束了。在罗马统治下，希腊人失去了政治自由带来的那种自信，对前人只余一种无奈的尊崇。罗马士兵杀死了阿基米德，也象征着罗马扼杀了整个希腊世界的创造性思想。

第三篇

亚里士多德之后的
古代哲学

PART III   ANCIENT PHILOSOPHY
AFTER   ARISTOTLE

第二十五章　希腊化的世界

古代希腊语世界的历史可以分为三个阶段：即被菲利普和亚历山大所终结的自由城邦时代；马其顿统治的时代，在克里奥佩特拉死后，罗马吞并了埃及，马其顿时代的最后一点残余也被扫清了；最后是罗马帝国时代。在这三个阶段中，第一个阶段的特点是自由和混乱，第二个阶段是征服和混乱，第三个阶段则是征服和秩序。

这些阶段中的第二个被称为希腊化时代。在科学和数学方面，这个阶段所完成的工作是希腊人取得的最佳成就。在哲学方面，建立了伊壁鸠鲁学派和斯多葛学派，怀疑论也形成了有明确表述的教义；因此，在哲学上怀疑论还是重要的，虽然没有在柏拉图和亚里士多德时代那么重要。公元前3世纪之后，一直到公元3世纪新柏拉图主义者的出现之间，希腊哲学都没有什么真正意义上的新东西。

亚历山大短暂的军事生涯突如其来地改变了希腊世界。从公元前334年到公元前324年这十年间，他征服了小亚细亚、叙利亚、埃及、巴比伦、波斯、撒马尔罕、巴克特里亚和旁遮普。无论亚历山大渗透到何处，即使是在阿富汗的山区，在锡尔河的河岸和印度河的支流上，他都建立了希腊化的城市，尝试用自治的方式来再现希腊的体制。

他这么做有好几个动机。一方面，他的军队明显并不是数量非常庞大的，不可能永远用武力来控制疆域如此辽阔的一个帝国。从长远来看，必须依靠被征服的民众的配合。另一方面，东方世界习惯于由一位神圣的君主来统治，而亚历山大觉得自己能够胜任这一角色。

希腊人对野蛮人有非常强烈的优越感。柏拉图和亚里士多德认为，奴役希腊人是错误的，而让野蛮人当奴隶，就算不上是犯错。亚历山大其实不算是希腊人，他试图打破这种优越感。他自己娶了两个蛮族公主，还强迫他的军官娶有高贵血统的波斯女人。这一政策的结果是，爱思考的人接受了人类是一个整体的概念；过去对城邦的忠诚和对希腊民族的忠诚，似乎都不够了。结果，希腊人和野蛮人之间产生了交往：野蛮人学习到了希腊的科学，而希腊人了解到了野蛮人的迷信。

希腊文明基本上是城市文明。当然，有很多希腊人从事农业工作，但他们对希腊文化的独特之处贡献并不大。从米利都学派以来，在科学、哲学和文学方面取得显著成就的希腊人，都和被蛮族包围的、富有的商业城市有着联系。这种类型的文明不是由希腊人发端的，而是出自腓尼基人之手。提尔城、西顿城和迦太基城依靠奴隶在国内从事体力劳动，依靠雇佣兵为他们打仗。它们并不像近代的都市那样，仰仗于有同一血统的、具有平等政治权利的大量农村人口。

亚历山大死去之时，曾有人力图保住他帝国的完整。他的两个儿子，一个还是个婴儿，另一个尚未出生，每一个都有支持者，但在接下来的内战中，两个都被抛到了一边。最后，他的帝国在三位将军的家族之间进行了划分。简单来说，从亚历山大的财产中，一个获得了欧洲部分，一个得到了非洲部分，还有一个取得了亚洲部分。欧洲部分最后落入了安提柯的后代之手；得到埃及的托勒密将亚历山大城定为首都；塞琉古在多次战争

后得到了亚洲部分，但他忙于征战，没有定都，后来，安提俄克成为他王朝的主要城市。托勒密王朝和塞琉古王朝都放弃了亚历山大要使希腊人和蛮族融为一体的努力，在马其顿人军队，辅之以希腊雇佣兵的基础上，建立了他们的军事暴政。

巴比伦受到希腊文化的影响要深刻得多。如我们所见，唯一追随萨摩斯的阿利斯塔克以维护哥白尼体系的古人，是生活于公元前150年的底格里斯河上的塞琉古王朝的塞琉古。塔西佗告诉我们，在公元1世纪，塞琉古王朝并未"陷入帕提亚人的野蛮之手，而是还保留着其创始人，希腊人塞琉古建立的制度。根据财富或智慧，选出三百个市民，组成了元老院；而平民也有他们自己的权利。"在美索不达米亚，一直到更远的西方，希腊语成为文学和文化的用语，直到穆罕默德征服该地区，这一情况才有所改变。

就语言和文学而言，叙利亚（不包括朱迪亚）的城市是彻底希腊化了的。而农村人口更加保守，还保留着他们习以为常的宗教和语言。在小亚细亚，多个世纪以来，希腊的沿海城市对它们的蛮族邻居们一直有着影响，而马其顿人的征服加强了这一现象。

从希腊文化的角度看，其公元前3世纪最了不起的成就是亚历山大城。在马其顿王国的疆域里，比起欧洲和亚洲部分，埃及更少经历战火，而亚历山大城处于一个极为有利的商业位置。托勒密王朝支持学识，把当时许多最优秀的人吸引到了他们的首都。直到罗马倒台，数学一直属于亚历山大城。阿基米德的确是西西里人，他生活的希腊城邦还保持着独立性（直到公元前212年他死去的时候），但他也在亚历山大城学习过。在公元前3世纪，那时的数学家和科学家们，多多少少都和亚历山大城有着紧密联系。但和前辈们不同，他们是近代意义上的专家。欧几里得、阿利斯塔克、阿基米德和阿波罗尼奥斯满足于当数学家；在哲学方面，他们并不渴望创新。

不限于学识世界，专门化是这个时代所有领域的特点。在公元前 5 世纪至公元前 4 世纪，在实行自治的希腊城市中，人们认为一个能人就是样样精通。他可以根据情况的变化，当士兵、政治家、立法者或是哲学家。苏格拉底厌恶政治，却无可逃避地卷入政治的纷争之中。年轻时他当过兵，还学习过物理科学（虽然他并不承认）。当毕达哥拉斯可以抽出时间，为追求时尚的贵族青年讲授怀疑论的时候，他却为图利起草起了法律条文。柏拉图对政治有所涉猎，但并不成功。色诺芬在他没有写关于苏格拉底的文章，也不当乡村绅士的闲暇时分，他曾是个将军。毕达哥拉斯派的数学家们曾尝试获取城市的治理权，每个人都必须在陪审团工作，并履行各种各样的公共职责。而在公元前 3 世纪，一切都改变了。是的，在老的城邦，政治活动还在持续，但这些活动受到了限制，不再重要了，因为希腊处于马其顿军队的控制之下。重要的权力斗争发生在马其顿士兵之间，这些斗争无关原则，只是投机者之间势力范围的分配。在行政管理和技术事务上，这些没怎么受过教育的士兵雇佣希腊人来当专家。举个例子吧，在埃及，灌溉和排水方面的工作干得很棒。这个时代有士兵、行政管理人员、内科医生、数学家、哲学家，但没有人样样都在行。

在这个时代，一个有财富而没有权力欲的人可以生活得非常愉快 —— 只要没有碰到四处抢劫的军队。得到某位王子关照的饱学之士能够享用极为奢侈之物，只要他们是拍马屁的高手，也不介意受到无知的皇家成员的嘲讽。但安全这一事物并不存在，一场宫廷革命可能就会赶走那说奉承话的智者的恩主；伽拉太人也许会摧毁富有人士的别墅；王朝战争中，一个城市被洗劫，也属寻常之事。在这种情况下，难怪人们开始拜祭

幸运女神了。

除了喜欢冒险的利己主义者，人们不再有参与公共事务的兴趣了。在亚历山大横扫欧亚之后，希腊化世界陷入了混乱之中，因为缺少一位可以获取绝对主权的君主，也因为没有能够产生社会凝聚力的、强有力的原则。面对新的政治问题，希腊式的智慧束手无策。与希腊人相比，罗马人无疑是愚蠢而残暴的，但至少他们建立了秩序。过去自由时代的混乱是可以忍受的，因为每个公民都参与其中。而新的马其顿式的混乱是无能的统治者强加在臣民身上的，那就完全无法忍受了。

对于革命，社会上有着普遍的不满和恐惧。自由劳动者的工资下降了，而与此同时，生活必需品的价格上升了。希腊化世界中的神职人员成了银行家，他们拥有黄金储备，控制着信贷。在公元前 3 世纪早期，得洛斯的阿波罗神庙按百分之十的利率来放贷，而以前的利率还要更高。

那些因工资不够无法购买简单的生活必需品的自由劳动者们，如果他们年轻而精力充沛的话，就可以去当雇佣兵。雇佣兵的生活是艰苦而危险的，但也存在着巨大的机会。他们也许能够洗劫一个富有的东方城市，或通过兵变来发大财。指挥官如果打算解散他的军队的话，他本人就会遭遇危险，这也是战争一直持续的原因之一。

过去的公民精神多多少少还存留在老的希腊城市里，但在亚历山大创立的新城市里，却没有这种精神 —— 除了亚历山大城。在早些时候，一个新城市是由来自老城市的移民构成的，和它的父母之邦存在着情感上的关联。这种情感是长盛不衰的，比如说，体现在兰萨库斯在公元前 196 年对希腊海峡的外交活动上。这座城市受到了来自塞琉古王朝的国王安条克三世的威胁，决定向罗马寻求保护。该城市派遣了一队使节，但使节们并没有直接去罗马，而是长途跋涉去了马赛。和兰萨库斯一样，马赛是福西亚的殖民地，是罗马人所青睐的。在听过使团的演讲之后，马赛的市民立刻决定，派遣他们自己的使节去罗马，支持他们的姐妹城市。住在内陆的高卢人也参与其中，给伽拉太人（他们在小亚细亚的亲属）写了一封信，建议伽拉太人与兰萨库斯结好。当然，罗马很高兴有借口干预小亚细亚的事务。在罗马的斡旋下，兰萨库斯保持了它的自由——直到罗马感觉麻烦为止。

总的来说，亚洲的统治者们与老的希腊城市交好。这些亚洲城市希望并（在可能的情况下）宣称其是正义的、民主的自治政府，不纳贡品，也不受皇家军队的辖制。安抚这些城市是划得来的，因为它们富庶，它们能提供雇佣兵，而且很多城市有重要的港口。但假如它们在内战中站错了队，就会被攻占。一般情况下，塞琉古王朝，和其他逐渐成长起来的王朝，对待这些城市相当宽容，但也有例外。

新的城市虽然也采用了自治的手段，却并不遵循和老城市同样的传统。新城市的市民并不来自同样的地方，而是来自希腊各处。他们主要是投机分子，像西班牙征服者，或是约翰斯堡的殖民者一样。他们并不是虔诚的朝圣者，像早期的希腊殖民者，或是美国的新英格兰的先驱那样。结果，亚历山大的城市都没有形成强有力的政治上的团结。站在国王政府的立场，这个情况很有利。而站在希腊文明传播的立场，这是个缺陷。

非希腊化的宗教，和希腊化世界中的迷信所产生的影响，总的来说是糟糕的。犹太人、波斯人和佛教徒所信奉的宗教，明显比希腊的多神教要优越得多，甚至最优秀的哲学家都可能会研究这些宗教。不幸的是，最深刻地影响了希腊人的想象力的，是巴比伦人，或伽勒底人。首先是他们的古老历史，僧侣的记录可以追溯到上千年前，再上千年前。然后是一些真正的智慧：早在希腊人之前，巴比伦人就能预测日食。最主要被希腊人所

191

接纳的是占星术和魔术，在亚历山大的时代，通过一个叫贝若萨斯的伽勒底人，占星术首次被传授给了希腊人。

如我们所见，希腊人的主流，甚至包括最优秀的哲学家，都相信了占星术。占星术认为未来是可以预测的，相信命运是无法逃避的，这一点和普遍的对幸运女神的信仰是相对立的。大多数人两者都信，而没有注意到其中的矛盾之处。

整体上的混乱注定会带来道德上的堕落，甚至比思想的萎缩更严重。这个不确定性长期存在的时代，虽然也有着少数极为圣洁的人士，却对体面的市民们平淡无奇的庸常美德造成了损害。节约没有用，因为明天你的所有积蓄就可能会一扫而光；诚实没有必要，因为你讲了实话的那位一定会欺骗你；毫不动摇地坚持一项事业没有意义，因为没有什么事业是重要的或有机会成功的；无人赞成真实，因为只有身段柔软、善于迎合，才有可能保全自家的性命和财产。在这样一个世界，人们唯一的美德是脚踏实地地谨慎行事。如果他有胆量，那就做个冒险家；如果没有，就当个默默无闻的、怯懦的、随波逐流的人。

除了一些不同寻常的人之外，这就是公元前3世纪的道德特点。甚至在那些不同寻常的人之中，恐惧也代替了希望；生活的目标是躲避厄运，而不是积极进取。

第二十六章　犬儒主义者和怀疑论者

在不同的时代，头脑杰出的人士与其当代社会之间的关系大不相同。在一些幸运的时期，他们与他们周围的环境和谐共处 —— 当然，他们会建议社会做必要的改革，并颇有信心，而他们的建议也会受到欢迎；即使没有改革出现，他们也并不讨厌身处的世界。在另外一些时期，他们会成为革命者，并认为激烈的变革是必须的。又在另外一些时候，他们对世界感到绝望，他们会觉得虽然自己知道能带来幸福与和平的事物是什么，却并没有希望将其实现。

这种情绪很容易让人陷入更深的绝望，认为尘世生活基本上是糟糕的，于是他们把对善的希望寄托于未来生活，或是某种神秘的变化之上。

在公元 5 世纪至 15 世纪的教会统治时期，理论上的信仰与实际的感觉之间存在着一定的冲突。从理论上讲，世界是眼泪流成的峡谷，是在苦难之中，为即将到来的世界做准备。但是实际上，书籍的作者几乎都是神职人员，他们为教会的力量感到振奋，他们发现了丰富的施展身手的机会。因此，他们具有统治阶级的心态，而没有被放逐到异乡世界的情绪。这是贯穿于整个中世纪的奇妙的二元论的一部分，这是因为：教会虽然是建立在他世的信仰之上的，但却是世俗世界中最重要的机构。

为基督教的他世信仰所做的心理准备始于希腊化时代，并与希腊城邦的衰落有关。一直到亚里士多德时代，希腊哲学家们虽然可能会抱怨这一件或那一件事，但总的来说，他们并没有在整体上绝望，也不觉得自己在政治上无能为力。他们有时可能属于一个失败的政党，但他们的失败是由于机缘所致，而并非难以逃避的、智者也无能为力的命运。即使他们像毕达哥拉斯和柏拉图那样，在陷入某种情绪时，会谴责这个重视外在的世界，在神秘主义中寻求解脱，但也有切实可行的计划将统治阶级转变为圣人和圣贤。当政治权力掌握在马其顿人手中时，自然而然地，希腊哲学家们背离了政治，投身关于个人美德或救赎的问题上。他们不再问：人如何建立一个好的国家？相反，他们问：在一个邪恶的世界上，人们如何成为有道德的人，或者在一个遭受苦难的世界中，人们如何变得幸福？变化的确是实实在在的；这样的问题之前也曾提出过，后来的斯多葛派一度又关心起政治 —— 罗马而非希腊的政治。但是变化仍然是真实的。在罗马帝国时代，在斯多葛主义的有限影响之外，那些认真思考和感受的人的观点变得越来越主观化和个人化，直到基督教最终发展出了个人救赎的福音，这激发了传教士的热情，并创立了教会。直到这种情况发生之前，还没有任何一个哲学家可以全心全意地依附的组织，因此没有足够的渠道可以宣泄他对权力的合法热爱。因此，和能激发忠诚感的城邦时代相比，希腊化时期的哲学家们具有更多的局限性。他们仍然思考，因为他们必须思考。但对自己的思想是否能在实际的世界中结出硕果，他们几乎不抱希望。

大约在亚历山大时代，建立了四个哲学流派。斯多葛派和伊壁鸠鲁派是其中最著名的两个，将在后面的章节中讨论。在本章中，我们将关注犬儒主义者和怀疑论者。

通过其创建人第欧根尼，犬儒学派发端于苏格拉底的一个门徒安提西尼，他比柏拉图年长二十岁左右。在某些方面，安提西尼是一个了不起的人物，在某些方面很像托尔斯泰。在苏格拉底去世之前，他一直生活在他的同门的贵族圈子中，没有表现出任何反正统的迹象。但是，某件事情——可能是雅典的失败，或是苏格拉底的去世，或者是对哲学争论的厌恶——使他年长之后，就鄙弃了他以前看重的东西。他与劳动者们交往，打扮的也和他们一样。他以未受过教育的人可以明白的方式进行露天宣讲。他贬斥了所有精致的哲学的价值。他相信"回归自然"，并将这一信念推广。没有政府，没有私产，没有婚姻，没有既定的宗教。他的追随者们谴责奴隶制。他并非百分之百的禁欲主义者，但他鄙视奢侈，鄙视一切对感官乐趣的追求。他说："我宁愿疯狂，也不愿欢乐。"

安提西尼的弟子第欧根尼在名气上超过了他。作为货币兑换商的儿子，他渴望"智慧"，并看出安提西尼有他想要的东西。他的人生目标是像他父亲曾经做过的那样，"破坏货币制度"，但规模要大得多。他要毁掉世界上所有的造币，每一个传统的标记都是虚假的。"无论是被标记为将军和国王的人，还是代表着荣誉、智慧、幸福和财富的事物，不过是被打上了标记的破铜烂铁。"

他决定像狗一样生活，因此被称为"犬儒"。他抗拒所有的习俗规矩——不论是宗教、举止、着装、住房、食物还是礼仪。他靠着乞讨，过着像印度托钵僧一样的生活。他宣称，他的兄弟情谊不仅关乎整个人类，而且关乎动物。他是一个有很多故事的人。大家都知道亚历山大去拜访了他，问他是否需要任何帮助，而他的回答是："让开，别挡住我的阳光。"

第欧根尼的教导绝不是我们现在所说的"愤世嫉俗"。恰恰相反，他

对"美德"怀有强烈的热情；与此相比，他对世俗的本领漠不关心。他所追求的，是摆脱了欲望之后的美德和道德自由：若你对命运赠予的礼物漠不关心，那就从恐惧中解放出来了。在这方面，斯多葛主义者接受了他的学说，但是他们并没有像第欧根尼那样，拒绝文明带来的便利。他认为，普罗米修斯受到的惩罚是公道的，因为他带给人类的技艺让生活复杂而虚假。在这方面，他很像中国的道士，像卢梭和托尔斯泰，但是比他们更加始终不渝。

第欧根尼本身是一个充满活力的人，但像所有希腊化时代的其他学说一样，他的教导吸引的是身心疲倦的人，在这些人心中，失望已经扑灭了天生的热情。当然，这一学说并不能促进科学的发展或是政治的进步，只是对强大邪恶力量的抗议之一。

有趣的是，当犬儒派的教义被普及后，它发生了变化。在公元前 3 世纪早期，犬儒主义者代表着时尚，尤其是在亚历山大城。他们发表了一些小文章，指出没有物质财富是多么轻松，一个人享用简单的食物可以多么幸福，无需昂贵的衣物，一个人冬天就可以多么暖和（在埃及很可能是这样！）。而对自己的祖国有感情，或者在孩子、朋友死后感到哀痛，又是多么愚蠢。在这一点上，人们很难支持简单的生活，这样的生活也太简单了。谁会喜欢这些文章呢？是那些富人，以为穷人的苦难只是想象出来的吗？还是那些鄙视成功的商人的新破落户？还是那些拍马屁的人，自我安慰他们得到的施舍并不重要？流行的犬儒主义并没有教导人们戒绝这个世界上的美好事物，而只是对这些事物要保持一定的冷淡。

犬儒教义中的精华传递给了给斯多葛主义，后者是一个更加完整和全面的哲学流派。

作为学说之一，怀疑论最初是由亚历山大军队中的皮浪提出的。他跟随大军一路到了印度。看来这让他尝够了旅行的滋味，之后他在故乡埃利斯城度过了余生，并于公元前275年去世。除了对以往的怀疑论点进行一定的系统化和形式化之外，他的学说中并没有多少新的东西。很久以来，对感官的质疑就困扰着希腊哲学家们，唯一的例外是那些像巴门尼德和柏拉图一样否认感官的认识价值的哲学家，他们还因此宣扬起了知识上的教条主义。皮浪似乎在怀疑论上增加了道德和逻辑层面的怀疑。据说，他坚持认为，在选择一种行动方案，而不是另一种行动方案时，并没有任何理性的根据。在实践中，这就意味着，一个人只能遵守他所居住国家的习俗。一个近代的耶稣门徒将会在星期天去教堂，行准确的屈膝礼，却并不持有激发这些行为的宗教信仰。古代的怀疑论者会履行异教仪式，甚至有时还是祭司。他们的怀疑论观点安抚他们，这种行为并非错误，而他们的常识则向他们保证，这样做很合适。

很自然地，怀疑论吸引了许多不懂哲学的人。人们观察到哲学流派的多样性和学派之间争论的激烈程度，并由此断定，所有流派都是在假装有学问，而实际上知识是无法获取的。怀疑论是懒惰人士的福音，因为它说明，无知者和著名的学者一样明智。对于那些性情上需要安慰的人来说，怀疑论似乎并不令人满意，但就像希腊化时期的任何一种教义一样，它自荐成为忧虑的解毒剂。为什么要为未来烦恼？未来是完全不确定的。你不妨享受现在。由于这些原因，怀疑论获得了相当大的成功。

应该注意到的是，作为一种哲学，怀疑论不仅仅是怀疑，也应该被称之为教条主义的怀疑。研究科学的人说："我认为这是这样和这样的，但是我不确定。"拥有求知欲的人说："我不知道这是怎么回事，但我希望能找到答案。"哲学上的怀疑论者说："没有人知道，永远也不会有人知道。"正是教条主义的这一因素，使怀疑论的哲学体系变得脆弱。

然而，皮浪的门徒蒂蒙提出了一些异议，从希腊逻辑的角度来看，这些异议很难解答。希腊人唯一接受的逻辑是演绎法，像欧几里得一样，所有的演绎都必须从不证自明的普遍原则开始。蒂蒙否认，有找到这种原则的可能性。因此，每一件事物都必须用其他的事物来证明，所有的论点要么是循环论证的，要么就是毫无根基的、无休无止的一根链条。无论在哪种情况下，都无法证明事物。正如我们所看到的，这种论点切断了控制中世纪的亚里士多德哲学的根源。

在其漫长一生的晚年，蒂蒙一直居住在雅典，并于公元前 235 年去世。随着他的离世，皮浪的学派宣告终结。奇怪的是，他的学说在做了某种程度的改动后，居然被代表柏拉图哲学传统的学院所接纳了。

发动了这一令人惊讶的哲学革命的人是阿西斯劳斯，他与蒂蒙是同辈人，他大约在公元前 240 年去世。大多数人从柏拉图那里获得的是对超感觉的知识世界的信念，以及相比凡人的身体，不朽灵魂所具备的优越性。但是柏拉图具有多面性，在某些方面，他也做过关于怀疑主义的教导。柏拉图笔下的苏格拉底自称一无所知，我们自然会将其看作是讽刺，但其实也可能是真话。许多对话没有得出积极的结论，就是为了让读者处于怀疑的状态。柏拉图式的辩证法可以看作是目的，而不是手段，这样一来，它就很适合拿来支持怀疑论。阿西斯劳斯应该就是这样来阐释他宣称所追随的那个人，他砍去了柏拉图的头，但无论如何，剩下的躯干是真实的。

如果不是因为追随他的年轻人会被麻痹，阿西斯劳斯的教导方式本应该有很多值得赞扬之处。他坚持不写文章，但会驳斥学生写出的任何论文。有时，他本人会提出两个相互矛盾的主张，并演示如何令人信服地支持其中任何一个观点。从他那里，一个有足够勇气、敢于反叛的学生可能已经学会了灵巧和避免谬误。事实上，除了灵巧敏捷和对真相的漠视，学生们学不到其他东西。阿西斯劳斯的影响十分深远，大约有两百年的时间，学院都保持着怀疑主义观点。

在这一时期，学院的首脑一度是卡尔内亚德（约前180—前110），一位擅长演讲的哲学家。卡尔内亚德之后的负责人是迦太基人，他的真名是哈斯德鲁瓦尔，但在与希腊人打交道时，他更喜欢称自己为克莱托马库斯。不同于卡尔内亚德，克莱托马库斯写了四百多本书，其中有些用腓尼基语写成。他的原则似乎与卡尔内亚德的原则相同。在某些方面，它们很有用。这两个怀疑论者对日渐普及的对占卜、魔法和占星术的信仰表示反对，他们还提出了关于或然性程度的建设性学说。尽管我们永远无法百分之百地确定，但有些事物比另外一些事物更有可能是真实的。或然性应该是我们实践中的指南，因为这就能合情合理地按照最具可能性的假设采取行动。这种观点是大多数近代哲学家都会同意的观点。不幸的是，提出这一观点的书籍已经失传了，并且很难在遗留的线索上重建这一学说。

克莱托马库斯之后，学院不再持怀疑论观点，从安条克时代起，几百年来，怀疑论的学说几乎与斯多葛派的学说无法区分开。

然而，怀疑主义并没有消失，它是由来自克诺索斯的克里特人亚内塞德默斯所复兴的。亚内塞德默斯生活的时间并不确定，他放弃了克莱托马库斯所倡导的关于或然性的学说，并转而接受了最早的怀疑论形式。他的影响力很大。公元2世纪，诗人卢西安成了他的追随者；不久之后，追随者是塞克斯都·恩披里柯，他是唯一的其作品仍幸存的古代怀疑论哲学家。

一直到公元3世纪，怀疑主义虽然一直吸引着一些有教养的人，但它与时代的性情截然相反，后者正日渐倾向于教条主义的宗教和救赎学说。

怀疑主义的力量足以使受过教育的人对国教不满，但即使在纯智识领域，它也无法提供任何积极的东西。从文艺复兴开始，在大多数拥护者中，对科学的狂热信念支持了神学上的怀疑论，但在古代，就没有这样的支持了。古代世界并没有回答怀疑论者提出的问题，只是回避了这些问题。奥林匹克众神丧失了名誉，东方宗教的入侵之路被扫清了，直到基督教取得了胜利。

第二十七章　伊壁鸠鲁学派

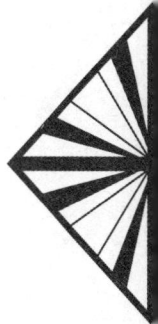

　　希腊化时期的两个伟大的新学派——斯多葛派和伊壁鸠鲁派，是同时成立的。他们的创始人芝诺和伊壁鸠鲁差不多在同一时间出生，先后在几年之间都定居在了雅典，成为各自宗派的负责人。因此，首先要考虑的是，应该先谈哪一个学派。我将首先从伊壁鸠鲁学派开始，因为他们的学说是由他们的创始人一次性确定好的，而斯多葛派则有很长的发展历史，一直延伸到死于公元 180 年的马可·奥勒留皇帝时期。

　　伊壁鸠鲁一生的主要事实相当确定。他的父亲是萨摩斯岛上一位贫穷的雅典殖民者。伊壁鸠鲁出生于公元前 342 年，但尚不清楚是在萨摩斯还是阿提卡。无论如何，他的童年时代是在萨摩斯岛度过的，他说他十四岁时就爱上了哲学研究。亚历山大大帝逝世时，年仅十八岁的他去了雅典，显然是为了获取自己的公民身份，但当他在那里的时候，雅典殖民者被萨摩斯人逐出境外（公元前 322 年），伊壁鸠鲁一家成了小亚细亚的难民，他就在那里和家人团聚。在陶斯，某位名为瑙西芬尼的人（显然是德谟克利特的追随者）向他传授哲学。虽然他成熟后的哲学观要归功于德谟克利特，而不是任何其他哲学家，但他对瑙西芬尼只有轻蔑的态度，称其为"软体动物"。

公元前 311 年，他创立了自己的学校，首先是在林提林尼，然后在兰萨库斯。从公元前 307 年之后，他生活在雅典，直至在公元前 270 年或 271 年去世。

在艰苦的青春岁月之后，伊壁鸠鲁在雅典的生活很平静，困扰他的只有健康上的问题。他有一所房子和一个花园，而他就在花园里教学。起初，他学校的成员是他的三个兄弟和其他一些人，但是在雅典，他的团体扩充了，加入团体的不仅有哲学门徒，还有他的朋友和子女们，以及奴隶等。最后加入的这批人给了他的敌人捏造丑闻的机会，但这显然是不公正的。他具有非常出色的缔造纯粹友情的能力，还给团队成员的年幼孩子们写了很多令人愉快的信件。在表达情感时，他并不像古代哲学家那样矜持和内敛。他的信轻松自然，毫不矫揉造作。

团体的生活非常简单，部分原因是遵循原则，部分原因（毫无疑问）是由于缺乏资金。他们的食物和饮料主要是面包和水，伊壁鸠鲁觉得这很令人满意。他说："当我靠面包和水生活时，我的身体欣喜不已。我唾弃奢侈的享受，因为这样的享受会带来很多麻烦。"至少在一定程度上，这个团体要依赖于自愿捐款。他写道："送给我一些腌制的奶酪吧，这样我有时候就可以大快朵颐了。"在给另一个朋友的信中，他说："代表你和你的孩子们，给我们一些供养神圣身体的祭品吧。"他又说道："我唯一需要的贡献，就是收到每人每年 220 个银币，仅此而已。"

伊壁鸠鲁一生遭受着健康欠佳之苦，但他学会了坚毅地去忍受病痛。首先是他，而不是斯多葛主义者，坚持认为一个人在刑架上也可以快乐。有两封信，一封是在他去世前几天写的，另一封写在他去世当天，表明他有权提出这一意见。第一封信中说："在写这封信的七天前，我承受的痛苦能让人死掉。如果我出了什么事，麦特多拉斯的孩子们你得照顾四五年，但是用钱不必超过现在花在我身上的钱。"第二封信说："在我生命中这一真正快乐的日子里，因为我快要死了，我写这封信给你。我的膀胱和胃的疾病一直在发展，和往常一样严重。虽然如此，回忆起与你的交谈，我的内心就感到喜悦。你能够如我所期许的那样，照顾好麦特多拉斯的孩子们吗？"作为他首批门徒之一的麦特多拉斯已死，伊壁鸠鲁在他的遗嘱中提出，要抚养他的孩子们。

像他那个时代所有其他哲学流派一样（除怀疑主义之外），伊壁鸠鲁的哲学主要是为了确保平静。他认为愉悦是善的，并一贯坚持这一观点带来的所有后果。他说："愉悦是美好生活的开始和结束。"第欧根尼引用他的话说："如果我放弃了品尝的愉悦，又放弃了爱的愉悦以及听觉和视觉的愉悦，我就不知道什么是善了。"他又说："一切美好的开始和根本是胃的愉悦，甚至智慧和文化也与此相关。"我们被告知，头脑的愉悦是对身体愉悦的沉思。它相对于身体愉悦的唯一优势在于，我们可以学会思考愉悦而不是痛苦，因此对精神愉悦的控制胜于对身体愉悦的控制。"美德"除非意味着"追求享乐中的审慎"，否则只是一个空洞的名字。比如说，正义的行事方式，就是不去惧怕其他人的怨恨，这一观点所产生的关于社会起源的信条，与社会契约论是一样的。

在区分积极愉悦和被动愉悦，或动态和静态愉悦方面，伊壁鸠鲁与他的享乐主义的前辈不同。动态的乐趣在于达到所期望的目的，这样的渴望往往伴随着痛苦。静态的愉悦处于一种平衡状态。我想也许有人会说，对饥饿的满足是一种动态的愉悦感，但是当饥饿感完全满足时，随后发生的静止状态是一种静态的愉悦感。在这两种类型中，伊壁鸠鲁更谨慎地追求第二种，因为它是纯粹的，并且不依赖于痛苦的存在来刺激欲望。当身体处于平衡状态时，就不会有痛苦。因此，我们应该追求平衡和安静的愉

悦，而不是更加猛烈的欢乐。看来，伊壁鸠鲁希望，如果可能的话，始终处于适度进食的状态，而永远不要贪婪地进食。

因此，在实践中，他认为有智慧的人的生活目标是没有痛苦而不是拥有愉悦。胃可能是事物的根本，但胃痛的痛苦会超过贪食的乐趣；因此，伊壁鸠鲁靠面包生活，在盛宴时期就加一点奶酪。对财富和荣誉的欲望是徒劳的，因为当一个人本可以满足时，这些欲望却会使他焦躁不安。"最大的善就是谨慎：这比哲学还要珍贵。"他所理解的哲学，是旨在确保幸福生活的实用系统。它只需要人们具备常识，不需要逻辑或数学，或任何柏拉图规定的精心训练。他敦促他的年轻门徒和朋友派索罗斯"逃离各种文化形式"。他的原则所自然产生的结果是，他建议对公共生活要有所节制，因为当一个人获得权力时，嫉妒他并因此打算伤害他的人的数量相应就增加了。在这种情况下，即使他摆脱了外在的不幸，也无法得到心灵的安宁。有智慧的人会尽量默默无闻地生活，这样就不会树敌。

作为最"动态的"乐趣之一，性爱自然要遭到禁止。这位哲学家宣称："性交从来没有给人任何好处，他不受到伤害的话，就很走运了。"他喜欢孩子们（别人的孩子），但是为了满足这种爱好，他就得被不听从他的建议的人摆布。实际上，他喜欢孩子，这似乎表明他在犯傻。因为他认为婚姻和生孩子会干扰他追求更严肃的事物。追随他谴责爱情的卢克莱修认为，如果性生活与激情不相干，就没有任何损害。

在伊壁鸠鲁看来，最安全的社交乐趣是友情。像边沁一样，伊壁鸠鲁认为，所有人在任何时候，都只会追求自己的快乐，有时是明智的，有时是不明智的。但是，还是像边沁一样，他经常无法抗拒自己仁厚的天性，做出令人钦佩的行为，而根据他自己的理论，他本该避免这种行为的。他显然喜欢他的朋友们，没有考虑过要从他们那里获得些什么，但是他让自己相信，他自私自利，因为他的哲学理论认为所有人都是自私的。根据西塞罗的回忆，他认为"友谊与乐趣相关，因此必须培养友谊，如果没有友谊，我们的生活就无法安稳，也不会愉快。"但是，有时他会忘记自己的理论，"一切友谊本身都是可取的，"他补充道："尽管友情是从需要帮助开始的。"

伊壁鸠鲁的道德观念在其他人看来有些愚蠢，缺乏道德上的升华，但他对此非常认真。如我们所见，他说花园里的社区是"我们的圣体"。他写了一本论神圣的书。他具有宗教改革家的一切热情。他一定对人类的苦难怀有强烈的怜悯之情，并且坚定地相信，如果人们采用他的哲学，苦难将大大减轻。这是一个体弱多病者的哲学，为的是适应几乎不可能通过冒险来实现幸福的世界。少吃，以免消化不良；少喝酒，因为第二天早上会头痛；避开政治和爱情以及所有情感剧烈的活动；不要通过结婚生子来成为命运的抵押品；在精神生活上，告诉自己去思考快乐而不是痛苦。肉体上的痛苦肯定是巨大的不幸，但如果痛苦很厉害的话，它就是短暂的。如果肉体痛苦持续不断的话，则可以通过精神训练和思考快乐事物的习惯来忍受。最重要的是，生活是为了避免恐惧。

通过避免恐惧的问题，伊壁鸠鲁进入了理论哲学。他认为，最大的恐惧根源是宗教和对死亡的惧怕，两者息息相关，因为宗教鼓吹死者不会幸福的观点。因此，他寻求一种形而上学的理论，以证明诸神并不干预人类事务，而灵魂随身体而灭亡。大多数近代人认为宗教是一种安慰，但对伊壁鸠鲁而言，则恰恰相反。在他看来，对自然过程的超自然干预是恐怖的根源，而永生不灭对从痛苦中解脱的希望来说，是致命的。因此，他建立了一套精心设计的学说，旨在治愈持有宗教信仰的人们。

伊壁鸠鲁是唯物主义者，但不是决定论者。他追随德谟克利特，相信

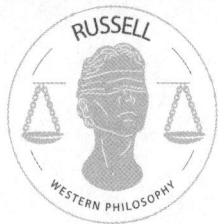

世界由原子和虚空组成；但是他不像德谟克利特那样，认为原子在任何时候都彻底受到自然法则的控制。如我们所见，在希腊，必要性的概念起源于宗教。伊壁鸠鲁认为，如果让必要性存活下来的话，对宗教的攻击就不彻底，这方面他或许是正确的。他的原子有重量，并且不断下落。不是朝着地球中心，而是在某种绝对意义上，一直向下。然而，时不时地，一个受到自由意志之类的东西驱使的原子会从直接下落的路径稍微转向，从而与其他原子发生碰撞。从那时起，涡旋等理论的发展与德谟克利特的理论大体相同。灵魂是物质，由构成呼吸和热的粒子组成。（伊壁鸠鲁认为呼吸和风在本质上与空气不同；它们不仅仅是运动中的空气。）灵魂原子遍布全身。感觉来自被人体甩掉的薄膜，它们不断前进，直到接触到灵魂原子。在它们行进的肉体消亡之后，这些薄膜仍可能存在。这就是梦想。在死亡时，灵魂被驱散了，构成灵魂的原子依旧存活，但不再形成知觉，因为它们不再与身体相连。用伊壁鸠鲁的话来说就是："死亡对我们来说什么都不是；因为消亡的东西是没有知觉的，而缺少知觉的东西对我们来说就什么都不是。"

伊壁鸠鲁坚信神灵的存在，因为否则他就不能解释神灵思想的广泛存在。但是他认为，众神不会为我们人类世界的事务而烦恼。他们是理性的享乐主义者，遵循自己的准则，并放弃了公共生活；政府事务是没有必要的，在完全幸福的生活中，他们不会受到诱惑。当然，占卜和预言以及所有这些做法纯粹是迷信，对神的信仰也是如此。

因此，没有理由担心我们会招致众神的愤怒，或者我们死后会在冥府遭受苦难。尽管受到了自然力量的制约，但我们仍然拥有自由意志，并且在一定程度上是自己命运的主人。我们无法逃脱死亡，但是正确理解的话，死亡并不是邪恶。按照伊壁鸠鲁的格言，如果我们审慎地生活，我们可能会从痛苦中获得相当大的自由。这是一种温和的信条，但对饱经人间苦难的人来说，该信条足以激发人们的热情。

伊壁鸠鲁本身对科学没有兴趣；他认为科学的价值仅仅在于，对各种现象给予了自然主义的解释，而不是像迷信那样归因于众神之力。当有几种可能的自然主义解释存在时，他认为试图在它们之间做决定是没有意义的。例如，可以用多种不同的方式解释月相，任何一种解释，只要和神灵无关，就与其他任何解释一样好，要确定其中哪个正确纯属多此一举。这就难怪伊壁鸠鲁主义者对自然知识几乎毫无贡献了。在抗议后来的异教徒对魔术、占星术和占卜术的热爱时，他们发挥了作用，但是他们和该学派的创始人一样固执己见、视野狭隘，对个人幸福之外的任何事物都没有真正的兴趣。他们记住了伊壁鸠鲁的教义，在学派存续的几个世纪以来，并没有添加任何新的东西。

伊壁鸠鲁唯一著名的门徒是诗人卢克莱修，他是尤利乌斯·恺撒时代的画家。在罗马共和国最后的日子里，自由思想是时尚，伊壁鸠鲁的教义在受过良好教育的人们中很流行。奥古斯都皇帝力图复兴古代的美德和古老的宗教，这就使卢克莱修《物性论》一书直到文艺复兴才受到人们的欢迎。该书只有一部手稿在中世纪幸存下来，并且勉强躲过了偏执者的破坏。差不多没有任何伟大的诗人需要等待这么长时间才能获得认可，但是在近代，他的成就几乎得到了普遍认可。例如，他和本杰明·富兰克林是雪莱最喜欢的作家。

自文艺复兴时期以来，就是通过卢克莱修的诗歌，伊壁鸠鲁的哲学首先被读者所了解。最令他们印象深刻的，是该学派与基督教信仰的对比，例如唯物主义，否认上帝和拒绝永生等。对于近代读者而言，特别令人震惊的是拥有这些观点——如今，这些观点普遍被认为是悲观和令人沮

丧的 —— 是从恐惧负担中解放出来的福音。卢克莱修与任何基督徒一样，都坚信真正信仰宗教的重要性。

伊壁鸠鲁所处的时代是一个疲倦的时代，消亡似乎是解除精神痛苦的、令人宽慰的休息。另一方面，对大多数罗马人来说，共和国的最后一个时代并不是幻灭的时代：具备巨人泰坦般力量的人们正在混乱中创造新的秩序，这是马其顿人没能做到的。但是对于那些置身于政治事务之外，不关心权力争夺的罗马贵族来说，事态的发展是令人深感沮丧的。除此之外，还有反复发作的精神错乱带来的折磨，难怪卢克莱修会认为虚无能带来解脱。

但是，对死亡的恐惧根植于本能，因此伊壁鸠鲁的福音无法在任何时候都受到广泛的欢迎，它始终是有教养的少数派的信条。即使是哲学家们，在奥古斯都时代之后，通常也拒绝伊壁鸠鲁，而支持斯多葛主义。伊壁鸠鲁去世后，该学派存续了六百年，但影响力一直在减弱。然而，随着尘世生活的痛苦和压迫日益增长，人们会不断要求从哲学或宗教上得到更强有力的药方。大多数哲学家们在新柏拉图主义中得到了安慰。没有受过教育的人转而投身于各种东方迷信，然后越来越多的人转向了基督教。早期基督教认为一切美好存在于坟墓之外的生活之中，从而为人们提供了与伊壁鸠鲁截然相反的福音。然而在 18 世纪末，与其非常类似的学说被法国哲学复兴，并被边沁和他的追随者带到了英国。这样做是在有意识地反对基督教，这些人与宗教是互相敌对的，这与伊壁鸠鲁对他所处时代的宗教的态度是一致的。

第二十八章　斯多葛主义

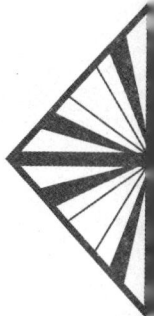

　　在起源时间上，斯多葛主义伊壁鸠鲁主义属于同一时代，其学说历史较长，而稳定性较差。它的创始人芝诺在公元前 3 世纪初期的教导与马可·奥勒留在公元前 2 世纪下半叶的教导完全不同。芝诺是一个唯物主义者，其学说主要是犬儒主义和赫拉克利特理论的结合。但是逐渐地，通过与柏拉图主义的联合，斯多葛派放弃了唯物主义，唯物主义最后几乎没有留下任何痕迹。的确，他们在道德方面的学说变化不大，而这也是大多数人所认为的斯多葛主义最重要的部分。然而，即使在这一方面，重点也有所变化。随着时间的流逝，关于斯多葛主义的其他方面的评论越来越少，而对伦理学以及与伦理学最相关的那些神学部分则受到了日益增长的、具有排他性的重视。关于所有早期的斯多葛主义者，由于他们的作品留存下来的只有一些片段，我们的研究因此受阻。塞涅卡、爱比克泰德和马可·奥勒留分别生活在公元 1 世纪和 2 世纪，他们的书籍就完整地保存下来了。

　　和我们前面关注过的其他哲学流派不同，斯多葛主义的希腊化程度不高。早期的斯多葛主义者大多是叙利亚人，后来的则多为罗马人。塔恩（《希腊化文明》，第 287 页）怀疑迦勒底人对斯多葛主义有所影响。于伯

韦格则观察到，在希腊化的蛮族世界里，希腊人放弃了只适合他们自己的东西。与早期的纯希腊哲学不同，斯多葛主义在情感上是狭隘的，在某种程度上是狂热的。但是它也包含了人们需要的宗教元素，而这些宗教元素希腊人似乎无法提供。尤其是它吸引了统治者，吉尔伯特·默里教授说："几乎所有亚历山大的继任者——可以说是芝诺之后的所有重要的国王，都自称是斯多葛主义者。"

芝诺是腓尼基人，生于塞浦路斯的西提姆，大约是公元前 4 世纪的后半叶。他的家人可能从事的是贸易活动，他第一次来到雅典，就是为了商业利益。然而到了那里，他就急于学习哲学。与其他学派相比，犬儒主义者的观点更适合他，但他是不拘一格、兼收并蓄的。柏拉图的追随者们指责他剽窃。对斯多葛主义者来说，苏格拉底一直是一位重要的圣徒：他在被审判时的态度、他对逃亡的拒绝、他面对死神时的镇定，以及认为施暴者而非受害人所受伤害更大的观点，都与斯多葛学说完全吻合。他对冷热的漠不关心、他在饮食和衣着方面的朴素，以及他摆脱了所有肉体舒适的行为也是如此。但是斯多葛派从来没有接受柏拉图的思想学说，并且大多数人抛弃了他关于永生的论点。只有后来的斯多葛派才追随他，将灵魂视为非物质。早期的斯多葛派赞成赫拉克利特的观点，认为灵魂由物质之火组成。从口头上讲，这种学说也体现在爱比克泰德和马可·奥勒留的作品中，但似乎在他们看来，这里的火并不是构成实体事物的四大元素之一。

芝诺对玄学的奥妙没有耐心。他认为重要的是美德，只有当物理学和玄学有助于美德时，他才会对其看重。他试图通过常识来对抗当时的形而上学倾向，在希腊，形而上学就是指唯物主义。对感官可信度的怀疑令他烦恼，他将与此相反的学说推向了极端。

　　芝诺首先宣称真实世界的存在。"你说的真实，指的是什么？"怀疑论者问道。"我指的是坚固的和物质的。我的意思是，这张桌子是坚固的物质。""那么神呢，"怀疑论者又问，"还有灵魂呢？"芝诺回答说："这些完全是坚固的，比桌子还要坚固，如果有的话。""那么美德，正义或比例也是坚固的东西？""当然，"芝诺说，"非常坚固。"

　　从这一点看，芝诺人明显和其他许多人一样，被反玄学的狂热所催逼，而形成了自己的玄学。

　　整个学校保持不变的主要教义与宇宙决定论和人类自由有关。芝诺相信，没有偶然这回事情，自然的进程是由自然法则所严格规定的。最初只有火，然后依次出现了其他元素——空气、水、土。但是迟早会出现宇宙的灾变，一切都会再次变成火。在大多数斯多葛主义者看来，这不是最后的终结，就像基督教教义中的世界末日一样，而仅仅是一个循环的结束；整个过程将不断周而复始。现在发生的一切都曾经发生过，而且会再次发生，不是仅仅一次，而是发生无数次。

　　到目前为止，该学说似乎显得沉闷无味，远不如德谟克利特那样的普通唯物主义能带给人安慰。但这只是斯多葛主义的一个方面。斯多葛主义就像18世纪的神学，认为自然的进程是由一位立法者同时也是仁慈的神所主宰的。最小的细节也是规定好的，整个进程都是设计出来，以自然的方式来保证达到某些目的。这些目的，除非在涉及神灵和守护精灵的方面，都能在人类的生活中找到痕迹。万物都与人类相关。有些动物吃起来很可口，有些测试人类的勇气。甚至臭虫也很有用，因为它们可以帮助我们在早上醒来，而不去赖床。至高无上的力量有时被称为神，有时被称为

宙斯。塞涅卡将宙斯与大众信仰的对象区分开，后者也是真实的，但处于从属地位。

　　神与世界并不分离；他是世界的灵魂，我们每个人都有着神圣之火的一部分。万物是一个系统的一部分，其称之为自然。与自然和谐相处时，个人生活就是善的。从某种意义上说，每一种生命都与自然和谐相处，因为这是自然法则所规定的。但是从另一种意义上说，只有当个人意志指向自然目的时，人的生活才能与自然和谐相处。美德在于与自然保持一致的意志。邪恶的人虽然不得不遵守神的律法，却并非自愿。在克利安提斯的比喻中，他们就像绑在推车上的狗一样，被迫跟着车子四处走动。

　　在一个人的生活中，美德是唯一的善；健康、幸福、财产之类的东西都没有价值。由于美德存在于意志之中，一个人的生活中真正的好坏都取决于这个人自己。他可能会变得贫穷，但是那又如何呢？他仍然是具有美德的人。暴君可能将他囚禁，但他仍然可以通过与自然和谐相处，来坚持下去。他可能会被判处死刑，但他可以像苏格拉底一样高贵地死去。其他人有的只是外部力量。唯有美德完全取决于个人。因此，只要每个人能摆脱世俗的欲望，就拥有完全的自由。由于做出了错误的判断，世俗欲望才会流行；智者的判断是正确的，所以他是自己命运的主人，因为没有外界力量可以剥夺他的美德。

　　这种学说存在着明显的逻辑困难。如果美德确实是唯一的善，那么仁慈的上帝就必须一心关注如何才能促进美德，然而自然法则却制造了大量的罪人。如果美德是唯一的善，那么就没有理由反对残酷和不公正，因为斯多葛派教徒一直不厌其烦地指出，残酷和不公正为受害者提供了表现品德的最佳机会。如果世界是完全确定性的，自然法则将决定我是否会有美德。如果我邪恶，是自然强迫我邪恶的，那么我就不可能得到美德本应给予的自由。

斯多葛式的美德概念也伴随着某种冷酷。该学说不仅是谴责恶的激情，而是要谴责所有的激情。智者没有同情心：当他的妻子或孩子去世时，他认为这一事件并不妨碍自己的美德，因此，他不会遭受太大的痛苦。伊壁鸠鲁十分珍视友谊，友情当然很好，但绝对不能让朋友的不幸毁掉自己的神圣平静。至于公共生活，你可能有责任参与其中，因为它为正义、坚毅等提供了机会；但是你一定不要被造福人类的欲望所驱使，因为你可以带来的好处，例如和平或更充足的食物供应，并不是真正的好处。而且在任何情况下，除了美德之外，其他事对你来说都不重要。斯多葛派并不是为了做善事而善良，而是做善事为了善良。他们还没有想到要像爱自己一样爱邻居。除了表面上的爱，爱不在他们的美德观念中。

芝诺的直接继任者克利安提斯主要有两点值得注意。第一件正如我们已经看到的那样，他认为萨摩斯的阿利斯塔克应受到惩罚，因为他以太阳而不是地球为宇宙的中心。第二件事是他写给宙斯的赞美诗，其中很多可能是牛顿之后的教皇或受过教育的基督徒所写的。

克利西波斯（前280—前207）是克利安提斯的继任者，一位著述颇丰的作家。据说他写了705本书，他让斯多葛主义系统化和学究化了。他认为，只有宙斯，即至尊之火是不朽的。其他的神灵，包括太阳和月亮，都会诞生和死亡。据说，他认为神与邪恶之间没有因果关系，但尚不清楚他如何将这一观点与确定论相协调。在其他方面，他以赫拉克利特的方式对待邪恶，宣称对立的事物相互包含，没有邪恶的善在逻辑上是不可能的。"最愚蠢的，就是那些认为没有恶的存在，善可以存在的人。善与恶是对立的，两者都必须在反对方中生存。"为了支持这一学说，他求助柏拉图，而不是赫拉克利特。

克利西波斯坚持认为，好人总是快乐的，而坏人总不快乐，好人的幸福与神的幸福没有任何区别。关于灵魂是否能于死后存活的问题，存在着相互矛盾的观点。克利安提斯坚称，所有灵魂都可以存活，直到下一次宇宙灾变为止（当万物都吸收进神之时）；但是克利西波斯认为，只有智者的灵魂是这样的。在兴趣方面，他就不像之后的斯多葛主义者那么具有排他的道德性了。实际上，他建立了逻辑学的基础。假言三段论和选言三段论，以及"选言"一词，都出自斯多葛派；语法的研究和变格中"格"的发明也是如此。克利西波斯或其他受他的著作启发的斯多葛派成员，在主要的经验和基于感知的基础上，对知识有一套详尽的理论，虽然他们也承认通过民意，即人类共同的看法而建立的某些思想和原则。但是芝诺以及罗马的斯多葛主义者，认为所有理论研究都从属于伦理学：他说哲学就像一个果园，其中逻辑学是墙壁，物理学是树木，伦理学是果实。或者说哲学就像一个鸡蛋，逻辑学是壳，物理学是蛋白，伦理学是卵黄。克利西波斯承认理论研究的独立价值。也许他的影响力说明了一个事实，即斯多葛派中有许多人在数学和其他科学门类上取得了发展。

克利西波斯之后，两个重要人物帕奈提乌斯和波希多尼对斯多葛派的教义做了较大程度的修改。帕奈提乌斯在教义中引入了柏拉图主义的很多成分，并放弃了唯物主义。他是小西庇阿的朋友，并且对西塞罗产生过影响。主要就是通过后者，罗马人对斯多葛主义才有所了解。西塞罗曾经于罗德岛在波希多尼手下学习，他对西塞罗的影响更大。波希多尼师承自帕奈提乌斯，他于公元前110年去世。

在历史上（而不是在哲学上），比早期的斯多葛主义者更为重要的是与罗马有联系的三个人：塞涅卡、爱比克泰德和马可·奥勒留，他们分别是大臣、奴隶和皇帝。

塞涅卡（约前4—公元65）是西班牙人，他的父亲住在罗马，是一个很有修养的人。塞涅卡从事政治事业，在被克劳狄乌斯皇帝流放到科西嘉后，取得了一定程度上的成功。他因此招致梅萨利纳皇后的敌意。克劳狄乌斯的第二任妻子阿格里皮娜于公元48年将塞涅卡从流放地召了回来，并任命塞涅卡为她十一岁的儿子的家庭教师。在教导学生方面，塞涅卡就没有亚里士多德那么幸运了，因为他的学生是皇帝尼禄。虽然作为一名斯多葛主义者，塞涅卡公开表示鄙视财富，但他积累了大量的金钱，据说达三亿塞舌尔（约合一千二百万美元）。他的很多财富是通过在英国放贷获得的，根据戴奥的说法，他强制要求的过高利率是该国起义的原因之一。如果这是事实，那么英勇的女王布狄卡领导的就是一场反对资本主义的叛乱，该资本主义以简朴的哲学使徒为代表。

逐渐地，随着尼禄的过分放任自流，塞涅卡变得越来越不受青睐。最后，他被指控要与人合谋杀掉尼禄，并扶立新皇帝（有人说是塞涅卡本人）登上皇位。但考虑到他以前的功绩，他得到厚待，获准自杀。

爱比克泰德（约55—135）是大不相同的另一种人人，虽然在哲学上他与塞涅卡观点相近。他是希腊人，起初是以巴弗提的奴隶，然后是尼禄统治下的自由人，后来做了尼禄的大臣。他是个跛子——据说是因为当奴隶时受到了残酷的惩罚。他在罗马生活和教学，直到公元90年，因为图密善皇帝认为知识分子没有用，他驱逐了所有哲学家。爱比克泰德就退隐到伊庇鲁斯的尼科波利斯，在几年的写作和教学生活后，便去世了。

马可·奥勒留处于社会天平的另一端。他是好皇帝安东尼奥·皮乌斯的养子，皮乌斯是他的叔叔和岳父。马可·奥勒留于公元161年继位，并一直怀念着皮乌斯。作为皇帝，他致力于追求斯多葛式的美德。他非常需要坚韧的精神，因为他的统治受到了灾难的困扰——地震、瘟疫、长期

艰难的战争、军事起义等。他的《沉思录》是献给自己的，显然并不打算出版，这表明他觉得自己的公共职责很沉重，并且感到非常疲倦。他之后继任的是他的独子康茂德，后来成为许多坏皇帝中最糟糕的一个，而在马可·奥勒留生前，他成功地掩饰了自己的恶毒倾向。这位哲学家皇帝的妻子福斯蒂娜被指控犯有严重的不道德行为，但他从未怀疑过她，还在她死后，大费周章地把她奉为神明。他迫害基督徒，因为他们拒绝了国教，他认为这在政治上是必要的。他的所有行为都认真负责、光明正大，但大多数情况下并不成功。他是一个可悲的人物：在一连串需要抵制的世俗欲望中，他发现最诱人的是退休去享受宁静的乡村生活。然而，机会从未降临。他的《沉思录》的一部分是在营地里写就的，是在远方的战役中写成的，这些艰难困苦最终导致了他的死亡。

值得注意的是，爱比克泰德和马可·奥勒留在所有哲学问题上都完全一致。这表明，尽管社会环境影响着一个时代的哲学，但个人环境所产生的影响却要比有时对个人哲学所产生的影响要小。哲学家通常是具有一定思维能力的人，可以大大减少私人生活中的事故。但即使他们也无法超越时代中更大的善恶。在困难时期，他们发明了安慰。在美好的时光，他们的兴趣更纯粹是智性的。

那么，什么样的人是斯多葛主义者呢？

告诉我一个按照他们所说的模式塑造出的人吧，就像我们将根据菲狄亚斯的艺术塑造出的雕像为菲狄亚斯式一样。给我一个生病却幸福、身处危险却幸福、垂死却幸福、流亡却幸福、备受羞辱却幸福的人吧！拿这样一个人给我看看吧。诸神在上，我看到的是一个斯多葛主义者，而且是完成了塑造的斯多葛主义者。然后给我看一个处于塑造中的人，一个踏上自己命运之路的人。帮我这个忙吧，不要因为像我这样的老人想看到从未见过的奇景而怨恨我吧。什么？您认为您要向我展示的是菲狄亚斯的宙斯或他的雅典娜那种象牙和黄金的作品吗？我想看到的是一个灵魂，让我看看一个人类的灵魂吧。他希望与神同在，他不再责怪神或人，不屈服于一切，不感到不幸，还摆脱了愤怒和嫉妒。他渴望用自己的人性来交换神性，他这个可怜的身体中的愿望，是与神交流。给我看看这样的人吧。不，你做不到。[1]

爱比克泰德从不厌倦于表明我们应该如何处理被认为是不幸的事情，他经常通过家常对话来做到这一点。

像基督徒一样，他认为我们应该爱我们的敌人。总的来说，与其他斯多葛主义者一样，他鄙视快乐，但是有一种幸福是不容小觑的。"雅典人是美丽的。是的，但是幸福却更加美丽 —— 不受激情和烦恼的束缚，感觉到你的事务不依赖于任何人。"每个人都是戏剧中的演员，被神分配了角色；不管角色是什么，尽我们所能是我们的职责。

记录爱比克泰德教学的著作中有着极大的诚意感和朴素感。（这些都是根据他的学生阿里安的笔记而来的。）他的道德崇高而不世俗；在一个人的主要职责是抵抗暴政的情况下，很难找到更多有用的东西。在某些方面，例如在承认人的兄弟情谊和教导奴隶平等方面，它比柏拉图、亚里士多德或任何思想受到城邦启发的哲学家都高。在爱比克泰德时期，实际世界不如伯里克利的雅典。但是邪恶释放了他的抱负，他的理想世界比柏拉图的理想世界还高，而他的现实世界不如第5世纪的雅典。

---

[1]　W. J. 奥茨，《斯多葛派与伊壁鸠鲁派的哲学家》，第280页。

马可·奥勒留的《沉思录》一开始就在感谢他的祖父、父亲、养父、各位老师和诸神。他得到的帮助是不寻常的。他说，丢格那妥教会了他不要听奇迹创造者的话；拉斯蒂克斯的教导是不要写诗；赛克斯塔斯的教诲是在不装模作样的情况下练习重力；语法学家亚历山大教导他，不要纠正别人的不良语法，而是在不久之后使用正确的表达方式；柏拉图主义者亚历山大则提点他，不要以拖拖拉拉的方式来回应恳求；从他的养父那里，他知道了不要爱上男孩。他认为诸神的恩惠是，他没有被祖父的姬妾抚养太久，也没有过早验证自己的性征；他的孩子既不笨也没有身体残疾；他的妻子听话、深情、简单；当他学习哲学时，他并没有在历史、三段论或天文学上浪费时间。

《沉思录》中的客观性与爱比克泰德非常吻合。马可·奥勒留对永生表示怀疑，但作为基督徒，他说："由于您可能在这一刻离开生活，因此要对每一个行为和思想进行相应的调整。"与宇宙和谐相处的生活才是美好的。与宇宙保持和谐和顺服上帝的意志是同一回事。

从早期到今天，自由意志与决定论之间的矛盾是贯穿哲学的矛盾之一，在不同时期采取不同的形式。目前，我们关注的是斯多葛派。

尽管斯多葛派的主要价值是在伦理方面，但在其他领域，他们的教学在两个方面取得了成果。其中之一是知识论，另一个是自然律和天赋人权的学说。

在知识论上，尽管有柏拉图，他们还是接受了知觉的作用。他们认为，感官的欺骗性来自错误的判断，只要稍加注意就可以避免。芝诺的直系门徒、斯多葛派哲学家斯法埃鲁斯曾经被托勒密国王邀请吃晚饭，托勒密国王听说了这一学说，便为他提供了一个用蜡制成的石榴。哲学家开始尝试吃它，于是国王嘲笑了他。他回答说，他不确定它是不是真正的石榴，但他认为不太可能会在皇家餐桌上提供任何无法食用的东西。在这个答案中，他采用的是斯多葛式的区分方法，即在感官的基础上可以肯定地了解的事物与在此基础上有此可能的事物之间的区别。总体而言，该学说是理智而科学的。

他们关于知识论的另一种学说虽然影响更大，但却更具影响力。这是他们对先天思想和原则的信念。希腊的逻辑是完全演绎性的，这就提出了首要前提的问题。首要前提至少在部分方面是普遍的，并且没有证明它们的方法。斯多葛派门徒认为，有些原则是显而易见的，并且是所有人都认可的。就像在《几何原本》中一样，这些可以作为推论的基础。同样，天生的想法可以用作定义的起点。这种观点在整个中世纪甚至连笛卡尔都接受。

在 16 世纪、17 世纪和 18 世纪出现的天赋人权学说，是对斯多葛学说的复兴，尽管有一些重要的修改。是斯多葛派区别了自然法和民族法。自然法源于所有基本知识的第一类原则。从本质上说，斯多葛主义者认为，所有人是平等的。马可·奥勒留在他的《沉思录》中赞成"一种政体，其中所有人服从相同的法律，在平等权利和平等言论自由方面得以推行，并且在尊重被统治者的所有自由的基础上建立的君主政权。"这是罗马帝国无法始终实现的理想，但它影响了立法，特别是在提高妇女和奴隶地位方面。基督教接管了斯多葛式学说的这一方面以及剩余的大量内容。终于在 17 世纪，当人们有机会有效对抗专制主义时，斯多葛式的自然法和天赋平等学说，凭借其基督教徒的外表，获得了实际力量——在古代，甚至连皇帝也无法给予这样的力量。

第二十九章　罗马帝国与文化的关系

在很多方面，罗马帝国都对文化的进程产生了影响：

第一：罗马对希腊思想有直接影响，但不是非常重要或深刻。

第二：希腊和东方世界对帝国西半部的影响。这种影响是深刻而持久的，因为它包括了基督教。

第三：罗马帝国长期的和平状态对于传播文化很重要，能够让人们习惯于和单一政府相关联的单一文明这一观念。

第四：希腊文化向穆罕默德信徒的传播，并因此最终传播到西欧。

现在我要谈谈罗马帝国影响文化进程的四种途径。

1. 罗马帝国对希腊思想产生的直接影响

这种影响开始于公元前2世纪，借助两个人物，即历史学家波利比乌斯和斯多葛派哲学家帕奈提乌斯。自然而然地，希腊人对罗马人的态度是蔑视中混杂着恐惧。希腊人感觉自己更加文明，但在政治上却缺乏力量。

假如说罗马人在政治上更成功，那只能表明政治是一种卑鄙的行为。总的来说，公元前 2 世纪的希腊人是爱好享受的，在商业上是机智灵活的，在所有事物上都是不讲道德的。但是，仍然有具备哲学能力的人物。其中一些人，尤其是像卡尔内亚德这样的怀疑论者，认同可以用机灵的头脑来破坏事物的严肃性。还有一些人，比如伊壁鸠鲁主义者和一部分斯多葛主义者，过上了安静的私人生活。但是有一些人，在如何看待亚历山大的问题上，比亚里士多德具有更深刻的见解，他们意识到，罗马的伟大在于希腊人所缺乏的长处。

历史学家波利比乌斯大约在公元前 200 年出生于阿卡迪亚，他作为囚徒被送往罗马，在那里他有幸成了小西庇阿的朋友，在许多次战役中都陪伴着他。尽管大多数受过良好教育的罗马人都了解希腊语，但希腊人通晓拉丁语却很少见。然而，波利比乌斯的处境使他对拉丁语了然于心。为了帮助希腊人，他写出了罗马与迦太基之间的三次战争历史，正是这几次战争使罗马得以征服世界。在撰写该文时，他对罗马宪法的钦佩已经过时，但是直到他的时代，与大多数希腊城市的不断变化的法律制度相比，罗马的宪法在稳定性和效率上都更胜一筹。罗马人自然乐于阅读他的历史书籍，而希腊人是否这样做则令人质疑。

上一章已经谈到过的斯多葛主义者帕奈提乌斯是波利比乌斯的朋友，并且和他一样，是小西庇阿的朋友。小西庇阿在世期间，他经常待在罗马，但在小西庇阿于公元前 129 年去世后，他就留在雅典，担任斯多葛门派的领袖。罗马仍然拥有希腊已失去的与政治活动机会有关的希望。因此，与早期的斯多葛派门徒相比，帕奈提乌斯的教义更具政治性，与犬儒主义者的教义相似度不大。也许有教养的罗马人对柏拉图的钦佩使他放弃了斯多葛派的前辈们教条主义的狭隘。通过他和他的继任者波希多尼所

赋予的更宽泛的形式，斯多葛主义强烈地吸引了罗马人中那些较为严肃的人。

后来，爱比克泰德虽然是希腊人，却在罗马生活了大半辈子。罗马为他提供了大多数的实例；他一直劝告说，智者不要在皇帝面前颤抖。我们都知道爱比克泰德对马可·奥勒留的影响，但是他对希腊人的影响却很难追溯了。

普鲁塔克（46—120）在他的《希腊罗马名人传》一书中，追溯了两个国家最杰出人物之间的相似之处。他在罗马生活了相当长的一段时间，并得到了哈德良皇帝和图拉真皇帝的尊重。除了《希腊罗马名人传》一书，他还撰写了许多有关哲学、宗教、自然历史和道德的著作。他的《希腊罗马名人传》显然是为了调和希腊人与罗马人的思想。

总体而言，除了这些杰出的人之外，罗马还是对帝国中讲希腊语的地区造成了损害。思想和艺术都退步了。直到公元 2 世纪末，对富裕的人来说，生活还是愉快而轻松的。没有奋斗的动力，取得伟大成就的机会也很少。公认的哲学流派，如柏拉图的学园、逍遥学派、伊壁鸠鲁派和斯多葛派等继续存在，直到公元 529 年，由于基督教徒的偏执，查士丁尼禁绝了这些学派。在马可·奥勒留之后的整个时代，除了公元 3 世纪的新柏拉图主义者，这些流派没有表现出任何活力，也几乎没有受到罗马的任何影响。帝国的拉丁地域和希腊地域的分歧越来越大。希腊人的知识在西方变得稀缺。而在东方，君士坦丁式的拉丁文仅仅存活在法律文件和军队用语中。

2. 希腊与东方对罗马的影响

这里要考虑两件迥然不同的事情：第一，希腊艺术、文学和哲学对最有教养的罗马人的影响；第二，非希腊的宗教和迷信在西方世界的传播。

　　罗马人与希腊人初次接触时，意识到自己比较野蛮和粗鄙。在许多方面，希腊人都远远优于他们——制造和农业技术、优秀官员所需的各种知识、交谈和享受生活的技艺，以及艺术、文学和哲学领域。罗马人唯一的优越之处在于其军事战术和社会凝聚力。罗马人与希腊人的关系有点像普鲁士人与法国人在 1814 年和 1815 年的关系。但是后者是暂时的，而前者则持续了很长时间。在迦太基战争之后，年轻的罗马人对希腊人产生了敬佩之情。他们学习希腊语言，模仿希腊的建筑，并雇用希腊的雕塑家。罗马众神与希腊的神灵有着密切关系。他们编造了罗马人的特洛伊起源，为的是与荷马的神话拉上关系。拉丁诗人采用希腊诗歌的格律，拉丁哲学家接管了希腊理论。到最后，在文化方面，罗马依附于希腊。罗马人没有发明任何艺术形式，没有建立原创的哲学体系，也没有任何科学发现。他们修造了优良的道路，制定了系统的法律法规，并建立了高效的军队。至于其他方面，他们只能依赖希腊。

　　罗马的希腊化带来了某种举止态度上的软化，这让老加图感到讨厌。在迦太基战争之前，罗马人一直过着田园化生活，具有农民的优缺点：简朴、勤奋、粗鲁、固执和愚蠢。他们的家庭生活一直很稳定，并建立在父权制的基础上；妇女和年轻人完全处于从属地位。随着财富突然涌入，这一切都改变了。小型农场消失了，逐渐被巨大的庄园所取代。这些庄园采用奴隶劳动来进行新型的科学农业。一大批商人成长起来了，很多人因抢劫而富有，就像 18 世纪英格兰的纳博人一样。妇女们曾经是具备美德的奴隶，现在却变得自由而放荡。离婚现象很普遍。富人不再生育孩子。几个世纪前经历过类似发展的希腊人以自身为例，鼓动了历史学家所谓的道德沦丧。甚至在帝国最放纵的时代，普通的罗马人还是认为，罗马所持的

道德水准，要超过腐化堕落的希腊人。

从公元 3 世纪起，希腊对帝国西方的文化影响迅速减弱，这主要是因为整个文化都在衰落。这种情况有许多原因，但是必须特别提及其中的一个。在西方帝国的最后时期，政府比以往任何时候都更像是军事暴政，军队通常会选择一位成功的将军担任皇帝。但是军队，即使是最高级别的军队，也不再是由有教养的罗马人组成，而是由边疆的半野蛮人构成。这些粗暴的士兵没有文化，只把文明的公民当作收入的来源。个人太贫穷了，无法在教育方面提供很多支持，而政府则认为教育是不必要的。因此，在帝国西部，只有极少数学识卓越的人继续阅读希腊文。

相反，随着时间的流逝，非希腊的宗教和迷信获得了帝国西方越来越坚定的支持。我们已经看到，亚历山大的征服行为如何将希腊世界引入巴比伦人、波斯人和埃及人的信仰中。同样，罗马人的征伐使西方世界熟悉了这些学说以及犹太教徒和基督徒的教义。我将在稍后阶段考虑犹太人和基督徒所关注的问题；就目前而言，我将尽可能地将其限定为异教徒的迷信。

在罗马，每个派别和每位先知都有代表，有时还会在最高权力层得到青睐。在轻信的时代，卢西安代表着清醒的怀疑主义，他讲述了一个有趣的故事，是关于一个叫亚历山大的巴甫拉哥尼亚人的先知和奇迹创造者的。这个人医治了病人，预言了未来，并尝试敲诈勒索。他的名声传到了马可·奥勒留的耳中。然后，在多瑙河上与马可曼尼人作战时，皇帝向他咨询如何赢得战争被告知，如果将两头狮子扔进多瑙河，就会取得巨大的胜利。他听从了先知的建议，但赢得了巨大胜利的是马可曼尼人。尽管发生了这样的不幸事件，亚历山大的名望仍在持续增长。一位著名的执政官级别的罗马人鲁蒂里亚努斯，在咨询了他很多方面的问题后，最终向他寻求关于如何选择妻子的建议。

比巴甫拉哥尼亚人亚历山大的职业生涯更为重要的，是皇帝埃拉加巴卢斯或名黑利阿加巴卢斯的统治（218—222）。直到他被军队选中提拔之前，他一直是叙利亚的太阳祭司。在从叙利亚到罗马的缓慢进程中，他的肖像先是作为礼物送给了元老院。"按照米底亚人和腓尼基人的宽松着装风格，他裹着丝绸镶金的僧侣长袍；额头上戴着高高的头饰，无数的项圈和手镯上装饰着价值不可估量的宝石。他的眉毛被染成了黑色。他的双颊涂上了人造的红白两色。表情严肃的元老们叹了口气，承认在长期经受了本国同胞的严苛暴政之后，在东方专制主义带来的娘娘腔式的奢侈面前，罗马人甘拜下风。"在很大一部分军队的支持下，埃拉加巴卢斯开始狂热地在罗马介绍东方的宗教习俗；在他担任大祭司的艾米萨一地，他的名字是受崇拜的太阳神之名。作为真正的统治者，他的母亲或祖母认为他太过分了，于是罢免了他，转而支持自己的侄子亚历山大（222—235），后者的东方性倾向较为适度。在他的私人小教堂中，可以看到他统治时代可能出现的各种信条，其中放置了亚伯拉罕、奥尔弗斯、提阿那的阿波罗尼俄斯和基督的雕像。

源自波斯的密特拉教是基督教的有力竞争者，尤其是在公元 3 世纪下半叶。那些极力企图控制军队的皇帝们感到，宗教可能会带来他们非常需要的稳定局面，但它必须是士兵们喜欢的新宗教之一。该宗教被引入到罗马，很受军队人士的欢迎。密特拉是一位太阳神，但没有他的叙利亚同行那么有柔弱。他是一位与战争有关的神——而善与恶之间的伟大战争本来就是自琐罗亚德斯以来的波斯人的信条之一。罗斯托夫采夫曾复制过一座从德国海登海姆的一个地下教堂中发现的崇拜密特拉的浮雕，他指出，密特拉在东西方的军队中都拥有众多的信徒。

　　君士坦丁接纳基督教在政治上是成功的，而前人早期引入新宗教的尝试却失败了；但是从政府的角度来看，早期的尝试与君士坦丁的尝试非常相似。从罗马世界的不幸和疲惫中，人们都得到了成功的可能性。希腊和罗马的传统宗教适合于对尘世生活感兴趣，并希望获得幸福的人们。而长期处于绝望之中的亚洲，以超脱尘世的希望为形式，发展出了更为成功的解毒剂。在所有这些宗教中，基督教是带来安慰的最有效信仰。但是，基督教在成为国教时，已经从希腊文化吸收了很多东西，并将其与犹太教元素一起传播给了西方的后代。

3. 政府和文化的统一

　　希腊的光辉时代的成就并没有像米诺斯时代那样在世界上丢失。对此，我们首先要感谢亚历山大，然后要感谢罗马。若是在公元前 5 世纪出现了成吉思汗，很有可能消灭掉希腊化的世界中所有重要的事物；薛西斯只要再能干一些，就可能使希腊文明大幅度落后于他被击退后的文明。考虑一下吧，从埃斯库罗斯到柏拉图的这个时期：一切成就都是由少数几个商业城市的人口所完成的。如未来所示，这些城市没有强大的承受外国征服的能力，但由于运气非凡，他们的征服者马其顿人和罗马人都是希腊的爱好者，并没有像薛西斯或迦太基人那样，去破坏他们所征服的文明。我们所熟悉的，希腊人在艺术、文学、哲学和科学方面所取得的成就，都要感谢西方征服者带来的稳定局面。他们非常明智，能欣赏他们所统治的文明世界，并竭尽全力去维护它。

　　在某些方面，从政治和道德上讲，比起希腊人在自由时代所宣称的哲学，亚历山大和罗马人是更好的哲学的起因。正如我们所看到的，斯多葛派信徒相信人类的兄弟情谊，并没有将他们的同情心仅限于希腊人一方。

罗马的长期统治，使人们形成了由一个政府领导一个单一文明的惯性思维。我们知道，世界上有重要的地方并不受罗马统治——特别是印度和中国。但是在罗马人看来，在帝国之外，只有鲜为人知的野蛮人部落，只要有必要付出努力，就能征服这些部族。从本质和观念上讲，在罗马人的心目中，罗马帝国遍及全球。这一理念传到了教堂方面，尽管有佛教徒、儒家和（后来的）穆罕默德，但教堂还是"天主教"的。"无畏地审判全世界"是教会从后来的斯多葛派手中接过的箴言。它的吸引力要归功于罗马帝国的明显普适性。在整个中世纪，在查理大帝时代之后，在观念上，教会和神圣罗马帝国的影响力遍及全球，尽管每个人都知道实际上并非如此。自从罗马近乎实现了一个人类家庭、一个天主教、一种普适文化，以及一个世界范围的国家观念以来，人们的思想就一直与此相关。

在扩大文明领域方面，罗马发挥的作用极为重要。意大利北部、西班牙、法国和德国西部的部分地区，由于罗马军队的强行征服而文明化。所有这些地区都已证明了自己和罗马一样具有很高的文化水平。在西罗马帝国的最后时日，高卢地区的人士至少足以匹敌文明较古老地区的同时代人。正是由于罗马文化的传播，蛮族才产生了暂时的日食，而不是永久的黑暗。可以说，文明的质量再没有超过伯里克利时代的雅典。但是在一个战争和毁灭的世界，从长远来看，数量与质量几乎同等重要，而数量应归功于罗马。

4. 伊斯兰教徒是希腊文化的载体

在 7 世纪，先知的门徒征服了叙利亚、埃及和北非。在接下来的一个世纪里，他们征服了西班牙。他们的胜利到手轻松，战斗的规模也不大。可能除了头几年，他们并不狂热。基督徒和犹太人只要向他们进贡，就不

会受到骚扰。很快地，阿拉伯人获得了东罗马帝国的文明，国运方兴有望，而非衰落消沉。他们中学识渊博的人读希腊文，并发表评论。亚里士多德的声誉主要归功于他们。在古代，其实很少有人提到亚里士多德，也没有将他视为与柏拉图相提并论的人。

考虑一下，我们从阿拉伯语中衍生的一些单词是有启发性的，例如代数、酒精、炼金术、蒸馏器、碱性、方位、天顶等。除了"酒精"——它不是指喝的东西，而是化学中使用的一种物质——之外，这些词语可以很好地说明了我们欠阿拉伯人的某些事情。代数是亚历山大时代的希腊人所创立的，后来又被伊斯兰信徒所发扬光大。"炼金术""蒸馏器""碱性"是与试图将贱金属转化为黄金相关的词语，是阿拉伯人在追求希腊哲学的过程中，从希腊人手中接管的单词。"方位"和"天顶"是天文术语，主要被阿拉伯人用于占星术方面。

在希腊哲学知识方面，词源学方法掩盖了我们对阿拉伯人的亏欠，因为当欧洲再次对其进行研究时，所需的技术术语来自希腊文或拉丁文。在哲学上，作为评论者，阿拉伯人比创造性的思想家表现得更好。对我们而言，他们的重要性在于，唯有他们（而不是基督徒），才是只有在东罗马帝国才得以留存的那些希腊传统的直接继承者。在西班牙以及在西西里与伊斯兰教徒打的交道，使西方了解到了亚里士多德，还有阿拉伯数字、代数和化学。正是这种联系启动了 11 世纪对学习的复兴，并产生了经院哲学。很多年以后，从 13 世纪开始，对希腊的研究使人们得以直接去研习惯柏拉图、亚里士多德以及其他希腊古代作家的作品。但是，如果阿拉伯人没有保留希腊传统，文艺复兴时期的人们可能就不会感觉到能从经典学习中获益多少了。

第三十章　普罗提诺

普罗提诺（204—270），新柏拉图主义的奠基人，是古代伟大哲学家们中的最后一位。他的一生几乎与罗马历史上最具灾难性的时期并存。在他出生前不久，军队意识到了自己的力量，并采取了拥立皇帝的方法以换取金钱报酬，之后他们将皇帝暗杀，得到了重新出售帝国的机会。这些事情占据了士兵们的注意力，他们在边防上松懈了，导致北方的德国人和东方的波斯人大力入侵。战争和瘟疫使帝国的人口减少了约三分之一，甚至在没有敌对力量渗透的那些省份中，税收的增加和资源的削减也造成了财政崩溃。曾经是文化承载者的城市受到的打击尤其严重。为了躲避收税的官员，大量公民逃离。直到普罗提诺死后，秩序才重新建立起来，戴克里先和君士坦丁的强力措施暂时拯救了帝国。

所有这些磨难，在普罗提诺的著作中都没有提及。他抛开了现实世界中的毁灭和悲惨景象，去思考一个永恒的善与美的世界。在这一点上，他与同时代的所有最严肃的人想法一致。对于所有基督徒和异教徒而言，实际事务的世界似乎没有任何希望，只有另一个世界值得效忠。对基督徒来说，另一个世界就是死后可以欢享的天堂。对于柏拉图主义者来说，它是思想的永恒世界是真实世界，而不是虚幻的表象。

通过他的朋友和门徒波菲利所写的传记，人们了解到普罗提诺的生平。然而，波菲利的叙述中包含了一些离奇的部分，因此难以完全相信这部传记的真实性。

普罗提诺认为自己此时此地的存在并不重要，所以他不愿谈论自己一生的历史事迹。但是，他说过自己出生在埃及。众所周知，他年轻时曾在亚历山大城学习，在那里一直生活到三十九岁，他的老师是阿蒙尼乌斯，通常被认为是新柏拉图主义的创始人。然后，他参加了针对波斯人的由戈尔迪安三世皇帝所领导的探险，据说是为了研究东方的宗教。皇帝还很年轻，并且按照当时的惯例，被军队杀害了。这件事发生在公元 244 年的美索不达米亚，普罗提诺随即放弃了他的东方计划，定居在罗马，不久后他开始在那里教书。在他的听众中，有许多有影响力的人，他还受到加利安努斯皇帝的青睐。有一次，他制订了一个在坎帕尼亚建立柏拉图共和国的计划，并为此目的要建造了一个名为柏拉图城的新城市。起初，皇帝很赞成，但最终撤回了他的允诺。在罗马附近有这么一个新城市，似乎很奇怪；也可能是因为和现在一样，该地区疟疾流行，但是更早些时候情况并非如此。直到四十九岁，普罗提诺才开始写作。之后，他写了很多东西。他的作品由波菲利编辑和整理。和普罗提诺相比，波菲利更倾向于毕达哥拉斯的学说，他使新柏拉图主义学派更超自然主义了；若是新柏拉图主义学派能忠实追随普罗提诺，本不至于如此的。

普罗提诺非常尊崇柏拉图，柏拉图通常被称为"他"。一般而言，普罗提诺对"有福的古人"很敬重，但这种敬重并没有扩展到原子论者身上。仍然活跃的斯多葛派和伊壁鸠鲁派他都反对，反对斯多葛派是因为他们的唯物主义，反对伊壁鸠鲁派则是每个部分。与表面上相比，亚里士多德对普罗提诺的影响要大得多，因为他借用亚里士多德的思想，却经常不承认。在很多方面，人们还感受到了巴门尼德的影响。

普罗提诺的柏拉图没有真正的柏拉图那么血统纯正。理念论、《斐多篇》和《理想国》第六卷中的神秘学说以及《会饮篇》上对爱的讨论，几乎构成了柏拉图在《九章集》（普罗提诺的书名）中的全部内容。政治利益、对各种美德定义的追求、数学带来的愉悦、对个人的戏剧性充满深情的欣赏，尤其是柏拉图的嬉戏态度，统统从普罗提诺的书中消失了。

普罗提诺的形而上学始于三位一体：太一、努斯与灵魂。这三者并不平等，就像基督教中三位一体的人一样。太一是至高无上的，努斯紧随其后，灵魂排在最后。

太一是神秘莫测的。它有时被称为神，有时被称为善。它超越了存在，存在是太一的第一序列。我们不能下断言，而只能说"太一存在"。（这使人联想起巴门尼德。）将神称为"全部"是错误的，因为神超越了全部。神通过万物出现。太一无需来临就能存在："无处不在，无所不在。"尽管普罗提诺有时将太一称为善，但我们也被告知，它优先于善和美。有时，太一看起来很像亚里士多德的神；但他告诉我们，神并不需要自身的衍生物，也不理睬被创造出来的世界。太一是无法定义的，谈到它，沉默比任何话语更能展示真相。

现在我们来看看第二个部分，普罗提诺称其为努斯。很难找到代表努斯的英语单词。标准的词典翻译是"心灵"，但其含义并不正确，尤其是在宗教哲学中使用该词时。如果我们要说，普罗提诺将心灵置于灵魂之上，我们给出的就是一个完全错误的印象。普罗提诺的译者麦肯纳使用的是"智性－原则"，但这说法很尴尬，并不能表示出它是适合宗教崇拜的对象。印泽教长使用"精神"，这也许是最好的表达。但它遗漏了毕达哥拉斯之后所有希腊宗教哲学中重要的理智元素。对于毕达哥拉斯、柏拉图

和普罗提诺来说，数学、思想的世界以及所有关于无法感知事物的想法，都是神圣的。它们构成了努斯的活动，或者至少是我们能感知到的，最接近其活动的方式。

有人告诉我们，努斯是太一的具象。努斯之所以产生，是因为太一在自我追求中产生了见解；这种领会就是努斯。这是一个很难理解的概念。普罗提诺说，一个没有肢体的存在可能会自知。在这种情况下，看见者和被看见者是一体的。根据柏拉图的设想，神被类比为太阳，发光者和被照亮的事物是相同的。根据这一类比，努斯可以被视为太一看到自己所发出的光。我们有可能会认识到由于自己的任性而忘却了的神圣心灵。而要了解神圣心灵，我们必须在自己的灵魂最像神的时候去研究它；我们必须抛弃身体和塑造身体的那部分灵魂，以及"欲望、冲动和种种徒劳"；然后剩下的就是神圣理智的图像。

因此，当我们被"神圣的拥有和启发"时，我们不仅看到了努斯，而且看到了太一。当我们与神接触时，我们无法用语言来推理或表达异象。

> 在与神接触的那一刻，没有任何力量可以做出任何肯定；没有空余；对异象进行推理是之后的事情。当灵魂突然发光时，我们可以知道，我们拥有过异象。这光明来自至高无上者，是至高无上者本身；就像在某个人的召唤下而来的其他神一样，当他带来了光明，我们就会相信他的存在；光明是降临的证明，没有被点燃的灵魂看不到这一异象，而被点燃的灵魂则拥有了它所寻求的东西。这是摆在灵魂面前真正的结局，要抓住那光，要通过至高无上者（而不是其他任何原则）来看到至高无上者——看到那个自身即是获得看到的手段的至高无上者；对于被照亮的灵魂而言，它所看到的事物，就像通过太阳

自身的光所看到的事物一样。

然而要怎样才能成就如此呢？

要摒弃万事万物。（《九章集》第五卷，第三篇，第17章）

普罗提诺经常有"出神"（站在一个人自己的身体之外）的经历：

它是这样发生的：摆脱自己的身体而进入自我；所有其他事物都
成身外之物，只专注于自我；于是我看到了奇妙的美景；然后，和
以往任何时候相比，我都更能确定与崇高秩序的关系；体现崇高的生
命，与神圣事物融为一体；一旦完成这样的活动，我便安于其中；理
智之中凡是小于至高无上者的，我都凌越其上；然而，从理智下降到
推理的时刻到了；在那次神圣之旅之后，我问我自己，下降是如何发
生的，灵魂如何进入了我的身体；即使在身体内部，灵魂也显示出了
很高的价值。（同上书，第四卷，第八篇，第1章）

这就把我们带到了三位一体中最低的、排第三位的成员"灵魂"。灵
魂虽然不及努斯，却是所有生物的创造者。它创造了太阳、月亮和星星，
以及整个肉眼可见的世界。它是神圣理智的产物。它是双重的：有一个内
在的灵魂，专注于努斯；另一个灵魂则面对外部世界。后者与向下的运动
相关，灵魂在其中产生了形象，即自然和感官世界。斯多葛派教徒已经将
自然与神联系在一起，但普罗提诺将自然界视为最低的领域，当灵魂忘记
往上去看努斯时，某种东西就从灵魂中散发出来了。这可能说明了诺斯
替派的观点，即肉眼可见的世界是邪恶的。但普罗提诺并不接受这种观
点，他认为有形的世界是美丽的，是有福之灵的居所；它只是比理智世界

差而已。在一场非常有趣的争论中，诺斯替派认为，宇宙及其造物主是邪恶的，而普罗提诺认为，诺斯替派的某些教义，例如对物质的仇恨，可能是源自柏拉图，但他认为其他部分，即并非源自柏拉图的部分，都是不真实的。

他对诺斯替教的反对主要有两点。一方面，他说灵魂在创造物质世界时，是出于对神的记忆，而不是因为它自身的堕落；他认为，感官世界美好的正如一个可感世界可能的那样。他强烈感受到了被感官所感知事物的美丽。

普罗提诺反对诺斯替派的观点，还有另外一个原因。诺斯替教派认为，太阳、月亮和星星没有任何神圣之处，它们是由邪恶的灵魂创造出来的。在所感知的事物当中，只有人的灵魂具有善良之处。但是，普罗提诺坚信，天体是神灵一般的存在，远远人类比人类优越。

在普罗提诺的神秘主义中，对美丽的事物没有任何敌意。但是，他是许多世纪以来最后一位这么说的宗教老师。后来，美以及与之相关的所有乐趣，都被认为与魔鬼有关。异教徒和基督徒一起，将丑陋和肮脏美化了。罗马皇帝朱利安像当代的东正教圣人一样，吹嘘其胡须的数量之多。而这些都没有出现在普罗提诺的学说之中。

除了世界是复制品，因而不可避免地具有不完美之处之外，对于普罗提诺和基督徒而言，罪恶还带来了更为明确的邪恶。罪是自由意志的结果，在这一点上，普罗提诺与决定论者，或者更确切地说，与占星学家的观点不同。他并不完全否认占星术的有效性，但他试图设定占星术的界限，以使其所保留的东西与自由意志兼容。在魔术方面，他也做了同样的事情。他说，圣人不会受到魔术师力量的影响。波菲利提到，一位哲学家——普罗提诺的竞争对手，试图在他身上施展邪恶的咒语，但是由于他的圣洁和智慧，咒语弹回到对方身上。波菲利以及所有的普罗提诺的追随者，都比他迷信得多。在普罗提诺那个时代，他所有的迷信已是微不足道了。

现在让我们努力总结普罗提诺的学说的优缺点——而从它的系统性和理智性来论，也大概是基督教神学所接受的教义吧。

首先，最重要的是，建设普罗提诺所认为的理想和希望的安全避难所，这涉及道德上和理智上的努力。在3世纪，野蛮人入侵后的几个世纪中，西方文明几乎完全被摧毁了。幸运的是，尽管神学几乎是唯一幸存的智力活动，但神学体系并非纯粹是迷信的，而是保留了各种学说（尽管那时被深深埋藏了），这些学说体现了希腊知识分子在理智上的工作，和在斯多葛主义者和新柏拉图主义者身上都有的那种道德的热忱。这使得经院哲学的兴起成为可能，后来随着文艺复兴的到来，开启了对柏拉图和其他古代学者的重新研究。

另一方面，普罗提诺的哲学有一个缺点，那就是鼓励人们向内看而不是向外看：当我们向内看时，我们看到神圣的努斯；而当我们向外看时，我们看到了理智世界的缺陷。这种主观性是逐渐增长的。它可以在普罗泰戈拉、苏格拉底和柏拉图的学说中，以及斯多葛派和伊壁鸠鲁派的教义中找到。但是起初它只是教义上的，而非气质上的。长期以来，它并未能扼杀科学的好奇心。我们看到在约公元前100年，波希多尼如何走遍西班牙和非洲的大西洋海岸研究潮汐。但是，主观性逐渐侵入了人们的感情及其学说。科学不再得到支持，只有美德被认为是重要的。根据柏拉图的设想，美德涉及智力成就中可能发生的一切。但是在后来的几个世纪中，人们越来越多地认为，它只与道德意志有关，而不是与理解物理世界或改善人类社会的愿望有关了。基督教的伦理学说也没有摆脱这一缺陷，尽管在

实践中，对传播基督教信仰的重要性的信心曾为道德活动提供了切实可行的对象，使这种道德活动不再局限于完美的自我了。

　　普罗提诺既是终点，也是起点 —— 他是希腊人的终点，是基督教世界的起点。对于由于数百年来的失望而疲惫不堪的古代世界而言，绝望已使其筋疲力尽，而普罗提诺的学说也许是可以接受的，但并不能激励人们。对于较原始的蛮族世界而言，他们过剩的能量所需要的是限制和调节，而不是给予刺激，那么普罗提诺的教导中能引人深入的东西就是有益的，因为要与之作战的邪恶不是软绵绵的，而是野蛮残酷的。将他哲学中可以保存的东西流传下来的工作，是由罗马末期的基督教哲学家们完成的。

卷二

天主教哲学

RUSSELL

WESTERN PHILOSOPHY

　　我所说的天主教哲学，从奥古斯丁到文艺复兴时期主导欧洲思想。这十个世纪前后出现过同属一个学派的哲学家。奥古斯丁之前出现是早期教父哲学家，其中突出的是奥利金；文艺复兴后有许多哲学家，包括如今依然墨守某种中世纪体系，特别是托马斯·阿奎那体系的所有正统天主教哲学教师。然而只有在奥古斯丁至文艺复兴期间，当时最伟大的哲学家才致力于建立并完善天主教思想的综合体系。奥古斯丁之前有基督教的几个世纪里，斯多葛学派和新柏拉图主义者的哲学水平使教父哲学家相形见绌；文艺复兴后，甚至在正统天主教教徒中，也没有任何杰出的哲学家愿意继承经院学派或奥古斯丁的衣钵。

　　本书关注的这一时期，不仅在哲学方面，而且在其他方面也和其前后的各个时代不同。其中最值得注意的是教会的权力。约 400 年到 1400 年的中世纪，教会使哲学信仰与社会和政治环境的关系比之前后时期更紧密。教会是建立在一种教义上的社会组织，这种教义一部分是哲学的，另一部分则与圣史有关。教会借助教义获得权力和财富。有些世俗统治者与教会发生冲突，却被打败，因为大多数人，包括大多数世俗统治者本身都笃信天主教真理。当时教会必须和罗马与日耳曼的传统斗争。罗马的传统

在意大利最为深厚，特别在法学家中；日耳曼的传统则在被蛮族征服后兴起的封建贵族阶级中影响最大。而数世纪后，这些传统都不足够强大到能成功地反抗教会，其主要原因在于，这些传统没体现出任何恰当的哲学思想。

我们这里涉及的中世纪思想史难免片面。除了极少数例外，这一时期对当时精神世界有所贡献的都是些教士。中世纪的俗世信徒慢慢建立了一种充满活力的政治经济制度，而他们的行为某种意义上是盲目的。中世纪后期，产生了一种与教会文学迥然不同的重要的世俗文学；通史研究应比哲学思想史研究更关注这类文学。直到但丁出现，我们才发现一个世俗人竟对当时基督教哲学知识了如指掌。直到 14 世纪，基督教哲学实际上是当时唯一的哲学，所以哲学著作都站在教会的立场。因此，如不深入讨论教会制度，尤其是教皇制的发展，就不可能理解中世纪思想。

与古代世界相比，中世纪世界的特点是各种不同形式的二元论。有教士与世俗人的二元对立，拉丁人与条顿人[1]的二元对立，天国与地上王国的二元对立，灵魂与肉体的二元对立等。这一切体现了教皇与皇帝的二元对立。拉丁人与条顿人的对立是蛮族入侵的结果，其他的则由来已久。先知撒母耳与扫罗王的关系就是中世纪僧俗关系的典型代表；信奉阿里乌斯教或半阿里乌斯教的帝王统治时期出现教士至上的要求。《新约圣经》中提出天国与地上王国之间的二元对立，而圣奥古斯丁的著作《上帝之城》一书将其系统化。柏拉图的著作中可见灵魂与肉体的二元对立，这一理论曾受到新柏拉图主义者的重视；不但在圣保罗的教义中占重要地位，还支配了 4 世纪和 5 世纪的基督教禁欲主义。

---

[1] 一支古日耳曼民族。——译注

天主教哲学以黑暗时代为界分为两个时期，黑暗时代的西欧几乎没有精神活动。从君士坦丁改宗直到波爱修斯逝世，罗马帝国依然支配着基督教哲学家的思想。这时的蛮族只是惹人生厌，而不是基督教世界中独立的一分子。这时还有一个文明社会，其中有钱人都能读书写字，所以哲学家除了要吸引教士，还要吸引世俗人。在这一时期与黑暗时代之间，也就是6世纪末，教皇格里高利一世崛起，他虽自认为是拜占庭皇帝的臣下，但对蛮族国王们的态度非常傲慢。自他以后，整个西方基督教世界教士和世俗人间的区别越发显著。世俗贵族建立了封建制度，稍稍稳定了当时混乱的局面；教士宣扬基督教的谦卑，但只有下层阶级的人将其付诸实践；异教通过双人决斗、决斗法、骑士马上比武大会以及私人复仇等体现其尊严，教会虽憎恶这些行为，却无力阻止。自11世纪起，教会才好不容易从封建贵族制中解放出来，而这正是欧洲摆脱黑暗时代的原因之一。

天主教哲学最初辉煌时期占统治地位的是圣奥古斯丁的思想，异教徒中则以柏拉图思想为主导。第二阶段以圣托马斯·阿奎那达到顶峰，对他本人及其思想的传承者来说，亚里士多德的重要性远超柏拉图。而《上帝之城》中的二元论却完整地延续下来。教会代表上帝之城，而哲学家政治上维护教会的利益。哲学是来捍卫信仰的，借助理性和伊斯兰教徒这样一些不相信基督教启示确实性的人展开辩论。哲学家借助理性反击质疑，不仅以神学家的身份，而且以思想体系发明者的身份，这类思想体系旨在吸引信奉任何教义的人。最终，诉诸理性也许是个错误，但在13世纪似乎十分成功。

这个13世纪的综合思想体系看似结构完整、牢不可破，却由于一系列原因土崩瓦解。其中最重要的一个原因恐怕是富商阶级的发展，最初在意大利，而后发展到其他地方。当时的封建贵族大多无知、愚蠢和野蛮；

普通民众则支持罗马教会，认为教会的智慧、道德以及与无政府状态斗争的能力都超过贵族。而新兴的商人阶级和教士一样智慧，一样通晓世俗事务，与贵族打交道时更游刃有余。他们捍卫公民自由，因而更受城市下层阶级的欢迎。民主风气渐兴，在协助教皇击败皇帝后，便着手将经济生活从教会的束缚下解脱出来。

中世纪时期结束的另一个原因是法兰西、英格兰、西班牙等强大的民族君主国家的兴起。各国国王镇压了国内的无政府状态，并联合富商阶级抗击贵族阶级。自 15 世纪中期后，他们实力便足够强大了，为民族利益与教皇展开了斗争。

同时，教皇失去了一直享有的，而且在 11 世纪、12 世纪和 13 世纪大致也配得上的道德威望。首先教皇们在阿维尼翁时，屈从于法兰西，其次由于东西教会大分裂，他们无意中使西欧世界相信，一种不加限制的教皇专制不但不可能，而且也不可取。15 世纪，他们的地位已实际上由基督教世界统治者沦落为意大利诸侯，教皇被卷入了意大利复杂而赤裸裸的权力政治争夺中。

文艺复兴和宗教改革运动瓦解了中世纪的综合思想体系。此后，不再有如此条理清晰、内容完整的体系。本书第二卷的主题就是这一综合思想体系的发展和衰败。

整个中世纪，善于思考的人对现世深感苦恼，只能通过期盼更好的来世来忍受这种痛苦。这种不幸恰恰反映了整个西欧当时的状况。3 世纪多灾多难，人民的生活水平急剧下降。4 世纪暂时的平静后，5 世纪西罗马帝国灭亡，各个蛮族在其原国土上兴起。过去罗马文明倚赖的有文化的城市富人，大部分沦为贫困的流亡者；其余的则开始靠农村的土地过活。新的打击一直延续到约 1000 年为止，其间没有任何喘息的机会。拜占庭人和伦巴第人之间的多次征战，摧毁了大部分意大利残存的文明。阿拉伯人征服了东罗马帝国大部分领土，并定居于非洲和西班牙，威胁到法兰西，甚至有一次竟劫掠了罗马。丹麦人和诺曼人给法兰西、英格兰、西西里和意大利南部造成了严重破坏。这几百年间，生活动荡不安，充满苦难。现实生活已够糟糕，而让人悲观的迷信越发雪上加霜。人们认为大多数人就连基督徒也要堕入地狱。人们时时感到被恶魔包围，并处于被魔法师和女巫暗算的危险境地。有些幸运的瞬间，还有人保留着孩童般的无忧无虑，除此以外，人生毫无幸福可言。这种普遍的苦难加强了人们对宗教的感情。地上善人的一生只是奔向天国的朝圣之旅；除了坚贞的德行最后带领人们进入永恒的喜乐以外，尘世间一切都毫无价值。希腊人盛世时曾在日常生活中找到快乐与美好。恩培多克勒向市民们顿呼："朋友们，你们居住的大城，俯瞰阿克拉加斯黄色岩石、依傍高耸的城堡，你们忙于著述引人入胜的作品，对陌生人、对心地善良的人满怀敬意，我向你们致敬！"此后直到文艺复兴为止，人们现世从未有过如此单纯的幸福，而是将希望寄托于看不见的来世。对阿克拉加斯的热爱被金色的耶路撒冷取代。现世幸福终于再临时，对来世的热切期盼才逐渐减弱。尽管人们还使用相同的语言，却没了那份深沉的感情。

　　为厘清天主教哲学的起源和意义，我认为应该用比古代或近代哲学更多的篇幅来阐述通史。天主教哲学本质上是一个社会组织的哲学，即天主教教会的哲学；近代哲学尽管远离了正统教义，但关照的问题很大部分与基督教的道德观和关于政教关系的天主教教义有关，特别是有关伦理学和政治理论。在希腊罗马异教主义中，从没有像基督徒那样，开始即须对上帝和恺撒，或用政治名词来说，对教会和国家双重尽忠。

　　这种双重忠诚引起的大部分问题，在哲学家提出必要的理论前已在实

践中得到解决。这一过程有两个很明显的阶段：一是西罗马帝国灭亡前，另一个是西罗马帝国灭亡后。以圣安布罗斯为鼎盛时期的一大批主教的做法，为圣奥古斯丁的政治哲学提供了基础。后来蛮族入侵，造成了长期的混乱和日益增长的愚昧。自波爱修斯到圣安瑟伦这五个多世纪间，只有一位卓越的哲学家约翰·司各脱，由于他是爱尔兰人，基本上未受到西欧其他地区传统的影响。这一时期虽未出现哲学家，却并非没有思想发展。社会的混乱引发一些迫切的实际问题，人们凭借经院哲学里占主导的制度和思维方式解决这些问题，这些制度和思维方式很大程度上在如今也十分重要。它们并非由理论家，而是由在紧张冲突中的实践家提出。11 世纪罗马教会的道德革新是经院哲学的前奏，是对教会逐渐并入封建制度的反抗。要了解经院学派，必须先了解希尔德布兰德，而要了解希尔德布兰德，必须了解他所抨击的罪恶。同时我们不能忽视神圣罗马帝国的创立及其对欧洲思想的影响。

因此，读者会在以下章节读到较多的基督教会史和政治史，也许这些历史与哲学思想发展的关系不那么明显。由于我们涉及的这段时期鲜为人知，通晓古代史和近代史的人对其不甚了解，所以更有必要叙述这时期的历史。很少有专业哲学家像圣安布罗斯、查理曼、希尔德布兰德那样对哲学思想产生巨大影响。因此十分有必要叙述他们和他们所处时代的重要史实。

第一篇

教父哲学

PART I THE FATHERS

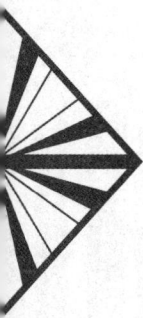

第一章　犹太人的宗教发展

罗马帝国末期，基督教传入蛮族时，包含三部分：一是主要来自柏拉图和新柏拉图派的哲学信仰，还有部分来自斯多葛派；二是源于犹太人的道德观和历史观；三是在基督教中基本上是全新的某些教义，尤其是关于救世，但部分可追溯到俄耳甫斯教和近东一些类似教派。

我认为基督教中最重要的犹太元素是：

（1）一段神圣的历史，从创世到末世的这段历史向世人证明上帝所为皆为公义。

（2）上帝尤为喜爱的一小部分人。对犹太人来说，这些人是上帝的选民；对基督徒来说，他们是蒙拣选的。

（3）"正义"的新概念。例如，施舍的美德就是由基督教从后期犹太教中传承下来的。基督教对洗礼的重视可能来自俄耳甫斯教或东方异教的神秘教派。务实的捐助作为基督教美德观念之一，似乎来自犹太人。

（4）律法。基督徒保留了希伯来律法的一部分，比如《摩西十诫》，但摒弃了典礼和仪式部分。而在实践中，基督徒对《使徒信经》

的情感与犹太人对《摩西五经》的情感一样。这意味着正确的信仰至少和道德行为一样重要，这种教义本质上来自古希腊。但上帝选民的排他性则源于犹太人。

（5）弥赛亚。犹太人相信弥赛亚不仅会在现世给他们带来暂时的繁荣，战胜他们的敌人，而且他还将存在于未来。对于基督徒来说，弥赛亚就是历史上的耶稣，耶稣也被视为希腊哲学中的"道"；弥赛亚助其信徒战胜敌人的地方不是在地上，而是在天国。

（6）天国。某种意义上犹太人和基督徒与后柏拉图主义者都相信来世，但与希腊哲学家相比，犹太人和基督徒对来世的描述更具体。在基督教哲学中（而不是通俗的基督教中）所见的希腊学说认为，时空中的可感知世界是种错觉，通过精神和道德的提升，人可以学着生活在唯一真实的永恒世界里。另一方面，犹太教和基督教认为来世与现世不是形而上的不同，而是在未来有所区别，那时善良的人将享受永恒的幸福，而邪恶的人将遭受无尽的痛苦。这种信念体现了人人都能理解的复仇心理，而希腊哲学家的学说不是这样。

要理解这些信念的起源，必须考虑犹太历史中的某些事实，现在重点叙述这些问题。

除了《旧约圣经》，以色列民族的早期历史无从证实，也无法得知它何时不再是纯粹的传说。大卫和所罗门或许是两个真实存在的国王。我们了解的一些确属历史事实的最早记述中，已有以色列王国和犹大王国。《旧约圣经》提到的人物中最早有独立记载的是以色列国王亚哈，公元前853年的亚述人的信中提及过他。亚述人最终在公元前722年征服北方以色列王国并掳走大部分人口。此后，只有犹大王国保留了以色列的宗教和

传统。公元前 606 年，巴比伦人和米底亚人占领了尼尼微，亚述国灭亡，犹大王国在短期的维持后也亡国了。公元前 586 年，尼布甲尼撒占领了耶路撒冷，摧毁了圣殿，并把一大部分百姓赶到巴比伦。公元前 538 年，巴比伦被米底亚人和波斯人的国王居鲁士攻陷，巴比伦王国灭亡。公元前 537 年国王居鲁士发布一项法令，准许犹太人返回巴勒斯坦。在尼希米和以斯拉带领下，许多人回到巴勒斯坦，重建圣殿，犹太正教开始成形。

犹太宗教在那段被征服的时期，以及这一时期前后，经历了极为重要的发展。最初，以色列人和周围部落在宗教观上似无太大不同。起初，耶和华只是偏爱以色列子民的部落神，但不可否认，还有其他的神，同时人们对这些神的崇拜习以为常。《摩西十诫》第一条说："除我以外，你不可有别的神。"在犹太人被赶至巴比伦前，这种说法史无前例。这点在早期先知的各种经文中得到证实。这个时代的先知第一次教导人们说崇拜异教的神是罪。他们宣称，为了在当时持续不断的战争中获胜，耶和华的恩宠至关重要；若也敬拜别的神，耶和华就会收回恩典。尤其是耶利米和以西结似乎提出除了唯一的宗教，所有其他的宗教都是伪教，上帝惩罚盲目崇拜。

除了一种宗教，所有的宗教都是邪恶的，以及上帝会惩罚偶像崇拜的想法显然是这些先知首创。通常，先知都是狂热的民族主义者，期待上帝彻底毁灭外邦人的那天到来。

犹太人被俘是为了证明先知的谴责是正确的。若耶和华是全能的，而犹太人是他的选民，他们遭受苦难是因为他们犯下罪恶。这是种父亲式的教育心理，也就是必须通过惩戒，犹太人才能得到净化。在这种想法影响下，犹太人在流亡期间发展了正统教义，比独立时广泛奉行的教义更严格、更排斥异族。那些留在耶路撒冷没被掳到巴比伦的犹太人就远未达到如此发展。以斯拉和尼希米被掳后回到耶路撒冷，惊讶地发现异族通婚已很普遍，于是废除了所有的异族通婚。

犹太人因其强烈的民族自尊而有别于古代其他民族。其他民族一旦被征服都彻底臣服于征服者；只有犹太人坚信自己的优越，坚信他们的不幸是由于上帝的愤怒，因为他们未守住信仰和宗教仪式的纯洁。《旧约圣经》中有关历史的部分，大部分是在被掳后编纂的，它们给人造成了错误的暗示——先知抗议的偶像崇拜行为与早期的严谨作风相背离。事实上，从未有过早期的严谨作风。如不以历史的眼光研读《圣经》，会发现这些先知比《圣经》中描述的要标新立异得多。

一些后来成为犹太宗教特色的内容在犹太人被俘期间得以发展，虽然一部分来自先前的渊源。由于举行祭祀的唯一圣殿被毁，犹太教的宗教仪式上不再供奉祭品。这时创始了犹太教堂，教徒开始诵读已有的经文；首次强调安息日的重要性和作为犹太人标记的割礼。按我们所知，也是在流亡期间，开始禁止与外邦人通婚。各式各样的排他行为都在增加。"我是耶和华你们的上帝，将你从万民中分别出来。"（《利未记》，第 20 章，第 24 节）"你们要圣洁，因为我耶和华你们的上帝是圣洁的。"（同上书，第 19 章，第 2 节）摩西律法是这个时期的产物，它是维护民族统一的主要力量之一。

以斯拉和尼希米死后，历史上一度不见犹太人的记载。据 E. 比万 [1] 所述，犹太人的国家作为一个神权国家幸存下来，但它的领土非常小，围绕耶路撒冷四周十到十五英里的地方。亚历山大死后，它成为托勒密王朝和塞琉古王朝有争议的领土。然而，在实际的犹太人领土上很少有过战

---

[1]《大祭司治下的耶路撒冷》，第 12 页。

争，因此很长一段时间里，犹太人可自由信仰他们的宗教。

他们的道德律，当时都记述在《便西拉智训》中，该书大概写成于公元前 200 年。直到最近，此书仅有希腊文版本为人所知；这便是它被编入《伪经》的原因。但最近发现一份希伯来语的手稿，某些方面与英译的希腊文版本《伪经》不同。书中教导的道德很平凡：邻里间的声誉受到高度重视；诚实乃最佳策略，因为诚实的人会得到耶和华的护佑。书中也劝人施舍。希腊的影响在书中的唯一标志是对医学的赞美。

对待奴隶不能太仁慈。"饲料、棍子和担子是给驴的；面包、训诲和劳作是给仆人的……给他适当的工作：若他不听话，就给他戴上更重的枷锁。"（《便西拉智训》第 23 章，第 24、28 节）同时，记住你已为他付出过一笔代价，若他逃跑，你的钱就没了；这设定了盈利多少的限制（同上，第 30、31 节）。女儿们是让人焦虑的；很明显，在作者那个时代，她们热衷淫乱（《便西拉智训》第 42 章，第 9—11 节）。作者鄙视女性："蛀虫生于衣服，邪恶来自女人。"（同上书，第 13 节）对你的孩子们和颜悦色是错的；正确的做法是"让他们年幼时就低下头来"（《便西拉智训》第 7 章，第 23、24 节）。

总的来说，该书作者像老卡托一样，以一种极不光彩的方式，代表了自命不凡的商人的道德观。

这种安逸的自以为是的平静生活被塞琉古国王安条克四世粗暴地打断，他决心以希腊的方式统治其所有领土。公元前 175 年，他在耶路撒冷建立一座体育场，教年轻人戴希腊式帽子，练习体育运动。他任命希腊化犹太人伊阿宋为大祭司，由伊阿宋协助开展此事。僧侣贵族阶级早已对教规松懈起来，而且已感受到希腊文明的吸引力；但他们遭到"哈西典"

（Hasidim，意为"神圣"）党的强烈反对，该党在农民中势力强大。[1] 公元前170年，当安条克卷入了对埃及的战争，犹太人叛变。于是，安条克从殿里取走圣器，把神像放置在圣器里。他效仿各地的成功做法，把耶和华和宙斯视为一体。[2] 他决心铲除犹太宗教，废除割礼以及与食物有关的戒律。耶路撒冷百姓屈从了，但耶路撒冷城外的犹太人坚决抵抗。

这一时期的历史记载在《马加比一书》中。书中第一章讲述了安条克下令，王国内的所有居民应团结一体，放弃他们各自的律法。虽然国王下令废止安息日，献猪肉为祭，禁止男孩受割礼，所有异教徒及许多以色列人都遵从了这道法令，所有违抗命令的人都要被处死，仍有很多人违命不从。"他们处死了那些让自己的孩子行割礼的妇女。勒死那些婴孩，掠夺他们的财产，并杀死那些给男孩们行割礼的人。即使这样，许多以色列人仍立定心意，绝不吃不洁净的食物。所以他们宁愿死，也不愿被肉类玷污，不愿亵渎圣约；于是，他们就这样死去了。"（《马加比一书》，第1章，第60—63节）

此时，犹太人普遍信仰灵魂不朽的教义。人们认为美德会在今世得到奖赏；但即使最善良的人也会受到迫害，这说明事实并非如此。因此，为捍卫神圣的正义，则要相信人死后也会得到奖赏或受到惩罚。该教义并未被犹太人普遍接受；基督在世时，撒都该人仍否定该教义。不过那时他们教徒不多，后来所有的犹太人都相信灵魂不朽。

一名能干的军事指挥官犹大·马加比领导反抗安条克的斗争。他首先夺回耶路撒冷（公元前164年），然后开始进攻。有时他杀戮所有的男子，

---

[1]　爱西尼教派可能就是从他们那里发展起来的，他们的教义似乎影响了原始的基督教。参见欧伊斯特雷和罗宾逊合著的《以色列历史》第2卷，第323页以下。法利赛人也是他们的后裔。

[2]　有些亚历山大港的犹太人并未反对这种说法。参见《亚里士提阿斯书简》第15、16篇。

有时强行给他们行割礼。他的兄弟约拿单被任命为大祭司后，带守备军驻守耶路撒冷，并占领撒玛利亚部分地区，攻下约帕和阿卡拉。他与罗马谈判，并成功获得完全自治权。直到希律王时期为止，他的家族世袭大祭司，被称为哈斯蒙尼王朝。

在忍受和抵制迫害中，当时的犹太人表现出强烈的英雄主义，尽管他们捍卫的是那些我们认为并不重要的事，比如行割礼和忌食猪肉。

安条克四世的迫害在犹太历史上至关重要。当时流亡各地的犹太人变得越来越希腊化；在朱迪亚的犹太人很少；甚至在他们当中，有钱有势的人也倾向于默许希腊式的变革。若非哈西典人英勇地抵抗，犹太宗教可能会轻易灭亡。若真这样，基督教和伊斯兰教可能就不是当时的样子了。汤森德在其《马加比四书》的译序中说：

> 人们说得好，若犹太教作为一门宗教，在安条克的统治下消亡了，那么基督教的生长的种床也就不存在了；因此，拯救犹太教的马加比家族殉道者的鲜血，最终成为教会的种子。不仅基督教，伊斯兰教的一神论也起源于犹太教，今天的世界很可以把东西方一神论的存在都归功于马加比一家。[1]

而马加比家族本身并不为后来的犹太人所欣赏，因为他们家族作为大祭司成功后，竟采取世俗的妥协政策。人们钦佩的是其中的殉道者。基督时代于亚历山大港完成的《马加比四书》记载了这一点及其他一些有趣的观点。尽管书名使用马加比，书中却没提及马加比一家，而是先讲述一位

---

[1] 参见 R. H. 查尔斯编《英文旧约中之伪经与旁经》第二卷，第 659 页。

老者，后来是七个年轻兄弟令人钦佩的不屈不挠的事迹，他们先被安条克拷打折磨，最终被烧死，青年们的母亲则站在刑场告诫他们要立场坚定。

亚历山大港的犹太人哲学上愿意向希腊人学习，但特别坚持遵守律法，尤其是行割礼、守安息日、忌食猪肉等不洁净的肉类。从尼希米时代到公元 70 年耶路撒冷沦陷后，他们日益重视摩西律法，不再容忍宣讲新鲜事物的先知。那些觉得有必要用先知体写作的人，便假称发现了一本但以理、所罗门或是其他古圣先贤著的古书。犹太人在宗教仪式上的独特将整个民族团结起来，但对摩西律法的执着逐渐削弱了他们的创新性，使他们变得极为保守。因此，在这种僵化的风气下，圣保罗反对摩西律法统治地位的斗争格外突出。

对基督诞生不久前的犹太文学一无所知的人，很容易把《新约圣经》看成一个全新的开端，而事实并非如此。先知预言的狂热并未消失，尽管为赢得世人的听闻不得不假托古圣先贤之名。在这方面，最令人感兴趣的是《以诺书》[1]，这是一部由不同作者所著的作品集。最早的著作略早于马加比时代，最晚的约在公元前 64 年。书中大部分自称记述长老以诺蒙神其实所见的异象。这对犹太教转向基督教非常重要。《新约圣经》的作者们很熟悉这本书。圣犹大认为它确由以诺所著。早期的基督教神父，如亚历山大港的克莱门特和德尔图良，视之为正典；但哲罗姆和奥古斯丁斥之不受。因此，它被人遗忘直至失传。直到 19 世纪早期，在阿比西尼亚发现三份埃塞俄比亚语的手稿。随后又发现希腊文和拉丁文翻译的该书部分手稿。原书似乎部分用希伯来文，部分用阿拉姆文写成。

该书的作者是一些哈西典派及一些他们的后继者法利赛派。书中谴责

---

[1]　关于这本书原文的英译本，参见查尔斯所著该书，书中序言也很有价值。

了一些国王和王子，也就是哈斯蒙尼王朝和撒都该人。该书影响了《新约圣经》的教义，特别是弥赛亚、阴间（地狱）和魔鬼论方面。

此书主要由寓言组成，比《新约圣经》的寓言包含更多宇宙论。书中描述天堂、地狱和末日审判等；书中文学价值高的部分可与《失乐园》的前两卷相媲美；文笔较逊色的部分则使人想起布莱克的先知书。

书中对《创世记》第 6 章的第 2 节和第 4 节有段不同寻常的阐述。天使教会人类冶金术，因揭露"永恒的秘密"而受到惩罚。他们食人肉。犯罪的天使变成异教的神，他们的女人则变成人首鸟身的海妖；但最后，他们全部受到永劫痛苦的惩罚。

书中对天堂和地狱的描写文学价值相当高。"公义的人子"坐在其荣耀宝座上执行末日审判。最后，外邦人会知悔改而得到宽恕；但大部分外邦人和所有希腊化的犹太人，都要永堕地狱，因为行正义之人必申冤，他们的祈求也必蒙上帝应允。

书中还有一段关于天文学的内容，提到太阳和月亮具有风驱动的双轮战车；一年有 364 天；人类的罪恶使诸天体偏离轨道；只有善的人才通晓天文学；流星是被七位大天使惩罚而坠落的天使。

接下来谈圣史。其早期遵循着《圣经》中的记载直到马加比家族历史为止，后期则循着一般的历史记述。作者又论及未来：新耶路撒冷、剩余外邦人的皈依、义人的复活和弥赛亚。

书中多处论及对罪人的惩罚和对义人的赏赐，义人对罪人从未表现出基督徒式的宽恕。"你们这些罪人啊，审判那天，你们听见义人祷告的声音，你们该怎么办呢？你们要逃到哪里去呢？""罪孽不是从天上降到地下，乃是人自己造成。"罪孽都被记录在天上。"你们这些罪人必将永被诅咒，永不得安宁。"罪人也许一辈子享乐，甚至临死时也是如此，但他们的灵魂会下到阴间，在那将遭受"黑暗、锁链和烈焰"的折磨。至于义人，"我和我的儿子必与他们永远在一起"。

书中最后一段话是："上帝必以信实对待那些正义途上的忠信之人。他们必看见那些生于黑暗中的人被带进黑暗，而义人却发出耀眼的光辉。罪人必大声呼号，目睹义人耀眼的光辉，而他们去的地方，日子和季节则已天定。"

犹太人和基督徒一样，对罪恶的思考很多，但几乎没人认为自己也是罪人。基督教创新地提出人皆有罪，借着法利赛人和税吏的寓言提出，并在基督责备文士和法利赛人时将其作为一种美德来宣讲。基督徒努力遵循基督教的谦卑行事，而犹太人通常不会。

然而，就在基督诞生前，正统的犹太人中也有重要的例外。比如，公元前109年至公元前107年，一位崇拜哈斯蒙尼王朝大祭司约翰·海克努斯的法利赛人创作了《十二族长遗训》。我们现在所见的版本中包含基督徒篡改的与教义有关的内容。若删除这些内容，书中伦理教义仍与福音书十分相似。正如牧师R. H. 查尔斯博士说："《登山宝训》好几处反映了这点，甚至有些字句一模一样：福音书中许多段落能看到该书的痕迹，圣保罗似乎也曾将此书作为随身手册。"书中我们读到如下戒律（《十二族长遗训》第291、292页）：

> 你们要从心里彼此相爱。人若得罪你，你要和平待他，心不可存诡诈。他若懊悔、认罪，就饶恕他。他若不承认，你不要与他动怒，以免激怒他，使他开始咒骂，这样罪恶就会加倍……若他不知羞耻，坚持做坏事，即使如此，也要从心里原谅他，把申冤之事交给上帝。

查尔斯博士认为基督一定熟悉这段话。我们还发现：

> 你要爱主、爱你的邻人。
>
> 你要终生爱主，你们要彼此真心相爱。
>
> 我爱主；我也全心全意爱每一人。

这些话可以对比马太福音第 22 章，第 37 至第 39 节。在《十二族长遗训》中有段对所有仇恨的谴责，例如：

> 愤怒是盲目的，愤怒使人看不到人们真实的面目。
>
> 因此，仇恨是邪恶的，因为它总与谎言相伴。

不出所料，该书作者认为，不但犹太人，而且所有外邦人，也都要得到救赎。

基督徒已从福音书中学会憎恨法利赛人，而此书作者却是法利赛人。正如我们所见，他教导的那些伦理格言，正是我们认为最能体现基督教特征的部分。然而，解释这件事并不难。第一，即使在他所处的时代，他也一定是个特别的法利赛人；当时更普遍的教义，无疑是《以诺书》的教义。第二，我们知道所有的运动最终都趋向僵化；谁能从美国革命女儿会的章程中推断出杰斐逊总统的政策呢？第三，我们知道，特别是法利赛人而言，他们忠于摩西律法并认为它是绝对的和最终的真理，因此很快不再有任何新的思想和情感。正如查尔斯博士所说：

> 当法利赛派脱离其宗派过去的理念，致力于政治利益和运动，同

时越发全身心投入到摩西律法字句的研究中时，很快就无法再发展像（族长的）遗训这样一个崇高的伦理体系。所以早期哈西典派真正继承者和信徒都脱离了犹太教，在原始基督教的怀抱中找到了他们的天然家园。

在一段大祭司统治时期后，马克·安东尼任命他的朋友希律做犹太人的国王。希律王是个浪荡的冒险家，好几次差点破产，他熟悉罗马社会，一点没有犹太人的虔诚。他的妻子出身大祭司家族，但他是以东人，仅凭这点就足以引起犹太人怀疑。他善于趋炎附势，屋大维胜券在握时，他立刻背弃安东尼。然而，他费尽心思使犹太人归顺其统治。他重建圣殿，但是以希腊风格建造的，殿内是一排排科林斯式的圆柱；他在正门上方安装了一只巨大的金鹰，因此违反了第二诫。人们传说他要死去时，法利赛人把鹰拆下来，于是他处死了一些法利赛人作为报复。他于公元前 4 年去世。不久，罗马人就废除国王制，由一名地方行政官掌管朱迪亚。

公元 66 年，奋锐党领导的犹太人背叛罗马。犹太人被打败，耶路撒冷于公元 70 年被攻陷。圣殿被毁，留在朱迪亚的犹太人所剩无几。

在此之前的几个世纪，流亡在外的犹太人早已变得举足轻重。犹太人最初几乎全靠农业为生，但在被俘禁期间从巴比伦人那里学会了做生意。在以斯拉和尼希米时代后，许多人仍留在巴比伦，其中有些非常富有。亚历山大港建立后，大量犹太人定居在那里；并为他们特别划出一块专区，但和今天的犹太人聚居区不同，这种专区是为保护犹太人免遭外邦人玷污。亚历山大港的犹太人比朱迪亚的犹太人更希腊化，他们忘记了希伯来语。因此，有必要把《旧约圣经》译成希腊文；于是就有了《旧约圣经》七十士译本的希腊文译本。《摩西五经》在公元前 3 世纪中期翻译而成；

其他各篇译成时间则晚些。

关于《旧约圣经》七十士译本有过一些传说，这个译本如此命名是因为它由七十位译者所译。据说这七十位译者各自翻译完全书，比较译文后发现，即使最微小的细节都完全相同，因为他们都受到神的启示。而后来研究发现《旧约圣经》七十士译本有严重的缺陷。基督教兴起后，犹太人很少使用它，而是重新开始阅读希伯来文的《旧约圣经》。与之相反，早期基督徒中很少有人懂希伯来语，他们读的是《旧约圣经》七十士译本或其拉丁文译本。3 世纪时，奥利金辛辛苦苦翻译出了更好些的版本。5 世纪哲罗姆译成了拉丁文版《圣经》。此前，那些只懂拉丁语的人也只能依赖那几个有缺点的版本。哲罗姆的译本一开始饱受批评，因为他翻译经文时得到了犹太人的帮助，而许多基督徒认为犹太人故意篡改了先知的话，以免先知预言基督诞生。但哲罗姆的译本逐渐被认可，直至今日仍是天主教会的权威典籍。

希腊对犹太人的思想也产生影响。与基督同时代的哲学家斐洛是最好的例证。虽然斐洛宗教上信奉正统教派，但哲学上，他首先是柏拉图主义者；斯多葛学派和新毕达哥拉斯派也对他有重要影响。耶路撒冷陷落后，他在犹太人中的影响逐渐消失，但基督教神父们发现，他指出了一条希腊哲学与希伯来《圣经》相调和的道路。

中世纪前的每个重要城市里，都建有相当数量的犹太人聚居区，犹太人与其他东方宗教各派别的代表，都对那些不满怀疑主义或希腊和罗马法定宗教的人产生了影响。不仅在罗马帝国，而且在俄罗斯南部，很多人皈依犹太教。基督教最初吸引的可能是犹太人和半犹太人的圈子。而正统犹太教在耶路撒冷陷落后变得更正统、更狭隘，早前耶路撒冷失陷于尼布甲尼撒后，正统犹太教也曾有过这种变化。公元 1 世纪后，基督教发展成熟，与犹太教完全敌对互斥；我们看到，基督教有力地激起了反犹太主义。在整个中世纪，犹太人在基督教国家的文化中没什么影响，他们遭到了残酷的迫害，除了为建造天主教堂提供资金之类，已无力对文明进程做出贡献。那时只有在伊斯兰教徒中，犹太人才受到人道对待，才能钻研哲学和启蒙思想。

整个中世纪，伊斯兰教徒比基督徒更文明、更人道。基督徒迫害犹太人，尤其在宗教骚动时期；许多次骇人听闻的犹太人大屠杀都与那几次十字军东征有关。相反，在伊斯兰教国家，犹太人未受任何虐待。特别是在摩尔人统治下的西班牙，犹太人在学术上也颇有造诣；比如生于科尔多瓦的迈蒙尼德（1135—1204），有人认为他是斯宾诺莎哲学的主要创始人。基督徒重新征服西班牙时，向他们传授摩尔人学问的主要是犹太人。有学问的犹太人通希伯来语、希腊语和阿拉伯语，并熟悉亚里士多德哲学，他们把自己的知识传授给一些学识不深的经院哲学家。他们也传授一些人们不是很感兴趣的东西，如炼金术和占星术等。

中世纪后，仍对文明进程做出巨大贡献的基本上是犹太人个体而非犹太民族。

第二章　最初四个世纪的基督教

　　最初基督教是经过革新的犹太人代代相传的犹太教。圣雅各，其次是圣彼得，都曾希望基督教不超出该范畴。但因圣保罗决定接纳外邦人入教，并允许他们不需行割礼或服从摩西律法，圣雅各和圣彼得的主张并未盛行。《使徒行传》曾以使徒保罗的视角记载了两派间的争论。无疑圣保罗在很多地方建立的基督徒团体中，一部分是来自犹太人的改宗者，一部分则是寻求新宗教的外邦人。在那个宗教信仰分崩离析的时代，犹太教教义中的必然性十分吸引人，但割礼却是人们改宗时的一大障碍。饮食戒律也让人感到不便。且不论其他，仅此两项，也使希伯来宗教难以普及。由于圣保罗的革新，基督教保留了犹太教义中吸引人的部分，去除了外邦人难以接受的特征。

　　然而，犹太人是上帝选民的观点依然令自负的希腊人生厌。诺斯替教派彻底摒弃这种观点。他们，或至少其中一些人，认为这个感性世界是索菲亚（终极智慧）的叛逆之子，名叫伊达波思的下等神创造的。他们说，伊达波思是《旧约圣经》中的耶和华，伊甸园里那条蛇也并不邪恶，它警告过夏娃不要上当。很长一段时间里，至高无上的神给予伊达波思充分自由；最后，圣父差遣圣子暂时住在耶稣这个人的肉身里，以便将世人从荒

260

谬的摩西教义中解放出来。持这一观点的人通常将它与一种柏拉图主义的哲学结合起来；正如我们看到的，普罗提诺发现很难反驳这一观点。诺斯替教派是哲学的异教主义和基督教之间的中间地带，虽尊崇基督，却憎恶犹太人。后来，通过圣奥古斯丁进入天主教信仰的摩尼教也是如此。摩尼教结合了基督教和拜火教的元素，认为恶肯定存在，体现在物质中，而善的原理体现在精神上。它谴责食肉和所有性行为，甚至婚内性行为。这种折中的教义对说希腊语的文化人逐渐改宗大有帮助；但《新约圣经》警告虔诚的信徒不要相信："提摩太啊，你要保守所托付你的，躲避世俗的虚谈，和那敌真道似是而非的学问。已经有人自称有这学问，就偏离了真道。"[1]

基督徒对同时代的犹太人早有敌意。人们公认上帝谕告过先祖和先知等圣者，并预言了基督降临；但基督降世后，犹太人不承认他，因此被视为邪恶之人。此外，基督废除摩西律法，代之以爱上帝和爱邻人的两条诫命；犹太人始终不认可这点。所以基督教一变成国教，中世纪的反犹太主义就开始了，名义上是展示基督徒的热情。在后来的时代里，经济动机虽燃起反犹太主义的烈焰，但这种动机在基督教罗马帝国究竟有多大作用，似乎也不可能确定。

基督教越希腊化，也就越神学化。犹太人的神学一直很单纯。耶和华从一个部落神发展成创造天地唯一全能的上帝；当人们发现上帝的公义，未给有德行的人带来地上繁荣时，便把公义托于天国，于是产生灵魂不朽的信仰。但在整个发展过程中，犹太教义并未涉及任何复杂和形而上学的东西，也不神秘，每个犹太人都能理解。

---

[1] 《提摩太前书》，第6章，第20、21节。

总的来说，犹太人的单纯性仍是对观福音书（《马太福音》《马可福音》和《路加福音》三福音书）的特征，但已不见于《约翰福音》。《约翰福音》中，基督被认为是柏拉图、斯多葛派的逻各斯。第四福音书传道者感兴趣的是基督的神学形象，而不是耶稣的凡人形象。教父们更是如此；你会发现，在他们的著作中，论及《约翰福音》的地方比论及其他三部福音书的总和还多。保罗书信也包含很多神学，尤其在救赎问题上；同时书信中反映出作者相当熟悉希腊文化 —— 其中有段米南德的引文，还有一段说"所有克里特人都说谎"的克里特人埃庇米尼得斯的典故等。而圣保罗 [1] 说："你们要谨慎，恐怕有人用其理学，和虚空的妄言败坏你们。"

那时希腊哲学和希伯来《圣经》的融合，多少杂乱无章和支离破碎，直到奥利金（185—254）时代才有所改变。奥利金和斐洛一样，也住在亚历山大港。由于商业和大学的关系，亚历山大港从建立到衰落，一直是学术融合的中心。奥利金和同时代的普罗提诺一样，师从阿蒙尼乌斯。很多人认为阿蒙尼乌斯是新柏拉图主义的创始人。奥利金在其《论首要原理》一书中阐述的学说，与普罗提诺的学说极为相似，而事实上与正统教义并不相符。

奥利金说，除了上帝 —— 圣父、圣子和圣灵，没有完全不具形的。星辰有理性、有生命，上帝已赋予它们已存在的灵魂。他认为太阳也能犯罪。正如柏拉图教导的，人的灵魂自创世就一直存在，在人出生时从别处到来附在人身上。理性和灵魂的区别和普罗提诺哲学思想差不多。理性消逝，就变成灵魂；灵魂有了美德则变成理性。最终所有的灵会完全归顺基督，那时便不再具形。魔鬼最终也会得到救赎。

---

[1] 或更确切地说，是《圣保罗书信》其中一篇的作者 ——《歌罗西书》第 2 章，第 8 节。

尽管奥利金被视为教父之一，但后世谴责他持四种异端邪说：

（1）灵魂的先存性，如柏拉图所教导。

（2）不仅基督的神性，就连基督的人性，在道成肉身前已存在。

（3）复活时，我们的肉身会变为绝对的虚无。

（4）所有人，甚至魔鬼，最终都会得救。

圣哲罗姆曾毫不掩饰对奥利金校勘《旧约圣经》的钦佩，结果发现倒是该多花时间和精力来驳斥奥利金神学上的错误。

奥利金最长的著作是《驳塞尔修斯》。塞尔修斯写过一本反对基督教的书（现已失传），奥利金着手逐条反驳。塞尔修斯一开始反对基督徒，认为他们属于非法社团；对此奥利金不否认，但称其正因如此反而是一种美德，正如诛戮暴君一样。然后他指出人们憎恶基督教不可置疑的真正原因：塞尔修斯说，基督教来自犹太人，而他们是野蛮人；只有希腊人才能从蛮族的教义中总结出意义。奥利金回答说，任何从希腊哲学转向福音书的人都会断定福音书的真实性，并提出了令希腊智者满意的论证。但更进一步说，"福音书有其自身的论证体系，比任何希腊辩证法证实得更妙。使徒称这种更妙的方法为'圣灵和权能的显现'；'圣灵'显现，是由于预言尤其是与基督有关的叙述，足以使所有读者产生信仰；'权能'显现，是因为我们必须确信曾行过的神迹奇事，此外，还有那些照《福音书》教导生活的人中仍能发现神迹奇事的踪迹"。[1]

这段很有趣，因为它显示了信仰的双重论证，这正是基督教哲学的特

---

[1]　奥利金，《驳塞尔修斯》，第1卷，第2章。

点。一方面，正确运用纯粹理性，足以确立基督教信仰的本质，尤其是上帝、灵魂不朽和自由意志。另一方面，《圣经》不仅证明了这些最基本的东西；《圣经》中神的默示通过先知预言弥赛亚的降世、通过神迹、通过信仰对信徒生活的有益影响而得到证实。其中一些观点现在看来过时，但其中最后一个观点仍被威廉·詹姆斯采用。直到文艺复兴时期，每位基督教哲学家都认可所有这些观点。

他又说，基督徒不应参与国家治理，应只参与"神的国度"[1]，也就是教会的工作。当然，这一学说在君士坦丁时代后有所修改，但仍保留了一些内容。圣奥古斯丁的《上帝之城》就暗含这一教义。西罗马帝国灭亡时，该教义导致了教士被动旁观世俗的灾难，却在教会的戒律、神学的争论和普及修道院制度方面发挥卓越的才能。迄今还有该教义的一些痕迹：很多人认为政治是"世俗的"，真正的圣者从政则有失身份。

教会统治的最初三个世纪发展缓慢，君士坦丁改宗后则迅速发展。主教由民众选举产生；他们逐渐获得相当大的权力，领导主教管区的基督徒，但在君士坦丁之前，几乎没有任何形式的中央集权领导整个教会。通过施舍，大城市里主教的权力得到加强：忠信教徒的捐献由主教管理，他有权发放或停止布施给穷人。于是就有一伙穷苦人，对主教言听计从。基督教成为国教时，主教被授予司法权和行政权。至少在有关教义问题上，成立了一个中央行政机构。君士坦丁被天主教徒和阿里乌斯教徒之争惹恼；因为他已与基督徒的命运联系在一起，希望他们联合起来。为消除纠纷，他召集万国基督教尼西亚大公会议，会议制定了尼西亚信条，[2] 就阿里乌斯派争议而言，从此确定了正统教义永世的标准。后来的其他争议也

---

[1] 奥利金，同上书，第 8 卷，第 75 章。
[2] 与现在的尼西亚信条不完全一致，现在的信条是 326 年确定的。

同样通过万国基督教大公会议解决，直到东罗马帝国和西罗马帝国分立，东罗马帝国不再承认教皇权威，会议便无法召开。

虽然教皇的职位在教会中最重要，但直到很久以后，他才有权统领整个教会。教皇权力渐增的话题十分令人关注，将在后几章中讨论。

君士坦丁之前基督教的发展和他改宗的动机，诸多作者解释不一。吉本 [1] 列举了以下五项原因：

（1）基督徒那种毫不动摇，或不妨说绝不宽容的激情，的确来自犹太教。但他们摒弃了那种狭隘且孤立于世的精神，因其不受人欢迎，反而阻止外邦人信奉摩西律法。

（2）来世的教义由于每一次能增加该重要真理分量和效力的情况得以改进。

（3）原始教会所具有的行奇迹的能力。

（4）基督徒纯洁朴素的道德观。

（5）基督教世界的统一和纪律，逐渐在罗马帝国的中心形成一个独立的、不断发展的国家。

一般说来，这个分析可以接受，但应附注。第一个原因——毫不动摇甚至不宽容性来自犹太人——可能被完全接受。我们今天已看到宣传工作中不宽容性的好处。大多数基督徒相信，只有基督徒死后才能进天堂，而来世，异教徒将受到最可怕的惩罚。3 世纪时，其他与基督教竞争的宗教并无这种威胁性。

---

[1] 《罗马帝国衰亡史》，第 15 章。

来世的教义，西方首先是俄耳甫斯教提出，后被希腊哲学家采纳。有些希伯来先知传布肉身复活，但犹太人似乎从希腊人那里学到相信灵魂的复活。[1] 在希腊，灵魂不朽说有俄耳甫斯教的通俗形式和柏拉图主义的学术形式。后者论证难懂，不可能广泛流行；而这种俄耳甫斯形式可能极大影响过公众舆论，不仅影响异教徒，也影响了犹太人和基督徒。秘密宗教的元素，包括俄耳甫斯教和亚洲一些教派，大量融入基督教神学；所有这些中，最重要的是神死而复生的神话。[2] 因此，我认为灵魂不朽论与基督教传播间的关系一定比吉本认为的要小。

奇迹当然在基督教宣传中起了很大作用。但在古代后期，奇迹十分普遍，不是任何一种宗教特有的。人们很难理解为何基督教的奇迹比其他教派的奇迹得到了更广泛的信仰。我认为吉本忽略了很重要的一点，那就是基督教拥有《圣经》。基督徒祈求的奇迹始于远古一个古人认为神秘的国度；上帝创造万物以来历史从未间断，历史上上帝一直行奇迹，先对犹太人，然后对基督徒。对近代历史学者来说，显然以色列人早期的历史主要带有传说性质，但古人却不这样认为。他们相信荷马叙述的特洛伊被围的故事，相信罗穆卢斯和雷穆斯等传说；奥利金问道，为何你们接受这些传说，却不信犹太人的传说？对这点没有合乎逻辑的答案。因此，接受《旧约圣经》的奇迹很自然，人们承认这些奇迹后，就更容易相信较近时期的奇迹了，特别是基督徒解释先知书时。

君士坦丁之前，基督徒的道德无疑比一般异教徒的道德高尚得多。基督徒有时受到迫害，与异教徒的竞争中几乎总是处于劣势。他们坚信美德必将在天国受赏，罪孽终将在地狱受罚。他们恪奉性道德，这在古代是罕

---

[1] 参看奥斯特利和罗宾逊合著：《希伯来宗教》。

[2] 参看安格斯：《神秘宗教和基督教》。

见的。君士坦丁改宗后，基督徒中当然也出现一些趋炎附势的人；但除了个别例外，杰出的神职人员仍坚守道德原则。我认为吉本把基督教得以传播的原因之一归于这种高度的道德水平是正确的。

吉本将"基督教的团结和纪律"置于最后。我想从政治角度来看，这是最重要的一项。在近代社会，我们已习惯有政治组织；每个政治家都必须考虑天主教徒的选票，但他们的选票又被其他组织团体的选票抵消。在美国，由于新教的偏见，信仰天主教的总统候选人的地位不利。但若没有新教的偏见，信仰天主教的候选人将比其他候选人机会更多。这似乎也是君士坦丁的盘算。要得到基督教这个单一的有组织的集团的支持，就必须袒护他们。尽管有人憎恶基督徒，但他们没有组织起来，因此政治上没有实力。也许罗斯托夫采夫的观点是对的，他认为军队中大部分人是基督徒，正是这点对君士坦丁影响最大。不管怎样，基督徒那时虽仍是少数，但他们有组织，虽然现在已很普遍，但当时还十分新颖。这一组织赋予他们一个压力集团全部的政治势力，使其他压力集团无法反抗。基督教继承了犹太人对信仰的狂热，正是这种独一无二的狂热自然形成基督教组织。

不幸的是，一旦基督徒获得政治权力，就开始了狂热的内讧。君士坦丁之前有不少异端邪说，但正统教派无法惩罚他们。基督教成为国教后，教士竞相争夺权力和财富；曾引起选举纷争；神学上的争论变成世俗利益的争夺。君士坦丁本人在神学家的争论中保持一定中立，但他去世后（337年），直到379年狄奥多西一世继任期间，他的继任者们（除叛教者朱利安）多少倾向阿里乌斯教派。

这一时期的英雄人物阿塔纳修（约297—373）是尼西亚正统教义最勇敢的捍卫者。

由于神学政治上的重要性，从君士坦丁时期到卡尔西顿大公会议

（451 年）这段时期很特殊。先后出现以下两个问题造成基督教世界的振荡：首先是三位一体的本质，然后是道成肉身的教义。在阿塔纳修时代，只有第一个是热点问题。阿里乌斯是位有教养的亚历山大港教士，认为圣子不等同于圣父，而是由圣父创造。早期，这一观点可能没招致太多反对，但在 4 世纪，遭到大多数神学家反对。最后盛行的观点是，圣父和圣子是平等的，具有同样的实质，然而又是截然不同的两位。以其创始人撒伯里乌的名字命名的撒伯里乌异教则认为圣父和圣子并非截然不同，而只是一个存在的不同方面。因此，正统教派必须谨小慎微：过分强调圣父和圣子区别有倾向阿里乌斯派的危险，而过分强调圣父和圣子一体性有倾向撒伯里乌教的危险。

　　阿里乌斯的教义在尼西亚会议（325 年）上遭到绝大多数人谴责。对此，不同神学家提出不同修正意见，并得到各自皇帝的赞同。阿塔纳修 328 年任亚历山大港的主教，直至去世。由于他对尼西亚正统教义的狂热，曾被多次流放。他在埃及追随者众，在整个神学纷争中，埃及人坚定地追随他。奇怪的是，在神学争论中，自罗马征服各国以来似已熄灭的民族（或至少地域性的）情感复燃。君士坦丁堡和亚洲倾向信仰阿里乌斯教派；埃及则狂热地追随阿塔纳修教派；西罗马帝国坚定支持尼西亚会议的决议。阿里乌斯争论平息后，又出现了多少有些类似的新争论，其中，埃及代表一个异端方向，叙利亚则代表另一个。受正统教派迫害的异端，损害了东罗马帝国的统一，并加速了伊斯兰教徒的征服。分裂运动本身不足为奇，奇怪的是竟会和那些微妙深奥的神学问题交织在一起。

　　335 年至 378 年间在位的那些皇帝，尽可能支持阿里乌斯教派见解。但叛教者朱利安（331—363）例外，他作为异教徒，对基督徒内部争端保持中立。最终，379 年狄奥多西皇帝完全支持天主教徒，于是他们在帝国中大获全胜。下一章将要论及的圣安布罗斯、圣哲罗姆和圣奥古斯丁的大部分生涯都是在天主教这一辉煌期间度过。虽然如此，西部接踵而来的却是阿里乌斯教派的再次统治，其间哥特人和汪达尔人相继征服了大部分西罗马帝国。他们的势力延续了约一个世纪，在该世纪末终被查士丁尼大帝、伦巴第人和法兰克人所灭。其中先是查士丁尼大帝、法兰克人，最后伦巴第人也都遵奉正统教派。于是天主教信仰终获决定性胜利。

第三章　教会三博士

　　圣安布罗斯、圣哲罗姆、圣奥古斯丁和教皇格里高利一世四人被称为西方教会的博士。前三人是同属一个时代；最后一人是较后的时代。本章概述前三人的生涯和他们所处的时代；下一章阐述三人中最重要的圣奥古斯丁的学说。

　　天主教会在罗马帝国取得胜利后至蛮族入侵前短期内，安布罗斯、哲罗姆和奥古斯丁三人处于事业鼎盛期。叛教者朱利安统治时，他们还年轻；罗马被阿拉里克王率领的哥特族劫掠后，哲罗姆又活了十年；汪达尔族入侵非洲，奥古斯丁还健在，汪达尔族围攻其主教管区希坡时，他去世。此后，意大利、西班牙和非洲的统治者不仅都是蛮族，且都是阿里乌斯教派异端。文明连续衰退数世纪之久，直到近千年以后，基督教世界才又诞生了与他们三位在学术与文化上相媲美的人物。在黑暗时代和中世纪，他们的权威受到尊敬，是他们塑造了教会的体系。总的来说，圣安布罗斯确立了教会构想的教会与国家关系；圣哲罗姆为西派教会译成拉丁语译本《圣经》，并促进建立修道院制度。同时，圣奥古斯丁修订了一直到宗教改革运动为止的教会神学，以及路德与加尔文的大部分教义。他们三人对历史进程的影响，几乎无人能敌。圣安布罗斯成功地坚持教会脱离世俗国家而独立这一新的革命性教义，一直盛行到宗教改革运动为止。17世纪霍布斯驳斥该教义，主要针对圣安布罗斯。圣奥古斯丁在16世纪、17世纪神学论争中处于风口浪尖，得到新教徒和冉森派支持，却遭正统天主教徒反对。

4世纪末，西罗马帝国首都米兰的主教是安布罗斯。由于职务关系，他常与皇帝接触。他与皇帝交谈时经常以平等的身份，有时甚至比皇帝还高。他对宫廷的做法说明当时的特点：国家软弱无能，统治者是毫无原则的利己者，只会应急之策。教会则精干有力，领导者为教会的利益，准备牺牲一切个人利益。他们制定的长远政策在之后千年卓有成效。虽然这些功绩的确被狂热和迷信抵消，但当时若没有这些，任何革新运动都不可能成功。

圣安布罗斯为国家服务时，有大把机会成名。他十三岁时到罗马，在那受到良好的教育——包括全面的希腊语基础教育。成年后他专攻法律且成就斐然；三十岁时他被任命为利古里亚和艾米利亚两地总督。然而四年后他抛弃世俗政务，击败一位阿里乌斯派候选人，在群众的欢呼下就任米兰市主教。他将所有财产分给穷人，余生全部奉献给教会事业，甚至有时人身安全受到巨大威胁。这一选择确实不是出于世俗动机，若是，也是明智的。即使他那时当了皇帝，也不可能像他履行主教职责那样，有机会施展其政治才能。

圣安布罗斯任主教最初九年间，西罗马帝国的皇帝格拉提安是个善良粗心的天主教徒，因沉溺狩猎而忽视政事，最终被杀身亡。马克西穆斯篡位，占领西罗马帝国大部分疆土，但继承意大利王位的是格拉提安未成年的弟弟瓦伦提尼安二世。最初由他母后贾斯蒂娜，也就是先皇瓦伦提尼安一世的皇后摄政。但她是阿里乌斯教徒，因此与圣安布罗斯难免有分歧。

本章讲述的三位圣徒都写过无数书信，许多也保留至今。因此我们对他们比对任何异教哲学家，以及几乎所有中世纪所有教士更了解。圣奥古斯丁给谁都写信，内容主要是关于教义和教会戒律；圣哲罗姆多半写信给女士，劝她们如何守童贞；但圣安布罗斯最重要而最有趣的书信是写给皇帝们的，指出他们在哪些方面疏忽了为君的义务，有时也称赞他们克尽厥职。

安布罗斯虽是位杰出的政治家，但在其他方面只不过是其所处的时代的典型人物而已。像其他教会作家一样，他写过赞扬童贞的论著，也写过贬低寡妇再嫁的论著。当他选址一所新教堂时，碰巧在那发现两具骸骨（据说一次异象中显示过），这两具骸骨居然还能行奇迹，安布罗斯宣布这是两位殉道者的骸骨。他的书信里还叙述了别的奇迹，带有时代特征的轻信。作为学者，他不如哲罗姆；作为哲学家，他不如奥古斯丁；但作为有勇有谋、巩固教会权力的政治家，他是第一流的。

哲罗姆是著名的翻译家，他翻译了迄今仍是天主教会公认的拉丁语译本《圣经》。在他以前罗马教会在这方面主要靠《旧约圣经》的希腊文译本，这个译本有些重要的地方与希伯来原文不同。基督徒倾向于主张自基督教兴起，犹太人篡改了希伯来文原典中似乎预言耶稣基督的章句。严谨的学术思想证明这个观点站不住脚，哲罗姆对此也坚决反对。由于害怕其他犹太人，拉比们暗中帮助哲罗姆，他也接受帮助。对来自基督徒的批评，哲罗姆辩道："谁想挑剔这个译本就去问犹太人。"由于他承认了犹太人奉为正统的希伯来文原典，所以他的译本最初很受敌视。但该译本终为世人接受，一部分是来自圣奥古斯丁的支持。这部巨著包含相当多的经文考证。

哲罗姆比安布罗斯小五岁，345年生于离阿奎莱亚不远的小城斯垂登，377 年该城被哥特人摧毁。他家庭不算富裕，却也殷实。366 年，他去罗马学习修辞学，在那犯了戒律。游历高卢后，他定居在阿奎莱亚，并成为禁欲主义者。接着他在叙利亚的荒野隐居五年。"他在沙漠里时严格忏悔、流泪、呻吟，时而陷入狂喜；被罗马生活时的难忘回忆诱惑；他住在一间小屋或是洞穴里；赚得每天的食粮，以粗布蔽体。"[1] 此后，他来到君士坦丁堡，在罗马住了三年，成为达马苏斯教皇的朋友兼顾问，在教皇的鼓励下着手翻译《圣经》。

圣哲罗姆爱与人辩论。他与圣奥古斯丁争论圣保罗在《加拉太书》第二章中论及的圣彼得的某些可疑行为；由于对奥利金的看法相左，他和朋友茹菲纳斯决裂；他强烈反对伯拉纠，结果伯拉纠派暴徒袭击了他的修道院。达马苏斯教皇去世后，他好像和新任教皇也起过争执；他在罗马结识了一些虔诚的贵妇，并说服其中一些开始禁欲生活。新任教皇还有许多罗马人对此反感。因此，哲罗姆离开罗马到了伯利恒城，从 386 年到 420 年去世一直居住在此。

十七年后，即罗马被劫掠后第三年，他写道（第 128 号书信）：

> 世界陷入毁灭：是的！说来可耻，我们依然有罪，还在增加。这座名城，罗马帝国的首都，被大火吞噬；罗马人流亡世界各地。曾经神圣的教会，如今只剩瓦砾与灰烬。而我们依然贪图利欲。我们及时享乐，把每天当最后一天活；可我们建造起来，就像要永远活在世上似的。墙壁、天花板和柱头都装饰得金碧辉煌；基督却以穷人的样子裸着身，饿死在我们门前。

---

[1]《尼西亚会议以来诸教父选集》，第 6 卷，第 17 页。

他给一个决心让女儿永守童贞的朋友的信里附带以上的话，信中大部分是关于教育这样一个甘愿奉献的女孩时应遵守的各种戒律。奇怪的是：以哲罗姆对古代世界衰亡持有的深切情感，竟会认为保持童贞比战胜匈奴人、汪达尔人以及哥特人更重要。他从未思考过经国济世的策略，从未指出财政制度的弊端以及倚赖蛮族组成军队的危害。安布罗斯和奥古斯丁亦然；安布罗斯的确是政治家，但只为教会利益着想。当时思维最优秀、最活跃的人才都如此彻底脱离世俗事务，也就难怪罗马帝国的衰亡。另一方面，若衰亡是必然的，基督教世界观恰好教人坚忍，当人间似乎没有希望时，它使人在宗教上怀有希望。圣奥古斯丁最大的功绩即在其所著的《上帝之城》中阐述了这一点。

本章只讲述圣奥古斯丁的为人；下一章讲述他作为神学家和哲学家的事迹。

奥古斯丁生于 354 年，比哲罗姆小九岁，比安布罗斯小十四岁。他是非洲本地人，一生大部分在非洲度过。他母亲是基督徒，父亲不是。他一度信奉摩尼教，后改信天主教，在米兰接受了安布罗斯的洗礼。约 396 年做了离迦太基不远的希坡的主教，直到 430 年去世一直居住于此。

我们对他早年比对大多数教士的了解多得多，因为他在《忏悔录》中有所记载。后来有些著名作家效仿，尤其是卢梭和托尔斯泰，但我想奥古斯丁之前还没有能与之相提并论的著作。圣奥古斯丁有些方面很像托尔斯泰，但智力方面胜他一筹。他富有激情，青年时远不是道德楷模，但内心冲动促使他寻求真理与正义。像托尔斯泰一样，他晚年也痴迷于研究罪恶的意义，过着苛刻的生活，哲学观也变得不近人情。他与异教斗争激烈，但 17 世纪冉森纽斯重述他一些观点时却称其为异端。然而，直到新教徒采纳他的观点，天主教会才质疑这些观点的正统性。

《忏悔录》中七章全都关于年幼淘气时从一棵树上偷摘梨子。近代人看来这似乎是种病态；[1]但在他所处的时代，却似乎合理且是神圣的标志。当时犹太人中强烈的罪恶意识，是调和自命不凡与外界失败的一种方法。耶和华是全能的神，又特别关切犹太人；可他们为何不能兴盛呢？因为他们败坏：崇拜偶像、与外邦人通婚、不遵守摩西律法。上帝的意志集中在犹太人身上。因为公义是至高的善；而且通过苦难才能得到，所以他们必先受惩戒，并将惩戒看作上帝慈爱的象征。

基督徒以教会代替选民，除了一点，这跟罪恶心理几乎没什么不同。教会像犹太人一样遭受苦难；受异端骚扰；个别基督徒不堪迫害而叛教。虽然如此，犹太人很大的程度上取得一项重要进展，那就是以个人的罪代替公共社会的罪。最初是犹太民族的罪，因而集体受到惩罚；但后来更多的是个体的罪，因而罪失去政治特性。教会取代犹太民族这一变化很重要，因为教会作为一个精神实体，不会犯戒律，而个别罪人可与教会断绝关系。如上所述，罪与自命不凡相关。最初自命不凡是指犹太民族的自命不凡，而后成为个人的自命不凡——但与教会无关，因为教会从不犯戒律。因而基督教神学有了两个组成部分：一部分关系到教会；另一部分则关系到个人的灵魂。后来，天主教徒特别强调前者；而新教徒强调后者。但在圣奥古斯丁看来二者平等，毫无违和感。得救者是上帝预定拯救的人；这是灵魂和上帝的一种直接联系。但若不接受洗礼成为教会的一员则不能得救；这使教会成为灵魂与上帝之间的媒介。

罪是这种直接关系的根本。因为它解释了仁慈的上帝如何能使人受苦，尽管如此，个人的灵魂却又能在神创造的世界中占最重要的地位。这

---

[1] 我必须把圣雄甘地除外，他的自传中包括与上述章节极其近似的一些段落。

就难怪宗教改革倚重的神学来自一个罪恶观反常的人了。

关于梨子的问题到此为止。下面我们看一下《忏悔录》对其他问题的阐述。

奥古斯丁写道他如何倚着母亲膝头轻松愉快地学会了拉丁语，但他讨厌希腊语，因为他在学校里学希腊语时，"曾受到残酷的威胁和惩罚"。因此到晚年，他的希腊语知识还很有限。由此，人们可能认为他会赞同温和的教育方法。然而他却说：

> 很明显，自由的好奇心比可怕的责任感更能促使我们学会这些事物。照您的律法只有这种责任感才能限制那摇摆不定的自由，噢，我的上帝！您的律法，从师父的棍棒到殉道者的试炼，因为您的律法能让我们感受极大的苦痛，召唤我们远离那无益的愉悦回到您身边，这种愉悦让我们远离您。

教师的棍棒虽未能让他学会希腊语，但却使他戒除了无益的愉悦，因此棍棒教育也是值得的。对那些认为人类首要关心的是罪这个问题的人来说，这一看法合乎逻辑。他又指出，自己有罪，还是个儿童甚至更早就说谎和偷窃食物；他用整整一章（第1卷，第7章）证明甚至在哺乳期的婴儿也有罪，例如贪食、嫉妒及其他一些可怕的罪恶。

他青春期时，克制不了情欲。"我十六岁那年，当出于人间邪恶的疯狂情欲，肆其淫威支配了我 —— 虽然您的律法禁止 —— 我竟完全无力抗拒，我不知道身处何方，离您天庭的喜乐有多沅？"（第2卷，第2章）

他十六岁到迦太基。"恣意放纵的情人包围着我。我那时还没恋爱，却热衷恋爱；由于由来已久的渴望，我讨厌自己无所求。我追求爱人，热衷爱恋，讨厌安全感……当时爱与被爱都是甜蜜的；与爱人欢愉更甜蜜。因此我的淫欲玷污了友谊的清泉；放浪形骸遮蔽了友谊的光芒。"（第3卷，第1章）这些话描述了他与一位忠心相爱多年的妇人的关系（第4卷，第2章）；这位夫人为他生了一个孩子，奥古斯丁也很爱这个孩子。在他改宗后，还特别关心孩子的宗教教育。

他和他母亲认为他该结婚了。他必须和情人断绝关系。他说："我的情人成了我婚姻的障碍，她被人从我身边拖走。我这颗忠于她的心被撕裂，受伤流血。她把孩子留给我，回到非洲（当时奥古斯丁住在米兰）；并向您起誓绝不结交其他男人。"（第6卷，第15章）但由于未婚妻年幼，两年内不能举行婚礼，其间他又结识一个情人，这次不如以前那么公开，更不被认可。他的良心越发不安，常祷告说："主啊，赐予我贞操和克制吧，但不要现在。"（第8卷，第7章）最终，在他结婚前，宗教信仰大获全胜，此后他终生独身。

现在我们回到更早期：十九岁那年，他精通修辞学后，受西塞罗影响转向哲学。他试着阅读《圣经》，但发现书中缺乏西塞罗式雄辩之风。此时他信奉了摩尼教，他母亲大为伤心。他的职业是修辞学教师。他热衷占星术，但晚年又厌弃了，因为占星术教导"你的罪必然的原因在天上"（第4卷，第3章）。他尽量阅读拉丁文的哲学书籍；他特别提到在没有教师指导下看懂了亚里士多德的"十大范畴"。他说："我这个被恶欲控制的罪人，读过一切所谓'文艺'之书；懂得我读到的一切，可这究竟对我何益？……因我背向光明，面向被光照亮的物体；我的脸庞……本身却未被照亮。"（第4卷，第16章）这时他认为上帝是一个巨大的明亮物体，而他是其中一部分。人们本希望他详述摩尼教教义，而不仅指出其荒谬之处。

　　有趣的是，奥古斯丁反对摩尼教最初的一些理由是有科学性的。他回忆从一些卓越的天文学家作品中学到的知识时说："我对比摩尼的话和这些天文学作品，发现他疯狂愚昧、长篇累牍写下这些主题，但他写的至日、春分、秋分、日月食以及其他我从世俗哲学书籍中学到的东西，无一处使我满意，却命令我相信。它们与我深思熟虑和观察的论证不但不符，甚至相左。"（第5卷，第3章）他特别细心地指出，就信仰而言，科学错误本身不代表谬误，但以权威自居，说是得了神示，就是谬误了。人们不禁想知道若奥古斯丁生在伽利略时代，会有何感想。

　　想不到那个时代会有如此惊人的豁达。这和奥古斯丁晚年对待异端的态度大相径庭。

　　这时，他决定去罗马。约一年后，米兰市要求罗马派一位修辞学教师，因此西玛库斯长官将他送到米兰。他在米兰结识了安布罗斯这位"全世界知名人士中最杰出的人物之一"。他最终喜爱上安布罗斯的仁慈，并且比起摩尼教教义更推崇天主教教义。他从学院派学到的怀疑主义一度使他犹豫。不过，"那些学院派哲学家无基督教赎之名，所以我坚决不能将我这有罪的灵魂托付于他们"（第5卷，第14章）。

　　在米兰，他和母亲生活在一起，母亲对他最终改宗起了很大作用。她是虔诚的天主教徒。奥古斯丁总是以尊敬的笔调来叙述母亲。这一期间，由于安布罗斯忙得没机会和他私下交谈，母亲对他就更重要了。

　　奥古斯丁书中比较柏拉图哲学与基督教教义的那章十分有趣。大体上，他从柏拉图学派中发现道的形而上学教义，但没发现道成肉身，以及人类救赎的教义。这类教义存在于俄耳甫斯教或其他秘密教；但圣奥古斯丁似乎对此一无所知。总之，这些宗教不像基督教那样，与比较近期的历史事件相关。

　　与二元论的摩尼教徒相反，奥古斯丁最终相信：罪不是来自某种实质，而是来自意志的反常。

　　他在圣保罗的著作中得到了特别的安慰。

　　经过激烈内心斗争，他终于改宗（386 年）；他放弃了教职、情人和未婚妻；经过短暂隐居冥想，接受了安布罗斯的洗礼。388 年他回到非洲度过余生；完全致力于主教公务以及写作驳斥多纳图派、摩尼教和伯拉纠派等异端。

第四章　圣奥古斯丁的哲学与神学

　　圣奥古斯丁著述颇丰，其著作主要关于神学问题。他一些有争议的文章有关时事问题，一旦成功说服别人后，文章随即失去其意义；但某些文章，特别是关系到伯拉纠教派的却一直到近代仍具有其现实影响。我不想讨论他所有的作品，只讲那些我认为有重要内在或历史意义的著作。我将从以下几方面考虑：

　　第一，他的纯粹哲学思想，特别是他的时间论。
　　第二，他在《上帝之城》中形成的历史哲学思想。
　　第三，他为反驳伯拉纠教派而提出的救赎论。

1. 纯粹哲学

　　通常，圣奥古斯丁不专注研究纯粹哲学，一旦研究时，却显示出卓越的才能。很多人纯粹思辨的见解受到必须与《圣经》一致的影响，奥古斯丁在其中居首位。早期基督教哲学家却不如此，例如奥利金的著述中，基督教和柏拉图主义同时并存，且互不渗透。相反，柏拉图主义某些方面与《创世记》不协调的事实激发了奥古斯丁纯粹哲学的独创思想。

在圣奥古斯丁的著作中，《忏悔录》第十一卷是最纯粹的哲学作品。一些通俗版的《忏悔录》只有十卷，因为十卷后的部分枯燥乏味；其枯燥乏味正是由于这部分不是传记，而是很好的哲学思想。第十一卷涉及的问题是：若像《创世记》第一章讲述的上帝创造天地万物，有如奥古斯丁反驳摩尼教徒时主张的那样，那么创世一事应是尽早发生的。于是他假想一个反对者展开论证。

要理解他的解答，首先必须认清《旧约圣经》中无中生有的创造，这与希腊哲学完全不同。柏拉图论及创世时，想到的是一种神赋予形相的原始物质；亚里士多德持相同观点。他们说的神，与其说是造物者不如说是发明家或建筑师。他们认为物质是永恒的，不是被创造的；只有形相才是出于神的意志。与此相反，正如所有正统基督徒那样，圣奥古斯丁主张世界不是从任何物质中，而是从无中创造出来。上帝不仅使这个世界井井有条，还创造了实质。

希腊人认为无中生有不可能，这一观点不时出现在基督教时代并产生了泛神论。泛神论认为上帝与世界不能区分；世上所有都是上帝的一部分。斯宾诺莎的著作充分发扬此观点，引起几乎所有神秘主义者的兴趣。在基督教的几百年中，神秘主义者很难奉守正统教义，因为他们很难相信世界存在于上帝之外。但奥古斯丁不会，因为《创世记》讲得很清楚，对他来说足矣。他对这一问题的见解对他的时间论很重要。

世界为什么没有被更早创造呢？因为不存在所谓"更早"的问题。时间与世界同时被创造出来。上帝是永恒的，不受时间影响；上帝没有所谓以前和以后，只有永远的现在。上帝的永恒与时间无关；对上帝来说一切时间都是现在。他不先于自己创造的时间，否则就意味着他存在于时间之中了。上帝永远在时间长河之外。这促成奥古斯丁令人钦佩的时间相对性

理论。

"那什么是时间？"他问道。"若无人问我，我是知道的；若我想解释给提问的人，我就不懂了。"各种难题让他困惑。他说，实际存在的，既非过去，又非未来，而只是现在。现在只是一瞬间，时间消逝时才能加以衡量。然而确实有过去和未来的时间。这似乎是矛盾的，因此奥古斯丁找到的唯一方法是将过去和未来看作现在："过去"必须与回忆等同，而"未来"则与期望等同，回忆和期望都是现在的事实。他说有三种时间："过去事物的现在，现在事物的现在，以及未来事物的现在。""过去事物的现在是回忆；现在事物的现在是视觉；未来事物的现在是期望。"（第20章）过去、现在和未来三种时间的说法不严谨。

他认识到用这个理论未真正解决所有难题。他说："我渴望知道这个最错综复杂的谜。"他祈祷上帝启发他，并向上帝保证，他对这个问题的兴趣不是出于无聊的好奇心。"主啊！我向您坦白，我依然不知道时间为何物。"但他答案的要点是时间是主观的：它存在于用于期望、思考和记忆的人类意识中。因此，没有被创造之物，就不可能有时间，因而谈论上帝造物前的时间毫无意义。

我不赞同将时间说成某种精神产物的理论。但很显然这理论很有道理，值得认真思考。更进一步说，该理论比起希腊哲学中任何相关理论进步巨大。它的表达比康德的主观时间论 —— 自康德以来广为哲学家接受的 —— 更完善、清楚。

把时间看作只是思维的一方面，是主观主义最极端形式的一种。这种主观主义在古代从普罗泰戈拉和苏格拉底时代逐渐兴起。该理论的情感方面专注于罪，产生于智力方面之后。奥古斯丁提出两种主观主义，使他不仅成为康德时间论的先驱，也成为笛卡尔"我思"的先驱。奥古斯丁在

《独语录》中说："求知的人！你知道你存在吗？我知道。你从何而来？我不知道。你感觉自己是单一的，还是复合的？我不知道。你感觉自己移动吗？我不知道。你知道你在思维吗？我知道。"这段话不仅包括笛卡尔的"我思"，也回应了伽桑狄的"我行走所以我存在"。因此奥古斯丁在哲学上的地位很高。

2. 上帝之城

410 年罗马遭哥特人劫掠时，异教徒很自然地将这场灾难归咎于不再信仰古代诸神。他们说信奉朱庇特时，罗马一直保持强盛；现在皇帝们不再信奉他，所以他也不再保护罗马人。异教徒的这个论点需要答案。412 年到 427 年间写成的《上帝之城》就是圣奥古斯丁的解答。随着写作的进展，这部书涵盖更广泛，最终成为一部有关过去、现在和未来的全部基督教历史纲要。整个中世纪，特别在教会与世俗诸侯的斗争中，这部书产生过巨大的影响。

书中第十一卷开始叙述上帝之城的本质。上帝之城是选民的社会。有关上帝的知识，唯有通过基督才能获得。有些事物可通过理性发现（比如在哲学家那里）；但对进一步有关宗教的一切知识都必须靠《圣经》。我们不该去了解世界被创造前的时间与空间：创世前没有时间和空间。

一切被上帝祝福的都是永恒的，但一切永恒的不一定都被上帝祝福，例如地狱和撒旦。上帝预知魔鬼的罪恶，但也预知其改善整个宇宙的作用，就像修辞学中的对偶一样。

奥利金认为，赋予肉身灵魂是一种惩罚的说法是错的。如若这样，邪恶的灵魂行将有邪恶的肉身；但魔鬼甚至最邪恶的魔鬼都有缥缈的肉身，比我们的肉身好。

上帝在六天内创造了世界是因为六是完全数（即等于它所有真因子之和）。

天使有好有坏；即使坏的天使也不具有违背上帝的本质。上帝的敌人不是出于其本性，而是出于其意志。邪恶的意志没有动力因，只有缺陷因；它不是一个结果，而是一种缺陷。

世界历史不足六千年。历史不像一些哲学家设想的那样循环往复："基督为我们的罪只死一次。"[1]

若我们的始祖无罪，就不会死，但因为他们有罪，所以后代必须死。偷吃伊甸园的苹果带来的不仅是自然死亡，还有永远的死，即永劫的惩罚。

波菲利认为天上圣徒没有肉身的说法是错的。圣徒要比堕落前的亚当具有更好的肉身；他们的肉身有灵，但不是灵魂，不会有重量。男人将具男身，女人具女身，幼年夭亡者将以成年人的肉身复活。

亚当的罪几乎给全人类带来永恒的死（即永劫的惩罚），但上帝的恩惠从中解救出许多人。罪来自灵魂，而非肉体。柏拉图主义者和摩尼教徒把罪归咎于肉体本性这点是错的，虽然柏拉图主义者的看法没摩尼教徒的那么糟糕。为亚当的罪而惩罚所有人是正义的；因为亚当的罪，害得本可具灵体的人只落得肉欲的灵。[2]

这个问题引发有关性欲冗长而细致的讨论。我们受性欲影响，是为亚当的罪受到的一部分惩罚。这段讨论很重要，因它揭示了禁欲主义的心理。禁欲主义者之所以厌恶性欲显然在于性欲不受意志支配。所谓道德，要求意志完全控制身体，但这样不可能有性行为。因此，性行为似与完美的道德生活相矛盾。

---

[1] 《新约·罗马人书》，第6章。

[2] 《上帝之城》，第14卷，第15章。

　　自从人类堕落，世界被划为两个城。一个城要永远与上帝一同作王，另一个城则要与撒旦一同受永劫的折磨。该隐属于魔鬼之城，亚伯属于上帝之城。亚伯蒙神恩惠，凭借宿命论，是世间朝圣者、天国子民。十二先祖也属于上帝之城。玛土撒拉之死的议题使奥古斯丁比较了《旧约圣经》的希腊文译本与拉丁文《圣经》这个难题。《旧约圣经》的七十士希腊文译本记载，玛土撒拉在洪水过后还活了十四年，但这不可能，因为他未曾搭进诺亚方舟。拉丁文《圣经》依据希伯来文原典记载玛土撒拉死于发生洪水那年。在这一问题上，圣奥古斯丁认为圣哲罗姆和希伯来原文必定是正确的。有人说犹太人出于对基督徒的敌意，故意篡改了希伯来文原文《圣经》；但他不同意这种假说。另一方面，希腊文译本一定受过神的启示。因而，唯一的结论是托勒密皇帝的誊写员在抄写希腊文译本时出现笔误。论及《旧约圣经》各种译本时，奥古斯丁说："教会一直认可希腊文译本《圣经》，好像除此以外再没有其他译本，正如许多希腊基督徒只用这个译本，不知道是否有其他译本一样。我们的拉丁文译本也是依据希腊文译本翻译。然而博学的教士、伟大的语言学家哲罗姆却直接将希伯来原文直接翻译成拉丁文。犹太人虽证实他精湛的译文全都正确；并言之凿凿七十士译本错误不少，但各基督教会则认为一个人比不上那么多人，尤其这些人还是大祭司选定的。"他认可七十人各自翻译的译文竟奇迹般一致的说法，认为这证明了七十士译本受到圣灵启示。但希伯来文《圣经》同样受圣灵感召。这个结论使哲罗姆译本的权威性成为悬而未决的问题。若这两位圣徒未曾就圣彼得的两面派倾向争论过，奥古斯丁或许会更坚决地站在哲罗姆一边。[1]

----

[1]《新约·加拉太书》，第2章，第11—14节。

　　书中有影响的一点在于教会与国家的分离，暗示国家唯有在一切有关宗教事务方面服从教会才能成为上帝之城的一部分。此后，这种说法一直是教会的教义。整个中世纪，教皇权力逐渐上升期间，教皇与皇帝间的历次冲突中，圣奥古斯丁为罗马教会这项政策提供了理论依据。犹太国，无论在士师记中的传说时期还是在从巴比伦被掳归来的历史时期，皆为神权体制；基督教国家在这一点应仿效犹太国。罗马诸皇帝和中世纪大部分西欧君主的软弱，很大的程度上促使教会实现了上帝之城的理想。但在东罗马帝国，皇权强大，教会从未得到如此发展，东部教会较西部教会更臣服于国家政权。

　　使圣奥古斯丁的救世教义得以复活的宗教改革运动，摈弃其神权政体理论，成为伊拉斯派[1]，这主要是由于与天主教斗争时的迫切需求。而新教徒的伊拉斯派并不热心，最虔诚的新教徒仍受圣奥古斯丁的影响。再洗礼派、第五王国派和贵格派继承了一部分奥古斯丁的教理，但不太重视教会。奥古斯丁坚持得救预定论，以及洗礼在得救上的必要性；二者并不统一。一些极端的新教徒放弃后者。然而他们的末世论保留了奥古斯丁的原则。

　　《上帝之城》中独创的理论极少。其末世论源于犹太人，通过《启示录》传入基督教。使徒保罗在《使徒书信》中提出得救预定论和选民论，但奥古斯丁将其发展得更全面、更有逻辑。圣史和俗史的区别在《旧约圣经》中被明确提出。奥古斯丁把这些因素融汇在一起，并结合当时的历史加以叙述，为的是使基督徒能接受西罗马帝国的衰亡及此后的混乱时期，而信仰不致受到过分严峻的考验。

---

[1]　伊拉斯派主张教会必须服从国家的教义。

3. 伯拉纠争论

圣奥古斯丁神学最有影响的部分大多与反伯拉纠异端相关。威尔士人伯拉纠是位温文尔雅的教士，不像许多同时代人那样狂热。他相信自由意志，怀疑原罪的教义，认为人的道德行为是人们道德方面努力的结果。若人们行为规范正统，将升入天国作为德行的奖赏。

这些观点今天看来似乎司空见惯，当时却引起很大骚动，主要由于圣奥古斯丁的反对而被宣告为异端。但这些观点一度十分成功。奥古斯丁不得不给耶路撒冷的大主教写信，要他警惕这个诡计多端，说服许多东方神学者采纳其见解的异端首领。遭到奥古斯丁谴责后，被称为半伯拉纠派的一些人曾以一种比较缓和的形式鼓吹伯拉纠教义。过了很久，圣奥古斯丁比较纯粹的教义才大获全胜，尤其在法兰西，半伯拉纠派于 529 年奥兰治宗教会议时最终被判为异端。

圣奥古斯丁教导说，亚当堕落前有过自由意志，本可以避免犯罪。但由于他和夏娃偷吃了苹果，于是道德的败坏侵入他们体内，并传给他们所有的后裔。其后裔皆不能以自力来免罪。只有上帝的恩典使人有德。因为我们都继承了亚当的原罪，所以理应永受地狱之苦。所有未受洗死去的，即便是婴孩，也要下地狱经受无尽的折磨。因为我们都是恶的，所以我们对此无权怀怨。（在《忏悔录》中，圣奥古斯丁列举自己在襁褓期所犯的种种罪。）但由于上帝白施的恩典，一些受洗的人被选入天国；这些人就是选民。他们并非因自己善而进入天国；除了上帝只施予选民的恩典使人不致败坏，其他人都是败坏的。无法说明为何有些人灵魂得救，而其他人则受地狱之苦；这只是上帝无意的选择。永受地狱之苦证明上帝的公义；灵魂的拯救证明上帝的怜悯。二者同样显示上帝的善。

圣保罗的著作，特别是其《罗马书》中论述支持这种残酷教义，加尔

文曾复兴过该教义，但从那时起一直未被天主教教会接受。奥古斯丁对待这些论述犹如律师对待法律：他的诠释将原文的含义表现得淋漓尽致。最终，人们信服的不是圣保罗赞成了奥古斯丁的推论，而是单独看某些章节本身的确暗含奥古斯丁所说的意义。对未受洗婴儿也永受地狱之苦不但不让人震惊，反而被认为是上帝仁慈的做法。这看似荒诞，然而自觉有罪深深支配了奥古斯丁，所以他确实认为新生婴儿是撒旦的化身。中世纪教会中许多极为凶残的事件，都源于奥古斯丁这种悲观的普遍罪恶感。

只有一个难题确实困扰圣奥古斯丁。倒不是因为大部分人注定遭受永劫的折磨，从而感到创造人是件憾事。他困惑的是如圣保罗所教导，倘原罪遗传自亚当，那么灵魂与肉体必定同样来自父母，因为罪属灵而非肉体。他对这一教义感到棘手，但他说《圣经》未涉及此问题，所以在这一问题上得出公正见解不可能是灵魂得救的必要条件。因而他对此未有定论。

奇怪的是，黑暗时期前最后几个显赫智者，不但不关心拯救文明、驱逐蛮族、改革政治弊病，反而大肆鼓吹童贞的价值和未受洗礼的婴孩永受地狱之苦。教会使蛮族改宗者关注的就是这些，也就难怪接下来的时代比有史以来所有时期都残酷、迷信。

第五章　公元 5 世纪和 6 世纪

5 世纪，蛮族入侵，西罗马帝国衰亡。430 年奥古斯丁逝世后，哲学几乎消失无踪；整个世纪充斥破坏行为，却大致决定了欧洲此后的发展方向。英吉利人在这一世纪入侵不列颠，将其变成英格兰；法兰克人入侵高卢，使之成为法兰西，汪达尔人入侵西班牙，用自己的名字命名了安达卢西亚。圣帕特里克在 5 世纪中叶教化爱尔兰人改信基督教。在整个西欧世界中，野蛮的日耳曼人诸王国继承了罗马帝国中央集权的官僚政治。帝国邮政中断，大道破败，大型商业因战争终止，政治和经济生活重新局限于各个地区。仅教会保留中央集权，但也困难重重。

5 世纪入侵罗马帝国的日耳曼部族中，哥特人最重要。他们被匈奴人从东打到西。最初他们试图征服东罗马帝国，但却战败；此后转向意大利。自戴克里先皇帝起，他们已成为罗马的雇佣兵，学会了一般蛮族无从得知的许多战术。410 年西哥特国王阿拉里克劫掠了罗马，同年去世。东哥特国王奥多亚克 476 年灭了并统治西罗马帝国，直到 493 年被另一东哥特族人西奥多里克谋杀。西奥多里克作为意大利王直至 526 年，关于此人我随后有更多介绍。他的历史和传奇都很重要；在《尼伯龙根之歌》中他以伯尔尼人迪特里希的名义出现（"伯尔尼"即维罗纳）。

当时汪达尔人定居非洲，西哥特人在法兰西南部，法兰克人则在法兰西北部。

日耳曼族入侵期间，阿提拉也率匈奴人入侵。匈奴人原系蒙古族，但常与哥特人结盟。然而，451年匈奴人入侵高卢的重大关头，同哥特人起了争端；于是哥特人联合罗马人同年在沙隆击败匈奴人。阿提拉随即转攻意大利，并想进军罗马，但罗马教皇利奥借阿拉里克劫掠罗马后死去一事劝退了他。不过他的克制没奏效，次年他也去世。他死后匈奴人的势力衰退。

在这段混乱时期，教会陷于有关道成肉身的争论。争辩的主角是西里尔主教和聂斯托利主教，前者被列为圣徒，后者却被判为异端。圣西里尔约自412年直至444年去世，都担任亚历山大港大主教；聂斯托利是君士坦丁堡的大主教。争论焦点在于基督神性和人性的关系。

圣西里尔拥护神性人性一体，是个狂热分子。他利用大主教的职位，几次煽动屠杀亚历山大城中大片犹太聚居区的犹太人。他出名主要因为对一位高贵妇人希帕提娅施以私刑。在那个愚顽的时代，她热衷新柏拉图哲学并致力于数学研究。她被人"从二轮马车上拖下来，脱光衣服，拉进教堂，遭到读经师彼得和一群野蛮残忍的狂信分子的无情杀害：他们用尖锐的蚝壳把她的肉一片片地从骨骼上剥掉，然后把她尚在颤动的四肢投进熊熊的烈火。公正的审讯和惩罚程序因适时的贿赠而取消"。[1] 从此，亚历山大港不再被哲学家烦扰。

圣西里尔因君士坦丁堡在大主教聂斯托利的教导下步入歧途而痛心。聂斯托利主张基督里有两位，一位是人，一位是神。因此他反对称童贞女

---

[1] 吉本，《罗马帝国衰亡史》，第47章。

为"圣母"的这种新说法；他说童贞女只是基督的人位母亲，而基督的神位，即上帝，没有母亲。在这个问题上教会分两派：基本上苏伊士以东的主教们赞同聂斯托利，以西的主教们赞同西里尔。431年众人在以弗所召开会议来解决这个问题。西部的主教们首先到会，随即紧闭大门，拒绝迟到者进入，并在圣西里尔主持下火速通过拥护圣西里尔的决议。"这次13世纪前的主教骚动，表现出第三次万国基督教会议可敬的一面。"[1]

这次会上，聂斯托利被判异端，但他没放弃主张，反而成为聂斯托利教派的创始人。该教派在叙利亚和整个东方信徒众多。自此数世纪后，聂斯托利教派盛行中国，一度有机会成为钦定的宗教。16世纪时，西班牙和葡萄牙的传教士在印度发现聂斯托利教派。君士坦丁堡的天主教政府对聂斯托利教派的迫害，引发了政治上的不满，使伊斯兰教徒对叙利亚的征服加速。

以弗所人虽然已经学会以童贞女玛利亚代替阿尔忒弥斯女神，但他们对阿尔忒弥斯的强烈热情和在圣保罗时代一样。据说圣母就葬于此地。449年圣西里尔去世后，以弗所宗教会议试图取得进一步的胜利，结果走向了与聂斯托利相反的另一异端；即基督一性论异端，主张基督只有一个本性。若圣西里尔还在世，恐也必定支持这种见解，而成为异端。皇帝支持以弗所宗教会议，但教皇却拒绝承认它。最后，曾经劝阻阿提拉攻打罗马的教皇利奥在451年，即沙隆战争那年，在卡尔西顿召开万国基督教大公会议。会议谴责基督一性论者，确立基督道成肉身的正统教义。以弗所会议确定基督一位性，而卡尔西顿会议却确定基督神人二性。通过这项决议，教皇的影响是首要的。

---

[1]　吉本，《罗马帝国衰亡史》，第47章。

　　基督一性论者和聂斯托利教派一样不屈服。埃及几乎尽人皆信这一传布遍及尼罗河、直达阿比西尼亚的异端。埃及的异端犹如与其对立的叙利亚异端，加速了阿拉伯人的征服。阿比西尼亚的异端后来竟成为墨索里尼用来征服阿比西尼亚的借口之一。

　　6世纪文化史上有四位重要人物：波爱修斯、查士丁尼、本笃和格里高利一世，是本章余下的篇幅及下一章的重点。

　　哥特人征服意大利并不意味罗马文明终止。在意大利人兼哥特人的王西奥多里克统治下，意大利的民政完全是罗马样式；意大利享有和平和宗教自由（直到该王临终前）；君主英明强干。他任命执政官，保留了罗马法令和元老院制度：他去罗马首先访问的便是元老院。

　　他虽是阿里乌斯教派，但直到晚年都与教会关系友好。523年罗马皇帝查士丁一世查禁阿里乌斯教派，惹恼西奥多里克。他的恐惧不无道理，由于意大利信奉天主教，神学上的一致使它支持皇帝。不管对错，他相信其政府人员参与某一阴谋。这促使他监禁并处决了他的大臣、元老院议员波爱修斯。波爱修斯的著作《哲学的慰藉》即在狱中写成。

　　波爱修斯是个奇特的人物。在整个中世纪，人们喜爱他的作品，认为他是虔诚的基督徒，是教父之一。而他那部524年候刑期间写成的《哲学的慰藉》却是部纯粹柏拉图主义的书；虽不能证明他不是基督徒，但表明异教哲学比基督教神学对其影响更深。许多权威学者归在他名下的一些神学著作，特别是有关三位一体的，并非他所著；但也许正是由于这些著作，中世纪人们才视他为正统教派，并从中汲取大量柏拉图主义。否则人们会以怀疑的眼光来看待柏拉图主义。

　　《哲学的慰藉》中诗和散文交替出现：波爱修斯在自称时用散文，回答哲学问题则以诗句。书的风格类似但丁，但丁的著作《新生》无疑受其影响。

此书被吉本称为"宝典"名副其实，开篇称苏格拉底、柏拉图和亚里士多德为真正的哲学家；而那些被俗众误认为是哲学之友的斯多葛派、伊壁鸠鲁派和其他一些人则是冒牌货。波爱修斯声称他遵从毕达哥拉斯的命令"追随上帝"（而非基督的命令）。幸福和天恩一样是善；而快乐不是。友谊是极"神圣的事。"书中很多伦理观念与斯多葛派的学说吻合，事实上大部分取材于塞涅卡。书中有段韵文为《蒂迈欧篇》篇首写的概要。随后是大量纯粹柏拉图式的形而上学。他说不完美是一种欠缺，意味着存在完美。关于恶他采用缺乏学说，继而转入泛神论，基督徒本会大为惊骇，但事实上因某种原因却没有。他说天恩和上帝都是首善，因而是同等的。"人因获得神性而享幸福。""凡获得神性的人就变成神。因而每一个幸福的人都是一位神，然而上帝本来只有一位，但由于人的参与却可能有许多位。""世人追求的全部、根源与原因应被正确地理解为善。""上帝的本质只在于善而不在于别的。"上帝能作恶吗？不能！所以恶不存在，因为上帝能做一切事。善人总是强大的，而恶人总是软弱的；二者都向往善，而只有善人才能得到善。恶人若逃避惩罚则比接受惩罚更不幸。（注意，这不是指地狱的惩罚）"智者不仇恨。"

该书柏拉图风格多于普罗提诺风格。书中丝毫没有当代那种迷信与病态的迹象，不执着罪，不过分强求不可及的事物。书中呈现的是一种泰然自若——倘该书写成于顺境，这种超然可能被视为一种自得。但该书是作者被判死刑后在狱中写就。这和柏拉图笔下苏格拉底的最后时刻同样令人赞叹。

除非在牛顿以后，再也找不出一种与此类似的世界观。

波爱修斯和西奥多里克一生都是朋友。波爱修斯的父亲、他本人及两

个儿子都曾做过执政官，他岳父西玛库斯（可能是关于胜利女神塑像问题和圣安布罗斯发生过争执的那个西玛库斯的孙子）在哥特王的宫廷举足轻重。西奥多里克任用波爱修斯改革币制，用日晷、滴漏等器具让那些见识短浅的蛮族诸王大开眼界。波爱修斯不迷信，在罗马贵族世家中也许没什么特别，但加上他的博学和对公益事业的热忱使他当时显得独一无二。波爱修斯生前两个世纪至死后的十个世纪，我想不出哪个欧洲学者像他那样不迷信、不狂热。此外，他高瞻远瞩、处事公正、精神崇高，在任何时代都是位非凡的人物；因而就他所处的时代而论，他绝对令人惊异。

波爱修斯中世纪的声望，部分由于他被认为是阿里乌斯教派迫害下的殉教者——这种看法始于他逝世后的二三百年间，他在帕维亚虽曾被视为圣徒，但实际上未被追封。西里尔是圣徒，但波爱修斯不是。

波爱修斯被处决后两年，西奥多里克去世。翌年查士丁尼登基，统治到565年。在其漫长的统治中他做了许多坏事，也做了些好事。当然他主要因其《学说汇纂》著称。他极其虔诚，即位两年后关闭了当时异教统治下雅典的哲学学校。被逐的哲学家纷纷逃往波斯，受到波斯王的礼遇。但波斯人多妻和乱伦的习俗使他们大为震骇——如吉本所说。于是他们重返家园，从此销声匿迹。查士丁尼在这次丰功伟绩三年后（532年），又开始了一件更值得称赞的大事——建造圣索菲亚教堂。查士丁尼和皇后西奥多拉都很虔诚，不过皇后倾向基督一性论。

皇帝本人是无可非议的正统教派，除了在"三章案"问题上。卡尔西顿会议曾宣布三个有聂斯托利教派嫌疑的教父为正统教派；西奥多拉和其他许多人接受了会议中其余的一切决议，唯独不接受这一决议。由于罗马教会毫无保留地拥护会议的一切决议，激起皇后对教皇的迫害。她很受查士丁尼宠爱，548年去世后，他像维多利亚女王追念已故王夫般地追念她。最终他走向异端。

查士丁尼急于尽可能多收复西罗马帝国的疆域。535 年他入侵意大利，最初对哥特人取得短暂胜利。天主教居民欢迎他，而他也是代表罗马来抗击蛮族。但哥特人卷土重来，战争持续十八年，罗马和意大利受害的程度远超蛮族入侵时期。

罗马五次沦陷，三次沦陷于拜占庭人，两次沦陷于哥特人，并沦落为一个小城镇。查士丁尼一度收复的非洲也是如此。他的军队开始受人欢迎；后来人们发现拜占庭政府腐败，税收沉重。最后宁愿哥特人或汪达尔人卷土重来。而罗马教会因查士丁尼信奉正统教义，始终坚决支持他。他未曾想再次征服高卢，一方面由于距离遥远，一方面也由于法兰克人属于正统教派。

568 年，查士丁尼去世三年后，意大利遭到凶悍的日耳曼新兴部族伦巴第人的侵犯。伦巴第人与拜占庭人的战争断断续续达两百年之久，几乎到查理大帝时才终止。拜占庭人逐渐失去意大利；在南部，他们必须抵御萨拉森人。罗马名义上仍属于拜占庭，教皇们对东罗马帝国的各位皇帝也很恭顺。而伦巴第人入侵后，意大利大部分的皇帝们几乎没什么权威。就在这个时期意大利文明毁灭，躲避伦巴第人的难民——而不是传说中躲避阿提拉的难民——建立了威尼斯。

第六章　圣本笃和格里高利一世

6 世纪及随后几百年战争不断，导致了文明大衰退，其间主要是教会保存了古罗马残存文化。但教会做得还不够完善，那时连最伟大的一些教士也趋于宗教狂热和迷信，而世俗的学问被认为是邪恶的。尽管如此，由于教会各组织体制稳固，此后学术和文艺在其中能得以复兴。

我们讨论的时代中基督教会有三项活动特别值得关注：一是修道运动；二是教皇的影响，特别是格里高利一世的影响；三是通过布道使信异教的蛮族改信基督教。我将依次论述这三项。

大约 4 世纪初，修道运动同时始于埃及和叙利亚，分为独居隐士和修道院两种形式。第一位虔修的隐士圣安东尼，约 250 年生于埃及，270 年左右开始隐居。他先在离家不远的一间茅舍独居十五年，又到遥远的荒漠独居二十年。但他声名远扬，大批群众渴望听他布道。于是他 305 年前后出世讲道，并鼓励人们隐居。他实行极端苦修，饮食和睡眠仅够维持生命。魔鬼常以色情的幻象攻击他，但他毅然抵制住撒旦不断的恶意。他晚年时，底比斯沙漠竟住满了被他的表率和教诲感悟的隐士。

数年后，315 年或 320 年左右，另一位埃及人帕可米亚斯创办第一所修道院。修士在此过集体生活，没有私产，吃公共伙食，共同进行宗教仪式。这种非圣安东尼式的修道院制度征服了基督教世界。在帕可米亚斯派的修道院中，修士从事许多以农业劳动为主的工作，而不是把全部时间用于抵御肉欲的种种诱惑。

大约与此同时，叙利亚和美索不达米亚也出现修道院制度。这里的苦行比埃及更甚。苦行者圣谢米安和其他主要隐士都是叙利亚人。修道院制度由东方传到了说希腊语言的国家，主要须归功于圣巴西略（约360年）。他的修道院不那么严格要求苦行；修道院还设有孤儿院和男童学校（不只招收准备当修道士的男童）。

修道院制最初是独立于教会组织之外的自发运动。圣阿塔纳修使教士接受了修道院制。部分上由于他的影响，确立了修道士必须身兼神父之职的规定。339年他在罗马时，又将这一运动传至西欧。圣哲罗姆大力促进这一运动，圣奥古斯丁将其传布于非洲。图尔的圣马丁在高卢，圣帕特里克在爱尔兰也都创办了修道院。爱奥那的修道院则是圣科伦巴566年创办。起初修道士纳入教会组织前，曾是宗教纠纷的根源。首先，无法区分修道士中真诚的苦行者和因生活困窘去修道院当修士享受舒适生活的人。再者，修道士疯狂支持他们喜爱的主教，使地方宗教会议（甚至使大公会议）陷入异端。确定一性论的以弗所地方宗教会议（并非大公会议）就曾处于修道士的恐怖统治。若非教皇反对，一性论者也许获得了永久的胜利。后来再未发生过此类骚乱。

早在3世纪中叶，出现男修道士前，似乎已有修女。其中有些修女闭关在墓穴中。

西方隐修制度中最重要的人物是圣本笃，也就是本笃会创始人。他480年左右生于斯波莱托附近翁布里亚的贵族家庭。二十岁时，他抛下罗马的享乐生活，独自在洞穴中住了三年。此后，他独处的时候不那么

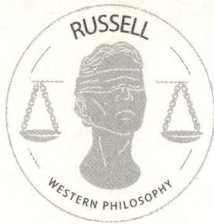

多了。530 年左右，他创立著名的蒙特卡西诺修道院，为该修道院起草了"本笃会规"，教规适合西欧风土，对修道士苦行要求得不像埃及和叙利亚地区盛行的那样严格。当时在过度苦行上有过毫无教育意义的攀比。苦行最严格的就是最神圣的。本笃终止了这种攀比，并宣布超过教规的苦行须经修道院长准许后方可实行。修道院长手握大权；本笃被选为终身院长，他对修道士施行的几乎是专制统治（在教规和正统教义范围内）。修道士不得再像以前那样，任意由一处修道院转入另一处。本笃派后世虽以博学著称，但初期他们读的都是宗教书籍。

凡是组织亦有生命，不以其创立者的意志为转移。最显著的例证就是天主教教会，可能会让耶稣甚至保罗大为吃惊。本笃会不那么显著。修道士必须宣誓保持清贫、顺从和贞洁。关于这点，吉本批评说："我在某地听到或看到一个本笃派修道院长不加掩饰的自白'我发誓清贫，每年给我带来十万克朗；我发誓服从，我被提升到与君主平起平坐'，我不记得他宣誓贞洁带来了什么。"[1] 教团与创始人意愿背道而驰也并非都是憾事，尤其在学术方面。蒙特卡西诺的图书馆赫赫有名，在许多方面全世界大大得益于晚期本笃教派修道士的学术品味。

圣本笃自蒙特卡西诺修道院建立至 543 年去世一直住在该修道院。本笃教团的格里高利一世成为教皇前不久，蒙特卡西诺修道院曾遭伦巴第人劫掠。修道士们逃往罗马；待局势平稳，他们又回到蒙特卡西诺。

从教皇格里高利一世 593 年写的对话集中，我们得知很多本笃的事迹。他"在罗马研究人性。当他发现许多人研究这类学问，却生活放荡、荒淫，便转身收回刚刚踏入尘世的双脚，唯恐踏入过深，同样坠入没有信

---

[1] 吉本著《罗马帝国衰亡史》，第 37 章，注 57。

仰的危险深渊：因此，他丢掉书籍，舍弃父亲的家财，怀着专诚侍奉上帝的决心，找寻达成自己神圣心愿的地方：于是，他就这样带着学术的无知和天生的智慧离开了家。"

他很快有了行奇迹的本领，第一个奇迹是用祈祷修好了一个破筛子。镇上的市民把这筛子挂在教堂门口，"多年后，甚至到了伦巴第人入侵时代，还挂在那里"。他抛开筛子，走进洞穴。只有他一个朋友知道这里，这个朋友用一条绳子秘密给他送饭，绳上系着一个铃铛以便通知这位圣徒。可撒旦却向绳子投石子，打坏了绳子和铃铛。而这个人类的仇敌企图断绝圣徒的食物供应并未得逞。

格里高利不仅谈到圣本笃所行奇迹，有时也特意讲他事业上的一些事。他创建了十二所修道院后，最后来到蒙特卡西诺修道院时，那里有一所纪念阿波罗的"礼拜堂"，乡民来这里做异教崇拜。"直到那时，这帮疯狂的异教徒仍去献那罪恶深重的祭品。"本笃拆了他们的祭坛，改建成一所教堂，并劝化附近的异教徒改信基督教。撒旦恼了：

> 这个人类的宿敌，不把这事当作好事对待，现在他竟不在私下，或梦中出现，而是公然呈现在这位教父眼前，并厉声斥责他伤害了自己。修道士们虽听到他的喧噪，却看不到他的形；但尊敬的教父告诉他们时，撒旦却以凶险残暴的姿态出现在他面前，口中喷火，双眼烈焰，活像要撕碎了他；所有修道士都听见魔鬼对他说的话，魔鬼先叫了这位圣徒的名字，但这位上帝的仆人却不应他，于是他开始叫嚣谩骂：他先喊"蒙福的本笃"，但发现他始终不答，于是他马上改变腔调说："该诅咒的，不是蒙福的本笃：你与我有何相干？你为何要这样迫害我？"

故事到此为止；人们猜想撒旦绝望地放弃了。

教皇格里高利一世是罗马教会第四位也是最后一位博士，也是政治上最杰出的教皇之一。

北安普敦会吏总，尊敬的 W. H. 赫顿[1] 称格里高利一世是 6 世纪最伟大的人物；只有查士丁尼皇帝和圣本笃能与之匹敌。他们三人对未来时代影响深远：查士丁尼的法典（而不是暂时的武力）、本笃的教规、格里高利一世则增强了教皇权力。在我引用的对话中，他显得稚气轻信，但作为政治家，他十分机敏、有掌控力且十分清楚在一个复杂多变的世界他能成就些什么。这一对照颇令人惊奇：行动上最有力的人往往智力上稍逊一筹。

格里高利一世是第一位享有格里高利称号的教皇，约 540 年生于罗马一个富有的贵族之家。他年轻时住豪宅，拥有大量财产。他受过当时公认的良好教育，但未学过希腊语文知识，尽管在君士坦丁堡住了六年多，却从未学会希腊语。573 年他做过罗马市总督，但因为宗教需要他，便辞去总督职务，为建立修道院和周济贫民，捐献了全部财产。他把自己的豪宅变成修道士住所，自己成为本笃派教士。他致力于冥想和苦修，健康长期受损。教皇伯拉纠二世看中其政治才能，派他驻君士坦丁堡充当教皇的全权公使，罗马自查士丁尼时期名义上臣服于君士坦丁堡。格里高利 579 年至 585 年住在君士坦丁堡，在东罗马皇帝宫廷中一面代表罗马教皇的利益，一面代表教皇神学与东罗马帝国的修士论道，因为他们比西罗马帝国的修士更倾向异端。这时君士坦丁堡的大主教秉持着我们复活后的身体将无法触及的错误见解。格里高利一世使皇帝避免了与真实的信仰背道而驰的危险。然而他此行说服皇帝攻打伦巴第人的主要目的未达成。

---

[1] 《剑桥中世纪史》，第 2 卷，第 8 章。

585年至590年五年间格里高利任修道院院长。教皇去世后他成为新教皇。那是个艰难的时代，但正是乱世给一位能干的政治家提供了极大的机会。伦巴第人正在劫掠意大利；西班牙和非洲由于拜占庭的软弱，西哥特人的衰落和摩尔人的掠夺，陷于无政府状态。法兰西南北交战。不列颠在罗马治下信奉基督教，但撒克逊人入侵后又转信异教。那里还有阿里乌斯教派残余，"三章案"异端也未根除。动乱的年代甚至影响了一批主教，其中一些根本无法担当人们楷模。买卖圣职盛行，直到11世纪后半期仍是亟待矫正的弊端。

格里高利全力以赴应对这些难题。他任教皇前，罗马主教虽被公认教阶最高，但在其主教管区外并不认为有任何管辖权。譬如，圣安布罗斯曾与当年的教皇相处甚为融洽，但显然丝毫未把自己看成是教皇权威的属下。格里高利，部分由于他本人的道德品质，部分由于当时普遍的无政府状态，成功树立起了权威，不但被全体罗马教会教士公认，多少也得到东方教士的承认。在整个罗马世界他主要借着同主教们和俗界统治者们通信的方法，有时也用其他方法，行使其权威。他所著《司牧训话》包含对主教们的劝告，在整个中世纪初期产生很大影响。这本教规本是作为主教职责指南，也得到主教们认可。书先是为拉韦纳的主教所写，但他也把书送给赛维利亚的主教。在查理曼统治时期，主教们授任圣职时被授予此书。阿尔弗雷德大帝将此书译成盎格鲁－撒克逊语。东罗马则以希腊文刊行于世，书中对主教忠告很平常，比如劝告他们不可玩忽职守。同时告诫他们不可批评统治者，若统治者不听从教会劝告，应知道会遭地狱之火的威胁。

异教徒改宗是教会影响日益增强重要的一部分。4世纪末之前乌尔菲拉使哥特人改宗，但不幸他们改信了汪达尔人信仰的阿里乌斯教派。西奥多里克去世后，哥特人却逐渐改信天主教：西哥特人的王，如我们所见，

在格里高利期间采用了正统教派的信仰。法兰克人从克洛维时代起就改信天主教。爱尔兰人在西罗马帝国灭亡前经圣帕特里克劝化也改了教。帕特里克是位萨默塞特郡的乡绅，自432年起至461年去世为止一直与爱尔兰人生活在一起。爱尔兰人相继在苏格兰和英格兰北部布道。其中最伟大的传教士是圣科伦巴；他就复活节日期和其他重要问题曾给教皇格里高利写过长信。除了诺森布里亚，格里高利特别注意到英格兰改宗。尽人皆知他当教皇前，在罗马奴隶市场上见到两个金发碧眼的男孩。有人告诉他这两个男孩是盎格鲁人时，他回答说："不，是天使。"他任教皇后，派圣奥古斯丁前往肯特劝化他们。关于这次布教他给奥古斯丁，给盎格鲁王埃特尔伯特和其他人士写过许多信。他下令禁止毁坏英格兰的异教庙宇，但下令毁掉其中的偶像并将庙宇奉为神圣教堂之用。圣奥古斯丁向教皇请示过一些问题，诸如堂亲表亲之间可否结婚，夜间行过房事的夫妇第二天可否进入教堂等（格里高利说，若他们洁净过身体则可以）。这次布道据我们所知是成功的，而这也正是我们现在是基督徒的原因。

我们考察的这段时期很特别：当时的伟人虽比不上其他时代的，但他们对未来的影响更深远。罗马法、修道院制度和教皇权力长久而深远的影响主要应归功于查士丁尼、本笃和格里高利三人。6世纪的人虽不如前人那样文明，却比以后四个世纪的人更文明，他们成功制定了最终驯服了蛮族的制度。值得注意的是：上述三人中，两人出身罗马贵族，一人为罗马皇帝。确切地说，格里高利称得上是最后一个罗马人。他那命令式的语气虽为其职务使然，也是罗马贵族本能的自负。在他之后，罗马城多年未出现伟人。但在罗马城衰落期，它成功束缚了征服者的灵魂：他们对彼得圣座的崇敬来自他们对恺撒宝座的畏惧。

东方的历史进程则不同。穆罕默德诞生时，格里高利已年近三十岁。

第二篇

经院哲学家

PART II   THE SCHOOLMEN

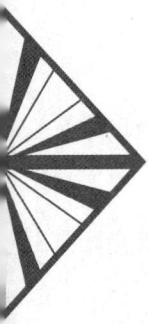

第七章　黑暗时期的罗马教皇制

　　自格里高利一世至西尔维斯特二世的四百年间，教皇制几经惊人变迁。它有时受东罗马皇帝支配；有时受西罗马皇帝支配；还有时受当地罗马贵族支配。即便如此，8世纪和9世纪，一些能干的教皇借机建立起教皇权力的传统。600年到1000年这段时期，对了解中世纪教会及其与国家的关系意义重大。

　　教皇摆脱东罗马皇帝获得独立，与其说是他们自己努力的结果，不如说是伦巴第人武力的结果。当然，教皇们对此毫不感激。希腊正教教会很大程度上一直服从皇帝，皇帝自认既有能力决定有关信仰事务，又有任免主教甚至大主教的权限。修道士曾努力摆脱皇帝而独立，为此他们有时也支持教皇。君士坦丁堡的大主教们情愿归顺皇帝，也绝不承认受教皇权力支配。为抵御意大利境内蛮族，皇帝需要教皇援助时对教皇的态度比君士坦丁堡大主教对教皇的态度还要友好。

　　拜占庭被伦巴第人战败后，教皇们害怕被剽悍的蛮族征服不无道理。他们与法兰克人结盟自救。当时法兰克人在查理曼领导下征服了意大利和德意志。这一同盟造就了神圣罗马帝国——帝国宪章体现了教皇和皇帝的和谐。加洛林王朝迅速衰退，教皇首先从其衰颓中获利。9世纪末，尼古拉一世（858—867）将教皇的权力提到前所未有的高度。当时国内普遍的无政府状态造成罗马贵族实际上的独立，10世纪他们控制了教皇并造成灾难性结局。下一章主题是教皇及教会如何通过一次伟大的改革运动摆脱了对封建贵族的隶属。

7世纪，罗马仍处于诸皇帝武力统治下，教皇不顺从即遭难。有的人，例如霍诺留斯一世竟顺从了异端观点；还有的人，比如马丁一世因反抗而遭皇帝囚禁。685年到752年间的大多数主教是叙利亚人或希腊人。由于伦巴第人占领意大利的疆土越来越多，拜占庭帝国势力日衰。伊苏里亚王朝利奥三世于726年颁布圣像破除令，对此不仅整个西罗马，就连东罗马的大多数人士也都视为异端。对此教皇强烈反对并取得成功；787年在女皇伊琳娜（初为摄政者）统治下，东罗马帝国废弃圣像破除令。与此同时西罗马发生的一些事永远结束了拜占庭对罗马教廷的控制。

约751年，伦巴第人占领拜占庭意大利首都拉韦纳。使教皇受到伦巴第人极大威胁，但也使他们完全独立于东罗马皇帝。由于一些原因，主教们偏爱希腊人胜过伦巴第人。首先，希腊诸皇的权力是合法的，而蛮族国王若无皇帝认可则是篡位者；其次，希腊人文明开化；其三，伦巴第人是民族主义者，而教会则仍保留罗马的国际性；其四，伦巴第人曾为阿里乌斯教派，即使改宗后仍让人厌恶。

739年伦巴第人在国王利乌特普兰德率领下企图征服罗马，教皇格里高利三世向法兰克人求援并激烈反抗。克洛维后裔，墨洛温王朝的国王们已失去法兰克王国的一切实权，"宫相"手握国家大权。当时的宫相查理·马特非常精明强干，和英国国王征服者威廉一样，也是个私生子。732年，他在图尔的决定性战役中打败摩尔人，为基督教世界拯救了法兰西。罗马教会本应为此感激他，但由于财政空虚他竟掠取了教会的一些地

产，大大降低了教会对他功绩的评价。他和格里高利三世都于741年去世，教会对其后继者丕平则青眼有加。754年教皇斯蒂芬三世为逃避伦巴第人，越过阿尔卑斯山造访丕平，并缔结了一项对双方都极为有利的协定。教皇需要军事保护，而丕平需要的只有教皇才能赐予：他取代墨洛温王朝末代君主成为国王的合法性。为了答谢，丕平把拉韦纳和过去东罗马帝国总督在意大利的全部辖区赠予教皇。君士坦丁堡当局不可能承认这项赠予，所以这意味着同东罗马帝国在政治上的分离。

若历代教皇都归顺罗马历代皇帝，天主教会的发展将大不一样。在东罗马教会，君士坦丁堡的大主教从未摆脱世俗界当局获得独立，也没有教皇拥有的那种高于其他教士的优越性。起初所有主教皆平等，东罗马帝国很大的程度上一直秉持这种见解。尤其在亚历山大港、安提阿和耶路撒冷诸城中尚有其他东罗马的大主教，但在西罗马帝国教皇却是唯一的大主教。（而伊斯兰教统治后，这就没有意义了。）在西罗马帝国——东罗马帝国并不如此——大多数俗人几百年来都是文盲，所以西罗马教会比东罗马有优势。罗马城的声誉远超任何东罗马帝国城市，因为罗马既有帝国传统，又有彼得、保罗殉道及彼得是首任教皇等传说。东罗马帝国皇帝的威望或可与教皇威望一争高下，但没有一位西罗马的君主能做得到。神圣罗马帝国的皇帝们往往缺乏实权，而且皇帝经教皇加冕后才能即位。因此，教皇从拜占庭帝国统治下获得解放，对教会独立于世俗王国，并最终建立教皇政治来管理西罗马教会不可或缺。

这一时期出现一些极其重要的文件，例如《君士坦丁赠礼》和《伪教令集》，我们不谈《伪教令集》，但必须说说《君士坦丁赠礼》。为了给丕平的馈赠披上古老的合法外衣，教士伪造了一份文件，说是君士坦丁皇帝颁布的一项教令，大意是他建立新罗马时，将旧罗马以及所有西罗马领土赠予教皇。这份馈赠是教皇世俗权力的基础，后来中世纪人们竟信以为真。1439 年文艺复兴时才被洛伦佐·瓦拉斥为伪造。他写了一本关于"论拉丁语的文雅"的书，这种文雅自然是 8 世纪作品所缺乏的。奇怪的是，他发表了驳斥《君士坦丁赠礼》和另一篇赞美伊壁鸠鲁的论文后，竟被热爱拉丁文风胜过教会的教皇尼古拉五世任命为教皇秘书。教皇对教会领地的管辖权依据所谓的"赠礼"，而尼古拉五世并未提议放弃教会所辖领地。

伦巴第人并不归顺丕平和教皇，但与法兰克人屡战屡败。774 年丕平的儿子查理曼终于进驻意大利，彻底击败伦巴第人成为他们的国王，然后占领罗马并确认了丕平的赠予。当时的哈德良教皇和利奥三世发觉全面推进查理曼的计划对他们都有利。查理曼征服了德意志大部，残酷迫害使撒克逊人改信基督教，最终亲自复兴西罗马帝国，于 800 年圣诞节由罗马教皇加冕即位。

神圣罗马帝国的建立，在中世纪理论上是一个时代的标志，但实践上却远非如此。中世纪特别热衷虚构法权，当时的虚构主张前罗马帝国的西部地区法律上仍隶属于君士坦丁堡的皇帝，而皇帝是唯一合法权威。查理曼很擅长虚构法权，曾主张：帝国的皇位尚无人继承，因为统治东方的伊琳娜（她自称皇帝而非女皇）是篡位者，而女人不能做皇帝。他从教皇那里为自己的主张找到合法根据。因而教皇与皇帝从最初就有种奇妙的相互依存关系。无论是谁，没有罗马教皇加冕就不能做皇帝；另一方面，数世纪以来每位强有力的皇帝都主张有任免教皇的权限。中世纪法权的理论取决于皇帝与教皇双方；双方虽都为这种依存关系而苦恼，但几百年来却无法摆脱。双方经常发生摩擦，都曾各占上风。13 世纪，双方斗争终于达到无法和解的地步。教皇虽获胜，但不久失去了道德上的权威。教皇一直

延续至今；神圣罗马帝国皇帝则延续到拿破仑时代为止。而建立在二者之上的复杂的中世纪理论 15 世纪不再起作用。理论所主张的基督教世界的统一，在世俗方面被法兰西、西班牙及英吉利等君主国的强权摧毁；在宗教方面则为宗教改革运动摧毁。

教会，特别是教廷得到的利益，比西罗马帝国得到的更稳固。在教皇格里高利一世三令五申下，一个传教团劝化英格兰改信了基督教，比那些有主教、习惯于地方自治的国家，英格兰对罗马更恭顺。德意志的改宗主要是英格兰传教士圣卜尼法斯（680—754）的功绩。他是查理·马特和丕平的朋友，完全效忠教皇。卜尼法斯在德意志建了许多修道院。他的朋友圣高尔在瑞士建了一所名为圣高尔的修道院。据权威记载，卜尼法斯曾按《列王纪上》中的仪式为国王丕平举行过涂油式。

查理曼去世后，加洛林王朝的衰微以及查理曼帝国的分裂，首先使教廷获利。教皇尼古拉一世把教皇的权力提到前所未有的高度。他和东罗马、西罗马帝国的皇帝们、法兰西秃头国王查理、洛林国王洛泰尔二世以及几乎所有基督教国家的主教都发生过争执，然而他几乎都获胜。许多地区的牧师早已依附地方诸侯，于是他着手扭转这种局面。他最有名的两大争辩是关于洛泰尔二世的离婚事件和君士坦丁堡大主教伊格纳修斯的非法罢免事件。

尼古拉将自己的意志强加于主教比强加于国王更难。大主教们自认为是伟大的人物，不肯臣服教会的最高统治者。而尼古拉主张主教的存在主要归功于教皇，他有生之年基本上使这种观点占上风。在这几百年里，有过应如何任命主教的重大疑问。主教原先由忠实的信徒从主教管辖区域中口头选出，然后经常由附近教区主教的宗教会议选出，有时是国王或教皇选任。主教因严重的问题可被免职，但他们应受到教皇还是地方宗教会议的裁决则不明确。所有这些不确定性使这一职位的权力大小取决于任职人的毅力和机敏。尼古拉将教皇的权力扩张到极致；但其后继者又使之重新陷入低潮。

10 世纪时教廷完全被地方罗马贵族控制。这时关于教皇的选举尚无既定制度；教皇的选任有时靠民众拥戴，有时靠皇帝或国王的偏好，有时像 10 世纪那样靠罗马城的地方当权者。这时的罗马不同于教皇格里高利一世在世时，不再是个文明城市。这里有时发生派系斗争；有时一些豪门望族通过暴力和贪污手段攫取统治权。此时西欧如此混乱衰微，使整个基督教世界似乎已濒于毁灭。皇帝和法兰西国王已无力制止境内名义上为其诸侯的封建领主制造的无政府状态。匈牙利人袭击了意大利北部，诺曼底人入侵法兰西海岸，直到 911 年诺曼底划归他们，作为交换条件他们皈依基督教。而意大利和法兰西南部最大的危险来自萨拉森人，他们既不改宗，也不尊重教会。约 9 世纪末，他们彻底征服西西里，并定居在那不勒斯附近的加里利亚诺河畔；他们破坏了蒙特卡西诺等大型修道院；他们在普罗旺斯海岸有块居住区，并从那里劫掠意大利和阿尔卑斯山谷地带，阻断罗马与北方的交通。

东罗马帝国阻止了萨拉森人征服意大利，于 915 年打败加里利亚诺的萨拉森人。但其国力不够强大，无法像查士丁尼征服罗马后那样统治罗马。在约一百年的岁月中，教皇的教职成为罗马贵族或图斯库鲁姆伯爵的赏赐物，10 世纪初最有权力的罗马人是"元老院议员"狄奥斐拉克特及其女儿马洛齐亚，他们家几乎世袭教皇的职位。马洛齐亚不但有过好几任丈夫，还有无数情夫。她将其中的一个情夫提拔为教皇号称塞尔吉乌斯二世（904—911）。他们的儿子是教皇约翰十一世（931—936）；她的孙子约翰十二世（955—964）十六岁当教皇，他"生活荒淫奢靡，不久拉特

兰宫成了他纵情声色之地，彻底使教皇一职一文不值。"[1] 马洛齐亚可能是女教皇朱安传说的原型。

这一时期的教皇自然失去历任教皇在东罗马的一切影响。他们失去了教皇尼古拉一世对阿尔卑斯山以北主教们成功的统治。各地的宗教会议声明完全独立于教皇，但没能独立于专制君主和封建领主们。主教日益被世俗封建领主同化。"因而，教会似乎也是无政府状态的牺牲品，正如世俗社会正受其煎熬；各种邪念恶欲不加遏制；一些稍微关心宗教，关心拯救信徒灵魂的修士越发痛惜当前普遍的颓废，便引导信徒将目光投向世界末日和末日审判的恐怖景象。"（同上书）

过去常常认为，当时人们都特别恐惧公元 1000 年将是世界末日。但这个看法是错的。因为自圣保罗以来，基督徒一直相信世界末日的临近，但他们的日常没受影响。

为方便起见，姑且把 1000 年看作西欧文明衰退至极点的年份。此后文明兴起运动开始一直延续至 1914 年。初期的进步主要归功于修道院的改革。各修道会以外的大多数牧师早变得暴戾、败坏和世俗化；虔诚信徒带来的金钱与权势将他们腐化，这种事情甚至在修道会中也司空见惯，但每当道德败坏，改革家必以新的热忱重振之。

还有个原因使 1000 年成为历史转折点。大约此时，伊斯兰教徒和北方蛮族至少停止了对西欧的征战。哥特人、伦巴第人、匈牙利人和诺曼人相继入侵；又相继改信基督教，但每个部族都削弱了文明的传统。西罗马帝国分裂为许多蛮族王国；诸国王丧失对其封臣的管辖权；普遍出现无政府状态，大小战事不断。最后所有强悍的北方征服者部族都改信了基督

---

[1]《剑桥中世纪史》，第 3 卷，第 455 页。

教，并定居下来。最后的入侵者诺曼人证明了其在文明进程上的特殊才干。他们从萨拉森人那里夺回西西里，并保卫意大利不受伊斯兰教徒的威胁。他们把丹麦人从罗马帝国中分裂出去的大块英格兰领土重新纳入罗马版图。他们定居诺曼底后，切实帮助了法兰西复兴。

我们用"黑暗时期"一词概括 600 年到 1000 年这一时期，说明我们过于强调西欧。这一时期还有中国唐朝，也是中国诗词的鼎盛时期，在其他许多方面，这也是个杰出的时代。从印度到西班牙，伊斯兰教灿烂的文明蓬勃发展。这时基督教世界失去的，世界文明并未失去，而是恰恰相反。当时没人能猜到以后西欧在国力与文化上会处于支配地位。对我们来说好像只有西欧文明才是文明，这是一种狭隘的见解。我们西欧文明中大部分文化内容来自地中海东岸、希腊人和犹太人。论国力：自布匿战争到罗马的衰亡，西欧占主导也就是约公元前 200 年到公元 400 年间的六个世纪。此后没有任何一个西欧国家能与中国、日本或阿拉伯帝国相提并论。

自文艺复兴以来，我们的优势一部分来自科技，一部分来自中世纪慢慢建立起来的政治制度。在所难免，这种优越没理由继续下去。在当前的大战中，俄国、中国和日本显示了强大的军事力量。所有这些国家都把西方技术和东方意识形态 —— 拜占庭、儒家或神道教[1] 的意识形态结合在一起。印度如获得解放，也将是另一东方因素。未来几世纪，若文明存续，必将比文艺复兴时期更多样。文化帝国主义比政治帝国主义更难战胜。西罗马帝国灭亡许久后 —— 甚至到宗教改革运动为止 —— 所有欧洲文化依然保留一抹罗马帝国主义色彩。对我们来说，现在的文化则带有西欧帝国

---

[1] 日本神道教，起源于 8 世纪早期，崇拜祖先和自然神灵，相信神在万物中的力量，1945 年前一直是日本的国教。——译注

主义气息。当前大战后，若我们打算在世上活得更舒适，就必须承认亚洲不仅在政治上、文化上，而且在思想上与我们是平等的。我不知道这会引起什么变化，但我确信将是深刻且最重要的变化。

第八章　约翰·司各脱

　　约翰·司各脱是 9 世纪最令人惊异的人物。若他生于 5 世纪或 15 世纪，也许不至于让人这样惊讶。他是爱尔兰人、新柏拉图主义者、杰出的希腊学学者、伯拉纠教派以及泛神论者。他人生的大部分在法兰西秃头国王查理的庇护下度过。他远非正统教派，但就我们所知却躲过迫害。他将理性置于信仰之上，毫不在乎教士权威；而教士为解决争论，反而请他仲裁。

　　理解这样人物的出现，必须首先关注圣帕特里克以后数百年内的爱尔兰文化。除了圣帕特里克是英格兰人这一极其痛苦的事实，还有两件事几乎同样痛苦：首先，圣帕特里克到爱尔兰前，那里已有基督徒；其次，不管他为爱尔兰基督教做出多大贡献，爱尔兰文化并不归功于他。阿提拉以及哥特人、汪达尔人和阿拉里克相继入侵高卢时（一位高卢作家说）："大海这边所有博学之人都逃往海外各国，也就是爱尔兰，不管他们还逃到哪里，都大大促进当地的学术进步。"[1] 若他们有人到英格兰避难，盎格鲁人、撒克逊人和朱特人必已将他们消灭；而那些去爱尔兰的人却与传教

---

[1]《剑桥中世纪史》，第 3 卷，第 501 页。

士一起，成功地传播了在欧洲大陆逐渐消亡的大量知识与文明。我们大可相信，6世纪、7世纪和8世纪间，爱尔兰人了解希腊语文知识，还相当熟悉拉丁古典著作。[1] 英格兰人自坎特伯雷大主教西奥多时代（669—690）起就通晓希腊语文。西奥多是希腊人，受教于雅典；英格兰北方则可能通过爱尔兰籍传教士通晓希腊语文。蒙塔古·詹姆斯说："7世纪后半期，渴望知识最殷切、教学工作开展得最活跃的地方是爱尔兰。在爱尔兰，是以学者观点研究拉丁语文（其次是希腊语文）的……就在他们先被传教士的热诚，后被爱尔兰家乡的困难局势所驱使，大举迁徙到欧洲大陆时，为挽救那些他们已懂得珍惜的残缺文献起了重要作用。"[2] 奥克撒尔的海尔利克876年描写爱尔兰学者迁入时说："整个爱尔兰不顾海上的危险，连同其哲学家几乎集体迁移到我国海岸。所有最博学之人注定自愿走上流亡之路以应贤王所罗门（即秃头国王查理）的召唤。"[3]

学者们的生活经常不得已漂泊不定。希腊哲学初期，许多哲学家都是波斯难民；希腊哲学末期，查士丁尼统治时，他们又变成逃往波斯的避难者。5世纪，一些学者为了逃避日耳曼人，从高卢逃到西欧诸岛；9世纪，他们为逃避斯堪的纳维亚人又从英格兰和爱尔兰逃回高卢。现在德国哲学家为躲避他们的同胞甚至必须逃往更远的西方。我不知道他们是否需要同样长的时间才能重返家园。

我们对当时为欧洲保存古典文化传统的爱尔兰人知之甚少。他们的忏悔指南显示，他们的学问与修道院有关，充满宗教虔诚；但好像与神学的微妙问题关系不大。由于这种学问更具修士特点，而不是主教特点，所以

---

[1] 《剑桥中世纪史》中对此问题进行了审慎讨论，见第3卷，第19章，结论则肯定了爱尔兰人的希腊语文知识。

[2] 同上书，第3卷，第507—508页。

[3] 同上书，第524页。

没有那种自格里高利以来带有欧洲大陆修士特征的行政视角。而且它与罗马的有效联系被切断，所以对待教皇仍像是圣安布罗斯时代那样，和后世对教皇的态度不同。伯拉纠可能是不列颠人，但有人认为他是爱尔兰人。他的异端很可能在爱尔兰依然存在，那里的当权者没能将其铲除，像在高卢那样费力将其铲除。这些情况可以解释约翰·司各脱思想异常自由与新颖的原因。

我们无从考证约翰·司各脱人生初期和后期；只知他受雇于法兰西国王的中间一段时间。他生于约 800 年，877 年左右去世，但都只是猜测。教皇尼古拉一世时他在法兰西。他的人生中不仅与教皇本人还跟与教皇有关的人物，例如秃头国王查理和迈克尔皇帝有关。

约 843 年，约翰应秃头国王查理的邀请前往法兰西，并被任命为宫廷学校的校长。修道士高特沙勒克和莱姆斯的大主教，一位显要的牧师兴克玛尔关于预定说和自由意志发生争论。修道士是预定说派，而大主教是自由意志派。约翰在一篇论文《论神的预定说》中支持大主教，但太不审慎。这个问题十分棘手；奥古斯丁在驳斥伯拉纠的文章中曾涉及这个问题，赞同奥古斯丁十分危险，但公然反对奥古斯丁更危险。约翰支持了自由意志，可能会躲过责难；但他讨论中纯哲学的性质激起了愤怒。倒不是他声称改变神学中公认的事物，而是他主张与天启神示无关的哲学具有同等甚至更高的权威。他辩称理性和启示都是真理的来源，因此不能相互矛盾；二者万一出现类似矛盾，应当采取理性。他说，真正的宗教即真正的哲学；反之，真正的哲学也是真正的宗教。他的著作遭到 855 年和 859 年两次宗教会议的谴责；第一次宗教会议斥其著作为"司各脱杂粥"。

约翰的另一部作品是希腊文伪狄奥尼修斯文集的译著。此书在中世纪前期享有盛誉。圣保罗在雅典传道时，"有几人贴近他，信了主：其中有

古雅典最高法院的法官狄奥尼修斯"(《使徒行传》第17章，第34节)。除了上述记载关于此人现在所知甚少，但中世纪人们很了解他。他曾到法兰西，并在那里建立了圣丹尼斯修道院；至少在约翰到达法兰西不久前该修道院院长希勒杜茵曾这样说过。此外据说狄奥尼修斯撰写了一部调和新柏拉图主义与基督教的重要著作。此书著作年代不详；但确定成书于公元500年前和普罗提诺所处时代之后。此书在东罗马广为流传并受人赞赏；但在西罗马直到827年，拜占庭皇帝迈克尔送给虔诚王路易一本，路易王又将该书赠予上述的修道院院长希勒杜茵，此书才为人所知。希勒杜茵以为该书作者是圣保罗的门徒，也就是希勒杜茵修道院所谓的创建者。他很想知道书的内容；但约翰来之前没有人能翻译希腊文。约翰愉快地翻译完此书，因为他的观点和伪狄奥尼修斯文集中的十分接近。伪狄奥尼修斯从那时起极大影响西罗马天主教哲学影响。

860年人们将约翰的译著送呈教皇尼古拉。该书发行前未经教皇批准，教皇因此恼怒，并命令查理王将约翰送至罗马——然而这项命令未被理睬。但教皇对翻译的正确性，特别是译文表现出的学识无可挑剔。教皇曾征询他的图书馆馆长、卓越的希腊学学者阿纳斯塔修斯对此书的意见。阿纳斯塔修斯惊叹于一个偏远蛮夷之地的人竟能具备如此渊博的希腊文知识。

约翰最伟大的著作(用希腊文写成)是《论自然的区分》。经院哲学时代可能称之为"实在论的"著作；也就是说，与柏拉图著作一样，它主张共相先于殊相。他在"自然"中不仅包括有，而且包括非有。整个自然被分为四类：(1)创造者而非被创造者；(2)创造者同时又是被创造者；(3)被创造者但非创造者；(4)既非创造者又非被创造者。第一类显然是上帝。第二类是存在于上帝之中的(柏拉图主义的)理念。第三类是时间与空间中的事物。第四类令人惊讶的是仍是上帝，但不作为造物者，而是作为一切事物的终极和目的。发源于上帝的一切事物都努力复归上帝；因此所有这些事物的终极和他们的开始一样。一和多之间的桥梁是逻各斯。

约翰与亚里士多德派在否认特殊事物实体性这点上意见不同。他称柏拉图为哲学界的泰斗。而他关于存在的分类中的前三类间接起源于亚里士多德的创动而非被动者，创动及被动者，被动而非创动者。约翰体系中的第四类，既为非创造者又为非被创造者，则来自狄奥尼修斯，一切事物复归上帝的教义。

以上概述来看，约翰·司各脱显然是非正统教派。他信仰泛神论，否认被创造物具有实体性，违背了基督教义。他对于"无"中创造万物的解释也不是任何审慎的神学家所能接受的。他的三位一体说和普罗提诺的说法极其相似，没有保持三位的同等性，但他极力捍卫这一点。他的独立精神体现在这些异端中，在 9 世纪很是惊人。他的新柏拉图主义观有如在 4 世纪、5 世纪希腊诸教父中一样，在当时的爱尔兰可能很普通。假如我们对 5 世纪至 9 世纪期间的爱尔兰基督教有更多了解，也许不觉得他多么惊人。另一方面也许他所持异端的大部分来自伪狄奥尼修斯的影响。狄奥尼修斯曾被认为与圣保罗有关，而被误认为正统教派。

他认为创世没有时间的观点，当然也是异端。他不得不说《创世记》中的记载是寓言，不该按字面理解天国和亚当的堕落。有如所有泛神论者，他很难解释罪。他认为人类最初没有罪，人无罪时，也没有性的区别。这种说法当然与"上帝造男造女"的说法相反，照约翰的说法，人类被分为男性和女性只是罪的结果。女性体现男性感官和堕落的本性。最后，性的区别将再次消失，我们会有纯粹灵性的躯体[1]。罪存在于被误导

---

[1]　参照圣奥古斯丁。

的意志，在于假设非善的事物为善。罪的惩罚是当然的；罪的惩罚在于发现罪恶欲望的虚妄性。然而惩罚不是永恒的。像奥利金一样，约翰认为就是魔鬼最终也将得救，虽然要比其他人晚。

约翰翻译的伪狄奥尼修斯文集深刻影响了中世纪思想，而其代表作《论自然的区分》影响却不大。此书屡次被斥为异端，最后 1225 年教皇霍诺留斯下令焚毁全部该书。所幸此令未得到有效执行。

第九章 公元 11 世纪的教会改革

自西罗马帝国灭亡，欧洲在 11 世纪首次出现迅速而持久的进步。加洛林王朝文艺复兴时，欧洲有过进步，但事实证明不扎实。11 世纪的进步持久且多方面。首先是修道院改革；继而发展到教廷和教会机构；11世纪末出现首批经院哲学家。萨拉森人被诺曼人逐出西西里；匈牙利人成为基督徒，不再到处劫掠；诺曼人征服法兰西和英格兰，使之免遭斯堪的纳维亚人的进一步侵袭。除了拜占庭影响的地区，原先粗鄙的建筑，一下子气势恢宏。教士及俗界贵族的教育水平明显提高。

改革派心目中这次改革运动的初期，完全出于道德的动机。寺院教士和在俗教士早已腐化堕落，于是认真的人们开始督促他们更多地按照清规戒律生活。而这纯粹的道德动机背后却另有动机，最初也许是无意识的，但逐渐变得越发明显。这个动机便是彻底区分教士与俗众，并借此扩大教士的势力。因而，教会改革的胜利自然会直接导致教皇与皇帝间激烈的冲突。

运动伊始追溯到 910 年阿基坦公爵——敬虔者威廉创建的克吕尼修道院。该修道院建成以来除教皇的权威，不受一切外界权威影响；院长又被授权管辖该院若干分支修道院。这时大部分修道院富有但松懈；克吕尼

修道院虽不实行极端禁欲主义，却还注意保持尊严与礼法。该院第二任院长奥多到意大利后受命管理好几处罗马的修道院。但不是每个都管得好："法尔发修道院的两个院长谋杀了前任院长。陷于分裂的修道院抵制奥多介绍来的克吕尼修道士并毒害了阿勒伯利克借武力任命的修道院长。"[1]（阿勒伯利克是邀请奥多的罗马统治者。）12世纪时克吕尼的改革热情逐渐冷却。

　　法尔发事件在当时并非特例，可见修道院改革家需要巨大的魄力和精力。只有俗界当权者的支持，他们才能成功。正是这些改革家及其追随者实现了教廷乃至整个教会的改革。

　　然而教皇制改革最初主要是皇帝的工作。最后一位世袭的教皇是1032年选出的本笃九世，据说他当时只有十二岁，是图斯库鲁姆人阿勒伯利克之子。本笃越大越荒淫无度，甚至震惊当时的罗马人。最后他邪恶至极，竟为结婚决心辞去教皇一职。他把职位卖给其教父格里高利六世。格里高利六世虽买了教皇职位，却是位改革家，也是希尔德布兰德（格里高利七世）的朋友。而他取得教皇职位的手段可耻到只能避而不谈。年轻皇帝亨利三世（1039—1056）是虔诚的改革家，他保留任命主教的权力，但不惜牺牲大笔收入杜绝圣职买卖。1046年他二十二岁时来到意大利，以买卖圣职的罪名革职格里高利六世。

　　亨利三世在位期间始终保留任免教皇的权力，并为改革合理运用此权力。废黜格里高利六世后，他任命了一位日耳曼籍主教，班贝克的苏得格尔；罗马人放弃了他们一直要求但几乎不善行使的选举权。新教皇翌年去世。皇帝提名的另一位据说不久也中毒身亡。于是亨利三世选立了他的亲

---

[1]《剑桥中世纪史》，第5卷，第662页。

戚图勒的布鲁诺，号称利奥九世（1049—1054）。利奥是狂热的改革家，到过很多地方并主持过多次大公会议；他试图击退盘踞在意大利南部的诺曼人，但未能成功。希尔德布兰德是他的朋友，也可以说是他学生。他去世后皇帝于1055年又任命艾希施塔特人格布哈德为教皇，号称维克托二世。而皇帝翌年去世，一年后这位教皇去世。此后皇帝和教皇关系就不似从前那样和睦了。通过亨利三世的帮助教皇获得道德威信后，首先要求独立于皇帝，继而要求高于皇帝。于是开始了历时两百余年，最后以皇帝的失败告终的巨大冲突。所以长远看来亨利三世改革教皇制的政策可能缺乏远见。

下一任皇帝亨利四世统治了五十年（1056—1106）。他未成年时母后阿格尼斯摄政。斯蒂芬九世当了一年教皇，去世后红衣主教们选出一位教皇；而罗马人重申他们已放弃的权力，另选一位教皇。太后支持红衣主教，他们提名的教皇候选人号称尼古拉二世。他只统治了三年，但这一时期很重要。他和诺曼人修好，从而教廷减少对皇帝的依赖，在他掌教期间，教皇选举由一项教令决定，即首先由红衣主教们选出，然后是其他主教，最后是罗马城的僧侣及市民。人们推测僧侣及市民的参与只是形式而已。实际上红衣主教选举产生教皇。如果可能，选举须在罗马举行；但如遇有困难或不适宜在罗马举行时，也可在其他地方举行。皇帝不参与整个选举过程。经过一场斗争这项教令才获认可，这是教皇制脱离俗界控制的必要一步。

尼古拉二世确立今后凡买卖获得的圣职一概无效的教令。但该教令既往不咎，否则势必大多数在职神父要被革职。

尼古拉二世任期内，米兰发生的斗争令人关注。该地大主教追随安布罗斯的传统，要求教皇给予一定的自主。他和教士们联合贵族阶级，坚决

反对改革。反之，商人和下层社会则希望教士虔诚；这时发生了几次支持僧侣独身制的暴动和一场反对大主教及其支持者的影响巨大的名为"帕塔林"的改革运动。为支持改革，1059年教皇派赫赫有名的圣彼得·达米安代表自己前往米兰。达米安是《论神的全能》的作者，该书主张上帝能做出与矛盾律相反的事物，并能撤销过去（这一观点遭到圣托马斯驳斥，此后不再属于正统教义）。他反对辩证法，说哲学是神学的侍女。如我们所知，他是罗穆阿勒德隐士的信徒，素来厌烦处理事务性工作，而他的圣洁是教廷的财富，因此教廷极力劝他协助改革，他最终听从教皇的劝说。1059年他在米兰的僧侣集会演讲反对圣职买卖。开始教士们十分愤怒差点要了他的性命，但最终被说服，个个痛哭流涕地认罪。他们还保证效忠罗马。下一任教皇与皇帝关于米兰宗座起了争端，最终教皇在帕塔林派支持下获胜。

1061年尼古拉二世去世时，已成年的亨利四世和红衣主教就教皇继承问题产生争执。皇帝从未承认教皇选举的教令，也不准备放弃在教皇选举中的权利。这场争执持续了三年之久，最终红衣主教们选的人获胜。皇帝与教廷并未进行决定性的实力较量。局面发生变化主要由于红衣主教们选出的这位教皇品德高尚。他既有德行又有经验，曾是朗弗兰（以后的坎特伯雷大主教）的门生。1073年这位亚历山大二世教皇去世后，选出的是希尔德布兰德（格里高利七世）。

格里高利七世（1073—1085）是最杰出的教皇之一。他早早就显露不凡，并极大影响教廷政策。正是由于他，教皇亚历山大二世才为征服者威廉征服英格兰祈福。他还偏袒过在意大利和在北方的诺曼人。他是格里高利六世的门徒，格里高利六世买下教皇职位，来制止买卖圣职；格里高利六世被废后，希尔德布兰德曾流亡两年。他余生的大部分时间住在罗马。他没什么学问，却间接从格里高利一世学到圣奥古斯丁的教义，并大受启发。他任教皇后，自认是圣彼得的代言人。这给他一定的自信，但这种自信不被世俗认可。他认为皇帝的权威也来自神授：开始，他把皇帝和教皇比作两只眼睛；与皇帝发生争执后，便把二者比作太阳和月亮——当然教皇是太阳。教皇的道德必须是最高的，因此，若皇帝无德，教皇有权废除皇帝。世上没什么比违抗教皇再不道德的了。他对此深信不疑。

格里高利七世比前任教皇们更努力推行僧侣独身制。德意志教士表示反对，加之其他原因，他们支持皇帝一方。然而，各地俗众却希望僧侣独身。格里高利煽动俗众暴乱反对并经常残忍虐待已婚神父及他们的妻子。他号召俗众不参加那些拒不听命的神父举行的弥撒。他下令说已婚教士举行的圣礼一概无效，并禁止他们进入教会。这激起教士的反抗，但得到俗众拥护；甚至在过去教皇们常有生命危险的罗马，他也受群众欢迎。

格里高利在任时出现有关"授职礼"的大纷争。主教被授予圣职时，即被授予一个指环和一支权杖作为其职权的象征。这些东西向来由皇帝或国王（按其地区而定），以主教的封建君主身份授予主教。格里高利坚持这些东西应由教皇授予。这场争执促使教阶制度脱离封建体系。争执持续了很久，最终教廷大获全胜。

卡诺莎事件起因是米兰的大主教职位问题，1075 年皇帝因有副主教们的赞同任命了一位大主教；教皇认为这侵犯了他的特权，遂以废黜并开除其教籍威胁皇帝。皇帝在沃尔姆斯召集主教会议进行报复，会上主教们声明不再效忠教皇。他们给教皇写信控诉他犯有奸淫罪、伪证罪和（比这些更严重的）虐待主教罪。皇帝也写信给他声明皇帝应超越一切世俗裁判。皇帝和主教们宣布废黜格里高利；格里高利则废黜皇帝和这些主教，并开除他们的教籍。于是好戏开始了。

第一幕，教皇获胜。曾背叛过亨利四世又与之修好的撒克逊人再次背叛他；德意志的主教们也同格里高利讲和。皇帝对待教皇的态度震惊世界。因此，第二年（1077年）亨利决心请求教皇的宽恕。在酷寒冬季他带着妻小和少数随从越过塞尼山口，来到教皇居住的卡诺莎城堡前苦苦哀求。教皇让他穿着悔罪服，赤脚在城堡外等了三天后终于接见了他。他表示忏悔并宣誓将来一定照教皇指示对付自己在德意志的敌人后，才承蒙赦罪并恢复了教籍。

而教皇的胜利只是错觉。他被自己的神学戒律束缚，其中有一条要求赦免悔罪者。说也奇怪，他竟被亨利欺骗，真以为亨利诚心忏悔。不久他就觉察到自己的错误。他不能再去支持亨利的德意志的敌人，因为他们感到被教皇出卖。此后开始对他不利。

亨利的德意志敌人选出一位名叫鲁道夫的皇帝与之抗衡。开始教皇主张帝位归属问题应由自己决定，但又拒绝做出任何决定。1080年，他觉察到亨利并非真心悔过，终于宣布鲁道夫为皇帝。而此时，亨利在德意志已制伏了敌人大部。同时拥护他的教士另选出一位教皇。1084年，他带着这位教皇进入罗马。他这位教皇正式给他行了加冕礼，但他们二人却不得不在营救格里高利的诺曼人阵前迅速撤退。诺曼人大肆劫掠罗马，并挟持格里高利而去。直到他翌年去世，实际上一直是他们的俘虏。

看来，他所有的政策以失败告终。但事实上他的继任者以更温和的方式继续沿用了这些政策。当时虽然暂时达成有利于教廷的折中方案，但冲突本质上无法调和。以下章节将论及该冲突后续发展。

11世纪的理智复兴有待讨论。除了盖尔伯特（教皇西尔维斯特二世，999—1003），10世纪根本没有哲学家，与其说他是哲学家，不如说是数学家。但11世纪开始出现真正杰出的哲学家。这些人中最重要的是安瑟伦和罗瑟林，还有几位也值得一提。他们都是与改革运动有关的修道士。

前面已谈到他们中最年长者彼得·达米安。图尔的贝伦加尔（1088年去世）有点唯理主义，值得关注。他主张理性高于权威，引用约翰·司各脱的理论支持此观点，结果约翰死后因此遭到谴责。贝伦加尔否认圣餐变体说，两次被迫放弃主张。朗弗兰在《论基督的血与肉》一书中驳斥了他的异端。朗弗兰生于帕维亚，在博洛尼亚学习法律，后来成为一流的辩论家。但他放弃辩证法，转向神学，进入诺曼底的贝克修道院，并在此主持一所学校。征服者威廉1070年任命他为坎特伯雷大主教。

圣安瑟伦和朗弗兰一样，也是意大利人，在贝克修道院当过修道士，也当过坎特伯雷的大主教（1093—1109），作为大主教，他坚持格里高利七世的原则，并与国王发生争执。他因开创上帝存在的"本体论论证"而成名。他论证如下：我们把"上帝"定义为最可能的思维对象。假如一个思维对象不存在，那么与之完全相似、确实存在的另一个就比它更伟大。因此，必存在一切思维对象的最伟大者，否则，可能还有一个更伟大的。因此，上帝是存在的。

神学家从未认可此论证。当时它就遭到驳斥；后被人遗忘直至13世纪下半叶。托马斯·阿奎那驳斥这一观点，从此阿奎那的论点一直受神学家推崇。但哲学家更支持这一论证。笛卡尔稍加修改后发扬此论证；莱布尼茨认为补充证明上帝是可能的便可使之合理。康德认为自己已彻底将其驳倒。而某种意义上，它却构成黑格尔及其学派哲学体系的基础，并重新出现在布莱德雷所说："凡可能存在与必须存在的，就存在"这一原则中。

显然有这样一段精彩历史的论证，无论其合理性，都应认真对待。真正的问题在于：是否有一件我们想到的任何东西，仅凭我们能想到它这一事实，即证明其存在于我们的思维之外？每个哲学家都会说：是，因为哲

学家的工作与其说凭借观察，不如说凭借思维发现有关世界的事物。假如"是"是正确的回答，从纯粹的思维到事物就有道桥梁；否则，就没有这道桥梁。柏拉图以这个概括的形式应用一种本体论的论证来证明理念的客观实在性。但安瑟伦以前从未有人以该论证不加掩饰的纯粹逻辑性来阐述这个论证。得到纯粹性的同时，它失去了似真性；然而这也还是安瑟伦的功绩。

此外，安瑟伦的哲学主要来自圣奥古斯丁，他从奥古斯丁那里获得许多柏拉图的因素。他相信柏拉图的理念，并由此推出有关上帝存在的另一证明。通过新柏拉图主义的论证，他声称不仅证明了上帝，还证明了三位一体。（我们还记得普罗提诺哲学中有三位一体说，但基督徒否认其为正统教义。）安瑟伦认为理性从属于信仰。他说"为了理解，我相信"；继奥古斯丁后，他认为人无信仰就不能理解。他说"上帝不是'公义的'，而是'公义'"。我们记得约翰·司各脱说过类似的话。他们共同的来源都是柏拉图。

圣安瑟伦像以前的基督教哲学家一样，与其说是亚里士多德风格，不如说是柏拉图风格。因此，他没有"经院哲学式"明显特征。托马斯·阿奎使经院哲学达到顶峰。可认为是比安瑟伦小十七岁的罗瑟林开启经院哲学。下一章要论及的罗瑟林标志一个新的开端。

我们说，直到13世纪为止的中世纪哲学主要是柏拉图派时，必须记住，除了《蒂迈欧篇》的片段，人们只是通过二手甚至三手资料了解柏拉图。要不是柏拉图，约翰·司各脱所持见解可能不同，但大部分柏拉图式的观点来自伪狄奥尼修斯。这位作者年代不详，但很可能是新柏拉图主义者普罗克洛斯的弟子。约翰·司各脱可能从未听说过普罗克洛斯或读过他的作品。除了伪狄奥尼修斯，中世纪柏拉图主义的另一来源是波爱修斯。

这种柏拉图主义许多方面同近代学者直接从柏拉图著作里得来的不同。它几乎删除所有与宗教无显著关系的内容，并在宗教哲学里扩大并强调某些方面，忽略其他方面。普罗提诺曾改动过柏拉图的观点。人们对于亚里士多德的认识也不完整，且正相反：直到 12 世纪，人们所知的全部亚里士多德只有波爱修斯翻译的《范畴篇》和《辩谬篇》，因而亚里士多德仅被认为是辩证家，柏拉图则仅被当作宗教哲学家及理念学说的创始人。中世纪末期，以上两种偏见，尤其是关于亚里士多德的观点，逐渐得到修正。但对柏拉图的重新认识直到文艺复兴时才完成。

第十章　伊斯兰文化和哲学

东罗马帝国、非洲和西班牙遭受的入侵不同于北方蛮族对西欧的入侵:(1)东罗马帝国延续至1453年,比西罗马帝国的历史长了近千年;(2)东罗马帝国的主要入侵者是伊斯兰教徒,他们征服东罗马后并未改信基督教,而是发展自己的重要文明。

伊斯兰教纪元始于622年的圣迁[1];十年后穆罕默德逝世。他去世不久,阿拉伯人立即开始征战且进展异常迅速。在东方,634年叙利亚遭到入侵,两年内全面屈服。637年波斯遭到入侵,650年被完全征服。664年印度遭到入侵;669年君士坦丁堡被围(716年至717年再次被围)。西进的征战没这么速战速决。642年埃及被攻陷,迦太基则直到697年才被攻陷。西班牙除了西北部一个小角落外,于711年至712年间也被攻下。732年伊斯兰教徒图尔一役战败,向西方扩张(除西西里和南部意大利外)停滞,此时正值先知穆罕默德去世百年。(最后攻陷君士坦丁堡的奥斯曼土耳其人年代较后,与我们现在所说的年代无关。)

先知穆罕默德的宗教是单纯的一神教,没有复杂的三位一体和基督道

[1]　圣迁指穆罕默德622年离开麦加迁往麦地那,开启了伊斯兰时代。——译注

成肉身的周密神学。不但先知穆罕默德没有自命为神，其追随者们亦未称其为神。他恢复了犹太人禁止供奉雕刻偶像的诚命，并禁止饮酒。忠诚信徒的义务在于为伊斯兰教尽可能征服世界，但不许迫害基督徒、犹太人或拜火教徒——《古兰经》中称他们为"圣经之民"，即奉一经教导之人。

阿拉伯帝国是哈里发统治的绝对君主制国家。哈里发是先知穆罕默德的继承者，同时也继承了其神圣。哈里发的职位名义上选举产生，然而不久变成了世袭。延续至 750 年为止的第一个王朝，倭马亚王朝，由一批纯粹出于政治目的承认穆罕默德教义的人创立，他们一直反对那些狂热的忠实信徒。阿拉伯人虽借新兴宗教之名征服了世界的大部，却不是很虔诚的民族；他们征战更多是为了掠夺和财富而不是宗教。正因他们不狂热，所以一小撮武士竟能比较顺利地统治了文明水平较高、宗教信仰不同的广大人民。

相反，波斯人很早就深信宗教且高度思辨。他们改信伊斯兰教后，从中创造了许多先知穆罕默德及弟兄意想不到的更有趣、更有宗教性和哲学性的因素。自穆罕默德的女婿阿里 661 年逝世后，伊斯兰教徒分为逊尼派和什叶派。前者是较大的一派；后者则追随阿里，认为倭马亚王朝是篡位者。波斯人一直是什叶派。大半出于波斯人的影响，倭马亚王朝最终被推翻，并被代表波斯利益的阿巴斯王朝取代。此次政变的标志是首都从大马士革迁至巴格达。

政治上，阿巴斯王朝比倭马亚王朝更偏向狂热派。而他们并未统治整个帝国。倭马亚皇室一员逃脱大屠杀后奔往西班牙，在那成为合法统治者。此后，西班牙不受其他伊斯兰世界约束。

阿拉伯人在政治和社会制度等方面的缺点与罗马帝国的类似。由于君主专制政体与一夫多妻制，每当统治者去世，经常发生王朝战争，结局是

这位统治者的一个王子获胜，其他王子全部被害。战胜后便产生大量奴隶；因而不时发生危险的奴隶暴乱。尤其因为哈里发王国位于东方和西方的中间地带，所以其商业发展显著。"不仅拥有巨大的财富，产生对奢侈品比如中国丝绸和北欧皮毛的需求，而且也因特殊情况促进了贸易：例如伊斯兰帝国疆域辽阔，阿拉伯语言作为世界通用语的普及，在伊斯兰教伦理体系中商人地位崇高等；我们记得先知穆罕默德本人做过商人，他去麦加朝圣的途中也称赞过经商。"[1] 像军队的凝聚力的这种贸易，有赖于阿拉伯人继承的罗马和波斯的大规模公路系统。他们不像北方征服者那样任凭公路崩坏失修。虽然如此，帝国还是逐渐分崩离析 —— 西班牙、波斯、北非和埃及相继分裂出去，获得完全或近于完全的独立。

阿拉伯经济最出色的是农业，由于他们居住的地方缺水，因此特别擅长灌溉技术。直至今日西班牙农业还得益于阿拉伯人建造的水利工程。

伊斯兰世界独特的文化，虽起源于叙利亚，不久即盛行于东西两端：波斯与西班牙。叙利亚人在被征服期间敬仰亚里士多德，相较于柏拉图，聂斯托利教派更看重亚里士多德，柏拉图则受天主教徒喜爱。阿拉伯人最初从叙利亚人那里学到希腊哲学知识，因而，一开始他们就认为亚里士多德比柏拉图更重要。然而，他们理解的亚里士多德披着新柏拉图主义的外衣。肯迪（约 873 年去世），首位用阿拉伯文写哲学作品的人，也是唯一阿拉伯出身的著名哲学家，翻译了普罗提诺所著《九章集》的一部分，并以《亚里士多德神学》为标题发表其译作，这使阿拉伯人对亚里士多德的观念感到很混乱。此后，阿拉伯哲学界历经数百年才厘清这种混乱。

此时波斯的伊斯兰教徒与印度有了接触。8 世纪时他们从梵文书籍中

---

[1] 《剑桥中世纪史》，第 4 章，第 286 页。

获得天文学的初步知识。约 830 年，穆罕默德·伊本·穆萨－花拉子米，一位梵文数学和天文学书籍的翻译家，刊行了一本在 12 世纪被译成拉丁文，名为《印度计数法》的书。西方正是从这本书中第一次学到我们所说的"阿拉伯"数字，其实应叫作"印度"数字。此人又写了一本关于代数学的书，直到 16 世纪，此书都被西方作为教科书。

波斯文明的智力和艺术水平一直令人赞叹，直到 13 世纪蒙古入侵后再未恢复往昔。奥马尔·海亚姆是我所知的唯一的诗人兼数学家，于 1079 年改革历法。奇怪的是，他最好的朋友是阿萨辛派的创始人，人称"山中老人"。波斯出了很多伟大的诗人：菲尔多西（约生于 941 年）是《列王纪》的作者，读过他作品的人都说他可媲美荷马。波斯人也是出色的神秘主义者，但其他伊斯兰教徒不是。现在依然存在的苏非派很自由地用神秘主义和寓意解释正统教义；该派多少带有新柏拉图主义色彩。

最初将希腊的影响传到伊斯兰世界的聂斯托利教派的世界观根本不是纯粹希腊式的。481 年他们在埃德萨的学校被东罗马皇帝芝诺关闭；学者们遂迁往波斯，并继续工作，但也不是未受波斯影响。聂斯托利教派只看重亚里士多德的逻辑，起初阿拉伯哲学家认为最重要的是他的逻辑。后来，他们研究其《形而上学》和《论灵魂》。阿拉伯哲学家通常是百科全书式的：他们对炼金术、占星术、天文学、动物学及所有可称为哲学的知识都感兴趣。狂热与偏执的群众以怀疑的眼光看待他们；他们的安全（当他们安全时）仰仗那些比较开明的王子的保护。

有两位伊斯兰教哲学家特别值得一提：波斯人阿维森纳和西班牙人阿威罗伊。前者闻名于伊斯兰教徒，后者则闻名于基督徒。

阿维森纳（伊本·西纳）（980—1037）的哲学思想比伊斯兰教哲学家前辈们更接近亚里士多德而且更少受新柏拉图主义影响。像后期基督教

经院哲学家那样，他专心共相问题。柏拉图说共相先于万物而存在。亚里士多德有两种见解，他思考时是一种，反驳柏拉图时是另一种。这使亚里士多德成为理想的注疏对象。

阿维森纳发明了一个公式，阿威罗伊和大阿尔伯特将其重述如下："思维导致形式的一般性。"从这个公式上可假设他不相信离开思维的共相。而这种看法过于简单。类概念——即共相——据他说，同时在万物之前，万物之中和万物之后。他的解释如下：在上帝的理解中，类概念存在于万物之前。（譬如，上帝决定创造猫，就需要上帝应有"猫"的观念，因而在这方面来说，这观念先于个别的猫。）类概念存在于万物之中，存在于自然的事物中。（猫被造出，猫性便存在于每只猫中。）类概念存在于万物之后，存在于我们的思维中。（我们见过了许多猫后，注意到它们彼此间的相似性，并得到"猫"这一普遍概念。）这一见解显然是有意调和各种不同的理论。

阿威罗伊（伊本·路世德）（1126—1198）先是研究神学和法学，后又研究医学、数学和哲学。他会分析亚里士多德的著作，因此被举荐给"哈里发"阿部·雅库布·优苏夫。（但他似乎不懂希腊文。）这位统治者很宠信他；1184年任命他为御医，不幸他这位病患两年后去世。他的继承人雅库布·阿勒－曼绪像父亲那样继续宠信阿威罗伊达十一年之久；后来正统教派对这位哲学家的反对使他警惕。他革了阿威罗伊的职，并将其流放。阿威罗伊被控牺牲真正的信仰来发展古代哲学。阿勒－曼绪为此发出一道布告大意是，上帝已命令为那些妄想单凭理性就能找到真理的人备好地狱之火。于是把所有涉及逻辑和形而上学的书都付之一炬。[1]

---

[1] 据说阿威罗伊在去世前不久再次得宠。

不久西班牙境内摩尔人的领域由于基督徒的攻占大面积缩减。西班牙境内的伊斯兰哲学与阿威罗伊同时告终；伊斯兰世界中其他地区严格的正统教义扼杀了哲学的思辨。

阿威罗伊曾致力于改进阿拉伯人对亚里士多德的解释，过去的解释过于受新柏拉图主义的影响。他崇敬亚里士多德就像崇敬宗教创始者一般——甚至超过阿维森纳对亚里士多德的崇敬。他认为可用不依赖神示的理性证明上帝存在，托马斯·阿奎那也持同样见解。论及灵魂不死时，他紧密追随亚里士多德，主张灵魂不是不死的，而努斯是不死的。而这不保证个人的灵魂不死，因为智性虽表现于不同的个人中，但却是同一的。这种观点自然受到基督教哲学家的驳斥。

正如后期大多数伊斯兰哲学家，阿威罗伊虽是伊斯兰教徒，却不是严格的正统教派。当时有个完全正统教派的神学家团体反对一切哲学，认为哲学对信仰有害。其中一位名叫安萨里的哲学家写的《哲学家的矛盾》指出，由于所有必要的真理都载于《古兰经》，因而无需不依赖神示的哲学思辨。阿威罗伊写了《矛盾的矛盾》作为反击。安萨里特别拥护并用来反对哲学家的教条是：时间中的世界创自虚无、神性的实在性及肉体的复活。阿威罗伊认为宗教是以寓言的形式包含哲学的真理。这种说法特别适用于创世，他以哲学的立场为创世做出亚里士多德式的解释。

阿威罗伊在基督教哲学中比在伊斯兰哲学中更重要。他在伊斯兰哲学里已走到尽头；但在基督教哲学里却是开头。13世纪早期他的著作就被迈克尔·司各脱译成拉丁文，由于他的作品完成于12世纪后半期，所以令人惊讶。他在欧洲的影响很大，不仅影响经院哲学家，还影响了大批否认灵魂不死、被称为阿威罗伊主义者的非专业的自由思想家。职业哲学家中特别仰慕他的，最初多来自方济各会修士和巴黎大学。但这个话题留待

以后章节叙述。

阿拉伯哲学的独创性思想不重要。像阿维森纳和阿威罗伊等人主要都是注疏家。总的来说，比较系统的阿拉伯哲学家的见解逻辑和形而上学方面大部分来自亚里士多德和新柏拉图主义者，医学上来自伽林，数学和天文学方面来自希腊和印度，而一些神秘主义者的宗教哲学里还夹杂一些古老的波斯信仰。阿拉伯作家仅在数学和化学上表现出某些独创性——后者也只是研究炼金术时的意外收获。鼎盛时期的伊斯兰文明在美术和许多技术方面值得称赞，但在理论问题上未显示出独立思辨的才能。作为传承者，其重要性不容小觑。一段黑暗时期横亘在古代和近代欧洲文明之间。伊斯兰教徒和拜占庭人虽缺乏革新学识，却保护了文明的载体，即教育、书籍和学术上可支配的时间。西欧摆脱野蛮状态时都曾受到他们的激励，伊斯兰教徒主要在 13 世纪，拜占庭人主要在 15 世纪。每一次都激发了胜过传承者自身创造的新思想——一次是经院哲学，另一次是文艺复兴（当然文艺复兴还有其他原因）。

在西班牙的摩尔人与基督徒之间，犹太人是有用的一环，西班牙有许多犹太人，当西班牙再次被基督徒征服时，他们留了下来。因为他们既通晓阿拉伯文，又被迫学会了基督徒使用的语言，因而能做翻译。另一种渗透方式来自 13 世纪伊斯兰教徒对亚里士多德主义者的迫害，使摩尔的哲学家向犹太人寻求避难，尤其是在普罗旺斯避难。

西班牙的犹太人中出现了一位重要的哲学家，迈蒙尼德。他 1135 年生于科尔多瓦，三十岁时去到开罗，并在那里度过余生。他用阿拉伯文写作，不久即被译成希伯来文。可能是由于皇帝弗雷德里克二世的要求，他去世几十年后其著作被译成拉丁文。他给失去信仰的哲学家写了一本《困惑者指南》，目的在于调和亚里士多德哲学和犹太神学。亚里士多德是尘世权威，神示则是天上权威。但哲学和神示在有关上帝的认识中殊途同归。追求真理是一项宗教义务。占星术被摈斥。《摩西五经》不该总以字面上的意义来解释；字面意义与理性相抵触时，必须寻求一种寓言性的解释。他反对亚里士多德，主张上帝不仅创造了形式，也从无中创造了物质。他写了一篇概述《蒂迈欧篇》的文章（他只读了该书的阿拉伯文译本）。在某些点上比起亚里士多德的著作，他更喜欢此书。上帝的本质不可知，因为上帝超越一切言语所能表达的完美。犹太人视他为异端，甚至鼓动基督教教会的权威攻击他。有人认为他影响了斯宾诺莎，但这一看法很不合理。

第十一章　公元 12 世纪

12 世纪有四个方面特别引人关注：

（1）帝国与教廷间不断的冲突；

（2）伦巴第诸城的崛起；

（3）十字军东征；

（4）经院哲学的发展。

以上四方面全都延续到下一世纪。十字军东征逐渐走向不光彩的结局；其余三项在 12 世纪尚处过渡，到 13 世纪发展到顶峰。13 世纪，教皇取得对皇帝的决定性胜利，伦巴第诸城获得了稳定的独立，经院哲学也发展到顶峰。所有这一切都来自 12 世纪准备的结果。

这四项运动中不只第一项，就是其余三项，也和教皇及教会权力的增长紧密相关。教皇同伦巴第诸城联盟反抗皇帝；教皇乌尔班二世发动第一次十字军东征，随后几任教皇推动后来几次十字军东征；经院哲学家都是神职人员，历次大公会议确保他们谨守正统教义，若他们误入歧途便施以惩戒。他们为教会政治上的成功而自豪，且自认是其中一分子。无疑这种成就感激发了他们思想的主动性。

中世纪的怪事之一是人们有独创性而不自知。所有派别都以古代或拟古的论证来证明其正确性。罗马皇帝在德意志引据查理曼时代的封建原则；在意大利则引据罗马法和古代诸皇的权柄。伦巴第诸城更远溯到共和时代的罗马制度。教皇派一部分以伪造的《君士坦丁赠礼》，一部分以《旧约圣经》中记载的扫罗王与撒母耳的关系，作为其权力根据。经院哲学家不是引据《圣经》，就是先引据柏拉图再引据亚里士多德；他们有创新思想时，也试图隐匿。十字军东征则企图恢复伊斯兰教兴起前的局面。

我们不应被这种字面上的拟古蒙蔽。只有皇帝的拟古与事实符合。封建制度逐渐式微，尤其在意大利；罗马帝国只存在于人们的记忆之中。因此罗马皇帝被打败。意大利北部的一些城市后期发展中，呈现许多与古希腊城邦极其类似的性质，它们仿照古代的样式，但不是单纯模仿，而是由于环境类似：一些小而富饶，高度文明的共和制商业社会被文化水平较低的君主制国家包围。不论经院哲学家多么尊崇亚里士多德，他们的独创性超过任何阿拉伯人 —— 事实上超过普罗提诺以后，或至少奥古斯丁以后的任何人。当时政治上的独创性和思想上的一样不被人所知。

1. 帝国与教廷的冲突

从教皇格里高利七世起到 13 世纪中叶，欧洲历史集中在教会与世俗君主的权力争斗 —— 主要是和罗马皇帝，有时和法兰西王、英格兰王。格里高利的教皇任期显然在不幸中终结。但乌尔班二世（1088—1099）更温和地继续执行其政策。他重申反对俗界授予僧职的教令，并要求由教士和民众自由选举主教。（显然民众的参与纯粹是一种形式。）事实上，若俗界选任的人有德行，他也不反对。

开始乌尔班只在诺曼境内才有安全保障。但 1093 年亨利四世的儿子康拉德叛变父亲，与教皇结盟征服了意大利北部。在那以米兰为首的城市

联盟，伦巴第联盟拥戴教皇。1094 年，乌尔班举行了一次横贯意大利北部及法兰西的胜利游行。他赢了法兰西国王菲利普。1095 年的克莱蒙宗教会议上，乌尔班宣布发动第一次十字军东征，激起一阵宗教狂潮，教皇权力增强，也造成数次残暴的犹太人大屠杀。

下一任教皇，帕斯加尔二世继续为僧职授予权而斗争，并在法兰西、英格兰取得胜利。1106 年，亨利四世去世，亨利五世继位，战胜了教皇。教皇帕斯加尔超凡脱俗，其圣洁超过其政治判断力。教皇建议皇帝放弃僧职授予权，并以主教和修道院院长放弃世俗财产作为交换条件。皇帝表示赞同；但公布这项协议后教皇遭到教士的猛烈反抗。当时皇帝正在罗马，趁机逮捕了教皇。教皇迫于威胁不但在僧职授予权上让步，还为亨利五世加冕。十一年以后，1122 年，教皇加里斯都二世才借沃尔姆斯宗教协定使亨利五世放弃了僧职授予权，并交出在勃艮第和意大利境内选举主教事务中的管辖权。

斗争的最后结果是亨利三世时处于从属地位的教皇，自此与皇帝平起平坐。同时，教皇在教会中享有更全面的独立自主权，通过教皇使节管理教会。教皇权力的增强相对降低了主教的重要性。教皇的选举摆脱了俗界的控制，神职人员通常也比改革运动前更有德行了。

2. 伦巴第诸城的崛起

下一阶段关系到皇帝腓特烈一世（1152—1190），红胡子巴巴罗萨。他富有才干、精力充沛，干什么都能成功。他自认是罗马皇帝的继承者，并希冀得到他们享有的权力。但他是德意志人，在意大利不受欢迎。除了那些惧怕米兰而乞求他保护的城市，伦巴第诸城愿意承认他为正式君主，却反对他干涉他们的内政。米兰的帕塔林运动继续开展，并多少带有民主倾向；北意大利大多数城市同情米兰，团结一致反对皇帝。

　　哈德良四世是个精力旺盛的英格兰人，在挪威做过传教士，在巴巴罗萨即位两年后成为教皇，开始与皇帝关系很好。他们因为有共同的敌人而和解。罗马城对教皇与皇帝双方要求独立自主，并邀请高尚的异端者布雷西亚的阿诺德 [1] 前来支援。他的异端说很严重，他主张"有地产的教士、有领地的主教、有财产的修道士都不能得救"。他持有这种看法是因为他认为修道士应完全献身属灵的事业。他虽因异端被认为邪恶，但从来没人质疑过他诚心的苦行。曾猛烈反对他的圣伯纳德说："他不吃不喝，却像魔鬼一样只渴求灵魂的血液。"哈德良的前任教皇曾写信给巴巴罗萨，指控阿诺德支持民间派系，说他们要求选出一百位元老院议员、两位执政官，并自行拥戴一位皇帝。当时腓特烈正向意大利进发，闻言自然大为愤慨。在阿诺德鼓动下，罗马要求地方自治，结果造成暴动，其间一名红衣主教被杀害。于是新当选的教皇哈德良立即在罗马下达禁行圣事令。这时正值基督教的圣周，迷信战胜了罗马市民；他们屈服并答应放逐阿诺德。阿诺德躲起来，但最终被皇帝的军队捕获。他被烧死，骨灰被丢进台伯河，以免有人当作圣物保存。皇帝腓特烈不愿在教皇下马时为其持缰扶镫，因而加冕礼延迟了。1155 年，教皇不顾民众反抗为皇帝加冕；这次反抗遭到屠杀镇压。

　　除掉了那个老实人，现实的政客们又自由地继续争吵了。

　　教皇同诺曼人讲和后，于 1157 年冒险与皇帝决裂。此后，皇帝和教皇带领的伦巴第诸城的战事不断达二十年之久。诺曼人大多支持教皇。伦巴第联盟完成反对皇帝的大部分战役，高歌"自由"，并大受群情鼓舞。

―――――――

[1]　据说他是亚伯拉德的学生，不过还不能肯定。

皇帝围攻了许多城市，甚至在 1162 年攻陷了米兰，将其夷为平地，并将居民赶往别处。但五年后伦巴第联盟重建该城，居民重返家园。同年，皇帝不出所料带着对立教皇[1]，大举进军罗马。罗马教皇逃跑，形势似无可挽救；而当时鼠疫肆虐，击溃了腓特烈的大军，他只得独自逃回德意志。不仅西西里，东罗马皇帝也支持伦巴第联盟，巴巴罗萨又一次进军，于1176 年以莱尼亚诺战役的败北而告终。此次战役之后，他被迫和谈，给予这些城市实质的自由。而此次冲突中的皇帝和教皇都未从和约中获得全面的胜利。

巴巴罗萨的结局还不错。1189 年，他进行第三次十字军东征，翌年去世。

长期斗争最终证明最重要的是自由城市的兴起。皇帝的权力和日渐没落的封建制度联系在一起；教皇的权力增长主要因为世人需要他充当皇帝的敌手；因此帝国一旦不再是威胁，教皇的权势也随之衰落；但新兴的城市势力是经济发展的结果，也是新兴政治形态的源泉。12 世纪虽尚未出现，而不久在意大利诸城兴起在文学、艺术和科学上达到最高水平的非教士文化。这些是他们成功反抗巴巴罗萨的结果。

所有意大利北部的大城市以经商为生，12 世纪较为安定的社会环境使贸易比以往更繁荣。威尼斯、热那亚和比萨等海港城市从来无需为自由而战斗，所以不像阿尔卑斯山下一些城市那样仇视皇帝。阿尔卑斯山下的城市是通往意大利的门户，所以对皇帝来说很重要。因此，米兰当时是意大利最重要和最引人注意的城市。

---

[1] 这一时代的大部分时期都有对立教皇。哈德良四世去世时，亚历山大三世和维克托四世都要求当教皇，他们展开了教皇法衣争夺战。维克托四世（即对立教皇）没能得到法衣，因此从其信徒那里接过一件事先准备的法衣，但匆忙中竟穿反了。

直到亨利三世，米兰人一直心甘情愿追随他们的大主教。但如前所述，帕塔林运动改变了这种情况：大主教同贵族勾结，而一场强大的民众运动反对大主教和这些贵族。由此民主初现端倪，出现了一项宪法，规定城市的长官需通过市民的选举。北部各城，特别是博洛尼亚，出现过一批博学的俗界法学家，他们精通罗马法；不仅如此，从 12 世纪起，富有平民所受的教育比阿尔卑斯山以北封建贵族所受的教育好得多。这些富庶的商业城市虽站在教皇一边反对皇帝，但他们没有教会的世界观。12 世纪和 13 世纪，他们中很多人持有一种类似清教徒的异端观点，就像宗教改革后英格兰和荷兰商人那样。后来他们倾向自由思想家，口头上拥护教会，但一点儿不虔诚。但丁是旧派最后一人，薄伽丘则是新派第一人。

3. 十字军东征

我们不关心作为战争的几次十字军东征，但它们在文化上有一定的重要性。教皇带头发动十字军东征是很自然的，因为其目的（至少表面上）是宗教性质的；战争宣传及其所激起的宗教热情增强了教皇权力。另一个重大的结果是大批犹太人被屠杀；未遭杀戮的犹太人，也常被夺去财产，并强制受洗。第一次十字军东征期间，德意志很多犹太人遭到杀害，第三次东征期间同样的事发生在狮心王理查即位时的英格兰。约克郡是第一位基督徒皇帝开始其统治的地方，恰好成为骇人听闻的反犹暴行的所在。东征前，犹太人几乎垄断了整个欧洲的东方物产贸易；东征后，由于犹太人遭到迫害，这类贸易几乎都被基督徒掌控。

十字军东征另一个不寻常的影响是促进了与君士坦丁堡的学术交流。交流的结果是 12 世纪和 13 世纪初大量希腊文文献被译成了拉丁文。与君士坦丁堡的贸易频繁，特别是经由威尼斯人；但意大利商人从不为希腊经

典著作劳神，就像在上海的英美籍商人不操心中国经典著作一样。（欧洲人对于中国古典的知识主要来自传教士。）

4. 经院哲学的发展

狭义的经院哲学起源于 12 世纪初。作为哲学的一个学派，经院哲学有些鲜明的特征。第一，它局限于作者视为正统教义的范围内；若作者的意见受到宗教会议谴责，他常常自愿收回。这不能完全归咎于个人的懦弱；这类似法官服从上诉法院的判决。第二，12 世纪和 13 世纪，人们对亚里士多德逐渐有了更全面的认识，在正统教义范围内，亚里士多德越来越被公认为最高权威；柏拉图逐渐失去第一的地位。第三，经院哲学家都非常相信"辩证法"和三段论推理；经院哲学家普遍的气质，与其说神秘，不如说是缜密好辩。第四，人们发现亚里士多德和柏拉图在共相问题上意见不同，因而提出了问题；但当时哲学家主要关心的不是共相问题。

12 世纪，在这一问题和其他问题上，为产生了许多伟大人物的 13 世纪开辟了道路。而早期经院哲学家和先驱们兴趣相同。他们的智力自信不同以往，尽管崇敬亚里士多德，但只要教条没有将思辨引向危险的境地，就自由活泼地运用理性。经院主义方法的缺点是强调"辩证法"必然的结果。这些缺点是：漠视事实与科学，在只有观察才能决定的事物上偏信推理，并过分强调文字的不同和细微差别。论柏拉图时我们曾论及这些缺点，但这些缺点在经院哲学家中显得更极端。

第一位彻底的经院哲学家是罗瑟林。约 1050 年生于贡比涅，在布列塔尼的洛什讲过学，阿伯拉尔即在此地受业于他。1092 年在兰斯宗教会议上他被控异端，因害怕被那些好动私刑的教士用石头打死而收回学说。他逃至英格兰，但竟鲁莽至抨击圣安瑟伦。他又逃往罗马，并在此同罗马教会和解。1120 年左右，史书中对他不再有记载。

他的学生阿伯拉尔比他更有能力、更有名。阿伯拉尔 1079 年生于南特附近，在巴黎师从唯实论者尚波人威廉，后在巴黎一所天主教会学校讲学，他在此驳斥了威廉的观点并迫使他做出修正。他在拉翁人安瑟伦（并非大主教安瑟伦）指导下专攻了一段神学后，于 1113 年重返巴黎，是巴黎享有盛誉的讲师。

1121 年，他因一本有关三位一体的著作背离正统教义而在苏瓦松受到谴责。做出该做的屈服后，他当上布列塔尼的圣吉尔塔修道院院长。他发现这里的修道士野蛮粗俗。四年悲惨的流放生活后，他又回到相对文明的世界。他后来的历史不详，除了索尔兹伯里的约翰的证言中说他继续讲学并获得巨大成功。1141 年，应圣伯纳德要求，他在桑斯再次受到谴责。于是他退居克吕尼修道院，翌年去世。

阿伯拉尔最有名的著作是写于 1121 年至 1122 年的《是与非》。书中他辩证地支持并反驳了许多论点，经常不想得出任何结论；显然，他喜爱辩论，并认为辩论能使才思敏捷。此书将人们从自以为是的麻木中唤醒起了相当大的作用。他认为（除《圣经》之外）辩证法是通向真理的唯一道路，而经验主义者不能接受这种观点，但它在当时很有价值，不仅削弱各种偏见，同时也鼓励大胆运用理智。他说，除了《圣经》，没什么从不出错；连使徒和教父也可能犯错。

以近代观点来看，他对逻辑的评价过于极端。他认为逻辑主要是基督教科学，并借逻辑这个词的词源"逻各斯"玩文字游戏。《约翰福音》说"太初有道"，他以为这就证明了逻辑的神圣性。

阿伯拉尔的重要性主要在于逻辑与认识论方面。他的哲学是一套批判的分析，主要关于语言学。论及共相，也就是能用来表述许多不同事物的

东西，他认为我们并非表述一个物，而是表述一个词。从这个意义上说他是唯名论者。但为反驳罗瑟林，他指出"声息"是一物；不是一个我们所表述的一个物理事件的词，而是作为意义的词。他在这里引证亚里士多德学说。他说物与物相互类似，而这些类似便生出共相。但两个相似物的类似本身不是一物；这就是唯实论的错误。他还说了一些更不利唯实论的话，譬如他说，普遍概念不是基于物的本性，而是许多物混乱的影像。不过他并未完全拒绝柏拉图的理念：共相作为造物的模式，存于上帝的头脑中；事实上，它们是上帝的概念。

所有这些不论对错，是有说服力的。关于共相问题最近代的讨论还没多大进展。

圣伯纳德的圣洁不代表他的智慧，因此，他不能理解阿伯拉尔，并对他提出了不公正的控诉。他断言阿伯拉尔像阿里乌斯教派那样对待三位一体，像伯拉纠教派那样对待上帝恩典，像聂斯托利教派那样对待基督的位格；又说阿伯拉尔不遗余力地证明柏拉图是基督徒足以证明他自己是异教徒；此外，他主张人类凭借理性就能完全认识上帝，破坏了基督教信仰的价值。其实，阿伯拉尔从未主张过最后一项，而且一直给信仰留有广阔的余地，虽然他像圣安瑟伦一样认为不必借助神示而用理性证明三位一体。他的确有一次将圣灵同柏拉图的世界灵魂等同起来，但当这种看法被看作异端后，他随即将其摒弃。相较于他学说，也许更多是由于他的好斗使他被控异端，他常批评知名学者，所有有影响力的人都很不欢迎他。

当时大多数学者不像阿伯拉尔那样热衷于辩证法。那时，特别在沙尔特学派中流行仰慕古代、追随柏拉图和波爱修斯的人文主义运动。人们重新对数学感兴趣是巴斯人阿德拉德 12 世纪初到西班牙，并翻译了欧几里得的著作。

圣伯纳德领导过一次强劲的神秘主义运动，反对这种枯燥乏味的经院主义方法。他在教会政治方面很有影响——使局面不利于对立教皇，打击意大利北部和法兰西南部的异端，用正统教义打压大胆的哲学家并煽动第二次十字军东征。他对哲学家的攻击通常都成功；但自第二次十字军东征瓦解后，他失去吉尔伯特·得·拉·波瑞的信任。吉尔伯特·得·拉·波瑞赞同波爱修斯观点，使这位神圣的异端猎手颇感不妥。圣伯纳德虽是政客且不容异说，但具有真正的宗教气质。受其影响的人中神秘主义逐渐占支配地位，最终像弗罗拉人约阿希姆（1202 年去世）的异端那样。圣伯纳德和其追随者不在推理中，而是在主观经验和冥想中追寻宗教的真理。阿伯拉尔与伯纳德二人观点可能都是片面的。

伯纳德作为宗教神秘主义者，强烈反对教廷醉心于俗世事务，同时厌恶俗界的权力。他虽鼓动过十字军东征，却似乎不了解战争需要组织，不能单靠宗教热情。他抱怨说：人们关注的是"查士丁尼法典，而不是上帝的律法"。他对教皇武力保护自己的领地感到惊愕。他认为教皇的作用在于灵性上，不应试图进行实际的统治。不过这一观点与对教皇的无限崇敬合为一体。他称教皇为"主教之王、使徒的继承者，具有亚伯的首位权、诺亚的统治权、亚伯拉罕的族长权、麦基洗德的等次、亚伦的尊严、摩西的权威，在士师上是撒母耳、权力上是彼得、涂油时是基督"。圣伯纳德种种活动最终当然大大提高了教皇在俗界事务中的权力。

索尔兹伯里人约翰虽不是重要的思想家，但他写的随笔录对我们认识其所处的时代很有价值。他给三位坎特伯雷大主教做过秘书，其中一位是贝克特；他是哈德良四世的朋友；晚年做过沙尔特的主教。他怀疑宗教信仰以外的事。他自称学院派（就像圣奥古斯丁所用的意义）。他对国王们的尊敬不盲目，他说："目不识丁的国王不过是戴着王冠的驴子。"他敬重

圣伯纳德，但深知其调和柏拉图与亚里士多德的企图必定失败。他仰慕阿伯拉尔，但嘲笑他的共相论，对罗瑟林的共相论也是如此。他认为逻辑是学问很好的开端，但本身苍白乏味。他说亚里士多德学说即使在逻辑上亦有改进空间；对古代作家的尊敬不应妨碍理性的批判运用。他认为柏拉图仍是"哲学家中的王"。

　　12世纪时，翻译家逐渐为西欧学者翻译出更多希腊书籍。译本有三大主要来源：君士坦丁堡、巴勒莫和托莱多。其中托莱多最重要，但出自这里的译本往往不是直接译自希腊原文，而是由阿拉伯文转译。12世纪上半期的后半叶，托莱多大主教雷蒙德创办了一所翻译学院，成果颇丰。1128年威尼斯人雅各翻译了亚里士多德的《分析篇》《正位篇》和《诡辩驳斥篇》；西方哲学家感到《后分析篇》很难理解。卡塔尼亚人亨利·阿利斯提帕斯（1162年去世）翻译了柏拉图的《斐多篇》和《美诺篇》。12世纪人们只知道希腊哲学的一部分，但一些博学之士已认识到其中许多东西有待西方去发掘。人们也渴望获得更全面的古代知识。正统教义的桎梏不像有时想象得那样严重；人们还可著书立说，必要时经过充分的公开讨论，撤销其中的异端部分。当时，大多数哲学家是法兰西人，法兰西作为反对皇帝时的棋子，对罗马教廷来说很重要。不管博学的教士中出过什么神学异端，他们政治上几乎都是正统派；只有布雷西亚人阿诺德例外，这就更显得他邪恶至极。政治上，整个初期经院哲学可看作是罗马教会争夺政权的派生物。

第十二章 公元13世纪

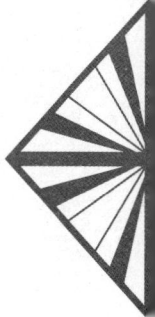

中世纪于13世纪达到顶点。罗马帝国灭亡后，逐渐建立起来的综合体系业已完备。14世纪各种制度和各派哲学瓦解；而15世纪开始出现一些至今仍不落伍的事物。13世纪的伟人都鼎鼎有名：英诺森三世、圣方济各、腓特烈二世和托马斯·阿奎那，他们以不同的方式成为各自领域的杰出代表。还有一些巨大的成就，但与伟大人物不一定有关，例如法兰西哥特式大教堂，有关查理曼、亚瑟王和尼伯龙根的浪漫主义文学，英国大宪章和众议院中开创的立宪政治等。下一章讲和我们最直接相关的经院哲学，特别是阿奎那阐述的经院哲学。我想先大致讲讲对形成这一时代精神面貌最有影响的一些事件。

13世纪初的核心人物是教皇英诺森三世（1198—1216），他是位敏锐的政治家，精力充沛，坚信教皇的权力至高无上，但生性缺少基督的谦逊。接任圣职时他摘了一段经文说教："看，我今日立了你来管列邦列国，是要拔除，要拆毁，要毁灭，要倾覆，要建立，要栽植。"他自称"万王之王，万主之主，是照着麦基洗德等次的永世大祭司"。他利用一切有利条件迫使别人接受这一观点。西西里早先被罗马皇帝亨利六世（1197年去世）征服，亨利娶的是诺曼族诸国王的女继承人康斯坦丝。英诺森任教

347

皇时，新王腓特烈二世才三岁。这时西西里国内动荡，康斯坦丝需要教皇的帮助。她请教皇作幼王的监护人，借着认可教廷的至高权力，确保教皇承认幼王在西西里的统治权。葡萄牙和阿拉贡也同样认可教廷的至高权力。在英格兰，国王约翰激烈反抗后，被迫把他的王国献给英诺森，然后，作为教皇的封地重新领回。

教皇和德意志皇帝奥托发生争执，号召日耳曼人废黜奥托。日耳曼人照办，并按他的提议选立刚成年的腓特烈二世。但他强迫腓特烈答应付出惊人的代价作为支持他的条件，然而腓特烈决意尽快背弃这项诺言。

英诺森三世是第一位没有神圣素质的大教皇。教会改革使教会统治集团对自己的道德威信很有把握，因而确信无需再操心圣洁问题。自他开始，权力动机日益在教廷中占支配地位，因而他风光时，也有虔诚教徒反对他。为增加罗马教廷机构的权力他将教规编为法典；瓦尔特·冯·德·福格尔魏德称这部法典为"地狱里最黑暗的书"。虽然教廷仍要赢得几次重大胜利，但其日后颓势已可预见。

1212 年，腓特烈二世来到德意志，在监护人教皇英诺森三世的支持下当选皇帝接替奥托。英诺森有生之年没看到自己培养的人竟成了令人生畏的反对教廷的敌人。

腓特烈二世是历史上最出色的统治者之一，父亲亨利六世是巴巴罗萨之子。他来自霍亨斯陶芬皇族，在日耳曼可算作日耳曼人。但文化和情感上却是意大利式的，带有阿拉伯和拜占庭色彩。他同时代的人看他的目光开始是惊异，后来逐渐变为恐惧；他们称其为"世界的奇迹和了不起的革新家"。

英诺森三世 1216 年去世；败于腓特烈的奥托 1218 年去世。新任教皇霍诺留斯三世和皇帝腓特烈开始很友好，不久就发生纠葛。首先腓特烈拒绝十字军东征，又和伦巴第诸城发生纷争，伦巴第诸城 1226 年订立了为期二十五年的攻守同盟。他们仇恨日耳曼人。腓特烈本想留在意大利对付这些城市，但 1227 年霍诺留斯去世，格里高利九世继任，他是狂热的禁欲主义者，与圣方济各相互欣赏。（圣方济各去世两年后格里高利追封他为圣徒。）格里高利认为什么事也不如十字军东征重要，所以当腓特烈拒绝东征，便开除其教籍。1228 年，作为被开除教籍的人，他前往东征；这让格里高利更加恼怒，试想被教皇开除教籍的人怎能率领十字军东征的队伍？腓特烈到达巴勒斯坦后，与伊斯兰教徒和解，向他们解释说：虽然耶路撒冷战略价值不高，但基督徒很重视它，并成功地劝他们把该城和平归还给他。教皇为此更加怒火中烧——基督徒应和异教徒开战，而不是和谈。不管怎样，腓特烈在耶路撒冷被正式加冕，无可否认他是成功的。1230 年，教皇与皇帝重修旧好。

此后短短的几年和平期，皇帝专心致力于西西里王国的政务，在首相彼得·德拉·维格纳的协助下颁布了一部源自罗马法的新法典。新法典显示出其南部国土的高度文明，并立即译成希腊文以方便希腊居民。他在那不勒斯创办了一所重要的大学。他还下令铸造金币，这种金币被称为"奥古斯都"，这是几百年来西欧最早的金币。他建立更自由的贸易制，废除内地关税。他甚至召集各城选代表参加他的市政会，虽然会议只有议事权。

1237 年，腓特烈和伦巴第联盟尤其冲突，和平时期告终，教皇和联盟诸城休戚与共，再次开除皇帝的教籍。此后直到 1250 年腓特烈去世，双方战事不断，局势越发惨烈且变化莫测。其间双方皆有胜负，直至皇帝去世，都未成定局。但试图继承他事业的皇帝们没他的才干，逐渐溃败，结果意大利四分五裂，教皇大获全胜。

尽管腓特烈才干不凡，却不可能成功，因为当时对立教皇的势力虔诚而民主，而他的目的却有点要恢复异教的罗马帝国。他在文化上开明，在政治上倒退。他注定失败，在历史上所有的失败者也是最引人注目的一个。

被英诺森三世的十字军东征讨伐，被所有统治者（包括腓特烈在内）迫害的各种异端，就其本身以及使人初步了解当时的大众情感来说，都值得研究。当时的著作中几乎没有大众情感的描写。

人们最感兴趣的最大的一派异教是清洁派，在法兰西南部被称为阿尔比派。他们的教义经由巴尔干诸民族传自亚洲；在意大利北部流行甚广，在法兰西南部受到绝大多数人的信仰，其中包括乐于以此为借口没收教会地产的贵族。异教所以传布得如此广泛，部分是由于十字军东征战败产生的沮丧情绪，但主要由于憎恶僧侣阶级的富有和恶行。当时普遍有种崇尚个人圣洁的心理，类似后世的清教主义；这种心理与狂热崇拜清贫结合在一起。教会富有且十分世俗：很多神父很不道德。最终导致宗教改革的同一动机 13 世纪也起了作用。其中主要的区别是俗界统治者没准备将自己的命运与各派异教结合在一起；这主要是由于没有一种现存的哲学能调和异端教义与国王们对统治权的要求。

此外另一个颇为流行的异端是瓦勒度派，他们是彼得·瓦勒度的信徒。瓦勒度是个狂热分子，1170 年为捍卫基督的律法发动了一次十字军东征。他把所有财产都周济了穷人，并创立一个名为"里昂穷人"的社团，厉行安贫乐道的生活。最初他们得到教皇的嘉许，但由于他们过于猛烈地抨击教士的不道德行为，1184 年在维罗纳宗教会议上遭到谴责。此后他们决定凡是善良的人都有资格传道讲经；他们自行指派传教士并废除了天主教教士的礼拜。他们传道至伦巴第，又到波希米亚，在这里为胡斯派铺平道路。阿尔比派遭迫害时他们也受到牵连，很多人逃往皮德蒙特。密尔顿时期他们在皮德蒙特遭迫害时，瓦勒度写下"噢，上帝，为遭受屠戮的众圣徒复仇吧"的十四行诗。至今在偏僻的阿尔卑斯山谷和美国还有该派信徒。

所有这些异教都引起教会的警觉，于是教会坚决予以镇压。英诺森三世认为应处异教徒极刑，因为他们背叛基督。1209 年他号召法兰西国王发起十字军东征讨伐阿尔比教派。此次东征之残暴令人瞠目；特别是攻克卡尔卡松后，进行了骇人听闻的大屠杀。搜捕异端原是主教的工作，但他们另有其他职责，无暇顾及。于是格里高利九世 1233 年设立宗教法庭，接管主教的这项工作。宗教法庭很成功；一开始就彻底肃清了阿尔比派。

13 世纪初天主教会处于叛乱的危险中，可怕程度一点不亚于 16 世纪。教会躲过叛乱，大半应归功于募缘会士修道团的兴起；圣方济各和圣多明我为维护正统教义所做的贡献甚至比最有力的教皇还多。

阿西西人圣方济各（1182—1226）是历史上最可爱的人物之一。他生于小康之家，少年时代并不讨厌寻常欢乐。有一天，他骑马路过一个麻风患者，忽生怜悯，跳下马来亲吻了病患。他决意放弃所有尘世财物，一心传道行善。不久，他集聚一群追随者，人人立誓过清贫的生活。开始，教会对此持怀疑态度，这一运动太像"里昂穷人"。圣方济各派去远方的第一批传教士竟被当作异端，因为他们的确厉行清贫，不（像修道士那样）把这看作从不当真的口头宣誓。英诺森三世很精明，发现这场运动如不超越正统教义，将很有价值。因此，1209 年或 1210 年他承认了这一新教团。教皇格里高利九世是圣方济各的私交，一直支持他，但也强加给了他一些戒律，与这位圣者狂热的无政府主义豪情格格不入。圣方济各希望尽可能以最严格的方式来解释清贫誓约；他反对其信徒占用房产或教会。

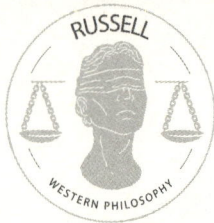

信徒必须乞讨为生，除受人款待外不许有住所。

论圣洁也有人和方济各不相上下，但他的天真快乐、博爱的精神和诗人的才华使他与众不同。他的善良像是与生俱来，没有任何瑕疵。他爱众生，不仅是作为基督徒、慈善家，而且是作为诗人。他去世前不久写的太阳颂几乎像是太阳的崇拜者阿肯纳顿的手笔，但也不尽然——尽管不甚明显，这首颂诗充满基督教色彩。与大多数基督教圣徒不同，他关心别人的幸福多过他自身的得救。他从未表示过任何优越感，即使对那些最卑贱的和最奸恶的人也不例外。柯兰诺人托马斯说，他是圣者中的圣者，也是罪人中的一个。

若真有撒旦，圣方济各创立的教团将来必将使撒旦心满意足。圣徒的直接继承人以利亚修士是教团首脑，穷奢极欲，彻底容许放弃清贫的生活。他们的创始人刚去世的几年里，方济各会的主要工作是在归尔甫派与吉柏林党员[1]残酷血腥的战争中招募士兵。方济各去世后七年宗教法庭成立，几个国家的宗教法庭主要由方济各会领导。其中少数称为属灵派的信徒依旧忠实于圣徒的教义；但其中许多人因异端罪名被宗教法庭烧死。这些人认为基督和使徒们不拥有财产，甚至身上穿的衣服都不属于自己；1323年，约翰二十二世谴责这种见解为异端。圣方济各穷其一生，只不过开创了一个更富有更腐败的教团，以加强教阶制度，方便迫害所有道德忠信和思想自由的优秀人物。考虑到他自己的宗旨和品德，很难想象还有什么比这个结局更具强烈的讽刺意味。

圣多明我（1170—1221）远不如圣方济令人关注。他是卡斯蒂利亚人，和罗耀拉一样狂热信奉正统教义。他的主要宗旨是攻击异端，并以贫

---

[1] "归尔甫派"和"吉柏林党员"两词的使用始于腓特烈和皇帝奥托斗争的时代。这两个词是斗争双方姓氏"韦尔夫"和"魏布林根"的讹传。（奥托的侄子是英国皇室的祖先。）——译注

穷作为达到这个目的的手段。他全程参与讨伐阿尔比异端的战争，虽然有人说他也谴责战争中一些暴虐行径。1215 年，教皇英诺森三世创立多明我会，并迅速获得成功。

多明我会修士在宗教法庭的工作中比方济各会修士积极性更高。而他们致力于学术，为人类做出了宝贵的贡献。这不是圣多明我的本意；他曾命令门下的修士"非经特别许可不得学习俗界科学和文艺"。1259 年，这条禁令被废。此后又采取一切措施方便多明我会修士的学术生活。他们致力于调和亚里士多德学说和基督教；大阿尔伯特和托马斯·阿奎那都是多明我会修士，完美地完成了这项工作。托马斯·阿奎那影响力空前，以致后世的多明我会修士在哲学上竟未取得什么成就。虽然方济各比多明我更厌恶学问，但紧接着下一个时期，哲学界赫赫有名的却都是方济各会修士：如罗吉尔·培根，邓斯·司各脱和奥卡姆·威廉。下面几章的主题是修士们哲学上的成就。

第十三章　圣托马斯·阿奎那

圣托马斯·阿奎那（约 1225—1274）是公认最伟大的经院哲学家。在所有教授哲学的天主教教育机构中，他的体系必须作为唯一正确的来讲授；自 1879 年利奥十三世教义诏书中申明这点后，就成为惯例了。因此，像柏拉图、亚里士多德、康德和黑格尔一样，圣托马斯不仅有历史意义，还影响当代，事实上，还超过了康德和黑格尔。他大多数时候紧紧追随亚里士多德，以致这位斯塔基拉人（亚里士多德）在天主教信徒心目中几乎有教父般的权威；在纯哲学问题上批评亚里士多德会被认为是不虔诚的。[1] 但过去不是一直如此的。阿奎那时代，推崇亚里士多德和反对柏拉图的斗争还在进行中。阿奎那的势力取得了胜利，并一直保持到文艺复兴为止；此后，在大多数哲学家的努力下，柏拉图学说重新获得统治地位，这使得人们比中世纪时更了解柏拉图。17 世纪时，人们可以同时是正教徒和笛卡尔主义者；马勒伯朗士虽是神父，却从未遭非难；但如今这样的自由已成过去；天主教神职人员若想涉及哲学，就必须承认圣托马斯。

圣托马斯是阿奎那伯爵的儿子。伯爵在那不勒斯王国境内的城堡靠近

---

[1]　我曾在广播中批评过亚里士多德，结果招致天主教人士多次抗议。

蒙特卡西诺，这位"天使博士"[1]便是在此开始接受教育。他在腓特烈二世创办的那不勒斯大学读了六年；后加入多明我会，到科隆跟随当时哲学界亚里士多德派领袖人物大阿尔伯特学习。托马斯在科隆和巴黎住了一段时间后，1259年重返意大利，基本上在此度过余生，除了1269年至1272年在巴黎侨居三年，那时巴黎的多明我会修士信奉亚里士多德主义，与巴黎大学校方发生纠纷，被怀疑同情在巴黎大学势力很大的阿威罗伊派异端。基于对亚里士多德的理解，阿威罗伊派主张人的灵魂只要具有个体性，就不是不死的；不死性只属于非个体的理智，在不同的理智存在中是同一的。他们被迫认识到这一学说与天主教信仰相违背时，又借"双重真理"的托词逃避，所谓双重真理指：一是基于理性的哲学真理，一是基于启示的神学真理。所有这些败坏了亚里士多德的名声，圣托马斯在巴黎时致力于消除这种过分拘泥阿拉伯学说带来的危害，并取得了巨大成功。

与其前辈不同，阿奎那真正充分地掌握了亚里士多德哲学。他的朋友穆尔贝克人威廉给他一些希腊文原著的翻译，他自己则写注释。阿奎那之前，新柏拉图主义代代累积的产物妨碍人们理解亚里士多德的观念。而他追随真正的亚里士多德学说，不喜欢柏拉图主义，即便它出现在圣奥古斯丁著作中也不例外。他终于使教会相信，亚里士多德的体系比柏拉图的更适合作为基督教哲学基础，而伊斯兰教徒和基督教的阿威罗伊主义者都曲解了亚里士多德。依我看，亚里士多德的《论灵魂》导向阿威罗伊的观点比导向阿奎那的更自然得多；可自圣托马斯后，教会却不这么看。可以更进一步说，亚里士多德许多逻辑和哲学问题的观点并非定论，且大部分已证伪；但天主教哲学家和哲学教师不许公开宣讲这一点。

---

[1]　圣托马斯去世后被罗马教廷封为"天使博士"。——译注

圣托马斯最重要的著作《反异教大全》写于 1259 年至 1264 年。书中通过与一个尚未皈依基督的假想读者的辩论来确立基督教真理；有人推测这位假想的读者通常被认为精通阿拉伯哲学。他还写过一部《神学大全》，此书几乎与《反异教大全》同样重要，但我们对其不是很感兴趣，因为书中鲜有不以基督真理为前提的议论。

阿奎那的哲学大体与亚里士多德的一致，接受或反对这位斯塔基拉人哲学的读者会同样接受或反对阿奎那的哲学。阿奎那的独创性体现在改编亚里士多德哲学以适应基督教教义。在他那个时代，他被视为大胆的革新者；甚至他去世后，他的许多学说还受到巴黎大学和牛津大学的谴责。他在体系化方面比在独创性方面更出色。即使他的每个学说都是错的，《反异教大全》仍是令人震撼的理论大厦。他要驳斥某一学说时，常不遗余力并力求公正地先陈述之。区别源于理性和源于启示的两类论证时，他的文笔犀利清晰，实在令人叹服。他精通且深刻理解亚里士多德学说。在他之前的所有天主教哲学家都不能说做到了这一点。

可上述优点似乎远不足以证明他的盛名。诉诸理性的说法某种的意义上不可靠，因为要得到的结论事先已确定。以婚姻不可解除为例，提倡婚姻不可解除的根据是父亲对子女的教育有益：父亲比母亲理智；父亲体力强，体罚子女时更适合。但近代教育家会反驳说：没有理由认为男人一般比女人理智；需要大体力进行的那种处罚，在教育上不可取。教育家可能还会指出，近代社会的父亲几乎不参与教育。但没一个圣托马斯的追随者会因此就不相信终身一夫一妻制，因为信仰真正的基础不在于宣称的那些理由。

再来看那些宣称证明上帝存在的论证，除了来自无生物的目的论这一论证，全部论证依据的假设是没有首项的级数是不可能的。数学家都知道这种不可能性不存在；以负一为末项的负整数级数便是反例。但天主教徒即便承认圣托马斯论证不当，也不会因此放弃对上帝的信仰；他会想出些别的论证，或借助启示。

关于上帝的本质和存在的同一性，上帝就是其自身的善，是自己的权能等争论，暗示着柏拉图哲学中的诸殊相存在方式与诸共相存在方式之间的混乱，据说亚里士多德避开了这种混乱。必须假设上帝的本质属于诸共相的性质，而上帝的存在却不是这样。很难令人满意地陈述这个难题，因为它出现在一种人们不再承认的逻辑中。然而它却清楚地显示出某种句法上的混乱，若没有这种混乱，关于上帝的种种议论将不再看似有理。

阿奎那没什么真正的哲学精神。他不像柏拉图笔下的苏格拉底那样，努力探索论证。他不探究那些事先不能预知结论的问题。他开始哲学思索前，早已知道这个真理；那就是天主教信仰的真理。要是他能为这一信仰的某些部分找到明显合理的论证，那更好，若不能，他只需转而求助启示。给预先下定的结论找论据，不是哲学，是诡辩。因此，我不可能认为他能和希腊或近代一流的哲学家相提并论。

第十四章　方济各会的经院哲学家

　　总的来说，方济各会不如多明我会那样恪守正统教义，两个教团竞争激烈。方济各会不承认圣托马斯的权威，其最重要的三个哲学家是罗吉尔·培根、邓斯·司各脱和奥卡姆·威廉。此外博纳文图拉和阿夸斯帕尔塔人马太也值得关注。

　　罗吉尔·培根（约 1214—约 1294）生前不大受推崇，但近代获得的赞誉远超其功绩。与其说他是狭义的哲学家，不如说他是酷爱数学和科学的博学家。在他的时代，科学与炼金术混为一谈，还被认为与巫术魔法混为一谈；培根经常因异端和魔法的嫌疑而惹上麻烦。1257 年，方济各会的领袖圣博纳文图拉在巴黎监视他并禁止他刊行著作。而在禁令仍生效期间，教皇驻英国的使节居伊·德·福勒克就命他不顾禁令，为了教皇的利益，撰写哲学著作。因此，他短期内写了《大著作》《小著作》和《第三著作》三本书。这些书反响不错，1268 年，他竟获准回到牛津，但经常轻蔑地批评那些与他同时代的最知名学者；特别指出那些希腊文或阿拉伯文翻译家根本不称职。1271 年，他写的《哲学研究纲要》抨击修道士的愚昧无知。1278 年，他的著作遭到方济各会领袖的谴责，而他也被监禁达十四年之久。

他的学识是百科全书式，缺乏系统性。和当代许多哲学家不同，他重实验。他的地理学著作写得很好；哥伦布读过其著作，并受其影响。他是优秀的数学家；经常引证欧几里得几何学的第六卷和第九卷。他又根据阿拉伯文资料论述透视图。他认为逻辑是无用的学问；但看重炼金术并撰写这方面著作。

他非常尊重亚里士多德，但不是无原则地。他说"只有亚里士多德及其追随者被所有智者评判为哲学家"。他谈到亚里士多德时，和同时代的人一样，使用"大哲学家"这一称呼，他说就连这位斯塔基拉人也未达到人类智慧的极限。亚里士多德之后，阿维森纳是"哲学的君王与领袖"。他的话不时带有正统教义意味，比如唯一完全的智慧有如教规与哲学所示，存在《圣经》中。但他说不反对从异教徒那里获得知识时的口气更恳切；除了阿维森纳和阿威罗伊，他还常引证阿尔·法拉比[1]，有时引证阿勒布玛查[2]等人。他引证阿勒布玛查证明诺亚及其子嗣在洪水灭世前已知晓数学；我想这是我们可以从异教徒获取知识的一个范例。培根推崇数学，认为它是确实性的唯一（未经启示的）源泉，是天文学和占星术必需的科学。

培根追随阿威罗伊认为能动的理智本质上是与灵魂分开的实体。他引证了许多著名的神学家，包括林肯的主教格罗赛特斯特支持这一与圣托马斯相左的见解。他说亚里士多德书中的矛盾之处显然是翻译上的错误。他引证柏拉图时未使用一手文献，而是用西塞罗的二手文献或阿拉伯人翻译的波菲利的三手文献。他不太尊重波菲利，认为其共相学说是"幼稚的"。

方济各会领袖圣博纳文图拉（1221—1274）是个完全不同类型的人，

---

[1] 阿尔·法拉比（872—950），喀喇汗王朝初期的著名医学家、哲学家。——译注
[2] 阿勒布玛查（805—885），天文学家。

他禁止培根出书。他秉承圣安瑟伦传统，并拥护其本体论。他发现新亚里士多德主义与基督教的根本对立。他相信只有上帝才非常清楚柏拉图理念。他的著作中常引用奥古斯丁，但未引用过阿拉伯人著作，也很少引用古代异教徒作品。

阿夸斯帕尔塔人马太（约1235—1302）追随博纳文图拉，但多少接触到一些新兴哲学。他是方济各会的修士，做过红衣主教；曾以奥古斯丁主义的观点反驳圣托马斯。但他认为亚里士多德已成为"大哲学家"，并经常引用他。他还经常引用阿维森纳；他充满敬意地引用圣安瑟伦与伪狄奥尼修斯；而他认为最权威的是圣奥古斯丁。他说，我们必须在亚里士多德和柏拉图之间找一条中间道路。柏拉图的理念"极端错误"；只确立智慧，不确立知识。另一方面，亚里士多德也是错的；他确立知识，不确立智慧。他的结论是我们的知识借着低级和高级的事物，外在的物体和观念的理性而产生。

邓斯·司各脱（约1270—1308）继续方济各会与阿奎那的争论。他生于苏格兰或阿尔斯特，在牛津大学加入方济各会，晚年生活在巴黎。他反对圣托马斯，维护纯洁受胎说，因此他博得巴黎大学乃至全天主教教会的赞同。他是奥古斯丁主义者，但没博纳文图拉，甚至阿夸斯帕尔塔人马太那样极端；像这二人一样，他和圣托马斯的不同在于其哲学中掺杂了较多的（由奥古斯丁而来）柏拉图主义。

例如他讨论的问题，"任何确实而纯粹的真理是否能在没有自在的光特意启迪的情况下自然而然被行路者理解？"他说这不可能。开头他只引证圣奥古斯丁来支持这个观点；他调到的唯一难题是《罗马书》第一章第二十节："自造天地以来，上帝的一些不可见之事情，借着所造之物就可明明得知。"

邓斯·司各脱是温和的实在论者。他相信自由意志，偏伯拉纠主义。他认为存在与本质无差别。他主要对显证，即无需证明而得知的事物感兴趣。显证共有三种：（1）自明的原理；（2）由经验得知的事物；（3）我们自己的行动。但若无神的启迪我们一无所知。

大多数方济各会修士追随邓斯·司各脱而不是阿奎那。

邓斯·司各脱认为既然存在与本质无差别，"个体化原理"——也就是一物不同于另一物的原理——必定是形式上，而不是质料上。"个体化原理"是经院哲学的重要问题之一。这个问题虽有不同形式，但依然存在至今。

奥卡姆·威廉是继圣托马斯之后最重要的经院哲学家。他可能生于1290年至1300年间，不确定是1349年还是1350年的4月10日去世。（1349年黑死病大流行，所以他很可能是这一年去世的。）大多数人说他生于萨里郡的奥卡姆，但戴利勒·伯恩斯则更倾向于约克郡的奥卡姆。他先在牛津，后去巴黎，师从邓斯·司各脱，然后又成为其对手。他卷入方济各会与教皇约翰二十二世之间关于清贫的争论。教皇在方济各会领袖迈克尔·西塞纳的支持下迫害属灵派。被教皇召往阿维尼翁就圣餐变体的问题与异端展开控辩的奥卡姆，和另一名重要人士帕多瓦人马西利奥一样，站在迈克尔一边。他们三人1328年一起被开除教籍，但他们逃出阿维尼翁，得到皇帝路易的庇护。路易是两个帝位争夺者中的一个；他得到德意志的支持，另一位得到教皇的支持。教皇开除路易的教籍，于是路易上诉大公会议控诉教皇。教皇被控异端。

据说奥卡姆谒见皇帝时说"陛下用刀剑保护我，而我将用笔捍卫陛下。"不管怎样，他与帕多瓦人马西利奥在皇帝保护下在慕尼黑安顿下来，并在那写下一些相当重要的政治论著。皇帝1338年去世后，奥卡姆的事

迹便不详了。有人说他向教会妥协了，但似无根据。

神圣罗马帝国不复霍亨斯陶芬朝代的景况；教廷的野心虽不断膨胀，却得不到以前的那种尊敬。14 世纪初，卜尼法斯八世将教廷迁往阿维尼翁，教皇从此在政治上变成法兰西国王的臣属。神圣罗马帝国衰落日甚；由于法兰西和英格兰的强盛，它甚至都不能再主张其最徒有虚名的一般统治权；另一方面，教皇屈从法兰西国王，降低了对俗世事务的普遍要求。所以教皇与罗马皇帝的冲突实质上是法兰西与德意志的冲突。爱德华三世统治下的英格兰正与法兰西交战，因而同德意志结盟；因此英格兰反对教皇。教皇的敌人要求召集一次大公会议 —— 这是唯一被认为高于教皇的教会权威。

这时教皇反对派性质起了变化。他们不再只是拥护罗马皇帝，特别在教会管理问题上带着一副民主的腔调。他们因此获得新的力量，终于导致宗教改革。

帕多瓦人马西利奥（1270—1342）开创了反对教皇的新形式，皇帝尊严在其中主要是象征性的。他是奥卡姆·威廉的密友，还影响过其政治思想。政治上，他比奥卡姆更重要。他认为人民的大多数才是立法者，而这大多数人有权惩罚君王。他又将群众主权的理论应用于教会，并且群众包括俗众。各地应成立包括俗众的地方宗教会议，他们选举代表参加大公会议。只有大公会议才有权开除教籍，并对《圣经》做出权威解释。这样，所有信徒在决定教义时都有发言权。教会不该有世俗的权能；未经市民同意不得开除教籍；教皇也不能享有特权。

奥卡姆未达到马西利奥那样高的水平，但他设计出一套选举大公会议的彻底民主的方案。

15 世纪初，需要弥合教会大分裂时，宗教会议运动已臻于成熟。但完成这一任务后，宗教会议运动又陷入了低潮。马西利奥宗教会议运动的立场与以后新教徒在理论上采取的立场不同。新教徒要求个人判断的权力；不愿屈从于大公会议。他们认为宗教信仰不应由任何管辖机构裁决。相反，马西利奥则仍以捍卫天主教信仰的统一为宗旨，但希望以民主方式，而不是教皇专制实现。实际上，大多数新教徒取得政权后，只是以国王代替教皇，因而既没保障个人判断的自由，也没保障决定教义问题的民主方式。但他们反对教皇时，却在宗教会议运动的教义中找到根据。所有经院哲学家中只有奥卡姆受路德推崇。必须指出，即使在新教国家中，很多新教徒仍坚持个人判断的教义。这正是英国内战期间，公理会与长老会的主要差别。

奥卡姆的政论性著作[1]是用哲学论辩体裁写成的，对不同命题进行正反两面论证，有时没有任何结论。我们习惯更直截了当的政治宣传，但在他的时代，他选择的方式可能更有效。

现在讲奥卡姆的纯哲学学说。关于这个题目，欧内斯特·艾迪生·穆迪的《奥卡姆·威廉的逻辑》写得很好。我要讲的大部分内容依据此书，书中的观点不同寻常，但我认为他反倒是正确的。哲学史作家往往根据后人来解释前人，但这一般是不对的。奥卡姆曾被认为造成了经院哲学崩溃，是笛卡尔、康德或任何受个别评论家喜爱的近代哲学家的先驱。我同意穆迪说的，这些都不对。他认为奥卡姆最关心的在于恢复纯粹的亚里士多德，使之摆脱奥古斯丁和阿拉伯人的影响。这很大程度上也是圣托马斯的目标；但如我们所见，方济各会修士却比奥卡姆还要紧密地一直追随圣奥古斯丁。穆迪认为，由于近代史学家试图找出从经院哲学向近代哲学逐

---

[1]　参看《奥卡姆·威廉政治论文集》，曼彻斯特大学出版社，1940 年版。

渐过渡的过程，所以错误地解读了奥卡姆；这使人们将近代的一些学说强加于他，而其实他只是在阐释亚里士多德学说。

奥卡姆最有名的格言号称"奥卡姆剃刀"，并未出现在其著作中。这句格言是："如无必要，勿增实体。"他虽没说过这话，但说过大致产生同样效果的话，他说："切勿浪费较多东西去做用较少的东西同样可以做好的事。"也就是说，在某一门科学里，如能不以这种或那种假设的实体来解释某一事物，就没理由去这样假设。我认为这在逻辑分析中是非常有成效的原则。

奥卡姆在逻辑上 —— 显然不在形而上学上 —— 是唯名论者；15世纪的唯名论者[1]尊他为学派创始人。他认为亚里士多德被司各脱主义者所误解，而这种误解一部分来自奥古斯丁的影响，一部分来自阿维森纳，但还有一部分则来自更早的原因，即波菲利关于亚里士多德《范畴篇》的论著。波菲利文中提到三个问题：（1）类和种是否为实体？（2）它们是有形体的，还是无形体的？（3）如为后者，它们是在感性事物之中，还是同感性事物互相分离？他提出的这些问题与亚里士多德的范畴相关，造成中世纪对亚里士多德《工具论》的解释过于形而上学。阿奎那曾试图消除这个谬误，但邓斯·司各脱又将其再次引入。结果逻辑和认识论依附于形而上学和神学。奥卡姆着手将它们再度分开。

由于主张逻辑和人类知识的研究无需涉及形而上学和神学，奥卡姆的著作激发了科学研究。他说奥古斯丁主义者错在首先假设万物不可理解，人类没有智力，再加上从无穷来的一道光使知识变为可能。在这点上，他与阿奎那观点一致，但各有侧重，因为阿奎那主要是神学家，而奥卡姆就

---

[1] 例如：斯万斯赫德、海特斯伯力、盖森和代礼。

逻辑而言，主要是俗世哲学家。

他的态度给研究特殊问题的学者以自信，例如，他的直接追随者欧利斯姆人尼古拉（1382年去世），钻研过行星理论。某种程度上，此人是哥白尼的先驱；他提出地球中心论和太阳中心论，并且说这两个理论都能解释他所处时代的所有事实，因此无法二选一。

奥卡姆·威廉以后再未出现伟大的经院哲学家。伟大哲学家的下一个时代始于文艺复兴后期。

第十五章　教皇制的没落

　　13 世纪完成了哲学、神学、政治和社会的伟大融合。这一融合是综合了许多因素缓慢建立起来的。最初的因素是纯粹的希腊哲学，特别是毕达哥拉斯、巴门尼德、柏拉图和亚里士多德等人的哲学。然后，亚历山大数次征服带来大量东方的各种信仰。这些因素利用俄耳甫斯教及秘密仪式，改变了希腊语世界乃至最终拉丁语世界的世界观。死而复活的神，代表吃神肉的圣餐仪式，通过类似洗礼的某种仪式而重生，逐渐成为异教罗马世界大部神学的一部分。这些因素与一种解脱肉体束缚，至少理论上是禁欲主义的伦理结合。从叙利亚、埃及、巴比伦和波斯传来与俗众区分的神父制度，多少有些魔力，而且能在政治上产生相当影响。主要与信仰来世相关的一些令人敬畏的宗教仪式也源于此。特别是从波斯传来二元论，把世界看成善之神阿胡拉·马兹达和恶之神阿里曼的战场。阿里曼及其灵界的信众助力妖术的实施。撒旦由阿里曼发展而来。

　　蛮族的观念与行为的传入和新柏拉图派哲学中的某些希腊因素综合在一起。从俄耳甫斯教、毕达哥拉斯主义和柏拉图主义的某些部分，希腊人发展了容易与东方观点结合的观点，也许因为这些观点很久以前借用自东方。随着普罗提诺和波菲利思想的发展，异教哲学发展结束。

这些人的思想虽有浓厚的宗教色彩，但若不大加改造，不足以兴起一种盛行于世的大众宗教。他们的哲学艰深，不被常人理解；他们的救世法对大众来说过于理智。他们思想保守，维护并用寓言解释希腊的传统宗教，以减少其中不道德的因素，并使之与他们的哲学一神主义相调和。希腊宗教终因无法和东方的各种教义和神学思想抗衡，而趋于衰亡。传神谕者失声了，祭司又从未形成强有力的特权阶层。复兴希腊宗教的企图因此带着一种懦怯、迂腐的陈旧色彩，在皇帝朱利安身上表现得尤为显著。早在 3 世纪，人们可能已预见某种亚洲宗教要征服罗马世界，不过那时好几种宗教不相上下，似乎都有机会获胜。

基督教综合各方面的有利因素：从犹太人那里获得《圣经》，以及视所有其他宗教都虚妄而邪恶的教义；但抛弃了犹太人的种族排他性和摩西律法中的不当内容。后来的犹太教已学会相信死后世界，但基督徒却赋予天堂、地狱以及进入天堂和逃避地狱的方法新的确实性。复活节结合了犹太人的逾越节和异教徒复活之神的祭典。基督教吸收了波斯的二元论，但更确信其善原则的终极全能，以及异教徒是撒旦的门徒。一开始基督徒在哲学上和仪式上无法与其对手匹敌，但后来这些不足都得到改善。最初，哲学在半基督教的诺斯替教派中比在正统教派中更进步；但自奥利金以来，基督徒通过改良新柏拉图主义发展了一种更适用的哲学。早期基督教徒的仪式还有点不明确，但不管怎样，到了圣安布罗斯时代，就很吸引人了。神父的权能和与众不同之处取法于东方，但在教会中通过统治手段逐渐加强，这多亏罗马帝国的做法。天主教教会融合了《旧约圣经》、各种秘传宗教、希腊哲学和罗马行政方法，从而获得以前任何社会组织所无法企及的巨大力量。

像古罗马一样，西派教会尽管更缓慢，但由共和制发展成君主制。我

们看到教皇权柄发展的各个阶段，从格里高利一世，历经尼古拉一世、格里高利七世和英诺森三世，直到霍亨斯陶芬皇朝在归尔甫派和吉柏林派战争中最后战败。同时，一直是奥古斯丁主义，因而主要是柏拉图主义的基督教哲学也由于同君士坦丁堡和伊斯兰教徒的接触带来的新鲜元素而丰富。13世纪，亚里士多德在西方几乎家喻户晓，而且由于大阿尔伯特和托马斯·阿奎那的影响，亚里士多德在学者的脑海里成为仅次于《圣经》和教会的最高权威。直到今日，他在天主教哲学家中仍保持这一地位。从基督教观点来看，我不禁认为亚里士多德代替柏拉图和圣奥古斯丁是个错误。柏拉图比亚里士多德的宗教气息更重，而基督教神学从开始就适应柏拉图主义。柏拉图的教导是知识不是知觉，而是一种回忆的幻觉；亚里士多德更偏经验主义者，圣托马斯铺平了从柏拉图主义的迷梦转入科学观察的道路，尽管这不是他本意。

对始自14世纪的天主教综合体系的瓦解来说，外部事件比哲学起的作用更大。1204年，拜占庭帝国被拉丁人征服并统治，直至1261年；此间其国教是天主教，而不是希腊正教；1261年后，君士坦丁堡不再属于教皇，尽管1438年在费拉拉会议上东西方教会一度名义上统一，但教皇从未收复该城。由于法兰西、英格兰等民族的君主政体的兴起，神圣罗马帝国在与教皇的冲突中虽被挫败，教会也没得到任何益处；14世纪大部分时期教皇政治上只是法兰西国王手中的工具。比这些更重要的原因是，富商阶级的兴起和俗众知识的增长。这两种情况始自意大利，且发展遥遥领先西方其他地区直至16世纪。14世纪，意大利北部城市比北方诸城更富庶；有学问的，特别是法学和医学方面的俗众日益增多。这些城市具有一种独立精神，由于皇帝当时已不足为虑，于是很容易去反抗教皇。尽管不是很严重，但同样的运动也在其他地方兴起。佛兰德斯繁荣起来；汉萨各镇也不居后。在英格兰，羊毛贸易成为一项财源。这个时代，堪称广义的民主倾向十分强大，但民族主义倾向更强大。教廷已变得很世俗化，基本上成为税收机构，征收巨额税收，大部分国家希望将这笔钱留在国内。教皇不再或不配享有那种赋予他们权力的道德威望。曾经圣方济各能跟英诺森三世及格里高利九世和平共事，但14世纪最认真的那些人被迫与教廷展开斗争。

而这个世纪初，教廷没落的这些原因还不明显。卜尼法斯八世在《一圣通谕》中提出了以前任何教皇从未提过的极端要求。他1300年创立大赦年制度，凡到罗马游历，并在此举行某种仪式的天主教徒都可获得大赦。这让教廷以及罗马市民都赚得盆满钵满。原先规定每百年举行一次大赦年祭典，但由于利润巨大，就缩短为每五十年一次，后来又缩短至每二十五年，并一直流传至今。1300年的第一次大赦年祭典，使教皇达到成功的顶峰，正好也可以看作教廷开始衰落的日子。

卜尼法斯八世是意大利人，生于阿纳格尼，在英格兰代表教皇支持英王亨利三世反对叛乱贵族时，被囚于伦敦塔。1267年，他被亨利之子，即后来的爱德华一世解救。在他所处的时代，教会内部已出现强劲的法兰西派，法兰西籍红衣主教们反对其当选。关于国王是否有权对法兰西籍修士征税的问题，他与法兰西国王腓力四世发生激烈冲突。卜尼法斯热衷起用亲属又贪得无厌；因此，他总希望尽可能多掌握经济来源。他被控异端一事可能是公道的；他似乎是阿弗罗埃斯主义者且不相信灵魂不死。他和法兰西王构怨极深，国王派兵捉拿他，想通过大公会议废黜他。他在阿纳格尼被捕，但事后却逃往罗马，并在此去世。此后许久再没有教皇胆敢冒险敌对法兰西王。

短暂的统治后，红衣主教们于1305年选立波尔多的大主教为教皇，

号称克莱门特五世。他是加斯科涅人，在教会中一贯代表法兰西派，在教皇任期内从未去过意大利。他在里昂接受加冕礼，1309 年定居于阿维尼翁，此后的教皇们继续在此居住了约七十年。教皇克莱门特五世曾与法兰西国王共同反击圣殿骑士团，因而大肆宣扬与国王的结盟。双方都需要钱财，教皇热衷于结私营党，菲利普则为了同英格兰作战，镇压佛兰德斯叛乱，以及维持越来越有干劲的政府。他掠夺了伦巴第银行家，在"不损害贸易的原则下"迫害犹太人后，发现圣殿骑士团成员不仅是银行家，而且在法兰西境内拥有大量地产，要是有教皇的支持，他可以攫取这些地产。于是国王与教皇商定教会先揭发圣殿骑士团已是异端；然后他们合伙瓜分这些赃物。亨利·C.李在其《异端裁判史》中的结论是指控圣殿骑士团的罪名完全子虚乌有。

在圣殿骑士团事件中，教皇与国王的经济利益一致。而大多数情况下，在基督教世界的大部分地区，两者利益相冲突。卜尼法斯八世期间，腓力四世为征税与教皇发生争执时曾得到各阶层人民（甚至教会阶层）的支持。教皇政治上屈从法兰西时，一些仇视法兰西国王的君主们必然仇视教皇。因此奥卡姆·威廉以及帕多瓦人马西利奥才会被皇帝庇护；稍后的时代中，威克里夫受冈特的约翰保护。

总的来说，主教们这时已完全服从教皇；实际上教皇任命的主教比例日益增加。修道院性质的各类教团与多明我会也同样恭顺，但方济各会仍保留了些独立精神。这造成他们与教皇约翰二十二世（1316—1334）间的一场冲突，我们在谈奥卡姆·威廉时讲过此事。冲突期间，马西利奥劝服皇帝进攻罗马。罗马群众为皇帝加冕，同时废黜约翰二十二世，选出一位方济各会的对立教皇。然而，所有这些除了普遍削弱了人们对教廷的尊敬，没有其他任何影响。

　　不同地区以不同形式反叛教廷统治。有时反叛与君主制的民族主义结合，有时与清教徒对教廷腐败和世俗的痛恨结合。在罗马城，叛乱与复古民主主义结合在一起。克莱门特六世（1342—1352）时，罗马在杰出人士柯拉·迪·黎恩济领导下，一度寻求脱离这个不驻罗马的教皇的统治。罗马不仅苦于教皇统治，还苦于地方贵族继续制造着在10世纪时就使教廷威信降低的骚乱。教皇逃往阿维尼翁，部分原因实在是为了逃避这些目无法纪的罗马贵族。

　　显然，若教廷想保持天主教会实际的领导地位，必须摆脱对法兰西的依赖，重返罗马。此外法兰西在英法战争中接连惨败，不再是个安全之所。所以乌尔班五世于1367年迁回了罗马；但意大利政治对他来说过于复杂，他去世前又返回了阿维尼翁。继任的教皇格里高利十一世较为果断。许多意大利城市，特别是佛罗伦萨仇恨法兰西教廷，因而强烈反对教皇，但格里高利借重返罗马，反对法兰西籍红衣主教，尽其所能挽救这种局面。然而，他临死时红衣主教团内的法兰西派与罗马派还是不能协调。依照罗马派的意愿，意大利人巴尔多禄茂·普里尼亚诺当选为教皇号称乌尔班六世。但有些红衣主教宣布其当选违背教规，并选出法兰西派日内瓦人罗伯特，号称克莱门特七世，他住在阿维尼翁。

　　此后开始了长达四十年之久的东西教会大分裂。法兰西当然承认阿维尼翁的教皇，而法兰西的敌对国家则承认罗马的教皇。苏格兰是英格兰的敌国，英格兰又是法兰西的敌国；因此，苏格兰承认阿维尼翁的教皇。每个教皇都从自己的教派中遴选红衣主教，每当某一派教皇去世，其红衣主教们便迅速选立另一位。因而，除了施加高于双方教皇之上的权力，否则无法根治这种分裂。显然二者中一个必须是合法的，因此，必须找到高于合法教皇之上的权力。唯一的解决办法就是召开大公会议，格尔森领导下

371

的巴黎大学提出授予大公会议创制权的新理论。俗界统治者们支持这一理论，因为教会分裂对他们不利。1409 年，终于在比萨召集了一次会议，然而却是次荒唐失败的会议。这次会议以异端和分裂罪名宣布废黜两位教皇，并选出第三位，但这位教皇很快去世；于是红衣主教们又选立当过海盗的巴尔达萨雷·科萨继任，号称约翰二十三世。这样就有了三位教皇，而不仅是两位。大公会议选出的教皇竟是个臭名远扬的恶棍。此时的境况似乎比以前任何时代更无希望可言。

然而教会会议运动的支持者并未罢休。1414 年，在康斯坦茨重新召集会议，采取了积极行动。会上首先宣布教皇无权解散会议，某些方面还必须服从会议。会议决定今后教皇必须每七年召集一次大公会议。会议废黜教皇约翰二十三世，劝说当时的罗马教皇辞职。阿维尼翁的教皇拒绝辞职，他去世后，阿拉贡国王主使选出了一位教皇。但此时处于英格兰摆布下的法兰西不承认这位继任者。此后他这一派日渐衰微，直至消亡。最后 1417 年大公会议选出的教皇号称马丁五世，未遭到任何反对。

这些进程值得称道，但对威克里夫的波希米亚门徒赫斯却不然。赫斯被带到康斯坦茨前曾得到人身安全的许诺，但到达之后，却被判有罪，火刑处死。威克里夫原系善终，但会议下令掘出并焚毁他的骸骨。会议运动的支持者急于摆脱违背正统教义的任何嫌疑。

康斯坦茨大公会议消除了分裂，却想进一步以君主立宪制代替教皇专政。马丁五世当选前许下很多诺言；有些做到了，有些没有。他同意每七年召集一次大公会议的教令，并严格贯彻。1417 年康斯坦茨大公会议被解散，1424 年召开了新的会议，这次会议被证明无足轻重；1431 年在巴塞尔又召开了一次会议。此时马丁五世去世，他的继承人尤金四世整个任期中都和那些控制会议的改革派激烈斗争。他解散会议，但会议拒不解散；1433年他一度让步。但1437年又下令解散会议。虽然如此，直到1448年会议都在开会期。这时，教皇大获全胜已是众所周知。1439年会议因宣布废黜马丁五世，选立对立教皇（历史上最后一位）而失去舆论的同情。这位对立教皇几乎随即就辞职了。同年尤金四世在费拉拉召开会议，借此树立了威信。费拉拉的希腊教会十分惧怕土耳其人，因此名义上归顺罗马。这样一来教廷政治声势大振，但道德威望大减。

威克里夫（约1320—1384）以其生平和学说，阐述了14世纪教廷权威的衰落。和以前的经院学者不同，他既非修道士，又非托钵僧，而是在俗修士。他在牛津享有盛名，1372年获得了牛津大学神学博士学位。他在牛津大学贝列尔学院当过短期的院长。他是最后一位重要的牛津经院学者。作为哲学家，他算不上进步；他是实在论者，与其说是亚里士多德主义者毋宁说是柏拉图主义者。他认为上帝的命令不是任意的；现实世界并非各种可能世界中的一个，而是一个唯一可能的世界，因为上帝必然选择最善的。使他令人关注的不在于这些，同时他对这些也似乎不大感觉兴趣，而是他竟从牛津大学引退为成为乡间教士。他在人生最后十年中，成为卢特沃斯教区的敕命修道士，却继续在牛津大学讲学。

威克里夫以思想发展得极其缓慢而著称。1372年，他五十岁或五十多岁时还信奉正统教义；但此后，明显变成异端。他信奉异端似乎完全是道义使然——他同情穷人，痛恨富有逐利的教士。开始，他对教廷的攻击只限于政治和道德方面而不涉及教义；慢慢地他被迫开始更广泛的反抗。

令人惊讶的是威克里夫未因其见解和民主活动而遭到更多责难。牛津大学尽力保护他抗击那些主教。英国上议院谴责他的巡回传教士时，众议院则拒不同意。无可置疑，若他寿命再长些，麻烦会更多，但直到1384

年他去世都没被正式判罪。他在卢特沃斯去世并被安葬在那里，直到康斯坦茨大公会议下令将他挫骨扬灰。

他在英格兰的追随者罗拉德派，遭到残酷迫害，实际上已被彻底铲除。但由于理查二世的皇后是波希米亚人，其学说得以在波希米亚流传。赫斯是他此地的门徒；尽管在波希米亚也被迫害，他们一直坚持到了宗教改革。在英格兰，虽被迫转入地下，但反对教廷的思想已深入人心，为新教的成长准备了滋生的土壤。

15 世纪，除了教廷的衰落，还有其他种种原因引起了政治文化的迅速变化。火药消灭了封建贵族而巩固了中央集权政治。在法兰西和英格兰，路易十一世和爱德华四世各自团结国内富裕的中产阶级，这些人助他们平定了无政府状态。直到这一世纪最后几年，意大利几乎一直未被北方军队侵扰，经济文化迅速发展。新文化本质上是异教性质，钦慕希腊和罗马，鄙视中世纪。建筑和文学风格仿效古代模式。当古代唯一幸存的君士坦丁堡被土耳其人攻陷后，逃往意大利的希腊难民曾受到人文学者的欢迎。瓦斯科·达·伽马和哥伦布开拓了对世界的认识，哥白尼则扩大了对天界的认识。《君士坦丁赠礼》被斥为无稽之谈，受尽学界耻笑。由于拜占庭人，人们逐渐直接了解了柏拉图，不再仅凭新柏拉图主义者及奥古斯丁的第二手资料。人间不再是一个在痛苦的朝圣途中走向彼岸世界的泪之谷，而是有着异教乐趣、名誉、美好和冒险机会的所在。历经数世纪之久的禁欲主义被人遗忘于艺术、诗歌和快乐的喧嚣中。确实，甚至在意大利，中世纪也经历了一场斗争才消亡；萨伏那洛拉和达芬奇同年出生。但基本上旧日的恐怖，已不再令人生畏，新精神世界的自由显得如醉如狂。这种痴狂不能持久，但暂时消除了恐惧。在这快乐的自由时刻，近代世界诞生了。

卷三

近代哲学

BOOK THREE
MODERN PHILOSOPHY

RUSSELL

WESTERN PHILOSOPHY

第一篇

从文艺复兴到休谟

PART I FROM THE
RENAISSANCE TO HUME

第一章　总论

　　这一历史时期通常被称为"近代"，在许多方面，其精神面貌与中世纪时期不同。其中，有两个是最重要的：教会的权威不断削减，科学的权威不断增强。其他各种现象都与这两个原因相关联。近代的文化偏世俗而非宗教。越来越多的国家取代教会，成为控制文化的政府机构。最初，国家的政权主要由国王掌管；然后，就像古希腊一样，国王逐渐被民主制度或暴政所取代。在整个时期（除了一些小小的波动），国家的权力及其所行使的职能稳步增长；但是在大多数情况下，国家对哲学家意见的影响，要小于中世纪的教会。直到 15 世纪，阿尔卑斯山北部的封建贵族制也一直能够与中央政府相抗衡。但它首先失去了政治上的价值，然后丧失了经济上的重要性。国王与富裕的商人们联手，取代了封建贵族制。这两者在不同的国家，按不同的比例占有权力。有趋势表明，富商们会被贵族所吸收。从美国和法国大革命开始，近代意义上的民主管理就成了一种重要的政治力量。与建立在私有产权基础上的民主制度相反的社会主义，于1917 年首次获得了政权。而这种形式的政府，如果传播开来的话，必定会带来一种新的文化形式。但我们这里所关注的文化主要是"自由主义"的，也就是说，与贸易自然而然相关的一种文化。但这方面有一些重要的例外，尤其是在德国；举两个例子，费希特和黑格尔的哲学观与商业就完全无关。而这种例外的状况，在他们所处的时代并不典型。

近代社会的消极特征，就是拒绝教会的权威，这一状况早于其积极特征的出现，即对科学权威的接纳。在意大利文艺复兴时期，科学起到的作用很小。在人们的观念中，与教会的对立是与古代文明联系在一起的，是比早期教会和中世纪更遥远的过去。科学的第一次大爆发，是 1543 年哥白尼理论的出版。但是，直到 17 世纪，这个理论被开普勒和伽利略采纳并改进后，才产生了影响力。然后，科学与教义之间的长期斗争开始了，传统主义者与新知识展开了一场注定失败的斗争。

在近代，大多数哲学家都认可的科学权威，与教会的权威大不相同，因为它要运用的是头脑，而不是官方权力。惩罚并不会降临到拒绝科学的人头上；审慎的观点影响不了那些接受科学的人。科学获胜，完全是因为其内在的对理性的吸引力。而且，它的权威是支离破碎的、局部的；它不像天主教教义团体那样，建立一个完整的系统，涵盖人类的道德、希望以及宇宙的过去和未来历史。在那时，它仅在似乎已被科学所确定的事物上发声，而这只是无知海洋中的一个小岛而已。与教会权威的另一个不同之处是，教会权威的宣布是绝对确定的，而且是永远不可改变的；而科学的宣告是临时性的，是建立在或然率基础上的，并且是可以被修改的。这就产生了与中世纪教条主义者截然不同的思想脾性。

到目前为止，我一直在谈论的是理论科学，这是一种了解世界的尝试。而试图改变世界的实践科学，从一开始就很重要，并且其重要性不断提高，直到它几乎将理论科学从人类思想中驱逐出去。首先，在战争方面，科学的实用重要性得到了承认。伽利略和达芬奇声称要改善炮兵和防御工事，因此获得了政府的雇用。从他们的时代开始，科学家在战争中的

作用就在稳步壮大。他们参与开发机器生产，并使人们首先习惯于使用蒸汽，然后是电力。直到将近 19 世纪末，科学家的作用才开始产生重要的政治影响。科学的胜利主要是由于其实用性，人们一直尝试将这一方面与理论分开，从而使科学越来越多偏向于是一种技术，而越来越少地倾向于是关于世界本质的一种学说。这种观点对哲学家们的影响是近来发生的。

从教会的权威中解放出来，导致了个人主义的发展，甚至是无政府状态。在文艺复兴时期的人们心中，纪律、思想、道德、政治是与经院哲学和教会政府联系在一起的。经院哲学家亚里士多德式的逻辑是狭隘的，但提供了某种对准确性的训练。当这门逻辑学派变得不合时宜时，一开始取代它的并不是什么更好的东西，而仅仅是对古代范式的有所选择的模仿。一直到 17 世纪，哲学才具备了重要性。15 世纪的意大利在道德和政治上的无政府状态令人震惊，并导致了马基雅维利主义的诞生。与此同时，人们的头脑获得了自由，在艺术和文学领域，天才们展现了惊人的天赋，但是这样的社会是不稳定的。宗教改革运动和反宗教改革运动，再加上意大利对西班牙的臣服，结束了意大利文艺复兴带来的好与坏。当该运动向阿尔卑斯山北部扩散时，就不具备同样的无政府特征了。

但是，近代哲学在很大程度上保留了个人主义和主观性，这一点在笛卡尔的学说中就非常明显。笛卡尔从自己存在的确定性中积累了所有知识，并接受"清楚"和"分明"（两者都是主观的）作为真理的标准。在斯宾诺莎的理论中，这些特征并不突出，却出现在了莱布尼茨的无窗单子的概念中。洛克的气质完全是客观的，却不自觉地接受了主观学说，即认识是观念的相符或不符 —— 他对这种观点是如此反感，以至于他只能通过强烈的前后矛盾，来逃避这一说法。在废除了物质之后，只有通过上帝才能将贝克莱从其完整的主观主义中拯救出来，而大多数后来的哲学家都认为这种方式很不合理。在休谟看来，经验主义者的哲学最终导致了一种怀疑主义，这种怀疑主义没有人可以反驳，也没有人能够接受。康德和费希特在气质和学说上都是主观主义的；黑格尔通过斯宾诺莎的影响挽救了自己。卢梭和浪漫主义运动将主观性从认识论扩展到了伦理学和政治学，并合乎逻辑地、以彻头彻尾的巴枯宁那样的无政府主义而宣告结束。这种极端的主观主义是一种疯狂。

与此同时，实践中的人们逐渐建立起科学即技术的观点，这与理论哲学家之间的观点截然不同。技术赋予了一种力量感：如今，人类不再像以前那样受周围环境的支配了。但是技术赋予的力量属于社会，而非个人——一艘船失事，流浪荒岛的普通人若是在 17 世纪，能比现在更有行动力。科学技术需要在单一方向上组织起来大量个人之间的合作，因此它的趋势是反无政府主义的，甚至是反个人主义的，因为它需要的是严密的社会结构。与宗教不同，在道德方面，科学技术是中立的：它向人们保证，科技可以创造奇迹，但不告诉他们，创造的是什么样的奇迹。这样一看，它是不完整的。在实践中，科学技能的目的在很大程度上靠机缘来决定。大型组织所必需的负责人可以在一定范围内，按自己的喜好，改变技术的发展方向。因此，科学获得了前所未有的权力。受科学技术启发而产生的哲学是权能哲学，倾向于将非人类的一切都视为原材料。要考虑和珍视的不再是目的，而是对流程的操控技巧。这也是一种疯狂。在我们的时代，这是最危险的形式，理智的哲学应针对此现象提供对抗手段。

在罗马帝国时代，古代世界的无政府状态得以终结，但罗马帝国的存在是一个残酷的事实，而非一种理想。天主教世界谋求结束教会的无政府状态，这是一个理想，但实际上却没有得到充分实现。无论是古代的解决方案，还是中世纪的解决方案，都不能令人满意——前者是无法理想化，

后者是无法实现。当前，现代世界似乎正在朝着类似古代解决方案的方向迈进：以武力强加的社会秩序，代表着权贵的意愿，而不是普通人的希望。要建立持久而令人满意的社会秩序，只能将罗马帝国的坚固性与圣奥古斯丁的上帝之城的理想主义相结合。为了实现这一目标，将需要一种新的哲学。

第二章　意大利文艺复兴

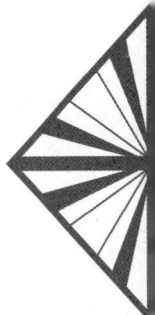

与中世纪观点截然相反的近代见解始于意大利的文艺复兴运动。起初，只有少数人，尤其是彼特拉克具有这种观点，但是在15世纪，这种观点传播到了绝大多数有教养的意大利人那里，既有世俗人士，也有宗教人员。从某些方面来说，文艺复兴时期的意大利人——达芬奇和其他一些人除外——并不尊重科学。而尊重科学是自17世纪以来最重要的创新者的特征。这种缺少尊重与他们从迷信中获得了部分的解放有关，特别是在占星术方面。他们中的许多人仍然尊敬中世纪哲学家所拥有的权威，但是他们用古代人的权威代替了教会的权威。当然，这是朝着解放迈出的一步，因为古人的意见各不相同，并且需要个人做判断，来决定追随哪位古人。但是，15世纪的意大利人很少敢提出这样的观点，无论是在古代的权威还是在教会的教导中，都找不到对这一观点的支持。

要了解文艺复兴时期，首先必须简要回顾一下意大利的政治状况。腓特烈二世于1250年去世后，意大利基本上摆脱了外国的干涉，直到法国国王查理八世于1494年入侵该国。意大利有五个重要的邦国：米兰、威尼斯、佛罗伦萨、教皇领地和那不勒斯。除这些国家外，还有一些小公国，它们与某个大国结盟，或臣服于某个大国。直到1378年，热那亚在

商业和海军实力上都可以与威尼斯匹敌，但是那年之后，米兰成为热那亚的宗主国。

在12世纪和13世纪，米兰领导了对封建主义的抵抗。在霍亨斯陶芬王朝最终战败后，在有能力的维斯孔蒂家族的版图内——该家族的权力属于财阀势力，而不是封建势力，米兰陷落了。该家族统治了一百七十年，从1277年到1447年；然后，在恢复了三年的共和党政府之后，一个新的家族，即与维斯孔蒂家族有亲缘关系的斯福尔扎家族，建立了政府，并获得了米兰大公的称号。从1494年到1535年，米兰成了法国和西班牙人之间的战场；斯福尔扎家族有时与这一方结盟，有时与另一方结盟。在此期间，他们时而遭到流放，时而获得了名义上的控制权。最后，在1535年，米兰被皇帝查理五世吞并。

在某种程度上，威尼斯共和国不受意大利政治的影响，特别是在早期鼎盛时。它最初自认为是东方皇帝的臣民，从未被野蛮人征服过。这一传统，再加上它与东方之间的贸易关系，使它摆脱罗马获得了独立。这种状态一直保持到特伦特议会（1545年）成立之时。关于这段历史，威尼斯人保罗·萨尔皮写了一篇非常反教皇的历史文章。我们已经看到，在第四次十字军东征时，威尼斯坚持要征服君士坦丁堡，这促进了威尼斯人的贸易。与此相反，土耳其人在1453年征服君士坦丁堡后，威尼斯的贸易遭受了损失。在14世纪和15世纪，出于各种原因，部分与粮食供应有关，威尼斯人认为，有必要获得意大利大陆上的领土。这引起了敌意，并最终在1509年导致了坎布雷联盟的成立，该联盟由击败威尼斯的几个强大邦国组成。威尼斯也许有可能从这次不幸中恢复过来，但瓦斯科·达·伽马发现了通往印度的航线（1498年），这一点，再加上土耳其人对威尼斯的破坏，毁掉了威尼斯复兴的希望，然而该邦国一直坚持到拿破仑剥夺了它的独立地位。

佛罗伦萨是当时世界上最文明的城市，也是文艺复兴的主要源泉。几乎所有文学界的名人，以及早期和晚期的一些艺术大师，都与佛罗伦萨有关。但就目前而言，我们要谈的是政治，而不是文化。在 13 世纪，佛罗伦萨有三个相互冲突的阶级：贵族、富商和小人物。贵族主要由皇帝党构成，其他两个阶层由教皇党构成。皇帝党最终在 1266 年被击败，而在 14 世纪，小人物战胜了富商们。但是，冲突并没有产生稳定的民主，而是促成了希腊人所谓的"暴政"的逐步发展。最终，美第奇家族成了佛罗伦萨的统治者，成了民主阵营政治上的领导人。科西莫·德·美第奇（1389—1464）是家族中第一个取得支配地位的成员，但没有得到官方职位。他的权力来自操纵选举的技巧。他很机灵，在可能的情况下愿意和解，在必要时也能很无情。不久之后，他的孙子洛伦佐继位，他从 1469 年开始执政直至 1492 年去世。这两个人的地位都归功于他们的财富，这些财富主要是在商业、采矿业和其他行业获得的。他们知道如何使佛罗伦萨以及他们自己变得富有，在他们的带领下，这座城市得以繁荣兴盛。

意大利的南端被那不勒斯王国占领，在大多数时候，西西里岛与那不勒斯王国结盟。那不勒斯和西西里岛曾一度是腓特烈二世皇帝的个人王国；他引入了绝对君主制，开明但专制，不给予封建贵族任何权力。他 1250 年去世后，那不勒斯和西西里落入了他的亲生儿子曼弗雷德之手，然而，他继承了教会难以平息的敌意，并于 1266 年被法国人驱逐。法国人的言行使他们在那不勒斯和西西里都不受欢迎，并在"西西里晚祷起义"（1282 年）中被屠杀殆尽。之后，该王国属于阿拉贡的彼得三世及其继承人。在各种复杂状况之后，那不勒斯和西西里岛暂时分离，它们于 1443 年在著名的文学赞助人阿方索大帝的领导下重新团聚。从 1495 年

起，三位法国国王试图征服那不勒斯，但最终该王国被阿拉贡的费迪南德（1502年）获得。法国国王查尔斯八世、路易十二和弗朗西斯一世都声称（法律上并不怎么合理）拥有米兰和那不勒斯；他们都入侵过意大利，并取得了短暂的成功，而最终都被西班牙人击败。西班牙的胜利和反宗教改革运动终结了意大利的文艺复兴时期。教皇克莱门特七世成了反宗教改革运动的障碍，并且作为美第奇家族的一员，他是法国的查理五世的朋友。这导致罗马被新教徒大军洗劫。此后，教皇们成了宗教领袖，意大利文艺复兴运动宣告结束。

意大利的强权政治游戏极其复杂。地位较为卑微的王子们大多是自我造就的暴君，有时与一个强大的邦国结盟，有时又与另一个结盟。如果游戏玩得不够明智，他们就会被消灭。战争连绵不绝，但直到1494年法国人来临之前，这些战争几乎都不流血：士兵们是雇佣军，他们期望将职业风险降至最低。那些纯粹的意大利风格的战争并没有对贸易产生太大影响，也没有阻止国家的财富增长。他们有许多治国的方法，但没有高明的治国之才。法国人来时，国家几乎没有防御能力。法国军队在战斗中杀人，这震惊了意大利人。随后发生的法国人和西班牙人之间的战争是来真的，带来了苦难和贫困。但是意大利各邦国之间继续相互争执，完全没有考虑到国家的团结统一，从而招来了法国或西班牙的援助。最后，一切都毁了。必须说，由于发现了美洲和通往东方世界的航线，意大利不可避免地失去了重要地位；但是，这次衰败本可以不那么糟糕的，对意大利文明的品质也本可以减少些破坏。

文艺复兴并不是哲学上取得伟大成就的时期，但它完成了某些必不可少的事情，这些事情对17世纪的辉煌至关重要。首先，它打破了僵硬的学术体系，这种僵化的体系已成为对头脑的束缚。它复兴了对柏拉图的研究，对独立思考提出了要求，因为在对他或亚里士多德之间进行选择时，需要的就是独立思考。关于这两点，它增进了真正的和第一手的知识，而没有新柏拉图主义者和阿拉伯评论员的虚饰。更重要的是，它助长了将智力活动视为一种令人愉快的社会冒险的习惯，而不是与世隔绝的、旨在保留预定的正统思想的冥想。

通过接触拜占庭式的学术研究，柏拉图很快取代了经院的亚里士多德。早在名义上使东方和西方教会重聚的费拉拉议会（1438 年）上，就已存在着争论，拜占庭人坚持说，柏拉图比亚里士多德优越。纪密斯特·普里索，一位正统信仰遭受怀疑的希腊柏拉图主义者，在意大利为推广柏拉图主义做了很多工作。成为红衣主教的希腊人贝萨里昂也是如此。科西莫·美第奇和洛伦佐·美第奇都沉迷于柏拉图；科西莫创立了佛罗伦萨学院，而洛伦佐继承了佛罗伦萨学院，该学院主要致力于对柏拉图的研究。科西莫是在聆听关于柏拉图的一段讨论时死去的。但是，当时的人文主义者太忙于获取古代知识，以至于无法产生任何哲学上的原创思想。

文艺复兴不是大众运动，而是一场由少数学者和艺术家发起的，得到了自由派资助人鼓励的运动，尤其是美第奇家族和持人文主义思想的教皇们。但对于这些赞助人来说，文艺复兴可能就没那么成功了。在 14 世纪，彼特拉克和薄伽丘在精神上属于文艺复兴，但由于他们所处时代的政治条件不同，他们的直接影响不如 15 世纪的人文主义者。

很难简单地描述文艺复兴时期学者对教会的态度。有些人自认是自由思想者，但即使是这些人通常也会接受极端的涂油礼，在他们感到死亡临近时与教会握手言和。他们中的大多数人对当时教皇们的邪恶印象深刻，但仍然很高兴被教皇雇用。此外，他们中的大多数人认为，在正统思想和自由思想之间没有中间道路；路德的立场对他们来说是不可能的，因为他

们对神学的微妙之处不再有中世纪的感觉。

罗马的财富只有很少一部分要依赖于从教皇领地上获得的收益；总的来说，这是一种贡品，来自整个天主教世界，依靠着一种神学体系，该体系认为教皇掌握着通往天堂的钥匙。如果一个意大利人能有效地质疑这一体系，就担上了让意大利陷入贫困境地，使罗马在西方世界丧失其地位的风险。因此，在文艺复兴时期，意大利的反正统思想纯粹是智性层面的，并不会导致教会的分裂或发起任何远离教会的大众运动的企图。唯一的例外是萨伏那罗拉，他在精神上属于中世纪。

大多数人文主义者保留了在古代得到支持的迷信信仰。魔法和巫术可能是邪恶的，但却并非不存在。1484 年，英诺森八世发布了反对巫术的教皇诏书，这导致了德国和其他地方对女巫的骇人听闻的迫害。占星术尤其受到自由思想者的推崇；获得了前所未有的流行地位。从教会解放出来的第一个结果，不是使人们理性思考，而是使他们的思想开放，接纳各种古老的胡扯。

从道德上讲，这一解放带来的第一个后果是灾难性的。旧的道德准则不再受到尊重；大多数邦国的统治者靠背信弃义获得了他们的地位，并通过残酷无情的手段保住其权力。当时红衣主教们被邀请参加教皇加冕礼时，因为害怕被毒杀，他们要带上自己的酒，还有自己的侍酒师。教皇腐败的罪恶是显而易见的，但人们毫无对策。意大利统一的愿望是显而易见的，但统治者们无法联合起来。外国统治的危险迫在眉睫，然而，每一个意大利统治者都打算在与其他统治者发生争端时，寻求任一外国势力的援助，甚至是从土耳其人那里。我想不出，除了破坏古代手稿，还有什么罪行是文艺复兴时期的人不经常犯下的。

在道德领域之外，文艺复兴有很多优点。在建筑、绘画和诗歌方面，它一直享有盛誉。它产生了非常伟大的人物，如达芬奇、米开朗基罗和马基雅维利。它把受过教育的人从狭隘的中世纪文化中解放出来，而且，即使在仍然是崇尚古代的时候，它就让学者们意识到，著名的权威几乎对每一个问题都持有不同的观点。通过复兴希腊世界的知识，它创造了一种精神氛围，在这种氛围中，有可能再一次取得与希腊的成就相匹敌的成果；在这种氛围中，个人天才可以以一种自亚历山大时代以来前所未知的自由，蓬勃发展。文艺复兴时期的政治条件有利于个人发展，但并不稳定；不稳定和个人主义是紧密相连的，就像古希腊的情况一样。一个稳定的社会体系是必要的，但迄今为止设计出来的每一个稳定的体系都阻碍了不同寻常的艺术或智力价值的发挥。为了获得像文艺复兴那样的伟大成就，我们准备忍受多少谋杀和无政府状态？在过去，这种情况有很多；在我们这个时代，少得多了。社会组织的增加使这一问题日益重要，但至今还没有找到解决这一问题的办法。

第三章 马基雅维利

文艺复兴虽然没有产生重要的理论哲学家，但产生了政治哲学方面极为杰出的人物——尼可罗·马基雅维利（1467—1527）。他让人感到震惊是一种惯常行为，他有时的确令人震惊。但是，如果像他一样拎得清，其他很多人也会令人震惊的。他的政治哲学是科学的和经验主义的，基于他自己的处世经验，所考虑的是制定达到既定目标的手段，而不考虑目标是好的还是坏的。有时，当他说出他想要的结果时，我们都会为之喝彩。通常许多与他的名字相关的谩骂是出于伪君子的愤慨，他们讨厌坦然地承认自己做了坏事。诚然，他的学说中有很多东西确实应该批评，而在这一点上，他代表了他所处的时代。这种对政治欺诈行为的智性上的诚实几乎不可能出现在任何其他时代或任何其他国家，除非出现在希腊，那时人们的理论教育来自诡辩家，实际操练来自小邦国之间的战争。这种情况，在文艺复兴时期的意大利和在古希腊一样，属于个人天才的政治伴奏。

马基雅维利是佛罗伦萨人，他的父亲是一名律师，既不富有也不贫穷。在他二十多岁的时候，萨伏那洛拉统治了佛罗伦萨；他悲惨的结局显然给马基雅维利留下了深刻的印象，因为他评论道："所有有武装的先知都征服了人民，而没有武装的先知失败了。"接着，针对后者，他把萨伏那洛拉作为一个例子举了出来。作为对立面，他提到了摩西、居鲁士、提修斯和罗穆卢斯。他没有提到基督，这是文艺复兴时期的典型特征。

就在萨伏那洛拉被处决之后。马基雅维利在佛罗伦萨政府里获得了一个不怎么重要的职位（1498 年）。直到 1512 年美第奇家族复辟之前，他一直在这一职位上工作，有时是执行重要的外交任务；后来，由于一直反对美第奇家族，他被捕了，但被判了无罪，获准在佛罗伦萨附近的乡下退休生活。因为没有别的职业，他成了作家。他最著名的作品《君主论》写于 1513 年，献给伟大的洛伦佐，因为他希望（事实证明是徒劳的）赢得美第奇家族的青睐。书的基调也许部分是出于这个实际目的；与此同时，他的长篇著作《论李维》明显更偏向共和党，也更偏向自由派。他在《君主论》的开头说，他在这本书中不会提到共和国，因为他在其他地方已经讨论过了。那些不阅读《论李维》的人很可能会对他的教义有非常片面的看法。

因未能与美第奇家族达成和解，马基雅维利被迫继续写作。他一直过着隐居生活，直到去世。在那一年，查理五世的军队洗劫了罗马，也可以认为这是意大利文艺复兴消亡的一年。

《君主论》关心的是，从历史和当代事件中探明国家是如何得到、持有又失去的。在这方面，15 世纪的意大利有许多大大小小的例子。当时几乎没有统治者是合法的；在许多情况下，即使是教皇，也通过腐败手段来确保选举的成功。取得功名的规则与更安定的时代的规则不太一样，因为谁也不会对那些会使 18 世纪或 19 世纪的人丧失资格的残酷和背叛行为感到震惊。也许我们这个时代可以更好地欣赏马基雅维利，因为我们这个时代的一些最突出的成功，是通过与文艺复兴时期意大利所用的方法一样卑鄙的手段取得的。作为一名治国方略方面的艺术鉴赏家，他会为希特勒

在国会大厦的纵火行为，以及 1934 年对党派的清洗和慕尼黑事件后的失信之举拍手称赞。

亚历山大六世之子恺撒·波吉亚受到了他的高度赞扬。恺撒·波吉亚的问题很棘手：首先，由于他哥哥的去世，他成为他父亲王朝野心的唯一受益人；第二，以教皇的名义，要用武力征服亚历山大死后属于他自己而不属于教皇国的领土；第三，操纵枢机主教团，以便下一任教皇成为他的朋友。他以高超的技巧追求这些难以实现的目标；恺撒失败了，这是事实，但只是"由于命运异乎寻常的恶毒"。恺撒·波吉亚的父亲去世的时候，他也碰巧病得很重；等他恢复元气的时候，他的敌人已经组织好了力量，而他最痛恨的对手则当选为教皇。在选举那天，恺撒告诉马基雅维利，他已经做好了一切准备，"只是他从未想过，在他父亲去世的时候，他自己也奄奄一息"。

《论李维》一书对教皇权力的讨论更长，也更真诚。在书中，马基雅维利首先将杰出的人置于道德等级制度中。他说，最好的人是宗教的创始人，然后是君主或共和国的缔造者，最后是文人。这些人是好的，而破坏宗教、毁坏共和国或王国、摧毁美德或文学的人是坏的。那些建立暴政的人是邪恶的，包括尤利乌斯·恺撒；另一方面，布鲁图斯很好。（这一观点与但丁的观点形成了鲜明的对比，体现了古典文学的影响。）他认为在邦国中，宗教应该占据显著的位置，不是因为它道出了真理，而是因为它是社会的黏合剂。罗马人假装相信预兆，并惩罚那些无视预兆的人，这是正确的。他对当时教会的批评有两点：其一，教会的恶行破坏了宗教信仰；其二，教皇的世俗权力及其所倡导的政策阻碍了意大利的统一。这些批评非常有力。

鉴于这些文章，我们可以推测，马基雅维利对恺撒·波吉亚的崇拜仅仅是因为他的技巧，而不是因为他的目的。在文艺复兴时期，人们对技艺和能带来名声的行为非常推崇。当然，这种现象一直都存在；拿破仑的许多敌人都非常崇拜他，认为他是一位军事战略家。但是，在马基雅维利时代的意大利，对灵巧得近乎艺术的技巧的赞赏，比之前或之后的几个世纪要大得多。而试图将其与马基雅维利认为重要的伟大政治目标混为一谈，就错了；对技艺的热爱和盼望意大利统一的爱国愿望这两件事，在他的心里是并排存在着的，无法合为一体。因此，他可以既赞扬恺撒·波吉亚的聪明，又指责他破坏了意大利。在他看来，最完美的性格应该是：在手段方面，像恺撒·波吉亚那样聪明而又不择手段，而力图实现的目标却与其大不相同。在书的结尾，《君主论》雄辩般地恳求美第奇家族将意大利从"野蛮人"（也就是法国人和西班牙人）手中解放出来——他们的统治"臭气熏天"。他不希望这样的工作是出于无私的动机，而应该是出于对权力的热爱，更重要的是，对名望的热爱。

在谈到统治者的行为时，《君主论》非常明确地否定了公认的道德。君王常为善，必灭亡；他必须像狐狸一样狡猾，像狮子一样凶猛。书中第十八章题为"论君主应当怎样守信"。我们从中了解到，他们应该在划得来的时候守信，而不是相反。君主有时也必须失信于人。

> 但是君主必须深知怎样掩饰这种兽性，并且必须做一个伟大的伪装者和假好人。人们是那样单纯，如此乐意服从于眼前的需求，以至于行骗的人总可以找到某些自愿上钩的人。我只提一个近代的例子：亚历山大六世除了欺骗之外，什么也没做；他别的都不考虑，只是寻找欺骗的机会。没有人比他更能信誓旦旦，用有力的誓词来断言，也没有人比他更能背弃这些誓言；然而，他的骗术总是成功的，因为他

深谙其中的道理。因此，一位君主没有必要具备上述所有的品质（即传统美德），但很有必要显得具备这一切品质。

他还说，最重要的是，一个君主应该表现出来虔诚。

值得注意的是，马基雅维利从来没有把任何政治论点建立在基督教或《圣经》的基础上。中世纪的作家们有一个"合法"权力的概念，权力属于教皇和皇帝，或者是来自他们。北方的作家，即使是洛克这样较晚时代的作家，也会争论在伊甸园里发生了什么，并认为他们可以由此得出证据，证明某些类型的权力是"合法的"。在马基雅维利的学说中，并没有这样的概念。权力属于那些有能力在自由竞争中抓住它的人。他对人民政府的偏爱并非源于任何"权利"观念，而是因为他观察到，与专制政府相比，人民政府没有那么残忍、肆无忌惮、反复无常。

让我们试着把他的学说的"道德"和"不道德"部分综合起来（马基雅维利自己并没有这样做）。在下面的论述中，我所表达的不是我自己的观点，而是明确或含蓄的、属于马基雅维利的观点。

政治美德中，其中三个特别重要：国家独立、安全以及井然有序的政治组织。最好的政治组织是按照君主、贵族和民众之间的实权比例来分配合法权利。因为有这样的政治组织，革命的成功就很困难，因此稳定就有可能实现；而出于稳定的考虑，就目的而言，给予人民更多的权力将是明智的。

但在政治上，还有一个手段问题。用注定要失败的方法来追求政治目的是徒劳的；如果目的是好的，我们必须选择达到目的的适当手段。方法的问题可以用纯粹科学的方式来处理，而不考虑目的的善与恶。"成功"意味着，你的目标得以实现，无论那目标是什么。如果真有一门关于成功的科学，那么研究恶人的成功，与研究好人的成功可以一样合适进行——甚至更好，因为成功的罪人的例子要比成功的圣人多。但这门科学一旦建立起来，对圣人和罪人来说，发挥的是同等作用。对于圣人来说，如果他想涉足政治，就必须采用罪人的方式来获得成功。

这个问题归根结底是关于权力的。为了达到政治目的，这种或那种权力是必要的。这一明显的事实被"正义必胜"或"邪恶的胜利是短暂的"等口号给掩盖住了。如果你认为正确的那一方占上风，那是因为它有优越的力量。的确，权力往往取决于意见，意见取决于宣传；同样，在宣传中，看起来比你的对手更有道德也是一种优势，而看起来有道德的一种方式就是表现出道德。由于这个原因，有时胜利可能属于广大群众认为具备美德的一方。我们必须向马基雅维利承认，这是在 11 世纪至 13 世纪教会力量不断增长，以及 16 世纪宗教改革成功中的一个重要因素。但也有一些重要的局限性。首先，那些已经夺权的人可以通过控制宣传，使他们的政党显得高尚；例如，没有人会在纽约或波士顿的公立学校提及亚历山大六世的罪恶。第二，在混乱时期，明显的恶行经常会取胜；马基雅维利时代就是其中之一。在这种情况下，人们往往会迅速滋生一种愤世嫉俗的情绪，这种情绪会让人们原谅任何事情，只要物有所值。即使在这样的时代，正如马基雅维利自己所说，在无知的公众面前呈现一种美德的表象也是可取的。

这个问题可以进一步讨论。马基雅维利认为，文明人几乎肯定是不择手段的利己主义者。他说，如果现在有人想建立共和国，他会发现，和山民打交道要比和大城市的人打交道容易，因为大城市的人已经腐化了。如果一个人是一个肆无忌惮的利己主义者，他最明智的行为准则将取决于他必须与之交往的人群。文艺复兴时期的教会震惊了所有人，但只有在阿尔

卑斯山脉以北，人们的震惊才产生了宗教改革运动。在路德开始反抗的时候，教皇的收入可能比亚历山大六世和尤利乌斯二世表现出更多道德的时候还要多。如果情况真的如此，那也是因为文艺复兴时期意大利人的犬儒主义。由此可见，当依赖于有道德的人群，而不是对道德考虑漠不关心的人群时，政客的表现会更好；比起一个在他们控制下有严格审查制度的社会，在一个他们的罪行（如果有的话）能够被广泛传播的社会里，他们的行为也会更有节制。当然，通过伪善总是可以达成一些目标，但适当的制度可以大大减少这一现象。

马基雅维利的政治思想，就像大多数古人的思想一样，在某一方面有些肤浅。他只关注伟大的法律制定者，如莱库格斯和梭伦 —— 而他们被认为是创建了一个完整的社会，与过去发生的事情几乎没有关联。把社会看作一种有机的增长物，政治家们只能在有限的范围内施加影响。这一概念基本上是近代概念，并且被进化论大大加强了。这种观念在马基雅维利时代和柏拉图时代中都找不到踪迹。

然而，我们也可以这样认为，关于社会的进化论观点，虽然在过去是正确的，但已不再适用，就现在和未来而言，必须被一种更加机械论的观点取代。在俄国和德国，新的社会被创造了出来，就像传说中的莱库格斯创造了斯巴达政体一样。古代的立法者是一个仁慈的神话；近代立法者是一个可怕的现实。这个世界已经变得比过去更像马基雅维利的世界了，而近代人如果想要驳斥他的哲学，就必须进行比 19 世纪更为深入的思考。

第四章　伊拉斯谟和托马斯·莫尔

　　北方国家的文艺复兴开始时间晚于意大利，并很快与宗教改革纠缠在一起。但在 16 世纪初有一段很短的时间，这种新学说在法国、英国和德国得到了大力传播，而没有卷入神学纷争。北方的文艺复兴在很多方面都与意大利的大不相同。它不是无政府主义或非道德的；相反，它与虔诚和公德联系在一起。北方的文艺复兴非常感兴趣的是，将学术研究标准应用于《圣经》之上，以期获得比拉丁文《圣经》更准确的文本。与它的意大利先驱相比，它没有那么辉煌，但更坚实；不太在意个人学识的展示，而更渴望尽可能广泛地传播学识。

　　有两个人物，伊拉斯谟和托马斯·莫尔爵士成为北方文艺复兴的典范。他们是亲密的朋友，有很多共同之处。两人都很博学，不过莫尔不如伊拉斯谟。他们都鄙视经院哲学；二者都致力于从内部进行教会改革，但当新教分裂来临时，他们都深感遗憾；两人都是诙谐、幽默、技巧高超的作家。在路德起义之前，他们是思想上的领袖；但在路德起义之后，对于他们这样的人来说，世界太过暴力了。很多人殉难了，伊拉斯谟陷入了无能为力的状态。

　　伊拉斯谟和莫尔都不是严格意义上的哲学家。我之所以谈到他们，是

因为他们显示了革命前时代的特征，当时普遍要求温和的改革，怯懦的人还没有被极端分子吓得做出反应。他们还说明了，反对经院哲学的特点，就是对神学或哲学中任何体系的厌恶。

伊拉斯谟（1466—1536）出生于鹿特丹[1]。他的父亲是一位牧师，学识颇丰，通晓希腊语。他的父母在他还没长大的时候就去世了，他的监护人们（显然是为了盗用他的钱）哄骗他在斯泰因的修道院当修士，他为此后悔了一辈子。其中一个监护人是一位校长，但他的拉丁语还不如伊拉斯谟上学时的水平。校长在答复男孩的拉丁语书信时写道："如果下次再写如此优雅的文章，请加上注释。"

1493 年，他成了坎布雷主教的秘书，这位主教是金羊毛骑士团的团宗。这给了他离开修道院旅行的机会，虽然不是像他希望的那样去意大利。他的希腊语知识还很浅薄，但他却是一位颇有造诣的拉丁语学者。他特别崇拜洛伦佐·瓦拉，因为他写了一本论拉丁语之优美的书籍。他认为拉丁文化与真正的献身精神是完全相容的，并举出了奥古斯丁和哲罗姆的例子——很明显，他忘记了那个哲罗姆的梦了，梦中我们的主谴责了哲罗姆读西塞罗作品。

他曾在巴黎大学待过一段时间，但没有发现任何对他有益的东西。从经院哲学到格尔森和调解运动，这所大学曾有过辉煌的岁月，但现在旧的争论变得枯燥无味了。托马斯主义者和司各脱派被合称为古代派，与奥卡姆主义者进行了争论，后者被称为近代派。最终在 1482 年，他们和解了，并共同反对人文主义者，而人文主义者在大学的圈子之外取得了进展。伊拉斯谟讨厌经院学者，认为他们老朽过时了。他在一封信中提到，由于他

---

[1]　关于伊拉斯谟的生平，我主要参考海辛哈写的那本著名传记。

想获得博士学位，他说话就尽量避免文雅机智。他其实并不喜欢任何哲学，甚至连柏拉图和亚里士多德也不喜欢；不过因为他们都是古人，在谈及的时候还是要表示尊重罢了。

1499 年，他第一次访问英国，爱上了亲吻女孩的时尚行为。在英国，他与约翰·科利特和更多的人成了朋友，他们鼓励他从事严肃的工作，而不是弄些文学上的小玩意儿。在不懂希腊语的情况下，约翰·科利特讲授《圣经》；伊拉斯谟觉得他想在《圣经》方面干些工作，他认为通晓希腊语是该工作的基础。1500 年初离开英国后，他开始学习希腊语。虽然他太穷了，请不起老师，但到 1502 年秋，他已经精通了这门语言。1506 年他去意大利时，发现意大利人没有什么可以传授给他的。他决心编辑《圣哲罗姆》，顺便把希腊文的《圣约》译成新的拉丁文译本；1516 年，两项工作都完成了。他在拉丁文《圣经》中发现的不准确之处，后来被新教徒们拿来做宗教争论之用。他也试着学希伯来语，但放弃了。

伊拉斯谟写的唯一一本至今仍被人阅读的书籍是《愚人颂》。1509 年，在从意大利穿越阿尔卑斯山到英国的途中，他产生了写这本书的想法。他在托马斯·莫尔爵士伦敦的家里很快写完了这本书，并开玩笑地提出将该书题献给莫尔爵士，因为 "moros" 就是 "愚人"。这本书是由 "愚人" 自述：她兴致勃勃地唱着赞美自己的歌，书中还配有霍尔拜因的插图，使她的讲述更加生动活泼。她谈到了人类生活的全部，涉及所有的阶级和职业。而如果没有她，人类就会灭亡，因为哪个不愚蠢的人会结婚呢？作为智慧的解毒药，她劝人 "娶妻子——因为这种生物极其愚蠢无害，并且极其方便有用，可以使男人僵硬、郁结的心柔软缓和"。而要是没有奉承和自恋，谁会感到快乐呢？这样的幸福是愚蠢的。最幸福的人是那些最接近兽类、丧失理智的人。最好的幸福是基于错觉的幸福，因为它

的代价最小：想象自己是国王，比在现实中成为国王要容易。伊拉斯谟继续嘲笑民族自豪感和专业上的自负：几乎所有的艺术和科学的教授都是极其自负的，他们的快乐就来自他们的自负。

在书的一些段落中，讽刺被谩骂取代，愚人说出了伊拉斯谟严肃的观点；这些意见都与教会的滥权有关。通过赦免和放纵，牧师们"计算着每个灵魂在炼狱中居住的时间"；对圣徒的崇拜，甚至对圣母的崇拜，"让盲目的奉献者认为，把圣母摆在圣子前面是一种礼貌"；神学家关于三位一体和化身的争论；关于圣餐的学说；学术派别；教皇、红衣主教和主教——都遭到了猛烈的嘲笑。尤其猛烈的是对修道会的攻击：他们是"头脑发昏的傻瓜"，自身很少有宗教信仰，却"非常爱自己，对自己的幸福爱慕不已"。他们的行为方式，就好像所有的宗教都是由细枝末节组成的："他们凉鞋上绑绳结的精确数量；它们是由什么做成的？他们的腰带又宽又长"等。

从这些段落中，人们也许以为伊拉斯谟会欢迎宗教改革，但事实并非如此。

这本书结束时给出了认真的建议，真正的宗教是愚蠢的一种形式。荒唐的事总有两种，一种是讽刺的赞扬，另一种是认真的赞扬；被认真赞扬的是基督徒朴素性格中的愚痴。这种赞扬是因为伊拉斯谟不喜欢经院哲学，也不喜欢拉丁语并不地道的有学问的博士们。但它还有更深刻的一面。据我所知，这是第一次在文学作品中出现卢梭在《一个萨瓦省牧师的信仰告白》里提出的观点，真正的宗教来自心灵，而不是头脑，所有精雕细琢的神学都是多余的。这种观点已经变得越来越普遍，并且为新教徒所广泛接受。从本质上讲，这是北部感伤主义对希腊理智主义的一种排斥。

第二次访问英国时，伊拉斯谟在那里待了五年（到 1514 年），有时在伦敦，有时在剑桥。在激发英国人文主义方面，他起到了相当大的作用。直到最近，英国公立学校的教育几乎一直符合他的愿望：用希腊语和拉丁语打下全面基础，不仅包括翻译，还包括诗歌和散文的写作。虽然自17世纪以来，科学在知识界占主导地位，但人们认为它不值得绅士或牧师关注；应该研究柏拉图，但那些柏拉图认为值得研究的课题另论。这一切都与伊拉斯谟的思想是一致的。

宗教改革后，伊拉斯谟首先住在保留了完好的天主教正统教义的鲁汶，然后住在巴塞尔，那里是新教徒的领地。双方都试图争取他的支持，但都徒劳无功。正如我们已经看到的，他强烈地表达了自己对教会滥权和教皇邪恶的意见；1518年，也就是路德起义的那一年，他发表了一篇讽刺文章，名为《吃闭门羹的尤利乌斯》，描述了尤利乌斯二世想进入天堂的失败之举。但是路德的暴力使他反感，他憎恨战争。最终他倒向了天主教徒那一边。1524年，他写了一部捍卫自由意志的作品，而路德追随并夸大了奥古斯丁，拒绝接纳他的作品。路德蛮不讲理的答复进一步逼迫伊拉斯谟做出反应。从那时起直到他去世，他变得越来越无足轻重。他一直很胆小怕事，而这个时代已经不适合胆小的人了。对诚实的人来说，唯一光荣的选择就是殉道或胜利。他的朋友托马斯·莫尔爵士被迫选择了殉道，而伊拉斯谟评论道："要是莫尔绝不干涉这种危险的事情，把神学的问题留给神学家就好了。"伊拉斯谟活得太久了，他进入了一个新善新恶——英雄主义和偏执主义——并存的时代，而这两者他都没有获得。

托马斯·莫尔爵士（1478—1535）本人比伊拉斯谟更令人钦佩，但其影响力却远没有伊拉斯谟大。他是一个人文主义者，也是一个极为虔诚的人。在牛津大学，他开始学习希腊语，这在当时是不寻常的，人们认为这是出于对意大利异教徒的同情。学校和他的父亲都反对，他就离开了这

所大学。因此，他被加尔都西会吸引，践行极端的苦行，并打算加入该教会。他最后没有这么做，明显是因为受到了伊拉斯谟的影响，那时他第一次见到伊拉斯谟。他的父亲是一名律师，所以他决定也从事这一行业。1504 年，他当选议员，并领导了反对亨利七世开征新税的抗议。他干得很成功，但国王却大发雷霆，把莫尔的父亲关进了伦敦塔，在支付了 100 英镑后才释放了他。1509 年国王去世后，莫尔重返法律行业，并赢得了亨利八世的青睐。他于 1514 年被封为爵士，受雇于多个大使馆。国王不断邀请他到朝廷里去，但是莫尔并不愿意。最后，国王不请自来，到他位于切尔西的家中共进晚餐。莫尔对亨利八世不抱幻想；当国王的好脾气受到称赞时，莫尔回答说："如果我的脑袋能为他在法国赢得一座城堡，那这颗头就得落地。"

托马斯·沃尔西[1] 倒台后，国王任命莫尔来代替他。与通常的做法相反，他拒绝了诉讼当事人的所有礼物。他很快便失宠了，因为国王决心要与阿拉贡的凯瑟琳离婚，以迎娶安妮·博林，而莫尔是坚决反对离婚的。因此，他于 1532 年辞职。他在任时的清廉体现在辞职后每年只有 100 英镑的收入。国王不顾他的意见，邀请他参加自己和安妮·博林的婚礼，而莫尔拒绝了。1534 年，国王让国会通过了《至尊法案》，宣布他自己——而不是教皇为英国教会领袖。根据这一法令，人们被强迫向至尊宣誓，而莫尔拒绝宣誓。但这只是背叛和藐视，并不牵涉死刑。然而，一份非常可疑的证词证明，他曾说国会不能任命亨利为教会领袖；根据这一证据，他被判叛国罪，并被斩首。他的财产归伊丽莎白公主所有，她一直保存到了去世的那一天。

---

[1]　托马斯·沃尔西（约 1475—1530），英国政治家、红衣主教。亨利八世的大法官和国务大臣。

　　莫尔被人们纪念，几乎完全是因为他的著作《乌托邦》（1518 年）。乌托邦是南半球的一个岛屿，在那里一切都以最佳的方式进行。一个名叫拉斐尔·西斯拉德的水手偶然来到这里待了五年。后来他返回欧洲，只是为了让人们了解乌托邦富有智慧的制度。

　　在乌托邦中，就像在柏拉图的理想国中一样，所有的事物都是共有的，因为有私有财产的地方，公共利益就无法繁荣，没有共产主义，就不可能有平等。在对话中，莫尔反对共产主义会使人无所事事、破坏对行政官吏的尊重的说法；对此，拉斐尔回答说，在乌托邦生活过的人就不会这样说。

　　乌托邦里有五十四座城镇，除了首都之外，全按照同样的规划设计发展。所有的街道都有二十英尺宽，所有的私人住宅一模一样：一扇门对着街道，一扇门对着花园。门上没有锁，每个人都可以进入任意一所房子。屋顶是平的。每隔十年，人们就换一次房子 —— 显然是为了防止产生所有权的感觉。在农村有农场，每个农场不少于四十人，其中包括两个奴隶；每个农场都由一对年老而有智慧的男主人和女主人管理。鸡不是由母鸡孵出来的，而是在孵化器中孵化出来的（在莫尔的时代还没有孵化器）。所有人的穿着都一样，只有男女之间、已婚的和未婚的之间存在着装的差异。时尚永远不会变，冬装和夏装也没有区别。工作时，穿皮革衣服；一套衣服可以穿七年。当他们停止工作时，他们会在工作服外面披一件羊毛斗篷。所有这些斗篷都是一样的，都是羊毛的天然颜色。每个家庭都自己做衣服。

　　每个人 —— 无论男女 —— 一天工作六小时，午饭前三小时，午饭后三小时。大家晚上八点上床，睡八个小时。清晨有讲座，虽然不是强制性的，但很多人都会去听。晚饭后有一小时用来玩耍。六小时的工作就够

　　了，因为没有闲散的人，也没有无用的工作；据说在我们这里，女人、牧师、富人、仆人和乞丐，大多数都不做什么有用的事，而且由于富人的存在，许多劳动都花在生产不必要的奢侈品上；这一切都在乌托邦中得以避免。有时候，发现有盈余，地方法官就会宣布缩短工作时间。

　　有些人被选为学者，当他们的表现令人满意时，就免除其他的工作。所有与政府相关的人员都是从有学问的人中挑选出来的。政府是代议制民主，采用间接选举制度；首领是一位被选举出来的终身制君王，但也可能因暴政而被废黜。

　　家庭生活是父权制的；结了婚的儿子住在父亲的家里，由父亲管理，除非父亲年迈昏聩。如果某个家庭人口过多，多余的孩子就会去另一个家庭。如果一个城镇发展得太大，一些居民就转移到另一个城镇。如果所有的城镇都太大，就在荒地上建一个新的城镇。至于荒地用完后该怎么办，书中就没有谈到。所有杀兽取食的行为都是由奴隶做的，以免自由的公民学会残忍。有专为病人设立的医院，这些医院太好了，病人很喜欢它们。在家吃饭是允许的，但大多数人都在公共大厅吃饭。在这里，"脏活"是由奴隶来完成的，而做饭是妇女的任务，年龄较大的孩子干的是服务的活计。男人坐在一条长凳上，女人坐在另一条长凳上；带着五岁以下孩子的哺乳期母亲在另一个房间里。所有的妇女都哺育自己的孩子。五岁以上的孩子，如果太小不能当服务员，当他们的长辈吃饭时，他们会"安静地站在旁边"；他们没有单独吃饭的权利，而必须满足于从桌边端给他们的残羹剩饭。

　　至于婚姻，男女结婚时若不是处子之身，都要受到严厉的惩罚；任何发生不当行为的房屋的房主都可能因粗心而招致恶名。结婚前，新娘和新郎可以看对方裸体；没有人会不先取下马鞍和笼头就买马，同样的考虑也适用于婚姻。任何一方都可以因为通奸或"不可容忍的任性"而离婚，但有罪的一方不能再婚。有时允许离婚仅仅是因为双方都希望如此。破坏婚姻状态的人会受到奴役的处罚。

那里有对外贸易，主要是为了获得铁，因为岛上没有这种矿物。贸易也被用于与战争相关的目的。乌托邦人对战争的荣耀不屑一顾，尽管所有人都学会了如何战斗，女人和男人都一样。他们诉诸战争有三个目的：当他们被入侵时，保卫自己的领土；将同盟国的领土从侵略者手中解救出来；将一个被压迫的国家从暴政中解放出来。而只要有可能，他们就会动用雇佣兵为他们打仗。出于战争的目的，他们也发现了金银储备有用处，因为他们可以用它来收买外国雇佣兵。他们自己没有钱财，却用金子做便盆，用金子做奴仆的锁链，以表蔑视。珍珠和钻石可以作为婴儿的装饰品，但不能作为成年人的装饰品。在战争中，他们会给杀死敌国君主的人丰厚的奖赏，给活着带他回来的人更慷慨的奖赏，或者给投降的人更大方的奖赏。他们同情敌人中的平民百姓，因为"知道他们是被疯狂的王公和首领所驱使和强迫，违背自己的意愿进行战争的"。

至于道德，我们被告知，他们过于倾向于认同幸福在于快乐。然而，这种观点并没有坏的后果，因为他们认为来生善有善报、恶有恶报。他们不是禁欲主义者，认为禁食是愚蠢的。他们当中有很多宗教团体，都是可以互相包容的。几乎所有的人都相信上帝和永生不朽；少数不这样做的人就不算作是公民，也不参与政治生活，而但在其他方面却不受干扰。

莫尔的《乌托邦》一书，在很多方面都是惊人的开明。我并未特指他为共产制度说教，因为许多宗教运动的传统都是如此。我思考的是关于战争、宗教、信仰自由、反对滥杀动物（其中有他反对狩猎的一段雄辩）以及支持温和执法的言论（书的开篇就反对盗窃罪判处死刑）。然而必须承

认，在莫尔的乌托邦里的生活，就像在其他大多数乌托邦里那样，将是令人难以忍受的枯燥乏味。参差多态才是幸福的基本要素，而在乌托邦里，几乎没有多样性。这是所有计划好的社会制度的缺陷，无论是在现实中还是在想象里。

第五章 宗教改革运动与反宗教改革运动

宗教改革运动和反宗教改革运动同样代表着文明程度不高的国家对意大利知识优势的反叛。在宗教改革运动中，反叛既是政治上的也是神学上的：教皇的权威被拒绝，他从"天国钥匙权"中获得的贡品被停止支付。就反宗教改革运动而言，只有对文艺复兴时期意大利的知识和道德自由的反抗；教皇的权力并没有被削弱，而是增强了，与此同时，有一点很清楚，他的权威与波吉亚和美第奇家族宽松的作风是不相容的。大致来说，宗教改革运动属于德国，反宗教改革运动属于西班牙；宗教战争同时也是西班牙和它的敌人之间的战争，正好与西班牙权力的鼎盛时期相吻合。

北部国家对意大利文艺复兴时期的态度可以从当时的英语谚语中得到证明：

　　　　一个意大利化的英国人就是魔鬼。

我们都能看到，莎士比亚笔下的恶棍中有多少是意大利人。伊阿古也许是最突出的例子，但另一个更能说明问题的例子是《辛白林》中的伊奇莫，他把在意大利旅行的具备美德的英国人引入歧途；来到英国后对毫无

疑心的当地人实施他邪恶的诡计。对意大利人的道德义愤与宗教改革运动有很大关系。不幸的是，它也涉及在智性上对意大利文明所做贡献的否定。

宗教改革运动和反宗教改革运动产生的三位伟大人物是路德、加尔文和罗耀拉。在思想上，无论是与他们之前的意大利人或伊拉斯谟与莫尔等人相比，这三人抱持的是中世纪的哲学。从哲学上讲，宗教改革开始后的一个世纪是沉闷无趣的世纪。路德和加尔文恢复了对圣奥古斯丁的信仰，然而，只保留了他关于灵魂与上帝之间关系的部分教义，而不是与教会有关的部分。他们的神学理论足以削弱教会的力量。他们废除了炼狱涤罪说，死者的灵魂可以通过弥撒从炼狱中解脱出来。他们拒绝了教会特赦的学说，教皇收入的很大一部分就来自此。根据预定论，灵魂死后的命运完全与牧师的行为无关。这些革新在与教皇的斗争中起到了作用，但同时也阻止了新教教会在新教国家中变得像天主教会在天主教国家中那样强大。新教神学家（至少在一开始）和天主教神学家一样偏执，但他们的权力较小，因此也就不太可能造成损害。

几乎从一开始，新教徒就对国家在宗教事务上的权力产生了分歧。无论哪里的君主是新教徒，路德都愿意承认他为自己国家的教会领袖。在英国，亨利八世和伊丽莎白一世在这方面积极地维护自己的主张，德国、斯堪的纳维亚和（西班牙起义后）荷兰的新教君主们也是如此。这加速了已存在的国王权力的扩张趋势。

但在宗教改革中，那些严肃对待个人主义观点的新教徒们既不愿服从教皇，也不愿服从国王。德国的再洗礼派遭到镇压，但他们的教义传到了荷兰和英国。克伦威尔和长期议会之间的冲突有很多方面：从神学的角度来看，这在一定程度上是反对和接受国家应该决定宗教事务这一观点的人之间的冲突。由宗教战争逐渐引起的厌倦感导致了宗教宽容信念的增长，这信念是 18 世纪、19 世纪发展出自由主义运动的一个来源。

新教的成功，起初速度惊人，受到的阻碍主要是由于罗耀拉创立了耶稣会。罗耀拉曾是一名士兵，他的耶稣会是按照军事模式建立的，会士必须无条件地服从将军，而每个耶稣会士都认为自己参与了反对异端的战争。早在特伦特会议上，耶稣会士就开始有影响力了。他们有纪律、有能力，完全献身于这项事业，而且是有技巧的宣传家。他们的神学理论与新教徒的相反；他们拒绝接受圣奥古斯丁教义中新教徒所强调的那些内容。他们相信自由意志，反对宿命论。救赎不是单靠信心，而是靠信心和行动。

耶稣会士因他们的传教热情而获得声望，尤其是在远东地区。他们成为受欢迎的忏悔牧师，因为（如果帕斯卡是可信的话）除了对待异端之外，他们比其他教会更为宽容。他们专注教育，因此牢牢地控制住了年轻人的头脑。只要神学不干预，他们所提供的教育就是最好的；我们将看到，他们教给笛卡尔的数学，比他在其他地方学到的都要多。在政治上，他们是一个统一的、纪律严明的整体，无惧危险、不怕劳累；他们敦促天主教君主实行残酷的迫害，并在征服西班牙军队后，重新建立了宗教裁判所的恐怖，甚至是在拥有过近一个世纪自由思想的意大利。

在知识领域，宗教改革运动和反宗教改革运动的结果起初是糟糕透顶的，但最终产生了益处。三十年战争使每个人都相信，无论是新教徒还是天主教徒，都不可能完全胜利；有必要放弃中世纪统一教义的希望了，而这增加了人们独立思考的自由，甚至是关于基本原则的思考自由。不同国家信仰的多样性使人们有可能通过在国外生活来逃避迫害。对神学战争的厌恶使有能力的人越来越多地把注意力转向世俗的学习，尤其是数学和科

学。这些都基于这样一个事实：在路德崛起之后的 16 世纪，哲学沉闷无趣，而 17 世纪有着最伟大的人物，标志着自希腊时代以来最显著的进步。这一进展始于科学，我将在下一章中谈这个话题。

第六章 科学的兴起

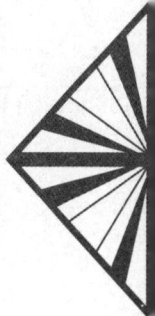

　　几乎所有将近代世界与早期世界区别开来的因素都归功于科学，科学在 17 世纪取得了最壮观的成就。意大利文艺复兴虽然不属于中世纪，但也不属于近代；它更像是希腊最好的时代。而 16 世纪由于对神学的吸收，比马基雅维利的世界更具中世纪色彩。就精神面貌而言，近代世界始于 17 世纪。没有哪个文艺复兴时期的意大利人是柏拉图或亚里士多德所无法理解的；路德会吓到托马斯·阿奎那，但对托马斯·阿奎那来说，理解路德并不困难。而在 17 世纪，情况就不同了：柏拉图和亚里士多德，阿奎那和奥卡姆，都无法理解牛顿。

　　科学引入的新概念深刻地影响了近代哲学。从某种意义上说，笛卡尔是近代哲学的奠基人，也是 17 世纪科学的创始人之一。在理解近代哲学发源时期的精神氛围之前，有必要谈一谈天文学和物理学的方法和成果。

　　在科学创造方面，哥白尼、开普勒、伽利略和牛顿是四位出类拔萃的人物。其中，哥白尼属于 16 世纪，但在他自己的时代，他的影响并不大。

　　哥白尼（1473—1543）是一位波兰神职人员，有着无可指摘的正统信仰。他年轻时曾在意大利旅行，吸收了一些文艺复兴的气息。1500 年，他在罗马获得了数学教授的职位，但在 1503 年，他回到了自己的祖国，

成了弗龙堡的一名牧师。他的大部分时间似乎都花在了抗击德国人和货币改革上，而他的空闲时间则贡献给了天文学。他很早就相信，太阳是宇宙的中心，而地球有双重运动：每天的自转和每年绕太阳公转。尽管他让人们知道了这些观点，但由于害怕受到教会的谴责，他推迟了自己观点的发表。

他的主要著作《天体运行论》发表于他去世的那一年（1543 年），他的朋友奥西安德在序言中说，日心说只是作为一种假设提出的。我们不确定哥白尼在多大程度上认可了这一说法，但这个问题不是很重要，因为他自己在书的正文中也做了类似的陈述。这本书题献给了教皇，所以在伽利略时代之前逃过了教会的断罪。哥白尼在世时的教会比在特伦特会议、耶稣会和复活的宗教裁判所完成他们的工作之后要更加开明。

哥白尼作品中的氛围不属于近代，而更应该被描述为毕达哥拉斯式的风格。他认为，所有天体的运动都必须是统一的、循环往复的，这是不言自明的，而且像希腊人一样，他允许自己受到审美动机的影响。在他的理论体系中仍然存在周转圆的概念，尽管它们的中心在太阳，或者说在太阳附近。太阳并非正中央，这一事实破坏了他理论的简单性。他似乎并不知道阿利斯塔克的日心说，但他的推测中没有什么是希腊天文学家想不到的。在他的工作中，重要的是要把地球从几何上的卓越地位上推翻。从长远来看，要给予人类基督教神学中赋予他的宇宙中的重要性，就很困难。然而，哥白尼无法接受他的理论所产生的后果，他的正统信仰是真诚的，他反对他的理论与《圣经》相矛盾的观点。

创立近代科学的人有两个优点，这两点不一定同时并存：在观察方面有极大的耐心，在构建假设方面有极大的勇气。第二个优点最早的希腊哲学家曾有过；而在相当大的程度上，第一点在古代后期的天文学家身上也有体现。但在古代，也许除了阿利斯塔克之外，没有人同时具备这两种优点，而在中世纪也是如此。哥白尼和他的伟大继任者一样，两者都具备。借助当时的仪器，他对天体在天球上的运动了如指掌。他认为，地球自转的假说比天球公转的假说更简洁。按照一切运动都是相对的近代观点，从他的假设中得到的唯一收获就是简单性。关于地球每年的公转，也有一种简化的说法，但不像每天自转那样引人注目。哥白尼仍然需要周转圆，尽管比托勒密体系所需求的要少。直到开普勒发现了他的行星运动定律，这个新理论才获得了彻头彻尾的简单性。

除了对宇宙想象的革命性影响外，新天文学还有两个巨大的优点：首先，它使人们认识到，自古以来所相信的东西可能是错误的；第二，对科学真理的考察体现在要耐心地收集事实，再加上大胆地猜测把事实联系在一起的规律。对比他的继任者，这两个优点都没有在哥白尼身上得到充分的发挥，但在他的著作中，这两个优点都已经得到了高度体现。

开普勒（1571—1630）是一个最著名的例子，证明了不需要很了不起的天才，通过耐心也能获得成功。他是哥白尼之后第一个采纳日心说的重要天文学家，但第谷·布拉赫的数据表明，哥白尼提出的日心说的形式并不完全正确。开普勒受到毕达哥拉斯主义的影响，虽然是个虔诚的新教徒，但多少有点太阳崇拜的倾向。这些动机无疑使他偏爱日心说。他的毕达哥拉斯主义也使他倾向于追随柏拉图《蒂迈欧篇》的观点，认为宇宙的意义在五个正多面体上。他使用这些理论来提出假设；最后，幸运的是，其中一个成功了。

开普勒的伟大成就是发现了行星运动三定律。其中两个定律发表于1609年，第三个发表于1619年。他的第一定律是：行星沿椭圆轨道运动，太阳占据椭圆轨道的一个焦点。他的第二定律是：行星与太阳的连接

线在相同的时间内扫过相同的面积。他的第三定律是：行星公转周期的平方与它到太阳平均距离的立方成正比。

伽利略（1564—1642）可能是牛顿之外，近代科学最伟大的奠基人。他大约出生在米开朗基罗去世的那一天；而他去世的那一年，牛顿正好出生。我把这些事实介绍给那些仍然相信轮回的人（如果有的话）。作为天文学家，他很重要，但作为动力学的奠基人，他的地位可能更为重要。

伽利略首先发现了加速度在动力学中的重要性。"加速度"是指速度在大小或方向上的变化；比如在圆周上匀速运动的物体在任何时候都有一个朝向圆心的加速度。用以前的习惯用语来表达，我们可以说，他把直线上的匀速运动单独看作是"自然的"，无论是在地上还是在天上。此前天体做圆周运动，地球上的物体做直线运动，一直被认为是"自然的"现象；而人们还认为，地上的移动物体如果不受干扰的话，会逐渐停止移动。伽利略反对这种观点，他认为没有干扰的话，每个物体都会继续以匀速做直线运动；任何变化，无论是在速度上还是在运动方向上，都需要解释为由于某种"力"的作用。这个原理被牛顿阐明为"第一运动定律"。

伽利略是第一个建立落体定律的人。这个定律，只要具有"加速度"的概念，是极简单易懂的。该定律认为，当一个物体自由下落时，它的加速度是恒定的，除非有空气阻力的干扰；而且，所有的物体，无论重或轻、大或小，加速度都是一样的。直到大约 1654 年，抽气机发明了，这条定律才有了完整的证据。在此之后，人们就可以在实际上是真空的环境中观察物体的下落。人们发现，羽毛下落的速度和铅一样快。伽利略当时证明的是，同一物质的大块和小块之间没有可测量的差别。在伽利略之前，人们一直认为大铅块比小铅块下落得快得多，但伽利略通过实验证明，情况并非如此。在他那个时代，计量还不像现在这样精确；尽管如此，他还是得出了落体的真正规律。如果一个物体在真空中自由落体，它的速度以恒定的速率增加：在第一秒结束时，它的速度是每秒 32 英尺；在第二秒结束时是每秒 64 英尺；在第三秒结束时是每秒 96 英尺；以此类推。物体的加速度，即速度增加的速率总是相同的，每秒钟速度增加（大约）32 英尺。

惯性定律解释了一个在伽利略之前哥白尼体系无法解开的谜题。如果你从塔顶扔下一块石头，它会落在塔底，而不是塔的西部；然而如果地球是旋转的，那么在石头下落的过程中，它应该已经滑开了一定的距离。这种情况没有发生的原因是，石头在被抛下之前保持着与地球表面其他物体相同的旋转速度。事实上，如果这座塔足够高的话，结果还与哥白尼的反对者所预期的相反。由于塔顶离地心的距离比塔的底部要远，所以移动的速度更快，因此石块会落在塔底稍微偏东的方向。然而，这种影响太小，无法测量。

伽利略热心地采纳了日心说；他与开普勒通信，接受了他的发现。在听说一个荷兰人最近发明了望远镜后，伽利略自己也造了一个，并且很快发现了许多重要的事情。他发现银河系是由许多独立的恒星组成的。他观察到了金星的相位，这是哥白尼的理论所暗含的结果，但肉眼无法察觉。他发现了木星的卫星，为了向他的雇主表示敬意，他把它命名为"美第奇之星"。人们发现这些卫星遵循开普勒定律。然而，有一个难题。本来说是有七个天体、五大行星，还有太阳和月亮；而七是一个神圣的数字，安息日不就是第七天吗？不是有七个枝权的灯台和亚细亚的七个教会吗？那么，还有什么能比有七个天体更合适的呢？但如果我们把木星的四颗卫星加起来，那就是十一——这个数字实在没有什么神秘的成分。基于这个理由，传统主义者谴责望远镜，拒绝透过它来观察天体，并坚持认为它揭

示的只是错觉。伽利略写信给开普勒，希望能一起嘲笑"群氓"的愚蠢；信的其余部分清楚地表明，"群氓"正是由哲学教授组成的，他们试图用"像魔法咒语一样能打断逻辑的争论"来赶走木星的卫星。

众所周知，伽利略曾被宗教法庭定罪，先是私下在1616年定罪，然后在1633年又公开定罪。第二次定罪后，他改口了，并承诺不再坚持地球自转或公转的说法。宗教裁判所成功地终结了意大利的科学，直至几个世纪后科学才得以复苏。但它没能阻止科学家们接受日心说，而且它的愚蠢给教会造成了相当大的损害。幸运的是，有一些新教国家，那里的神职人员，无论多么急于破坏科学，都无法操控国家。

牛顿（1647—1727）取得了最终的完全胜利，而哥白尼、开普勒和伽利略为这一胜利铺平了道路。从他的运动三定律（前两个定律要感谢伽利略）出发，他证明了开普勒的三条定律等于这样一个命题：每颗行星在任何时刻，都有一个朝向太阳的加速度，加速度的变化与到太阳距离的平方成反比。他证明了月球朝向地球和太阳的加速度遵循同样的公式，解释了月球的运动；而根据平方反比律，地面下落物体的加速度再次与月球的加速度相关。他把"力"定义为运动变化的原因，即加速度的起因。这样，他就能够阐明他的万有引力定律："任何两个质点都存在通过其连心线方向上的相互吸引的力。该引力大小与它们质量的乘积成正比与它们距离的平方成反比，与两物体的化学组成和其间介质种类无关。"从这个公式，他可以推导出行星理论中的一切：行星及其卫星的运动、彗星的轨道、潮汐等。在后来看来，即使是行星微小的偏离椭圆轨道的部分，也可以从牛顿定律推导出来。这胜利是如此彻底，以至于牛顿有成为另一个亚里士多德的危险，给进步设置不可逾越的障碍。在英国，直到他死后一个世纪，人们才从他的权威中解放出来，可以在他研究的课题上进行重要的创新工作。

17 世纪是非凡的，不仅是在天文学和动力学方面，而且在与科学有关的许多其他方面。

首先来看科学仪器的问题。望远镜是 1608 年由一个叫利珀希的荷兰人发明的，而伽利略第一个把它用于科学目的。伽利略还发明了温度计——至少，这似乎是最有可能的。他的学生托里拆利发明了气压计。格里克（1602—1686）发明了气泵。时钟虽然不是新发明的，但在 17 世纪由于伽利略的工作而得以改进。由于这些发明，科学的观察比以往任何时候都要精确和广泛得多。

其次，除了天文学和动力学之外，还有其他科学方面的重要工作。吉尔伯特（1540—1603）于 1600 年出版了他关于磁体的大作。威廉·哈维（1578—1657）发现了血液循环，并于 1628 年发表了他的发现。列文虎克（1632—1723）发现了精子，不过另一个人，史蒂芬·哈姆显然早在几个月前就发现了精子。列文虎克还发现了单细胞生物，甚至是细菌。罗伯特·波义耳（1627—1691）是科克伯爵之子、化学之父，现在人们记住他主要是因为"波义耳定律"，即在一定温度、一定数量的气体中，压力与体积成反比。

到目前为止，我还没有谈到纯数学方面的进步，但这些进步的确是非常巨大的，对物理科学的许多工作来说是必不可少的。纳皮尔于 1614 年发表了他的对数发明。坐标几何是 17 世纪几位数学家的工作成果，其中最有贡献的是笛卡尔。微积分是由牛顿和莱布尼茨各自独立发明的；它几乎是所有高等数学的工具。这些只是纯数学领域最杰出的成就；还有无数其他重要人物。

我们一直在讨论的科学工作的结果是，受过教育的人的观念完全改变

了。19 世纪初，托马斯·布朗爵士因施行巫术而被审判；后来，这样的事情就不可能发生了。在莎士比亚的时代，彗星仍然是不祥之物；1687年牛顿的《自然哲学的数学原理》一书发表之后，大家知道，他和哈雷计算出了某些彗星的轨道，这些彗星像行星一样服从万有引力定律。定律已经确立了地位，控制了人们的头脑，使得像魔法和巫术这样的东西令人难以相信。在 1700 年，受过教育的人的精神面貌完全是近代的；1600 年，除了少数人之外，人们的精神面貌基本上还属于中世纪。

在本章的余下篇幅，我将试着简要地阐述看起来是因 17 世纪的科学而产生的哲学信念。

首先要注意的是，几乎所有万物有灵论的痕迹都从物理定律中消失了。希腊人虽然没有明说，但显然认为运动的力量是生命的标志。根据常识观察，动物似乎会自己移动，而死去的物质只有在外力推动下才会移动。在亚里士多德看来，动物的灵魂有多种功能，其中之一就是移动动物的身体。在希腊的思想体系中，太阳和行星往往是神，或者至少是受神的支配和推动的。阿那克萨戈拉并不这么认为，但他是不敬神的。德谟克利特却有不同的想法，但除了伊壁鸠鲁派之外，他被其他学派忽视了，他们更喜欢柏拉图和亚里士多德。亚里士多德认为，47 或 55 个不受移动的运转者是神灵，是宇宙中所有运动的最终根源。如果任其发展下去，任何无生命的物体都会很快变得静止；因此，如果运动不停止，灵魂对物质的作用就必须是连续的。

这一切都被第一运动定律改变了。无生命的物质一旦开始运动，就会永远继续运动下去，除非受到某种外部原因的阻止。而且，运动变化的外在原因本身就是物质的，只要它们能够得以明确地证明。无论如何，太阳系是靠它自己的动量和规律来运转的，不需要外界干涉。根据牛顿的理论，行星最初是由上帝之手投掷的。而神这样做后，颁布了万有引力定律，让一切都自行运转，不再需要神的干预。当拉普拉斯提出，可能正是正在作用着的种种力使得行星自太阳中产生出来时，上帝对自然进程的贡献就更加靠后了。他可以继续做造物主，但即使这一点也值得怀疑，因为我们不清楚，世界是否有时间上的开端。虽然大多数科学家都是虔诚的典范，但他们工作中提出的观点令正统论不安，所以神学家们感到心神不宁是完全有道理的。

科学带来的另一个结果是，关于人类在宇宙中所处位置的观念发生了深刻的变化。在中世纪，地球是天堂的中心，一切都有其目的，都与人相关。而在牛顿的世界里，地球是一颗不起眼的恒星的小行星；天文学上的距离是如此之大，相比之下，地球仅仅是一个小点。看来宇宙这么巨大的构造不可能全是为了这针尖上的某些小生物而设计出来的。此外，自亚里士多德以来，"目的"已成为科学概念的一个重要组成部分，现在却被排除在科学程序之外。任何人都有可能继续相信，天堂的存在是为了宣讲上帝的荣耀，但没有人会让这种信念干预天文计算。世界可能有一个目的，但该目的不再进入科学的解释。

哥白尼的理论本应使人类的骄傲相形见绌，但事实上却产生了相反的效果，因为科学的胜利重新唤起了人类的骄傲。垂死的古代世界一直沉迷于一种负罪感，并将其作为一种压迫遗留给了中世纪。在神面前谦卑是正确的，也是明智的，因为神会惩罚骄傲。瘟疫、洪水、地震、突厥人、鞑靼人和彗星使这些黑暗的世纪困惑不已，人们认为只有越来越谦虚，才能避免这些真正的或即将发生的灾难。而当人们取得 17 世纪这样的成就时，要想保持谦逊几乎是不可能的。

至于下地狱，创造如此浩瀚宇宙的造物主肯定有更好的事情要考虑，

而不是因为微小的神学错误把人送进地狱。加略人犹大可能会进地狱受罚，但牛顿不会，尽管他是阿里乌斯派教徒。

当然，人们的自满还有许多其他原因。鞑靼人被限制在亚洲，突厥人不再是一个威胁。因为哈雷，彗星的威胁也黯然失色了。至于地震，虽然它们仍然令人生畏，但对科学家们来说却很有趣。西欧人迅速富裕起来，成为全世界的主人：他们征服了北美和南美，在非洲和印度势力强大，在中国受人尊敬，在日本遭人畏惧。当这一切加上科学的成就时，难怪 17 世纪的人们会自我感觉良好，再不是那些礼拜天还在宣扬自己可怜的罪人了。

第七章　弗朗西斯·培根

弗朗西斯·培根（1561—1626）虽然在哲学上的许多方面并不令人满意，但作为近代归纳法的创始人，和试图将科学程序逻辑系统化的先驱，他有着永久的重要性。

他是国玺大臣尼古拉斯·培根爵士的儿子，他的姨母是威廉·塞西尔爵士（即伊丽莎白一世的重臣伯利勋爵）的妻子；他就这样在国家大事的氛围中长大。他二十三岁进入议会，并成为埃塞克斯伯爵的顾问。尽管如此，当埃塞克斯失宠时，他还是参与了对伯爵的起诉。因为这件事，他受到了严厉的指责，例如利顿·斯特雷奇在他的《伊丽莎白女王与埃塞克斯伯爵》中，把培根描绘成一个背叛和忘恩负义的怪物。这太不公平了。埃塞克斯对国效忠时，培根与他共事，而当他继续忠诚于埃塞克斯就意味着叛国时，培根放弃了他；在这一点上，即使是当时最严格的道学家也无从谴责。

尽管他抛弃了埃塞克斯，但在伊丽莎白女王在世时，他从未得到完全的支持。而随着詹姆斯国王的即位，他的前途有所改善。1617 年，他继承了父亲国玺大臣的职位，1618 年，他成了上议院的大法官。但他担任这一重要职务才两年，就因收受诉讼当事人的贿赂而被起诉。他承认了所

指控的事实，只是辩解说礼物从未影响过他的决定。关于这一点，大家爱怎么想就怎么想，因为没有证据证明，培根在其他情况下会做出什么样的决定。根据国王的意愿，他被判处四万英镑的罚款，监禁在伦敦塔中，永远被驱逐出宫廷，不能担任公职。这些命令只执行了一部分，他没有被强迫支付罚款，也只在伦敦塔里关了四天。但他被迫放弃了公众生活，余生都消磨在撰写重要的书籍上了。

那时候，法律职业的道德规范松懈。几乎每个法官都接受了礼物，通常是控辩双方的礼物。我们今天认为，法官受贿是骇人听闻的，在受贿之后，又对行贿的人做出不利于他的判决，那就更骇人听闻了。而在那个年代，收礼物是理所当然的事，法官通过不受礼物的影响来显示他的"美德"。培根被判罪是党派纷争中的一件小事，不是因为他罪恶昭彰。他不像他的前辈托马斯·莫尔爵士那样，是一个道德上超凡出众的人，但他也不是特别邪恶。就道德而言，他是一个普通人，与他同时代的大多数人相比，并不比他们更好，也不比他们差。

过了五年隐居生活后，他在给一只鸡灌满雪做冷冻实验时受寒，因病去世。

培根最重要的著作《学术的进展》在许多方面都非常近代。他被普遍认为是"知识就是力量"这句话的始祖，虽然前人也说过同样的话，但他说这话时强调了新的重点。他的整个哲学基础都是实用的：通过科学发现和发明，使人类掌握自然的力量。他认为哲学应该与神学分开，而不是像经院哲学那样与神学紧密地结合在一起。他接受了正统宗教；在这样的事情上，他不是那种会和政府争吵的人。他虽然认为理性可以表明上帝的存在，但他觉得神学中的其他一切都只能通过启示来了解。事实上他认为，当一个教条在独立的理性看来是最荒谬的时候，信仰的胜利才是最了不起的。然而，哲学应该只依赖于理性。因此，他是"双重真理"学说的倡导者，即理性真理和启示性真理。13世纪时，某些阿威罗伊主义者曾宣扬过这一教义，但遭到了教会的谴责。对正统派来说，"信仰的胜利"是一种危险的箴言。17世纪晚期，贝勒讽刺性地使用了这句箴言，他详细陈述了理性对正统信仰所能讲的所有反对言论，然后用"尽管如此，依旧要信，才显得信仰的胜利最了不起"做结论。而至于培根的正统观念的真诚程度，我们不得而知。

在一长串具有科学头脑的哲学家名单中，培根是第一个强调归纳法而非演绎法的重要性的人。像他的大多数后继者一样，他试图找到一种比所谓的"简单枚举归纳法"更好的归纳方法。简单枚举归纳法可以用一个寓言来作说明。从前有一位人口统计员，他必须记录威尔士某个村庄所有住户的名字。他询问的第一个人叫威廉·威廉姆斯，然后第二个人、第三个人、第四个人……都是这个名字。最后，他自言自语地说："这太无聊了；显然他们都叫威廉·威廉姆斯。我要把名字记下来，然后去度个假啦。"但是他错了，村里还有一个叫约翰·琼斯的人。这表明，如果过于盲目地相信简单枚举归纳法，我们可能会误入歧途。

培根相信，他有办法可以改进归纳法。例如，他希望发现热的本质，他认为热的本质是由物体小部分的快速不规则运动构成的。他的方法是，列出热的物体清单、冷的物体清单以及不同温度的物体清单。他希望这些列表能显示出一些特征，这些特征通常在热的物体中存在，在冷的物体中不存在，而在不同温度的物体中有着不同程度的存在。通过这种方法，他期望得出普遍规律，首先具有最低程度的普遍性。他希望从许多这样的定律中，能得出二级普遍性的定律，以此类推。如此提出的一条定律，应通过在新环境下的应用来进行检验；如果它在这些环境中起作用，在某种程

度上，这条定律就得到了证实。有些例子特别有价值，因为它使我们可以在两种理论之间做出决定——而就先前的观察而言，这两种理论都是有可能的；这样的例子被称为"特点"实例。

培根不仅轻视演绎推理，而且贬低数学，大概是他认为数学缺乏足够的实验。他对亚里士多德怀有强烈的敌意，但对德谟克利特却评价很高。虽然他不否认自然的过程是一个神圣目的的旨意，但他反对在研究现象的实际过程中加入目的论的解释。他认为，每一件事都应该被解释为从有效的原因中所得出的必然结果。

他很看重自己采用的方法，因为这些方法说明了如何安排作为科学基础的观测数据。他说，我们既不应该像蜘蛛那样从自己的身体内部吐出东西，也不应该像蚂蚁那样，只收集东西，而应该像蜜蜂那样既收集东西又整理东西。这对蚂蚁来说有些不公平，但这个比喻说明了培根的意思。

培根哲学中最著名的部分之一，是他列举了他所谓的"假象"，指的是导致人们犯错的坏习惯。其中他列举了四种："种族假象"是那些与生俱来的人性缺陷，他特别提到了一种习惯，即期望在自然现象中发现比实际更多的秩序；"洞穴假象"指一些研究者的私人成见；"市场假象"指语言导致的误解和难以摆脱这种误解的影响；"剧场假象"是与公共思想体系有关的东西；其中顺理成章地，亚里士多德和经院学者为他提供了最值得注意的例子。这些都是研究者们的错误，以为在调查研究中可以用一些死板规则（如三段论）来代替实际判断。

尽管培根感兴趣的是科学，尽管他的总体观点是科学观点，但他错失了他那个时代的大部分科学成果。他拒绝接受哥白尼的理论，这是可以原谅的，因为就哥白尼本人而言，他并没有提出什么可靠的论点。但开普勒应该是让培根信服的，他的著作《新天文学》是在 1609 年发表的。吉尔伯特对磁体的研究是使用归纳法的范例，培根对此很是赞赏。然而培根似乎不知道近代解剖学先驱维萨留斯的成绩。更令人惊讶的是，虽然威廉·哈维是他的医生，他似乎并不清楚哈维的工作。的确，直到培根死后，哈维才公布了他关于血液循环的发现，但人们会推测培根早就知道他的研究了。哈维对培根评价不高，说"他写起哲学来就像个大法官"。毫无疑问，如果培根对世俗的成功不那么在意的话，他的哲学成就会更好。

培根的归纳法是有缺陷的，因为对假设的强调不够。他希望的仅仅是数据的有序排列就能让正确的假设变得显而易见，但这种情况很少发生。一般来说，建立假设是科学工作中最困难的部分，需要极为强大的能力。到目前为止，还没有找到一种方法可以按规则创建假设。通常，一些假设是收集事实的必要前提，因为事实的选择需要某种确定相关性的方法。没有这种东西，光是多种多样的事实就够令人困惑了。

演绎法在科学中所起的作用比培根所认为的要大。通常，当一个假设必须被检验时，从假设到某个可以通过观察来检验的结果之间，有一个漫长的演绎过程。通常演绎法是通过数学展开的，在这方面，培根低估了数学在科学研究中的重要性。

简单枚举归纳法的问题至今仍未解决。在涉及科学研究细节时，培根拒绝使用简单枚举归纳法，这是完全正确的。因为在处理细节时，我们可以假设一般的规律，只要这些规律是有效的，就可以建立起或多或少令人信服的方法。约翰·穆勒提出了归纳法的四个准则，只要假设因果律存在，这些准则就可以得以有效地运用；但是，穆勒不得不承认，因果律本身却建立在简单枚举归纳法的基础上。科学理论体系所达成的结果，就是

将所有次一级归纳并入少数总体性的归纳——也许最终只有一个。这些总体性的归纳被如此多的事例所证实，将它们当作是简单枚举归纳法，是完全合理的。这种情况令人很不满意，但无论是培根还是他的后继者都没有找到解决办法。

第八章 霍布斯的《利维坦》

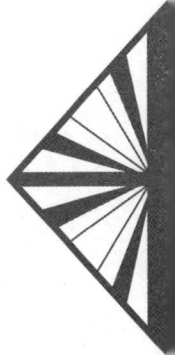

霍布斯（1588—1679）是一位很难归类的哲学家。与洛克、贝克莱和休谟一样，是经验主义者，但与他们不同的是，他崇尚数学方法——不仅在纯数学方面，而且在其应用方面。他的世界观受到了伽利略的启发，而不是受培根的启发。从笛卡尔到康德，欧洲大陆的哲学关于人类知识本质的构想很多来自数学；欧陆哲学把数学看成是不用经验就能认识到的，因此欧陆哲学也像柏拉图一样贬低知觉的地位，过分强调纯思维的作用。相反，英国的经验主义几乎没有受到数学的影响，并且往往对科学方法有错误的理解。霍布斯没有这两种缺陷。直到我们这个时代，我们才发现有其他的哲学家既是经验主义者，也对数学给予了应有的重视。在这方面，霍布斯的功绩是了不起的。

霍布斯的父亲是个牧师，脾气暴躁、缺乏教养；由于在教堂门口和邻近的牧师吵架，他失去了工作。在这之后，霍布斯由他的叔叔抚养长大。霍布斯精通经典作品，十四岁时就把欧里庇德斯的《美狄亚》译成拉丁文抑扬格诗。（在后来的生活中，他不无道理地夸口说，虽然他不再引用古典诗人和演说家的话，但这并不是因为他不熟悉他们的作品。）在十五岁时，他去了牛津大学，在那里学习了经院逻辑学和亚里士多德哲学。这些

都是他晚年的烦恼，他坚持认为，大学生活对他几乎毫无益处；事实上，大学在他的作品中经常受到批评。1610 年，当他二十二岁时，他成了哈德威克勋爵（后来成为德文郡第二伯爵）的家庭教师，并随哈德威克勋爵进行了长途旅行。正是在这个时候，他开始了解伽利略和开普勒的工作，这些对他产生了深远的影响。在 1628 年去世之前，他的学生一直都是他的保护人。通过他，霍布斯结识了本·琼森、培根、切伯里的赫伯特勋爵以及其他许多重要人物。德文郡伯爵去世后，留下了一个年幼的儿子。霍布斯在巴黎生活了一段时间，在那里他开始研究欧几里得；后来，他成了他以前学生的儿子的家庭教师。霍布斯和学生一起去了意大利，并于 1636 年拜访了伽利略。1637 年他回到了英国。

《利维坦》中所表达的政治观点，是极端的保皇派观点，在很长一段时间里，霍布斯都持有这种观点。当 1628 年议会起草《权利请愿书》时，他出版了修昔底德的译本，意图表明民主带来的罪恶。当 1640 年长期议会召开，劳德和斯特拉福德被送进伦敦塔时，霍布斯吓坏了，逃到了法国。他的《论公民》一书写于 1641 年，虽然直到 1647 年才出版，其阐述的理论基本上与《利维坦》的理论相同。这些观点的产生，并不是因为内战的实际发生，而是内战的可能性促使他形成了这些观点；而当他的恐惧成真时，他的信念自然就更加坚定了。

在巴黎，他受到许多顶尖数学家和科学家的欢迎。他是在笛卡尔的《沉思录》出版前就读过它的人之一。他写了一些反对意见，然后任由笛卡尔把他的回复印刷了出来。不久，他还结交了一大批英国保皇派流亡者。从 1646 年到 1648 年有一段时间，他给未来的查理二世教数学。然而，当他在 1651 年出版《利维坦》时，没有人喜欢他的作品。书中的理性主义激怒了大多数流亡者，它对天主教会的猛烈攻击也惹恼了法国政府。因此，霍布斯秘密逃往伦敦，在那里他向克伦威尔臣服，并放弃了一切政治活动。然而，在他漫长的一生中，无论是在此时还是在彼时，他都并非无所事事。他和布拉姆霍尔主教就自由意志有过争论；他自己就是一个坚决的决定论者。

在王权复辟时期，霍布斯受到了国王那些不那么严肃认真的朋友们的欢迎，国王本人也很看重他。他不仅在墙上挂着霍布斯的肖像，还奖励他每年一百英镑的俸禄。然而，国王陛下却忘记支付了。大法官克莱伦登对这位无神论者受到的偏袒感到震惊，国会也是如此。瘟疫和大火之后，人们的迷信和恐惧被激起了，下议院任命了一个委员会来调查无神论的著作，特别是霍布斯的著作。从那时起，他就不能在英国发表任何有争议的文章了。尽管他的《贝希摩斯：英国内战缘由史》阐述了最正统的教义，也不得不在国外印刷出版（1668年）。1688年，他的作品集在阿姆斯特丹出版。他年老时，在国外的名声要比在英国大得多。为了打发空闲时间，他在八十四岁时写了一本拉丁诗体的自传，八十七岁时出版了荷马作品的译文。他八十七岁以后还写过什么大部头的书，我就不知道了。

现在我们来讨论《利维坦》一书的学说，霍布斯的名声主要来自此书。

他在书的一开始就宣布他彻头彻尾的唯物主义思想。他说，生命只不过是四肢的运动，因此机器拥有一种人工生命。他把国家称为"利维坦"，是人工技巧创造的东西，是一个人造的人。这种说法不仅仅是一个比喻，霍布斯还进行了相当详细的发挥。他说主权是一个人工的灵魂。最初创造"利维坦"的协定和契约取代了上帝说"让我们造人吧"时的命令。

书的第一部分论述个体的人以及霍布斯认为必要的普遍哲学。与大多数专制政府的捍卫者不同，霍布斯认为人人生而平等。在一种自然状态

中，在没有任何政府之前，每个人都想维护自己的自由，并获得对他人的控制；这两种欲望都是由自我保护的冲动所支配的。他们的冲突引发了一场所有人对所有人的战争，使生活变得"肮脏、野蛮和短暂"。在自然状态中，没有财产，没有公义或非公义；世界上只有战争，而"武力和欺诈是战争的两大基本美德"。

书的第二部分讲述人们如何通过组成服从于中央权威的团体来逃离这些罪恶——这是通过社会契约的方式而发生的。人们认为，一些人聚集在一起，同意选择一个主权国家或一个主权政体，由这个国家对他们行使权力，结束全体混战。我不认为这个"契约"（霍布斯通常这样称呼它）是一个确定的历史事件；这是一个解释性的说法，用来解释人们为什么要服从，以及因服从权威所产生的对个人自由的限制。人们约束自己的目的，霍布斯说，是远离战争的自我保护，这源于我们对个人自由和对控制他人的热爱。

霍布斯思考了为什么人类不能像蚂蚁和蜜蜂那样合作的问题。他说，在同一个蜂巢里的蜜蜂不竞争；它们不渴望荣誉；也不会用理性来批评政府。它们的协议是自然生成的，而人类的协议只能是人为的，通过契约产生的。契约必须赋予一个人或一个议会权力，否则就得不到执行。"没有武力的契约，不过是空谈。"（不幸的是，威尔逊总统忘了这一点。）这契约并不是洛克和卢梭后来提到的公民和统治者之间的契约，是公民之间的一种盟约，从而服从多数人所选择的统治权力。一旦他们做出选择，他们的政治权力就结束了。少数人与多数人一样受到约束，因为盟约是服从多数人选择的政府。当政府被选中时，公民将失去除政府认可活官授予外的其他权利。没有造反的权利，因为与臣民不同，统治者不受任何契约的约束。

这样联合起来的群众即是国家。这个"利维坦"是一个凡人之神。

霍布斯更喜欢君主制，但他所有的抽象论点都同样适用于所有形式的政府，在这些政府中，有一个最高权威，不受其他机构的合法权利的限制。他可以只容忍议会，但不能容忍权力由国王和议会共享的体制。这与洛克和孟德斯鸠的观点完全相反。霍布斯说，英国内战发生，是因为权力被分给了国王、上议院和下议院。

最高权力，无论是一个人还是一个议会，被称为主权者。在霍布斯的体系中，主权者的权力是无限的。他有权对一切发表意见的言论进行审查。假设他的主要利益在于维护国内和平，他不会使用审查的权力来压制真相，因为一个与和平相抵触的学说不可能是真实的。（一个非常实用主义的观点！）财产法将完全受主权者支配；因为在自然状态中是没有财产的，因此，财产是由政府创造出来的，政府可以随心所欲地控制财产的创造。

他承认主权者可能是专制的，但即使是最恶劣的专制也比无政府状态好。而且，在许多方面，主权者的利益与他的臣民的利益是相同的。如果他们更富有，他就更富有；如果他们守法，他就更安全，如此等等。造反是错误的，一方面是因为它通常会失败，另一方面，如果它成功了，就树立了一个坏的榜样，教导别人造反。亚里士多德对僭主制和君主制的区分被摒弃了；根据霍布斯的说法，"僭主制"仅仅是说话者碰巧不喜欢的君主政体。

在霍布斯的体系中，主权者一确定，人民便可退场了。主权者的继承由主权者决定，如同罗马帝国在不受兵变干扰时的惯例。一般来说，主权者通常可以从他自己的子女中选择一个，如果他没有子女，则可以从他的近亲属中选择一个；但一般认为，没有法律可以阻止他做出其他选择。

根据霍布斯的说法，古代的作者们赞美自由，导致人们选择动荡和叛乱。他坚持认为，当正确解读这些作者时，他们所称赞的自由其实是主权者的自由，比如说，免受外国统治的自由。他谴责了国家内部对主权者的抵制，即使这种抵制看起来是正当的。例如他认为，在帖撒罗尼迦大屠杀后，圣安布罗斯没有权力将狄奥多西皇帝逐出教会。他强烈谴责扎卡里教皇为扶持丕平，废黜了墨洛温王朝的末代皇帝。

然而，他承认臣服于主权者的义务有一个限度。他认为自我保卫权是绝对的，臣民们有自卫的权利，即使是对抗君主。这是合乎逻辑的，因为他把自我保护作为建立政府的动机。基于这个理由，他认为，一个人有权利拒绝接受政府召唤去战斗，而这是任何现代政府都不会放弃的权利。他的利己主义伦理观产生了极其奇怪的结果，只有对主权者的抵制才是合情合理的自我防卫；为保护他人而抵制却是有罪的。

还有一个相当合乎逻辑的例外：人们对一个无力保护他的主权者没有任何义务。这说明了霍布斯在查理二世流亡期间臣服于克伦威尔的合理性。

现在，让来确定一下我们对《利维坦》的看法吧。这个问题并不容易，因为其中的好与坏紧密地交织在一起。

在政治上，有两个不同的问题，一个是关于国家的最佳形式，另一个是关于国家权力。根据霍布斯的观点，国家的最佳形式是君主制，但这并不是他学说的重要部分。重要的是，他认为国家的权力应该是绝对的。这种学说或类似的东西，是在西欧的文艺复兴和宗教改革时期发展起来的。首先，封建贵族们被路易十一、爱德华四世、费迪南德和伊莎贝拉以及他们的继承人吓住了。然后新教国家的宗教改革使世俗政府能够控制教会。亨利八世拥有着以前英国国王从未享有过的权力。而在法国的宗教改革一开始，就产生了相反的效果；夹在吉斯派和胡格诺派之间，国王们几乎无能为力。在霍布斯写这本书之前不久，亨利四世和黎塞留奠定了在法国持续到大革命的绝对君主制的基础。在西班牙，查理五世战胜了议会；而除了与教会的关系，费利佩二世堪称独断专行。然而在英国，清教徒毁掉了亨利八世的事业；他们的行为告诉霍布斯，无政府状态必然源于对主权者的反抗。

霍布斯所给出的支持国家的理由，即相对于无政府状态，国家是唯一的选择，这说法大体上是令人信服的。然而，一个国家也有可能糟糕透顶，以至于暂时的无政府状态似乎都比让这个国家延续下去更可取，就像1789年的法国和1917年的俄罗斯。此外，除非政府对叛乱有一定的恐惧，否则每个政府的专制倾向都无法得到遏制。如果霍布斯的顺从态度被臣民普遍接受，政府就会比现在更差劲。

在与早期政治理论家的对比中，霍布斯的优点表现得最为明显。他根本不迷信，没有对亚当和夏娃所发生的事情进行过争辩。他头脑清楚、逻辑清晰；他的伦理学，无论对错，都是完全可以理解的，并且没有涉及任何可疑的概念的使用。除了马基雅维利 —— 他的观点局限性更大，霍布斯是第一个真正的近代政治理论作家。他的错误在于过于简单化，而不是因为他思想的基础是不真实和荒诞的。因此，他仍然值得一驳。

第九章　笛卡尔

　　笛卡尔（1596—1650）通常被认为是近代哲学的创始人，我认为这是正确的。他是第一个人生观受到新物理学和天文学深刻影响的、具有高度哲学能力的人。虽然他保留了大量的经院哲学思想，但他不接受前人奠定的基础，而是在努力重新构建一个完整的哲学大厦。自亚里士多德之后，这样的情况从未发生过。这是科学进步带来新自信的标志。他的著作有一种新颖性，这种新颖性在柏拉图之后的任何著名哲学家身上都找不到。在柏拉图和笛卡尔之间，所有哲学家都是教师，具有教师这一职业的优越感。笛卡尔不是以老师的身份进行写作的，而是以发现者和探索者的身份，他急于将自己的发现传达给别人。他的文风轻松而不拘泥，面向的是智者而非学生。此外，这还是一种非常优秀的文笔风格。对于近代哲学来说，先驱者有如此令人钦佩的文学意识是非常幸运的。在康德之前，笛卡尔在欧洲大陆和英国的后继者们都保留了他非专业化的风格，其中一些人还保留了他的一些文体优点。

　　笛卡尔的父亲是布列塔尼议会的议员，拥有相当数量的土地财产。在他父亲死后，笛卡尔继承了家业。他卖掉了土地，用这笔钱投资，每年有六七千法郎的收入。从 1604 年到 1612 年，他在拉弗莱什的耶稣会学院接受教育，这似乎为他在近代数学方面打下了比当时大多数大学都要好得多的基础。1612 年，他去了巴黎，在那里他发现社交生活很无聊，于是隐居到圣日耳曼郊区一个僻静的地方，他在那里研究几何。然而朋友们打探出了他的消息，所以为了确保更彻底的清静，他应征加入了荷兰军队（1617 年）。当时的荷兰处于和平时期，他似乎享受了两年不受干扰的沉思生活。然而，三十年战争的开始使他加入了巴伐利亚军队（1619 年）。在 1619 年至 1620 年的冬天，在巴伐利亚，他经历了他在《方法论》中所描述的体验。天气很冷，他一大早就钻进炉子里，在那儿坐‧整天冥想。根据他自己的说法，当他出来的时候，他的哲学已经完成了一半。不过我们也不需要在字面意思上接受这个表达。苏格拉底常常整天都在雪地里冥想，而笛卡尔的头脑只有在暖和的时候才会活动。

1621 年，他放弃了军队生活；1625 年，在游览意大利之后，他在巴黎定居下来。但是朋友们竟然会在他起床之前就来拜访他（他很少在中午之前起床），所以在 1628 年，他加入了包围胡格诺派要塞拉罗谢尔的军队。当这段插曲结束后，他决定住在荷兰，可能是为了逃避被迫害的危险。他是一个胆小的人，一个虔诚的天主教徒，但他认同伽利略的异端邪说。一些人认为，他听到了 1616 年第一次（秘密）判罪伽利略的消息。不管怎样，他决定不出版那本他已经签约的大著《世界》。他的理由是该书持有两个异端邪说：地球的自转和宇宙的无限。（这本书从未完整出版，但在他死后出版了一些片段。）

他在荷兰住了二十年（1629—1649），只短暂地到访了法国几次，也到过英国一次，都是因公出差。在 17 世纪，荷兰是唯一一个有思考自由的国家，它的重要性怎么夸大也不过分。霍布斯必须在那里印刷他的书；在 1688 年之前英国最糟糕的五年里，洛克在那里避难；贝尔发现住在那

里很有必要；斯宾诺莎几乎不可能被允许在任何其他国家进行他的研究。

我说过，笛卡尔是个胆小怕事的人，但也许说他希望能安安静静地工作而不受打扰会更厚道一些。他总是向教士，尤其是耶稣会士示好——不仅是在他们当权期间，而且在他移民到荷兰之后。他的心理活动是含糊不清的，但我倾向于认为，他是一个真诚的天主教徒，他希望说服教会——为了教会自身的利益，也为了他自己的利益——不要像伽利略一案中那样，表现出对近代科学的敌意。有些人认为他的正统只是政治方面的，尽管这种观点或许说对了，但我并不认为这是可能性最大的解释。

甚至在荷兰，他也遭到了无理的攻击，不是来自罗马教会，而是来自新教中的偏执者。据说他的观点导致了无神论的产生，如果不是法国大使和奥兰治王子加以干涉，他可能会被起诉的。这次进攻失败了，几年后，莱顿大学当局又发动了另一次不那么直接的攻击——无论是赞同他还是反对他，都禁止人们提到他的名字。奥兰治王子又一次介入此事，告诉学校不要犯傻。这说明了新教国家摆脱了对教会的从属地位，并从非国际性教会的相对弱势中所获得了好处。

不幸的是，通过法国驻斯德哥尔摩大使查努特，笛卡尔与瑞典女王克里斯蒂娜通上了信。克里斯蒂娜，一位热情而博学的女士。她认为，作为一个君主，她有权浪费伟人的时间。笛卡尔寄给她一篇关于爱情的论文，在此之前，他多少有些忽略了这一论题。他还寄给她一本关于灵魂的激情的作品，这是他最初为选帝侯帕拉廷的女儿伊丽莎白公主创作的。这些文字促使女王请求让笛卡尔出现在她的宫廷里；笛卡尔最终同意了，克里斯蒂娜派了一艘战舰去迎接他（1649 年 9 月）。原来，她希望每天听他授课，但除了早上五点，她根本抽不出时间来。在斯堪的纳维亚的寒冷冬天，这样的早起对一个体弱的人来说不是件好事。更重要的是，查努特病得很厉害，笛卡尔还得照顾他。大使康复了，而笛卡尔却病倒了，于1650年2月去世。

笛卡尔终生未婚，但他有一个亲生女儿，在五岁时夭折了；他说，这是他一生中最伤心的事。他总是穿着讲究，佩戴着一把剑。他并不勤奋，工作时间短，读书也不多。他去荷兰时，几乎没带什么书，但其中有《圣经》和托马斯·阿奎那的作品。他的工作似乎是在短时间内全神贯注地完成的；但也许，为了保持有绅士风度的业余爱好者的外表，他可能假装干得比实际的少，否则他的成就似乎不太可信了。

笛卡尔是一位哲学家、数学家和科学家。在哲学和数学方面，他的工作极为重要；在科学方面，他的作品虽然值得信赖，却不如他的同代人那样好。

就纯哲学而言，我现在来谈谈笛卡尔最重要的两本书，就是《方法论》（1637年）和《沉思录》（1642年）。在很大程度上，它们内容是重叠的，没有必要把它们分开。

在这些书中，笛卡尔首先解释后来被人们称为"笛卡尔式怀疑"的方法。为了给他的哲学打下坚实的基础，他决定让自己去怀疑一切他能够怀疑的东西。由于他预见到这个过程可能需要一些时间，于是他决定在此期间用普遍接受的规则来规范他的行为；这样一来，他就可以免于被实践产生的怀疑阻碍思想。

他从对感官的怀疑主义开始。他说，我能不能怀疑我正穿着睡衣坐在火炉边？能，我能怀疑；因为有时我梦见我在这里，而实际上我光着身子在床上。此外，疯子有时会产生幻觉，所以我可能也是类似的情况。

然而，梦就像画家一样，向我们呈现的是真实事物的复制品，至少就其要素而言是如此。（你可能会梦到有翅膀的马，但那只是因为你看到过

437

马和翅膀。）因此，一般来说，涉及广延性、大小和数字等问题的物质本性，比关于特定事物的信念更不容易被质疑。算术和几何由于不涉及具体的事物，因此比物理和天文学更为确定；即使是梦境中的物体也是如此，它们在数量和广延性上与真实的物体没有区别。然而，即使在算术和几何方面，怀疑也是可能存在的。当我在计算正方形的边数或用 2 加 3 时，上帝也许会让我犯错。也许即使在想象中，把这样的恶行归咎于上帝是不对的，但也可能有一个邪恶的恶魔，用狡猾和欺骗的手段，使出浑身解数来误导我。如果真有这样一个魔鬼，那可能我所看到的一切都只是幻象，他利用这些幻象来引诱我相信。

然而，还有一点我不能怀疑：如果我不存在，无论恶魔多么狡猾，也不会欺骗我。我可能没有身体：这可能是一种幻觉。但思想是不同的。"虽然我把一切都认为是虚假的，但这个正在思考的我必然是某种东西；我意识到'我思故我在'这条真理是如此坚实和确定，怀疑论者所有最夸张的假设都不能破坏它，于是我判断，我可以毫无顾忌地接受它，作为我所寻求的哲学的第一原理。"

这段文字是笛卡尔认识论的核心，包含了他哲学中最重要的部分。自笛卡尔以来，大多数哲学家都重视认识论，这在很大程度上归功于笛卡尔。"我思故我在"使心灵比物质更确定，而我的心灵（对我来说）比别人的心灵更为确定。因此，在所有由笛卡尔衍生而来的哲学中，都有一种主观主义的倾向，并且认为物质只有通过心灵已知的事物做推断才能知晓。这两种倾向既存在于欧洲大陆的唯心论，也存在于英国的经验论 —— 前者为此自鸣得意，后者则为此感到遗憾。最近，有一种叫作工具主义的哲学企图逃避这种主观主义，但我现在不谈这个问题。除了这个工具主义之外，近代哲学在很大程度上接受了笛卡尔提出的问题，而不接受他的解决方案。

在奠定了坚实的基础之后，笛卡尔开始着手重建认识论的大厦。被证明存在着的"我"，是从我思考的事实中推断出来，因此我思考的时候，我就存在，而且只有在那个时候存在。如果我停止思考，就不会有我存在的证据。我是一个思考的东西，一个整体性质或本质存在于思考中的实体，它的存在不需要任何场所或物质的东西。因此，灵魂与肉体是完全不同的，而且比肉体更容易理解；即使没有肉体，它也会是现在的样子。

笛卡尔接着问自己："我思"为何如此明显？他的结论是，这是因为它是清楚的、明白的。因此，他采用这样的原则：凡是我们非常清楚明白地构想出来的事物都是真实的。然而他也承认，有时很难知道这些事物是什么。

但这些思考会导致对实体外部世界存在的怀疑。只有先证明上帝的存在才能做到这一点。

笛卡尔对上帝存在的证明并非独创，它们主要来自经院哲学。这部分最好由莱布尼茨来阐述，在我们谈到莱布尼茨之前，我先不去考虑这些。

当上帝的存在被证实后，其余的就很容易了。既然上帝是善的，他的行为就不会像笛卡尔所想象的那个有欺骗性的魔鬼那样，成为怀疑的理由。既然上帝给了我如此强烈的倾向去相信实体，即使没有实体存在，他也可以进行欺骗；因此，实体是存在的。此外，他一定赋予了我改正错误的能力。当我运用"清楚明白的就是真的"这一原则时，我便使用了这一能力。因此我能懂数学；而当我知道我必须仅通过心灵来了解关于物体的真相，而不是通过心灵和肉体的共同作用时，我就能认识物理学。

笛卡尔的认识论的建构性部分远不如前面的破坏性部分有趣。它使用了各种各样的经院格言，例如，结果永远不会比它的原因更完美。这些言

论在某种程度上逃脱了最初的批判性审查。文中没有给出他接受这些格言的原因，柏拉图的、圣奥古斯丁和圣托马斯的著作含有《沉思录》中肯定的大部分内容。

"批判的怀疑"的方法，虽然笛卡尔自己只是三心二意地使用它，但具有非常重要的哲学意义。显然从逻辑上讲，只有当怀疑论在某个地方停止时，它才能产生积极的结果。如果有逻辑知识和经验知识，就必然有两种终点：不容置疑的事实和不容置疑的推断原则。笛卡尔的不容置疑的事实是他自己的思考——在最广泛意义上的"思考"。"我思"是他的原始前提。这里的"我"这个词是不合理的；他应该以"有思想"的形式来陈述他的原始前提。"我"这个词在语法上很方便，但并不是用来描述已知事项的。当他继续说"我是一个思考的东西"时，他已经在不加批判地使用经院哲学传下来的范畴工具了。他在任何地方都没有证明思考需要思考者，而在语法的意义上，也没有理由相信这一点。然而，决定把思想，而不是外在的事物作为主要的经验确定者是非常重要的，并且对后来所有的哲学都产生了深远的影响。

在另外两个方面，笛卡尔的哲学也很重要。第一，它完成了，或几乎完成了，精神和物质的二元论——这二元论始于柏拉图，并主要由于宗教原因，由基督教哲学发展至此。忽略那些被笛卡尔的追随者们所抛弃的关于松果体的奇怪理论后，笛卡尔系统呈现了两个平行但独立的世界：精神世界和物质世界。每一个世界都可以在不牵扯其他世界的情况下展开研究。精神并不能推动肉体是一个新观点，这是格令克斯明确提出的，但暗含在笛卡尔的思想里。这一说法的优点在于，可以说肉体并不刺激心灵。在《沉思录》中有相当多的讨论，关于为什么当肉体口渴时，心灵会感到"难过"。笛卡尔的答案是，人的肉体和精神就像两个时钟，当其中一个表示"口渴"时，另一个就表示"难过"。

然而，从宗教的角度来看，这个理论有一个严重的缺陷。在关于物质世界的理论中，笛卡尔体系是严格的决定论。有生命的有机体，就像没有生命的物质一样，都受物理定律的支配；不再需要像亚里士多德哲学中那样，用目的或灵魂来解释有机体的生长和动物的运动。笛卡尔允许自己有一个小小的例外：人的灵魂可以通过意志力来改变运动的方向，但改变不了生命精气的运动量。然而，这违背了该体系的精神，也违背了力学定律；因此，这一说法被人抛弃了。结果是，所有物质的运动都由物理定律决定，而考虑到平行相关性，精神事件必须具有同样的决定性定律。因此，笛卡尔学派很难解释自由意志。对于那些更关注笛卡尔的科学思考而不是他的认识论的人来说，把理论扩充为动物是自动机器并不困难：为什么不说人也是如此，通过前后一致的唯物主义来简化这个体系呢？这一步实际上是在18世纪完成的。

在笛卡尔从当时的科学中学到的东西，和他在拉弗莱什学到的经院哲学之间，存在着一种尚未解决的二元论。这使他前后矛盾，但也使他比任何一个彻头彻尾的逻辑哲学家都拥有更多富有成果的思想。若是他自圆其说了，可能仅仅是成为新一派经院哲学的创始人，而矛盾性则使他成为两个重要但有分歧的哲学流派的源头。

第十章 斯宾诺莎

斯宾诺莎（1632—1677）是伟大哲学家中人格最高尚、性情最可爱的。在智力上，一些人已经超越了他，但在道德上，他是至高无上的。因此，在他生前和死后的一个世纪里，人们都认为他是一个邪恶得令人发指的人。他生来是犹太人，但犹太人把他逐出了教会。基督徒同样厌恶他；尽管他的整个哲学观贯彻着对上帝的观念，东正教却指责他是个无神论者。在很多地方，莱布尼茨要感谢斯宾诺莎给予的启发，而他隐瞒了自己的亏欠，小心翼翼地不说一句赞美斯宾诺莎的话；他甚至对自己与那个异教徒兼犹太人的私交程度都撒了谎。

斯宾诺莎的生活很简单。他的家人为了躲避宗教裁判所，从西班牙或者葡萄牙来到荷兰。他本人接受的是犹太教育，却发现无法保持正统信仰。有人提供给他每年一千弗罗林金币来隐藏他的疑虑；当他拒绝接受时，就企图暗杀他；当这一切失败后，他被《申命记》中所有的咒诅，也就是以利沙所说的对孩子们的咒诅所诅咒，结果孩子们被母熊撕成碎片，但是没有母熊攻击斯宾诺莎。他过着平静的生活，先是在阿姆斯特丹，后来在海牙，以磨光镜片为生。他的需求少而简单，他一生都对钱表现出了罕见的冷漠。少数认识他的人都爱他，即使他们不赞成他的原则。荷兰政府一如既往持自由主义立场，容忍他在神学问题上的观点，尽管有一段时间他在政治上名声不好，因为他站在德威特一边，反对奥兰治家族。他四十四岁时死于肺结核。

他的主要著作《伦理学》在其死后出版。在考虑这个问题之前，我想先介绍一下他的另外两本书，《神学政治论》和《政治论》。前者是对《圣经》的批判与政治理论的奇妙结合；后者只涉及政治理论。在对《圣经》的批判中，斯宾诺莎部分地预见到了近代观点，特别是不按传统，将《旧约圣经》中各书的日期确定的晚得多。他自始至终努力表明，《圣经》可以被解释为与自由主义神学相兼容。

斯宾诺莎的政治理论，主要是从霍布斯那里衍生出来的，尽管两人在性情上有着巨大的差异。他认为在自然状态中没有对与错，因为错就在于不遵守法律。他认为主权者不会犯错，并同意霍布斯的观点，即教会应该完全服从于国家。他反对一切叛乱，哪怕是要反对一个糟糕的政府，并以英国的动乱为例，证明了对权威的强力抵抗所带来的危害。但他不同意霍布斯认为民主是"最自然的"政府形式的观点。他也不同意臣民不应该为了主权者，而牺牲他们所有的权利。他特别强调意见自由的重要性。我不太明白他是如何将这一点与宗教问题应由国家决定的意见相协调的。我想当他这么说的时候，他的意思是宗教问题应该由国家决定而不是教会；在荷兰，政府比教会宽容得多。

斯宾诺莎的《伦理学》涉及三个不同的问题。首先是形而上学；其次是关于激情和意志的心理学；最后提出了一种基于前面的形而上学和心理学的伦理学。他的形而上学是笛卡尔的修正版，心理学是霍布斯的回忆版，而伦理学是原创的，是书中最有价值的东西。斯宾诺莎和笛卡尔的关系，在某些方面，与普罗提诺和柏拉图的关系并没有什么不同。

　　斯宾诺莎的形而上学体系是巴门尼德开创的类型。只有一种实体，"上帝即自然"；任何有限的事物都不是独立存在的。笛卡尔承认有三种物质，上帝、精神和物质；的确，即使对他来说，在某种意义上，上帝也比精神和物质更实在，因为他创造了精神和物质，如果他愿意，他也可以消灭它们。但是，除了与上帝的全能有关之外，精神和物质是两个独立的实体，分别由思想和外延的属性所定义。斯宾诺莎可不会这么做，对他来说，思想和外延都是上帝的属性。上帝还有无数其他的属性，因为他在各方面都必须是无限的；但其他方面是我们不了解的。在斯宾诺莎看来，个体的灵魂和独立的物质是形容词；它们不是事物，而仅仅是神圣存在的侧面。不可能有基督徒所相信的那种个人不朽，而只有那种非个人性的不朽，也就是越来越与上帝合为一体。有限事物是由它们的物理或逻辑的界限来规定的，这就是说，由它们不属于的东西来规定的。只有一种存在是完全肯定的，它必须是绝对无限的。因此，斯宾诺莎达成了一个彻底的、不掺杂质的泛神论。

　　斯宾诺莎认为，任何事物都是由绝对的逻辑必然性所支配的。在精神领域不存在自由意志，在物质世界中也不存在偶然。发生的每一件事都表明了上帝不可思议的本性，从逻辑上讲，事件就应该是它们本来的样子。

　　《伦理学》是以欧几里得的风格阐述的，有定义、公理和定理；公理之后的一切都应该被演绎论证严格地证明，这使该书很难阅读。但如果因为他的几何方法而责怪斯宾诺莎，那就说明缺乏对他的理解。在伦理学上和在形而上学上，这是他的体系的本质，即一切都可以被证明，因此做证明是有必要的。我们不能接受他的方法，那是因为我们不能接受他的形而上学。我们不能相信，宇宙各部分之间的相互联系是合乎逻辑的，因为我们认为科学定律只能通过观察，而不是仅通过推理来发现。但对斯宾诺莎来说，几何方法是必要的，而且与他的学说中最基本的部分紧密相连。

现在我来谈谈斯宾诺莎的情感理论。在此之前，我们对精神的本质和起源进行了形而上学的讨论，并得出了一个惊人的观点："人类的精神对上帝永恒和无限的本质有充分的认识。"但是，《伦理学》第三本书中讨论的激情，分散了我们的注意力，模糊了我们对整体的理智视野。"任何事物，"我们被告知，"就其本身而言，都努力坚持其自身的存在"。爱、恨和纷争由此而产生。第三卷的心理学是完全自我中心的。"自己所憎恨的对象被毁灭的人会感到快乐。""如果我们认为，任何人都喜欢某种只有一个人能拥有的东西，我们将努力做到，让那个人不能获得它。"但即使在这本书里，斯宾诺莎也有抛弃了通过数学表现出来的犬儒主义的时候，比如他说："通过你来我往，仇恨增加了。而另一方面，仇恨也可以被爱摧毁。"根据斯宾诺莎的观点，自我保护是情感的基本动机；但是，当我们认识到，我们内心真实和积极的东西让我们团结为一个整体，而不是保持外在的独立性时，自我保护就会改变它的性质。

《伦理学》的最后两卷是最有趣的，分别题为"论人的奴役或情感的力量"和"论理智的力量或人的自由"。我们所受到的束缚，与发生在我们身上的被外在因素所决定的事情相关；我们的自由程度，与我们的自主决定相关。像苏格拉底和柏拉图一样，斯宾诺莎认为所有错误的行为都是由于智性上的错误：一个充分了解自己处境的人会明智地行动，甚至在面对别人认为的不幸事件时也会感到高兴。他从不呼吁人们要无私；他认为，在某种意义上，自私自利，尤其是自我保护，支配着所有的人类行为。但他对于智者会选择什么作为他的自我寻求的目标的理解，与普通的利己主义者的理解不同："精神的最高之善是认识上帝，精神的最高美德是认识上帝。"当情感来源于不恰当的想法时，它们被称为"激情"；不

同人之间的激情可能会发生冲突，但生活在理性和顺从中的人将会达成一致。快乐本身是好的，而希望和恐惧是坏的，谦卑和悔改也是如此。"对一件事悔恨的人是加倍的不幸和虚弱。"斯宾诺莎认为时间是不真实的，因此所有本质上与未来或过去的事件有关的情感都是违背理性的。"精神是在理性的支配下构思一个事物的，无论这个事物是现在的、过去的还是未来的，它都受到同等的影响。"

斯宾诺莎的观点旨在把人从恐惧的暴政中解放出来。"自由的人绝少想到死，他的智慧不是死的默念，而是生的沉思。"斯宾诺莎完全遵守了这条戒律。在他生命的最后一天，他是非常平静镇定的，不像《斐多篇》中的苏格拉底那样高高在上，而是像以往任何一天一样，和与他交谈的人谈论着感兴趣的事情。与其他一些哲学家不同，他不仅相信自己的学说，而且身体力行。我从未听说在任何场合，即使受到了极大的挑衅，他会违背自己的道德准则，陷入他所谴责的那种狂热或愤怒之中。在争论中，他彬彬有礼，通情达理，从不申斥，而是竭力劝说。

斯宾诺莎不像斯多葛学派那样，反对所有的情感；他只反对那些"激情"，也就是让我们在外界的力量面前陷入被动的情绪。"一种情感，即激情，一旦我们对它有了清晰的认识，它就不再是激情了。"理解所有的事情都是必要的，有助于让精神获得战胜情感的力量。"一个清清楚楚地了解自己和自身情感的人，他爱上帝，而当他更了解自己和自己的情感时，他就更爱上帝了。"这个观点向我们介绍了"智性的上帝之爱"，其中包含了智慧。智性上对上帝的爱是思想和情感的结合。我想可以说，这种爱是由真正的思想和领悟真理的喜悦所合在一起的。真正的思想中的一切欢乐，都是对上帝智性之爱的一部分，因为它不包含任何消极的东西，因此它确实是整体的一部分，而不仅仅是在表面上的，就像那些思想中零零碎碎的消极想法一样。

《伦理学》的结尾是这样的：

> 所谓智者，他的精神几乎是不受困扰的，而是出于某种永恒的需
> 要，认识到自己、认识到上帝、认识到事物。在他的精神的真实默
> 许下，这种认识永远不会停止。假如我所指出的，导致这种结果的方
> 法似乎极其困难，但它还是可以被发现的。这方法一定很难，因为很
> 少有人发现它。如果救赎就在我们眼前，而且不费很大的力气就能找
> 到，那怎么可能被几乎所有的人忽视呢？而所有高贵的事物都是罕见
> 的，同时也是艰难的。

要对斯宾诺莎作为一个哲学家的重要性做出评价，就必须把他的伦理
学和他的形而上学区别开来，并考虑在否定形而上学之后，前者还有多少
可以保留下来。

斯宾诺莎的形而上学是所谓"逻辑一元论"的最好例证，即世界作为
一个整体是一个单一的实体，它的任何部分在逻辑上都不能单独存在。这
一观点的最终基础是相信每个命题都有一个单一的主体和一个单一的谓
语，这使我们得出结论，关系和复数肯定是虚幻的。斯宾诺莎认为，世界
的本质和人的生命本质可以通过不言自明的公理，从逻辑上推断出来。我
们应当像认可二加二等于四一样对待事物，因为它们都是逻辑必然的结
果。斯宾诺莎的整个形而上学是不能让人们接受的；它与近代逻辑和科学
方法不相容。发现事实必须通过观察，而不能通过推理；当我们成功地推
断出未来时，我们所依据的原则并不是逻辑上必然的，而是由实证数据所
暗示的。而斯宾诺莎所依循的实体的概念，是现在的科学和哲学都不能接

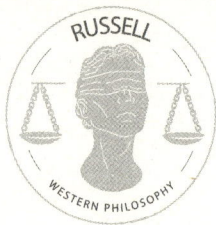

受的。

但是，当我们谈到斯宾诺莎的伦理学时，我们感到（或者至少是我感到）有些东西——虽然不是所有的东西，是可以被接受的，即使他形而上学的基础已经被否决。广义地说，斯宾诺莎致力于证明，即使我们认识到人类力量的局限性，我们也有可能高尚地生活。他由于自己的必然性的学说，把这些局限加以缩小了；但当它们毫无疑问地存在时，斯宾诺莎的道理可能是最好的。以死亡为例，一个人无论做什么，都不能使自己不死，因此，对我们必然会死这一事实，花时间感到恐惧和惋惜是毫无意义的。被死亡的恐惧所困扰是一种奴役；斯宾诺莎说得对："自由的人绝少想到死。"但即使在这种情况下，也只是一般的死亡才应该被这样对待；任何特定疾病的死亡，在可能的情况下，应通过接受医疗护理来避免。即使在这种情况下，也应该避免某种焦虑或恐惧；我们应该冷静地采取必要的措施，我们的思想应该尽可能地指向其他事情。同样的想法也适用于所有其他纯粹的个人方面的不幸。

然而，当你注定要忍受（或在你看来）比一般人的命运更糟糕的事情时，斯宾诺莎思考整体的原则或至少考虑比你自己的悲伤更大的事情的建议，是有用的。甚至有些时候，当我们想到人类的生活以及它所包含的所有邪恶和痛苦，只是宇宙生命中微不足道的一部分时，我们会感到欣慰。这样的思考可能不足以构成一种宗教，但在一个痛苦的世界里，它们有助于人们保持清醒，是消除完全绝望带来的麻痹的解毒剂。

第十一章　莱布尼茨

　　莱布尼茨（1646—1716）是有史以来最聪明的人之一，但作为一个普通人，他并不令人钦佩。的确，他具有人们希望在给未来雇主的推荐书中提到的美德：勤奋、节俭、节制、财务诚实，但是他完全缺乏那些在斯宾诺莎身上如此著名的更崇高的哲学美德。他最杰出的思想并不能为他赢得声望，他把自己的思考记录留在了书桌上，没有发表。他出版的书是为了赢得君主和王妃们的认可。因此，有两种哲学体系可以代表莱布尼茨的哲学思想：一种是他宣称的乐观的、正统的、想入非非的和肤浅的哲学体系；另一种则是新近的编辑们从他的手稿中慢慢发掘出来的，那是一种深刻的、条理清晰的、主要是斯宾诺莎式的、具有令人惊讶的逻辑性的思想风格。受人欢迎的莱布尼茨发明了一种学说，认为我们生活的世界是所有可能的世界中最好的世界（F. H. 布拉德雷对此加了一句讽刺的评论："因此其中的一切都是必要的邪恶"）；在伏尔泰笔下，这样一个莱布尼茨被讽刺性地刻画成了潘格罗斯医生[1]。忽略这样一个莱布尼茨是不符合历史规律的，但另一个莱布尼茨在哲学上的重要性要大得多。

---

[1]　伏尔泰作品《老实人》中的人物。——译注

　　莱布尼茨于三十年战争结束前两年出生在莱比锡，他的父亲是那里的道德哲学教授。在大学里，他学的是法律，1666 年，他在阿尔多夫大学获得博士学位，并得到教授职位，但他拒绝了，说他另有"不同的打算"。1667 年，他为美因茨大主教做事，和其他西德君主一样，对路易十四的恐惧压迫着这位大主教。在得到大主教的同意后，莱布尼茨试图说服法国国王入侵埃及，而不是德国。他得到的则是礼貌的提醒：自圣路易斯时代起，针对异教徒的圣战就已经过时了。他的计划一直不为公众所知，直到 1803 年拿破仑占领汉诺威时才被发现，那是在拿破仑失败的埃及远征的四年后。1672 年，为了这个计划，莱布尼茨去了巴黎，在那里度过了接下来四年的大部分时间。他在巴黎的人际交往对他的思想发展非常重要，因为当时巴黎在哲学和数学领域都领先于世界。正是在那里，1675 年至 1676 年，他发明了微积分。但他并不知道，之前牛顿做过同一主题的工作，却没有发表。莱布尼茨的著作最早出版于 1684 年，牛顿的著作则发表于 1687 年。由此引起的关于谁的作品优先的争论是一场悲剧，对各方都是不光彩的。

　　莱布尼茨对钱有点小气。汉诺威宫廷里的任何一位年轻女士结婚时，他都会给她一份他称之为"结婚礼物"的东西，里面有许多有用的格言，最后还会劝告新娘，既然有了丈夫，就不要放弃洗衣服。历史并没有记载，新娘对此是否心存感激。

　　在德国，莱布尼茨学的是一种新经院主义的亚里士多德哲学，在晚年生活中，他一直保留着这种哲学。但在巴黎，他开始了解笛卡尔主义和伽桑狄的唯物主义，这两者都对他产生了影响；这时他说，他抛弃了"琐碎的经院主义"，即经院哲学。在巴黎，他认识了马勒伯朗士和冉森派的阿尔诺。1676 年，他拜访了斯宾诺莎，他的哲学所受到的最后一个重要影响来于此。他花了一个月的时间与斯宾诺莎频繁讨论，并将部分《伦理学》手稿保存了下来。晚年，他加入了谴责斯宾诺莎的活动，减少了与他的接触，说自己只见过他一次，与斯宾诺莎谈的是关于政治的趣闻轶事。

他与汉诺威王室的关系始于 1673 年，余生都在王室供职。从 1680 年起，他在汉诺威担任图书馆长，正式从事撰写不伦瑞克历史的工作。他死去时，该历史书籍已写到了 1005 年。这本书直到 1843 年才出版。他把一些时间花在了让教堂联合的项目上，但白费了力气。他还到意大利，去获取不伦瑞克公爵与埃斯特家族有关联的证据。但是，尽管做了这些工作，乔治一世当上英国国王时，他被留在了汉诺威，主要原因是他和牛顿的争吵使英国对他并不友好。然而，正如他告诉所有通信联络的朋友们的那样，威尔士王妃站在他一边反对牛顿。尽管得到了王妃的青睐，他还是在无人关照的情况下死去了。

莱布尼茨的通俗哲学可以在《单子论》和《以理性为基础的自然与神恩典原则》中找到内容，其中之一（尚不确定是哪一本书）是他写给马尔伯勒的同事、萨伏伊的尤金王子的。他的神学乐观主义的基础体现在他写给普鲁士夏洛特女王的书中。我将从这些著作所阐述的哲学开始，然后再谈他尚未出版的更为严肃的著作。

像笛卡尔和斯宾诺莎一样，莱布尼茨的哲学建立在物质的概念上，但在精神和物质的关系以及实体的数量方面，他与他们截然不同。笛卡尔只承认有三种实体：上帝、精神和物质；斯宾诺莎只承认上帝。在笛卡尔看来，广延性是物质的本质；在斯宾诺莎看来，广延性和思想都是上帝的属性。莱布尼茨认为，广延性不构成某一个实体的属性。他的理由是，广延性涉及多元，因此只能属于若干实体的集合；每一种单一实体是没有广延性的。因此，他相信存在无穷多的实体，他称之为"单子"。它们中的每

一个都具有物理质点的某些特性，但仅在抽象来看时是如此；事实上，每个单子都是一个灵魂。拒绝把广延性作为实体的一种属性，自然就会产生这样的结果。唯一剩下可能的本质属性似乎就是思想。因此，莱布尼茨就否认了物质的真实性，而代之以无边无际的灵魂一族。

而空间，就像它在感官上表现得那样，就像它在物理学中被假设的那样，是不真实的，但它有一个实在的对偶，即单子根据它们反映世界的立足点，依三维秩序的排列。每个单子都以自己特有的特定视角来看待世界；在这个意义上，我们可以说单子具有空间位置。

允许我们这样说的话，我们可以说，没有所谓的真空；每个可能的立足点都填充了一个实际的单子，而且只有一个。没有两个单子是完全相同的；这就是莱布尼茨的"不可辨识物的同一性"原则。

在与斯宾诺莎的对比上，莱布尼茨在他的体系中很大程度上认可了自由意志。他有一条"充足理由律"，即任何事情的发生都是有理由的；但是，当我们关注自由行为者时，他们行动的理由是"有此想法，但并非必要"。人的行为总是有动机的，但是，他采取行动的充分理由并没有逻辑上的必要性。至少，莱布尼茨在写作通俗著作时，是这么说的。但我们将看到，他有另一套学说，在发现阿尔诺认为此学说令人震惊后，他保守了这个秘密。

上帝的行为也有同样的自由。他总是以最佳的方式行事，而并不是在任何逻辑上的强迫下这样做的。莱布尼茨同意托马斯·阿奎那的观点，即上帝不能违背逻辑法则，但上帝可以决定逻辑上可能发生的事情，这就给了他很大的选择空间。

这种哲学最典型的特点之一，是认为有许多个可能的世界。如果一个世界不违背逻辑法则，它就是"可能的"。有无数个可能的世界，上帝在创造真实的世界之前都考虑过它们。上帝是善良的，他决定创造可能的世界中最好的世界，这样的世界善大于恶。他本可以创造一个没有邪恶的世界，但它不会像现实世界那样美好。这是因为某些了不起的东西在逻辑上是与某些灾祸联系在一起的。举一个简单的例子来说，在炎热的天气里，当你非常口渴的时候喝一杯冷水，可能会给你带来极大的快乐，使你认为之前的口渴虽然痛苦，但还是值得忍受的，因为如果没有口渴，随后的快乐就不会如此强烈。对于神学来说，重要的不是这些例证，而是罪与自由意志的联系。自由意志是一件了不起的好事，但从逻辑上讲，上帝不可能既赋予人自由意志，同时又规定世上没有罪。上帝因此决定给人自由，虽然他预见到亚当会吃苹果，虽然罪不可避免地会带来惩罚。这个由此产生的世界，虽然包含了邪恶，但与任何可能存在的世界相比，它的善大于恶，因此，它是最好的世界，不能用它所包含的邪恶来反对上帝的善良。

这一观点显然使普鲁士女王满意。她的农奴们继续受苦受难，而她继续享受着幸福，一位伟大的哲学家确信这是公正的，这真令人欣慰。

现在我来谈谈莱布尼茨的秘密哲学，我们要理解他的秘密学说，必须依赖的大部分文本最早发表于 1901 年或 1903 年，由路易·库图拉出版的两部著作。

在笛卡尔、斯宾诺莎和莱布尼茨的哲学中，实体的概念是最基本的，它是从主语和谓语的逻辑范畴中衍生出来的。有些词既可以做主语也可以做谓语；例如，我可以说"天空是蓝色的"和"蓝色是一种颜色"。其他的词——其中专有名词是最明显的例子——绝不可以作为谓语出现，而只能作为主语，或作为一种关系的条件出现。这些词被用来表示实体。除了这一逻辑特性之外，实体还会一直存在下去，除非被上帝的全能所毁灭（我猜，这种情况不会发生）。每一个真命题一般命题，像"所有人都

会死"，在这种情况下，一个谓语意味着另一个谓语。或者个别命题，像"苏格拉底终有一死"，在这种情况下，谓语是包含在主语中的，谓语所表示的品质，是主语所表示的实体概念的一部分。发生在苏格拉底身上的任何事情，都可以在一个句子中断言，在这个句子中，"苏格拉底"是主语，描述所发生事情的词是谓语。所有这些谓语合在一起，就构成了苏格拉底这个"概念"。在这个意义上，所有谓语都必然属于苏格拉底：对某个实体。如果这些谓语不能真的断言，这实体就不是苏格拉底，而是另一个人。

莱布尼茨坚信逻辑学的重要性，不仅在其本身的范围内，而且是作为形而上学的基础。他所从事的数学逻辑方面的研究，如果得以发表的话，将是非常重要的；在这种情况下，他将成为数理逻辑的创始人，将比实际情况提早一个半世纪为人所知。他没有发表这些研究，因为他不断地寻找证据，想证明亚里士多德的三段论学说在某些方面是错误的；对亚里士多德的尊重使他不可能相信这一点，所以他错误地认为，是他自己犯了错误。然而，他终其一生都怀抱着发现一种普遍性数学的希望，他称之为万能数学。通过这种数学，可以用计算代替思维。"如果我们有了它，"他说，"我们就可以像在几何学和数学分析学一样，对形而上学和道德中进行推理。""如果有争议存在，两个哲学家之间的争论就比两个会计师之间的争论更没有必要。因为只要他们手里拿着铅笔，坐下来拿着纸板，彼此说（如果他们愿意的话，可以找一位朋友作见证）'让我们计算一下'就够了。"

关于他的形而上学的基础，在给阿诺的一封信中有最明确的陈述：

> 当我考察我对每一个真命题的概念时，我发现每一个必要的或可

能的、过去的、现在的或将来的谓语，都包含在主语的概念里，所以我就不再问了……

　　这个命题是非常重要的，应该得到充分的证实，因为由此可认为每一个灵魂都是一个独立的世界，独立于除上帝以外的一切事物；它不仅是不朽的，还可以说是无感觉的，但在它的实体中保存着一切发生在它身上的痕迹。

他继续解释说，实体之间并不相互作用，而是通过宇宙的所有镜像，从各自的立足点出发，达成一致。不可能有相互作用，因为发生在每一种实体上的一切都是其自身概念的一部分，并永久决定了该实体是否存在。

这个体系显然和斯宾诺莎的体系一样具有决定论观点。阿诺德表达了他对莱布尼茨所说的话的恐惧："每个人的个体概念都一次性地涉及将会发生在他身上的一切。"这种观点显然与基督教关于罪与自由意志的教义不相容。莱布尼茨发现阿诺德无法接受这种观点，便小心翼翼地没有将其公之于众。

然而，还有一点非常奇怪。在大多数情况下，莱布尼茨把创世说成是上帝的自由行为，需要上帝行使意志。根据这一学说，观察不能决定实际存在的是什么，而必须通过上帝的善行。除了上帝的仁慈让他创造出可能的最好的世界，并没有一个先验的理由来说明为什么一种东西，而不是另一种东西应该存在。

莱布尼茨在他的隐秘思想方面，是哲学家使用逻辑作为形而上学之关键的最好例证。这种类型的哲学始于巴门尼德，并在柏拉图使用理念论来证明各种逻辑外的命题中得到进一步发挥。斯宾诺莎和黑格尔都属于同一类型。但这些都不如莱布尼茨从语法推理出现实世界那样明确。这种论证

由于经验论的发展而失宠了。能否通过从语言到非语言的事实，来展开任何有效的推论，这是一个问题，我不想将其教条主义化；但是，莱布尼茨和其他先验哲学家的推论肯定是无效的，因为所有的推论都来自有缺陷的逻辑。过去所有这些哲学家所假设的主谓逻辑，不是完全忽略了关系，就是产生了错误的论点来证明关系是不真实的。莱布尼茨的谬误在于，在将主谓逻辑与多元论相结合方面，存在着特别的不一致性，因为"有很多单子"的命题并非主谓形式。为了保持一致性，一个相信所有命题都是这种形式的哲学家应该是一个一元论者，就像斯宾诺莎一样。莱布尼茨拒绝一元论，主要是因为他对动力学的兴趣。按照他的观点，广延性包括了重复，因此不能是单一实体的属性。

莱布尼茨是一个乏味的作家，他对德国哲学的影响是使其变得学究化和枯燥化。在康德的《纯粹理性批判》出版之前，莱布尼茨的弟子沃尔夫一直在德国的大学占据主导地位。他忽略了莱布尼茨身上最有趣的东西，创造了一种枯燥的教授式思维。在德国以外，莱布尼茨的哲学影响甚微；与他同时代的洛克控制着英国哲学，而在法国，笛卡尔还占据着统领地位，直到伏尔泰推翻了他的学说，后者使英国的经验主义流行起来。

然而，莱布尼茨仍然是一个伟人，现在来看，他的伟大之处比以往任何时候都更加明显。他不仅是一位杰出的数学家，也是微积分的发明者，他是数学逻辑方面的先驱，在别人都没有意识到的时候，他就察觉了这方面的重要性。他的哲学假设虽然荒诞，却非常清晰，可以精确地表达出来。甚至他的单子仍然可以成为看待知觉的方式，虽然它们不能没有窗户。在他的单子理论中，我认为最好的是他的两种空间的说法，一种是在每个单子的知觉中的主观空间；另一种是由不同单子的立足点集合而成的客观空间。我相信，在知觉与物理学的关系上，这一学说仍然有用。

第十二章 哲学上的自由主义

　　自由主义的崛起，在政治和哲学方面，为一个非常普遍和非常重要的问题提供了研究材料，即政治和社会环境对杰出的、有独创性的思想家的思想产生了哪些影响。反过来就是这些人对之后的政治和社会发展又产生了哪些影响？

　　有两种相反的错误，这两种错误都很常见，都必须加以防范。一方面，那些熟悉书籍而非实操的人往往高估了哲学家的影响。当他们看到某个政党宣称自己受到某某人的教导的鼓舞时，他们就会认为它的行为应归因于某某人。而哲学家之所以受到称赞，往往只是因为他提出的建议恰是该政党无论如何都要采取的行动。直到最近，几乎所有的作家都夸大了他们同行前辈的影响。反之，由于对旧错误的过度反应，又产生了一种新的错误，这种新的错误认为，理论家几乎都是其环境的被动产物，对事件的发展几乎没有任何影响。根据这种观点，思想是深层潮流表面的泡沫，是由物质和技术原因决定的：社会变革不再是受到思想的推动，正如河流并不是由显示其流动方向的泡沫推动一样。就我而言，我相信，真相存在于这两个极端之间。在思想和实际生活之间，就像在其他任何地方一样，存在着相互作用；要问哪个是原因，哪个是结果，就像问先有鸡还是先有蛋

一样，是白费力气。我不会把时间浪费在抽象地讨论这个问题上，而是从历史的角度，考虑这个普遍问题的一个重要情况，即自由主义及其分支从17世纪末到今天的发展。

早期的自由主义是英国和荷兰的产物，具有某些明显的特点：代表宗教宽容；属于新教，但属于自由派而非狂热派；认为宗教战争是愚蠢的。早期的自由主义重视商业和工业，青睐正在崛起的中产阶级，而不是君主制和贵族；它极大地尊重财产权，特别是通过个人的劳动积累起来的财产。世袭原则虽然没有被拒绝，但比以前受到的限制要大得多；尤其要说的是，君权神授被否决了，转而赞成这样一种观点，即每个社会都有权选择自己的政府形式。

实际上，早期自由主义的倾向是在财产权的调和下走向民主的。当时有一种信念——起初并不是完全明确的——认为人人生而平等，后来的不平等是环境的产物。这导致了对后天教育而非先天特征的高度重视。当时有一种针对政府的偏见，因为政府几乎都是掌握在国王或贵族的手中，他们不能理解或尊重商人的需要，但人们希望在不久之后，通过赢得理解和尊重，来遏制这种偏见。

早期的自由主义是乐观的、充满活力的和富有哲理的，因为它代表了不断增长的力量，这些力量似乎毫不费力就能取得胜利，并给人类带来巨大的利益。无论是在哲学上还是在政治上，它反对一切中世纪的东西，因为中世纪的理论曾被用来支持教会和国王的统治，为迫害辩护，并阻碍科学的兴起；但它也与当时的加尔文主义者和再洗礼主义者的狂热背道而驰。它希望结束政治和神学纷争，以便为令人兴奋的商业和科学事业——如东印度公司和英格兰银行、万有引力理论和血液循环等发现——释放能量。在整个西方世界，顽固的偏见正在让位给启蒙运动，对西班牙的恐惧正在结束，所有阶级都在繁荣中得以发展，最高的希望似乎有了无比清晰的判断做保证。一百年来，没有任何事情使这些希望暗淡；最后，它们引发了法国大革命，这场革命直接导致拿破仑和神圣同盟的诞生。在这些事件之后，在19世纪的新乐观主义成为可能之前，自由主义必须获得它的第二次风潮。

在开始详细讲论之前，我们最好先把17世纪到19世纪的自由主义运动的大概形式梳理一遍。这形式起初很简单，后来逐渐变得非常复杂。这个运动从整体来说，其显著特色广义上是个人主义；但若是没有进一步明确"个人主义"这个词的含义，它就只是个含混的字眼罢了。亚里士多德以前的希腊哲学家，包括他自己，在我用"个人主义者"这个词所指的意义上来讲，都不是个人主义者。他们只是把人作为社会的一员看待；例如，柏拉图的《理想国》并不讲求去说明什么是良好的个人，而是力求清楚地描述一个良好的社会。从亚历山大时代以来，随着希腊丧失其政治自由，个人主义发展起来了，犬儒派和斯多葛派是其代表。用斯多葛派的哲学来说，一个人在不管什么样的社会状况下都可以过善的生活。这也是基督教的见解，特别在得到国家的控制权以前。但是在中世纪，虽然说神秘主义者保持了基督教伦理中原有的个人主义的活跃风气，但包括大多数哲学家在内，大部分人的见解点都被笼罩在教义、法律和风俗的坚固统一体的支配之下。因此，人们的理论信仰和实践道德都受到社会组织，即天主教会的控制：真假善恶，不能凭个人的独立思考断定，必须由宗教会议的集体智慧来决定。

这个体制中的第一个缺口是新教打开的，它主张宗教会议也可能犯错误。于是决定真理的不再是集体判断，而成了个人的事。由于不同的个人会得出不同的结论，结果便引出了争斗，而神学里的定案也不再从宗教会

议中寻找了，转而改在战场上谋求。但由于哪一方都不能把对方赶尽杀绝，所以事态清明了起来，人们必须找出方法来调和思想上、伦理上的个人主义和有秩序的社会生活之间的关系。这是初期自由主义力图解决的一个主要问题。

与此同时，个人主义也渗透进了哲学思想。笛卡尔的第一原理"我思故我在"使认识的基础因人而异。因为对每个人来讲，出发点是他自己的存在，不是其他人的存在，也不是社会的存在。他强调清楚明白的观念才可靠，这是殊途同归。因为通过内省，我们才得以发现自己的观念是否清楚明白。自笛卡尔以来的哲学，大部分都或多或少有这种思想上的个人主义。

早期的自由主义在思想上和经济上都是个人主义的，而在情感上和伦理上都不自信。这种形式的自由主义控制了18世纪的英国、美国宪法的缔造者和法国的百科全书派。在法国大革命期间，它的代表人物是更为温和的政党，包括吉伦特党。但随着他们的灭绝，在法国政坛，自由主义消失了足有一代人的时间。在英国，拿破仑战争之后，随着边沁派和曼彻斯特学派的兴起，它再次变得有影响力。它最大的成功是在美国，在那里，它不会受到封建主义和国家教会的阻碍，其主导地位从1776年一直到今天，或者至少是到1933年。

还有一个新的运动逐渐发展成了自由主义的对立面，它由卢梭开端，又从浪漫主义运动和国家主义中获得力量。在这个运动中，个人主义从知识的领域扩张到了激情的领域，个人主义里的无政府倾向被强化了。卡莱尔和尼采秉持的英雄崇拜是这种哲学的典型。各种各样的理念聚在里面：有对早期工业社会的厌恶，对其产生的丑陋的憎恨和对其残酷暴行的强烈反感；有对中世纪的乡愁式的怀念，由于憎恶近代，就把中世纪理想化了；还有一种，就是企图把维护教会与贵族日渐式微的特权，和无产阶级反抗工厂主的压榨这两样事结合起来；还有这种在国家主义的名义下，在保卫"自由"战争的荣耀旗号下，激烈维护反叛权的。拜伦是这一运动的诗人；费希特、卡莱尔、尼采是这一派的哲学家。

但我们不可能人人都过上英雄领袖的生活，也不可能让每个人的个人意志充分伸张，所以这种哲学也像其他各种无政府主义一样，一经实践，就不可避免地变成了最成功的"英雄"的独裁统治。而等"英雄"的暴政建立之后，他就要压制别人也拥有他赖以取得权力的那种自我主张的伦理观。因此，这种人生观是一种自我反驳，就是说用它付诸实践的话，结果会迥然不同：变成个人受到残酷镇压的独裁专制国家。

还有一派哲学，大体上也是自由主义的分支，那就是马克思的哲学。我在后文里会讨论马克思，现在只需记住他就是了。

自由主义哲学的第一个全面陈述可以在洛克身上找到，他是最有影响力但绝不是最深刻的近代哲学家。在英国，他的观点与那些最具才智人士的观点完全一致，除了理论哲学之外，很难追溯他们的影响；另一方面，在法国，在实践中，他的观点导致了对现有政体的反对，在理论上，导致了对盛行的笛卡尔主义的反对，显然对事件的发展产生了相当大的影响。这是一个体现普遍原则的例子：在政治和经济发达的国家发展起来的哲学，在其诞生地不过是对普遍观点的澄清和系统化，而在其他地方，则可能成为革命热情的源泉，并最终发展为真实的革命。通过理论家，欠发达国家得以了解发达国家的政策原则。在发达国家，实践激励着理论的产生；在另一些国家，理论促进了实践的进行。这种差异是移植的思想很少像在本土那样成功的原因之一。

在谈论洛克的哲学之前，让我们回顾一下在 17 世纪英格兰如何影响

了他的观点的形成。

内战中，国王和议会之间的冲突使英国人永远喜欢妥协和节制，害怕把任何理论推向合乎逻辑的结论，这种思想一直支配着他们，直到现在。长期议会所主张的原则起初得到了绝大多数人的支持，他们希望废除国王授予贸易垄断的权限，并让他承认议会对征税的专有权。他们希望在英国教会范围内自由表达观点并行动，这些以前是受到劳德大主教的迫害的。他们认为国会应该定期召开，不应该只在国王认为合作不可或缺时才召开。他们反对任意逮捕，反对法官屈从于王室的意愿。但许多人，虽然准备为这些目的而争论，却不打算发动战争反对国王，这在他们看来，是叛国和不敬的行为。真正的战争一爆发，这些势力之间的划分就变得几乎相等了。

从内战爆发，到确立克伦威尔为护国公，政治发展遵循着现在已经很熟悉但在当时却是前所未有的路线。议会党由两个派系组成，长老会和独立派；长老会希望保留国家教会，但要废除主教；独立派同意他们关于主教的意见，但认为每个教会应该自由选择自己的神学原则，不受任何中央教会政府的干涉。总的来说，长老会教徒比独立派教徒拥有更高的社会阶层，他们的政治观点也更为温和。一旦失败使国王变得顺从，他们希望尽快与他达成协议。然而，有两种情况使他们的政策变得不可能：首先，在主教问题上，国王像烈士一样固执；第二，打败国王是很困难的，只有克伦威尔的由独立派组成的新模范军才获得了成功。因此，当国王的军事抵抗被打败时，他仍然不会签订条约，长老会就失去了其在议会军队的优势。捍卫民主的权力交给了少数人，他们在行使权力时完全无视民主和议会制政府。当查理一世试图逮捕五名成员时，引起了普遍的抗议，他的失败让他变得可笑。但克伦威尔就没有这些难处。通过普赖德的清洗，他开除了大约一百名长老会成员，并一度获得了大多数人的顺从。当他最终决定解散议会时，"没有狗叫"——战争让军事力量显得很重要，并产生了对宪法形式的蔑视。在克伦威尔的余生里，英格兰的政府是一个被全国越来越多的人所憎恨的军事暴政，但因为他的党羽全副武装，英国人也不可能摆脱这样的统治。

在复辟时期，在躲在橡树上，以难民的身份生活在荷兰之后，查理二世决定再也不要出发去国外旅行，这迫使他接受了某种中间的缓和。他声称，未经议会批准，没有权力征税。他同意人身保护令法案，该法案剥夺了政府任意逮捕人的权力。有时他可以通过路易十四的补贴来蔑视议会的财政权力，但基本上来说，他是一个立宪君主。查理一世的反对者最初所希望的对王权的大部分限制在复辟时期得以实现，并得到了查理二世的尊重，因为事实证明，国王也可能受到臣民的折磨。

詹姆斯二世不像他的哥哥那样，完全缺乏敏锐和策略。由于他偏执的天主教立场，圣公会教徒和不属于圣公会的基督教徒联合起来反对他，尽管他试图通过允许后者蔑视议会来安抚他们。外交政策也起了一定的作用，斯图亚特王朝，为了避免战争时期需要的税收，这会使他们依赖于议会，转而推行了一种恭顺的政策，先是对西班牙，然后是法国。法国不断增长的实力激起了英国人对这个主要大陆国家永远的敌意，而南特敕令的废除使新教徒强烈反对路易十四。最后，几乎所有的英格兰人都希望除掉詹姆斯。但几乎每个人都决心避免回到内战和克伦威尔独裁时期。既然没有宪法上的办法来干掉詹姆斯，那就必须要有一场革命，但必须尽快结束，这样就不会给破坏性力量提供机会。议会的权利必须一劳永逸地得到保障，国王必须下台，而君主制必须保留；然而，它不应该是一种神权神授的君主政体，而应该是一种依赖于立法和议会约束的君主政体。通过贵

族和大企业的结合，所有这一切都立刻可以实现，不需要一枪一弹。在尝试过各种形式的强硬态度并失败之后，妥协和节制获得了成功。

荷兰来的新国王威廉三世带来了他的商业和神学智慧，使他的国家闻名遐迩。英格兰银行成立了；国债被当作一种安全的投资，不再因君主的反复无常而遭到拒付。《宽容法案》虽然使天主教徒和非圣公会教徒遭到了各种各样的刁难，却结束了实际的迫害。外交政策也变为坚决地反对法国，除了短暂的间歇期之外一直如此，直到拿破仑战败。

第十三章　洛克的认识论

　　约翰·洛克（1637—1704）是 1688 年英国光荣革命的传道者，这场革命是所有革命中最温和、最成功的。它的目标是适度的，这些目标确实实现了，而且迄今为止，英国也没有感觉有再进行一次革命的必要。洛克忠实地体现了这场革命的精神，他的大部分作品都发表在 1688 年之后几年。他在理论哲学方面的主要著作《人类理解论》于 1687 年完成，并于 1690 年出版。他的《论宽容》最初版本是 1689 年在荷兰用拉丁文出版的，而早在 1683 年洛克就认为退避荷兰是明智的。他的《论宽容》第二篇和第三篇分别在 1690 年和 1692 年发表。他的两篇《政府论》于 1689 年获得印刷许可，并在不久后出版。他那本《教育漫话》是 1693 年出版的。虽然他的一生很长，但他所有具备影响力的作品都是在 1687 年至 1693 年这几年出版的。成功的革命会激励那些相信革命的人。

　　洛克的父亲是一个清教徒，为国会而战。在克伦威尔时代，当洛克还在牛津大学的时候，牛津大学的哲学仍然是学院派的；洛克既不喜欢经院哲学，也不喜欢独立派的狂热。他深受笛卡尔的影响，成了一名医生，他的保护人是沙夫茨伯里伯爵——德莱顿笔下的"亚希多弗"。当 1683 年沙夫茨伯里失势时，洛克和他一起逃到了荷兰，并一直待在那里直到革命

发生。革命以后，除了在贸易局工作的那几年，他的一生都献给了文字工作，还参与了他的书所引起的许多论争。

在 1688 年革命之前的几年里，洛克不冒极大的风险，就无法在英国政治中参与任何理论或实践活动，他的时间都用在撰写《人类理解论》上了。这是他最重要的一本书，也是让他得享大名的作品；但他对政治哲学的影响是如此之大，如此之持久，因此他既应被视为哲学自由主义的奠基人，也应被视为认识论中经验主义的奠基人。

洛克是所有哲学家中最幸运的。在他的国家政权落入与他持相同政治观点的人手中时，他完成了理论哲学的工作。在实践和理论上，他所倡导的观点在以后的许多年里都被最有活力、最具影响力的政治家和哲学家认同。他的政治学说，由于孟德斯鸠的发挥，已嵌入美国宪法，并在总统和国会发生纠纷时发挥作用。大约五十年前，英国宪法还在以他的理论为基础，而法国在 1871 年采用的宪法也是如此。

他在 18 世纪法国的影响是巨大的，这主要归功于伏尔泰。伏尔泰年轻时曾在英国待过一段时间，并通过《哲学书简》向他的同胞解释英国的思想。启蒙思想家和温和的改革派追随洛克；极端的革命者则追随卢梭。他的法国追随者，无论对或错，都相信他的认识论和他的政治思想之间存在着紧密的联系。

在英国，这种联系并不那么明显。在洛克的两个最杰出的追随者中，贝克莱在政治上无足轻重，而休谟是托利党人，在他的《英国史》中阐述了他的反动观点。但在康德时代之后，当德国的唯心主义开始影响英国思想时，哲学和政治之间又出现了联系：总的来说，追随德国的哲学家是保守的，而激进的边沁学派则遵循洛克的传统。然而，这种相关性并非一成不变；例如，T. H. 格林既是自由主义者，又是唯心主义者。

一般来说，洛克是藐视形而上学的。说到莱布尼茨的一些思考，他在给朋友的信中写道："你和我已经受够了这种欺骗。"他认为，在他那个时代的形而上学中占主导地位的实体观念是模糊的、无用的，但他不敢全盘否定它。他允许形而上学论证上帝的存在，但他没有详述，而且似乎对此感到不太舒服。每当他表达新的思想，而不仅仅是重复传统的东西时，他就会从具体的细节而不是大的抽象概念的角度来思考。他的哲学是零零碎碎的，就像科学工作一样，而不是像 17 世纪的大陆体系那样，是一个完整的整体。

洛克可以被视为经验主义的创始人，这种学说认为，我们所有的认识（可能逻辑和数学除外）都来自经验。因此，他的《人类理解论》第一卷书就是反对柏拉图、笛卡尔和经院哲学家的，他认为没有先天的思想或原则。在第二卷中，他详细地展示了经验如何产生各种各样的想法。他拒绝了先天观念的想法，说道：

　　那么让我们假设，心灵就像我们说的那样，是一张白板，没有任何文字，没有任何思想；那这它是怎么有了这些东西的呢？人们的无限幻想在心灵上描绘了几乎无穷无尽的变化，这种庞大的积累是从哪里来的呢？它的所有理性和认识的材料从何而来？对此，我用一个词来回答：经验 —— 我们所有的认识都是建立在经验之上的，而知识最终也从经验中衍生出来。

　　我们的观念出自两个来源：（1）感觉作用；（2）我们对自己心灵活动的感知，这可以被称为"内在感觉"。既然我们只能通过观念来思考，既然所有的想法都来自经验，那么我们的认识显然不能先于经验存在。

　　他说，感知是"通向认识的第一步，是所有认识材料的入口"。在现代人看来，这似乎是老生常谈，因为它已成为受教育人士的常识的一部分了，至少在讲英语的国家是如此。但是，在洛克那个时代，人们的头脑被认为是先天知道各种各样的事情的。他宣称认识完全依赖于知觉，这是一种新的、革命性的学说。柏拉图在《泰阿泰德篇》中，已经开始反驳认识与感知的同一化，从他那个时代起，几乎所有的哲学家，包括笛卡尔和莱布尼茨，都曾教导我们，大多数最有价值的认识并非来自经验。因此，洛克彻头彻尾的经验主义是一个大胆的创新。

　　洛克的伦理学说很有趣，部分是出于其自身原因，部分是由于对边沁的预期。当我谈到他的伦理学说时，我指的不是他作为一个实际的人的道德秉性，而是他关于人们如何行动和应该如何行动的总体理论。像边沁一样，洛克是一个充满善意的人，但他仍然认为，每个人（包括他自己）在行动上都必须永远为自己的幸福或快乐而行动。几句引用的话就能说清楚了：

　　　　事物的好坏只与快乐或痛苦有关。我们称之为"善"的，会给我们带来或增加快乐，或减少痛苦。

　　　　是什么触发了欲望？我的回答是，幸福，仅此而已。

　　　　幸福，在其最大程度上，是我们所能获得的最大快乐。

　　　　追求真正的幸福是一切自由的基础。

　　　　舍善从恶显然是一个错误的判断。

　　　　对激情的控制就是对自由的正确改进。

　　洛克必须承认，一个显而易见的事实是，人的行为方式，在理性的计算下，并不总是能够确保他们获得最大的快乐。我们重视现在的快乐多于未来的快乐，也重视近期的快乐多于遥远的未来的快乐。也许有人会说——但洛克并没有这么说——利率是对未来快乐的总体折现的一种定量衡量。如果一年后花一千美元的前景和现在花一千美元的想法一样令人愉快，那么我就不需要为推迟我的快乐而付出代价。洛克承认，根据他们自己的信条，虔诚的信徒经常犯罪，这些罪将他们置于地狱的危险之中。我们都知道，如果人们曾理性地追求快乐，他们就会尽量推迟看牙医的时间。因此，即使快乐或避免痛苦是我们的动机，也必须补充一点：与未来实现它们的时间成比例，快乐失去了它的吸引力，痛苦则失去了它的恐怖性。

根据洛克的观点，只有从长远来看，利己主义和普遍利益才会重合，因此，人们应该尽可能地以他们的长期利益为导向，这就变得很重要。也就是说，人应该有远虑。远虑是我们还需要宣扬的一种美德，因为任何一种背离了远虑的行为都是失败的。强调远虑是自由主义的特征。它与资本主义的崛起有关，因为有远虑的人变得富有，而没有远虑的人变得贫穷或始终贫穷。它也与某些形式的新教虔诚有关：从心理学上来讲，着眼于天堂的美德与着眼于投资的储蓄非常相似。

对私人利益和公共利益可和谐共存的信念，是自由主义的特征，并在洛克讲了这种信念具有的神学基础崩溃之后仍然长期存在。

洛克说，自由取决于追求真正幸福的必要性和对我们的激情的控制。他的这一观点源于他的理论，即私人利益和公共利益从长远来看是相同的，尽管短期上不一定如此。根据这一学说，如果一个社区的公民都是虔诚而有远虑的，他们都将以一种促进大众利益的方式，在自由的情况下行动。不需要人类的法律来约束他们，因为神的法律就足够了。迄今为止，

品德高尚的人如果想成为拦路强盗，会对自己说："我可以逃脱人间的法官，但逃脱不了天庭法官的惩罚。"因此，他将放弃他的邪恶计划，过着正直的生活，就好像他确信犯罪会被警察抓住似的去生活。因此，只有在普遍存在着审慎和虔诚的情况下，法律自由才是完全可能的；否则，刑法的限制是必不可少的。

当然，洛克的伦理学说当然不是完全站得住脚的。在一个视远虑为唯一美德的体系中，总会有一些令人反感的地方。还有其他一些不那么情绪化地反对他的理论的理由。

首先，说人只追求享乐是本末倒置。无论我有什么愿望，我都会很高兴实现它；但一般来说，快乐源于欲望，而不是欲望来自快乐。就像受虐狂，他们可能渴望的是痛苦；在这种情况下，在欲望的满足中仍然有快乐，但快乐里混合了反面的东西。即使在洛克自己的理论中，人不过就是追求快乐，因为一种最近的快乐比一种遥远的快乐更令人渴望。但如果道德是从欲望心理中推导出来的，就像洛克和他的弟子们以为的那样，那么就没有理由去反对把遥远的快乐打折扣，或者去敦促远虑成为一种道德责任。简言之，他的论点是："我们只渴望快乐。但事实上，许多人渴望的不是快乐本身，而是最近的快乐。这与我们认为他们渴望快乐的信条相矛盾，因此是不道德的。"几乎所有的哲学家都在他们的伦理体系中，首先立下一个学说，说它是错误的，然后再争论说不道德就是照着如此行事；可若这学说当真正确，这事也本就是办不到的。洛克为这种模式提供了一个例子。

第十四章 洛克的政治哲学

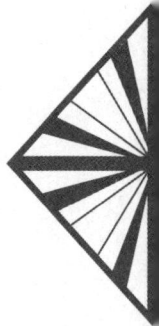

1. 世袭制原则

在 1689 年和 1690 年，也就是 1688 年革命之后，洛克写了《政府论》中的两篇，其中第二篇在政治思想史上尤为重要。

这两篇中的上篇是对世袭权力学说的批判，是对罗伯特·菲尔默爵士《父权制：或国王的自然权力》一书的答复，该书于 1680 年出版，但是写在查理一世统治的时期。罗伯特·菲尔默爵士是一个虔诚的支持君权神授的人士，不幸活到了 1653 年，因查理一世被执行死刑和克伦威尔的胜利而承受了巨大的痛苦。但《父权制》是在这些悲惨事件之前写的，不是在内战之前写的，所以它自然地显示出了对颠覆性学说存在的认识。正如菲尔默所指出的那样，这些学说在 1640 年并不新鲜。事实上，新教和天主教神学，在分别与天主教和新教君主们展开斗争时，都大力申明了臣民反抗暴君的权利，他们的著作为罗伯特爵士提供了大量的论战材料。

菲尔默认为，政治权力不是出自任何契约，也不是出自任何对公共利益的考量，而是完全来自父亲对孩子的权威。他的观点是：君权的来源是孩子对父母的服从；《创世记》中的家长们是君主；国王是亚当的后嗣，或者至少可以被认为是亚当的后嗣；国王的自然权力与父亲的权力是一样

的；而且，从本质上讲，儿子永远无法摆脱父亲力量的控制，即使儿子已经成年，而父亲已经老糊涂了。

试图将类似的理论强加于欧洲是失败的 —— 菲尔默的《父权制》就是这样的尝试之一。为什么？从人性上说，接受这样一种理论并不令人厌恶；例如，除日本外，古埃及人、被西班牙征服之前的墨西哥人和秘鲁人都有过这样的学说。这是人类发展的一个自然阶段，英国已经过了这一阶段，但现代的日本还没有。

基于这些原因，洛克毫不费力就推翻了菲尔默的论点。

就推理而言，洛克的任务当然很简单。他指出，如果我们关注的是家长的权力，那么母亲的权力应该和父亲的权力相等。他强调了长子继承制的不公正之处，所以若是用世袭制作为君主制的基础，那这就是不可避免的。而现存的君主在实际意义上都是亚当的继承人这点，洛克更是要嘲笑这种说法的荒谬。亚当只能有一个继承人，但没人知道他是哪一个。他问道，菲尔默是不是要说，如果能找到真正的继承人，所有现存的君主都应该把王冠放在他的脚下？如果菲尔默的君主制基础被接受，所有的国王，除了这个继承人，都将是篡位者，没有资格要求他们事实上的臣民服从。此外洛克还说，父权只是暂时的，不会延伸到生命或财产。

由于这些原因，抛开其余基本根据，洛克的观点认为，世袭不应成为合法政治权力的基础。因此，在他的《政府论》下篇中，他寻求了一个更站得住脚的基础。

要理解菲尔默的理论怎么会有人相信，以及洛克与他相反的理论为何看起来具有革命性，我们只需要思考一下，当时对王国的看法和如今对地产的看法一样。土地所有人拥有多种重要的法定权利，其中最主要的是选择谁可以待在土地上的权力。所有权可以通过继承来转移，我们认为，继承了财产的人有权拥有法律赋予他的各种特权。而从本质上讲，他的地位与罗伯特·菲尔默爵士所捍卫的君主的地位是一样。

2. 自然状态与自然法

在《政府论》下篇一开始，洛克说他既然已经表明了从父亲那里衍生出政治权威的推论行不通，现在他将阐述他所设想的统治权的真正起源。

他首先假设一种他称之为"自然状态"的东西，它先于所有人类政府。在这种状态下，有一个"自然法"，自然法由神圣的命令组成，并不是任何人类立法者所强加的。自然状态持续了多久并不清楚，对于洛克来说，自然状态仅仅是一种说明性的假设；但我恐怕他倾向于认为这是一个确实发生过的阶段。人是通过建立文明政府的社会契约而脱离自然状态的。他认为这或多或少也是历史性的。但就目前而言，我们关心的是自然状态。

洛克关于自然状态和自然法的观点，总的来说不是原创的，而是中世纪经院哲学的重复。在洛克的政府理论中，我再说一遍，几乎没有什么是原创的。在这一点上，洛克与大多数因思想而成名的人相似。一般来说，第一个想到新想法的人总是远远领先于他的时代，以至于大家都认为他很愚蠢，所以他依旧默默无闻，很快就被众人遗忘了。然后，世界逐渐对这种想法有了准备，凡是在幸运的时刻宣布这种想法的人，就得到了全部的赞扬。比如达尔文就是这样；而可怜的蒙博多勋爵[1]则成了人们的笑柄。

在洛克的著作中，最接近自然状态的定义如下："根据理性，人们生活在一起，地球上没有一个共同的上级有权力对他们进行裁判，这正是自

---

[1] 蒙博多勋爵（Lord Monboddo，1714—1799），本名詹姆斯·伯内特（James Burnett），在达尔文之前提出人类是由猿猴演变而来。——译注

然状态。"

进一步的引用将使洛克的意思更清楚：

> 要正确理解政治权力，并通过其来源将它推导出来，我们必须考虑，什么是人们生活的自然状态，那就是，人们可以按照他们认为合适的方式，在自然法的限定范围内，完全自由地行动，处理他们的财产和人际关系；他们不需要请求许可，也不用听从任何人的意愿。
>
> 这也是一种平等的状态，其中所有的权力和管辖权都是相互的，没有人比另一个人拥有更多权利；再没有比这更明显的事实了：相同物种和等级的生物，生来就具有一切相同的自然优势。而相同能力的使用，也应该是平等的，而不是服从或征服；除非他们所有人的主人，明确地宣示他的意志，把一个人置于另一个人之上，并通过清楚而明确的任命，授予他一种不容置疑的统治的权利。
>
> 尽管这种（自然状态）是一种自由的状态，但它并不是一种放纵的状态：虽然在自然状态下，人可以极其自由地处置他自身或财产，然而他没有自毁的自由，或伤害任何他占有的生物的自由，除非出于一个高贵的目的。自然状态由自然法来管理和讨论，这是对每一个人的要求。这法则教导所有的人类，大家都是平等和独立的，没有人应该伤害另一个人的生活、健康、自由或财产。（因为我们都是神的资产。）

然而，目前看来，当大多数人处于自然状态时，也可能有一些人并不按照自然法生活，而自然法在一定程度上规定了，可以采取什么措施来抵抗这样的罪犯。我们被告知，在自然状态下，每个人都应该保护自己和属丁自己的东西。"凡流人血的，他的血也必被人所流"（《创世记》）是自然法的一部分。我甚至可以在小偷偷我的财产时杀死他，这一权利在政府制度中得以保留，尽管在有政府的地方，如果小偷逃跑了，我就必须放弃私人复仇，转而求助于法律。

对自然状态的最大反对意见是，当它持续存在时，每个人都是他自己案件的法官，因为他必须依靠自己来维护权利。对于这种缺陷，建立政府是一种补救办法，但这不是一种自然的补救方法。根据洛克的观点，建立政府的契约回避了自然状态。任何契约都不能终结自然状态，而只能终结一个国家的政体。独立国家的各个政府彼此之间正处于一种自然状态。

洛克的自然法的某些部分令人惊讶。例如，他说正义战争中的俘虏是自然法下的奴隶。他还说，从本质上讲，每个人都有权惩罚对他自己或他的财产的攻击，甚至是通过让他人死亡的方式。财产在洛克的政治哲学中占据非常突出的地位，根据他的观点，财产是建立公民政府制度的主要原因：

> 人们组成联邦，把自己置于政府之下的最伟大和最主要的目的，是保护他们的财产；而在自然状态下，还有许多东西是缺乏的。

在国家之间的关系上，正如洛克所指出的，与自然法相关。在什么情况下战争是正当的？只要没有国际政府存在，这个问题的答案就纯粹是道德方面的，而不是法律方面的；对这个问题的回答，必须和处于无政府状态的个人的回答一样。

那么，就道德规则独立于实际的法律规定之外这一点，我们可以把自然法等同于道德规则。要想区分好的法律和坏的法律，就必须有这样的规

则。对于洛克来说，问题很简单，因为道德规则是由上帝制定的，可以在《圣经》中找到。当这一神学基础被移除时，事情就变得更加困难。但只要人们认为正确的行为和错误的行为在伦理上有区别，我们就可以说：在一个没有政府的社会里，自然法决定什么行为在伦理上是正确的，什么是错误的；而实际的法律应该尽可能地受到自然法的指导和启发。

从功利主义的观点来看，为每个人保留一定范围的个人自由可能是可取的。如果是这样，人的权利原则将是相应法律的适当基础，即使这些权利有例外情况。功利主义者将不得不从它的实际效果的角度来考察这个被认为是法律基础的学说；他不能从一开始就谴责它与他自己的伦理背道而驰。

3. 社会契约

在 17 世纪的政治投机中，关于政府起源有两种主要的理论类型。罗伯特·菲尔默爵士就是其中一个例子：这种观点认为，上帝赋予某些人权力，这些人或他们的继承人组成了合法的政府，对他们的反抗不仅是叛国，而且是大不敬。这种观点被远古时代的意见所认可：在几乎所有的早期文明中，国王都是一个神圣的人。国王们自然认为这是一个令人钦佩的理论。贵族有支持它的动机，也有反对它的动机。它的有利之处在于它强调世袭原则，大力支持对商人阶级暴发户的抵制。在贵族阶级比国王更惧怕或憎恨中产阶级时，这些动机占了上风。反之，尤其是贵族有机会获得最高权力时，他们往往会反对国王，因此拒绝君权神授论。

另一种类型的理论 —— 洛克就是其中的代表 —— 坚持认为公民政府是契约的结果，纯粹是这个世界的事情，而不是由神的权威所建立起来的东西。有的写作者把社会契约看作历史事实，有的把它看作法律根据；对他们所有人来说，重要的事情是为政府当局找到一个现世起源。事实上，除了所谓的契约之外，他们想不出任何其他方法来替代神授权利。除了叛逆者，所有人都觉得必须找到服从政府的理由，而对大多数人来说，政府的权威能带来方便的说法还不够。从某种意义上说，政府必须有强迫其民众服从的权利，而契约所赋予的权利似乎是神谕之外的唯一选择。因此，政府是通过契约来建立的学说，受到了几乎所有反对君权神授的人的欢迎。这一理论在托马斯·阿奎那的思想中有所暗示，但它真正的发展则来自格劳秀斯。

现在让我们看看，洛克对我们讨论的话题有什么要说的。

首先有个政治权力的定义：

> 政治权力就是制定法律的权利，为了管理和保护财产而制定法律，有死刑以及那些程度上轻微一些的惩罚；还有为执行这些法律和保护国家免受外敌伤害而要动用社会力量的权力，这一切都是为了公共利益。

我们被告知政府是一种补救措施。因为自然状态会带来一些不便之处。在自然状态下，每个人都是他自己案件的法官。但如果君主是纠纷的一方，那就没有补救措施了，因为君主既是法官又是原告。这些考虑产生了这样一种观点，即政府不应该获得绝对权力，司法应该独立于行政之外。这样的论点在英国和美国都有重要的未来，但我们暂时不谈这一点。

洛克说，从本性上讲，每个人都有权惩罚对他自己或他的财产的攻击，甚至是杀死攻击的人。只有在有政治组织的社会中，人们把这种权利交给了社会或法律。

我们被告知，通过契约，政府的权力永远不会超越公共利益。刚才我引用了一句关于政府权力的话，结尾是"这一切都是为了公共利益"。洛克似乎没有想到要问，谁是公共利益的裁断者。显然，如果政府是法官的话，它就总是会做出对自己有利的决定。大概洛克会说，大多数公民都是法官，但许多问题决定得太快，就不可能查明全体选民的意见；在这些问题中，和平与战争可能是最重要的。在这种情况下，唯一的补救办法是允许公众发表意见，或允许其代表人拥有一些权力（比如弹劾），可以对随后发现其行为不受欢迎的行政官员进行惩罚。但通常这是一个非常不充分的补救措施。

我前面引用了一句话，我现在必须再次引用："人们组成联邦，把自己置于政府之下的最伟大和最主要的目的，是保护他们的财产。"

与这一学说相一致的是，洛克宣称："未经本人同意，最高权力不得剥夺任何人的任何财产。"

从某种意义上说，社会契约是杜撰出来的，即使在以前的某个时期，确实存在一个创立了政府的契约。美国就是一个很好的例子。在通过宪法的时候，人们有选择的自由。即使在那时，许多人就投票反对它，因此不属于契约的约定方。当然，他们可以离开这个国家，留下来就被认为受一项他们不同意的契约的约束。但在实际情况下，一个人通常很难离开自己的国家。而对于那些在宪法通过之后出生的人来说，他们是否同意就更不清楚了。

与政府相对的个人权利问题是一个非常困难的问题。民主党人想当然地认为，当政府代表了大多数人时，它有权强迫少数人服从。在某种程度上，这肯定是正确的，因为强制是政府的本质。但是，多数人的神圣权利如果被过分强调，可能会变得几乎和君权神授一样残暴。洛克在他的《政府论》中很少谈到这个问题，但是在《论宽容》中有一些篇幅的考量，他在信中争辩说，信仰上帝的人不应该因为他的宗教观点而受到惩罚。

政府是由契约所创建的理论，当然是在进化论之前形成的。政府就像麻疹和百日咳一样，一定是逐步发展起来的。然而，就像这些疾病一样，政府也可能突然被引入了新的地区，比如南洋群岛。在人类学习人类学之前，他们对政府建立时的心理机制一无所知，也不了解人们接受后来被证明有用的制度和习俗的奇异原因。但作为一种为政府正名的法律虚构，社会契约论具有一定的真实性。

4. 财产

迄今为止，从洛克关于财产的观点来看，他似乎是大资本家的拥趸，既反对比他们社会地位优越的人，也反对比他们社会地位卑微的人，但这只是事实的一半。你可以在他身上发现，与对资本家的支持无法调和却肩并肩共存的，是他既预示着发达资本主义的学说，又预示着几乎是社会主义观点的学说。在这个问题上和在大多数其他问题上一样，人们很容易通过片面地引用来歪曲他的观点。

我将按照发生的顺序，写下洛克关于财产问题的主要论断。

我们首先被告知，每个人在自己的劳动成果中都拥有私有财产，或者至少应该拥有。在前工业时代，这句格言并不像现在这样不切实际。城市生产主要是通过拥有工具和销售产品的手工业者。在农业生产方面，洛克所属的流派认为，农民的所有制是最好的制度。他说，一个人能耕多少地，就可以拥有多少土地，但仅此而已。不过他似乎没有意识到，在所有欧洲国家，如果没有一场血腥的革命，这个方案几乎不可能实现。各地的大部分农业用地都归贵族所有，他们从农民那里收取固定比例的农产品

（通常是一半）或租金，租金可能会不时变化。前一种做法在法国和意大利盛行，后者在英国盛行。在远东，在俄国和普鲁士，劳动者是农奴，他们为地主工作，实际上没有任何权利。因为法国大革命，旧制度在法国终结了，而在意大利北部和德国西部，则是因法国革命军队的征服而终结。由于被拿破仑打败，普鲁士废除了农奴制；因为在克里米亚战争中失败，俄国也废除了农奴制。但这两个国家的贵族都保留了他们的土地。在东普鲁士，这一体系虽然被纳粹彻底控制，但一直延续到今天[1]；在俄罗斯，以及现在的立陶宛、拉脱维亚和爱沙尼亚，贵族们被俄国革命剥夺了产业。在匈牙利、罗马尼亚和波兰，他们幸存下来；1940 年，在波兰东部，他们被苏联政府"清除"。然而，苏联政府在整个俄罗斯境内尽其所能用集体农业来替代农民自耕。

劳动价值论 —— 即产品的价值取决于所花费劳动的观点 —— 有些人认为这是卡尔·马克思的意见，有些人认为这是李嘉图的观点，洛克身上也有这样的思想痕迹。而洛克之所以有这种思想，则是有可追溯至阿奎那的一系列前辈。

劳动价值论有两个方面，一个是伦理方面，另一个是经济方面。也就是说，它承认产品的价值应该与花费在它上面的劳动力成比例，或者事实上劳动调节了价格。后一种学说只是大概正确，正如洛克所承认的那样。他说，十分之九的价值来自劳动；至于另外的十分之一，他什么也没说。他说，是劳动造成了一切事物的价值差异。他列举了印第安人拥有的美国土地，这些土地几乎没有价值，因为印第安人不耕种这些土地。他似乎没有意识到，一旦人们愿意在土地上工作，在他们实际这么做之前，土地就

---

[1]　这里罗素指的是第二次世界大战后期。——译注

可能获得价值。如果你拥有一块沙漠上地，别人在上面发现了石油，你就可以不花工夫就把它卖个好价钱。他不考虑这些情况，只考虑农业，在他那个时代，这是自然而然的事情。他所主张的农民所有制并不适合大型采矿业，因为大型采矿需要昂贵的设备和大量的工人。

一个人有权拥有自己劳动产品的原则在工业文明中是无用的。假设你受雇于福特汽车的一个生产部门，谁能估计出你的劳动在总产量中所占的比例呢？或者假设你受雇于一家铁路公司，从事货物运输，谁能判定你在货物生产中的份额呢？这些考虑导致那些希望防止剥削劳动的人放弃了对各自产品各自有权的原则，转而采用更社会主义化的生产和分配方式。

劳动价值论的主张通常被认为是出于对掠夺成性的阶级的敌意。经院派学者主张此学说，是为了反对高利贷者，这种人大多是犹太人。李嘉图是为了反对地主，马克思是为了反对资本家。但洛克似乎把这一理论放在真空之中，对任何阶级都没有敌意。他唯一的敌意是对君主，但这与他的价值论无关。

洛克的一些观点很奇怪，我不知道如何让它们听起来合情合理。他说，一个人不能有那么多的李子，否则在他和他的家人吃掉之前，它们就会坏掉。但是他可以拥有尽可能多的黄金和钻石，只要是合法获得的，因为黄金和钻石不会变质。他没有想到，拥有李子的人可以在它们变坏之前卖掉这些李子。

洛克很推崇贵金属不朽的特性，他说贵金属是货币的来源，但也是财富不平等的根源。从抽象和学术的角度来看，他似乎对经济不平等感到遗憾，但他肯定没有想过，可以采取明智的措施防止这样的情况发生。毫无疑问，他和他那个时代的所有人一样，都为作为艺术和文学赞助人的富人对文明的贡献而感动。同样的态度也存在于现代美国，科学和艺术在很大

程度上依赖于非常富有的人士的捐助。在某种程度上，社会的不公正促进了文明的发展。这一事实是保守主义有值得尊敬之处的基础。

5. 约制与均衡说

自由主义的特征是，政府的立法、行政和司法职能应当分开。这一原则起源于英国反抗斯图亚特王朝的过程中，由洛克做了明确的阐述，至少在立法和行政方面是如此。他说，立法和行政必须分开，以防止权力的滥用。当然，我们必须明白，当他说到立法机构时，他指的是议会，当他说到行政机构时，他指的是国王；至少这是他情感上的意思，不管他的逻辑意图是什么。因此，他认为立法机关是善的，而行政机关通常是恶的。

他说，立法机关必须是至高无上的，但它也必须可以被社会废除。这意味着，就像英国的下议院一样，立法机关是由民众投票选举产生的。不过认真来说，立法机关要能被人民废除这一点，是对洛克时代英国宪法给予国王和上议院部分立法权的谴责。

洛克说，在所有有良好架构的政府中，立法和行政是分开的。因此，问题就来了：当两者发生冲突时，该怎么办？我们被告知，如果行政机关未能在适当的时间召集立法机关，行政机关就会陷入与人民的战争，可能会被武力罢免。这一观点显然与查理一世治下所发生的情况有关。从1628年到1640年，查理一世试图摆脱国会统治。洛克认为，这类事情必须予以阻止，如果有必要话，就通过内战来阻止。

令人惊讶的是，洛克对司法问题只字未提，尽管在他的时代，这是一个亟待解决的问题。在革命之前，法官随时会被国王解职；因此，他们谴责国王的敌人，释放国王的朋友。革命之后，除了议会两院提出要求外，法官的权力是无法废除的。人们认为，这将使他们的决定受到法律的指导；事实上，在涉及政党精神的案件中，它只是用法官的偏见代替了国王的偏见。无论如何，在权力制衡原则占主导地位的地方，司法部门成为继立法和行政部门之后的第三个独立的政府部门。最值得注意的例子是美国最高法院。

洛克的权力划分原则得到最充分应用的国家是美国。在美国，总统和国会完全独立，最高法院则独立于两者之外。宪法无意中把最高法院变成了立法机构的一个分支，因为如果最高法院说什么不是法律，那什么就不是。最高法院的权力名义上只是解释性的，这一事实实际上增加了它的权力，因为它使人们难以批评那些被认为是纯粹法律的决定。这部宪法只导致过一次武装冲突，这在很大程度上说明了美国人的政治智慧。

总的来说，在工业革命之前，洛克的政治哲学是足够和有用的。而自工业革命以来，该哲学越来越无力解决重要问题。在大型公司中所体现出来的资产权力超出了洛克的想象。国家的必要职能——例如在教育方面——大幅增加。民族主义带来了经济权力和政治权力的联盟；有时二者融合，使战争成了主要的竞争手段。单独的公民不再有洛克那样推想的权力和独立性。我们的时代是一个组织的时代，其冲突发生在组织之间，而不是独立的个人之间。自然状态，正如洛克所说，仍然存在于国家之间。必须先签订新的国际社会契约，我们才能享受到政治带来的好处。一旦建立了一个国际政府，洛克的大部分政治哲学将再次适用，尽管不是涉及私有财产的那一部分。

第十五章　洛克的影响

　　自洛克时代至现代，向来有两派主要哲学思想盛行欧洲，一派学说与方法都得益于洛克，另一派则先来自笛卡尔，后来自康德。康德自以为综合了来自笛卡尔和洛克的哲学思想；但至少从历史角度不能承认这一点，因为康德的继承者属于笛卡尔派而非洛克派。继承洛克衣钵的，首先是贝克莱和休谟；其次是18世纪法国启蒙运动时期哲学家中的非卢梭派；第三是边沁和哲学激进派；第四是马克思及其门徒，他们对欧陆哲学有重要的补充。但马克思的体系兼收并蓄，任何对它的简单评述几乎必错无疑；所以，我想后面再详细讨论马克思。

　　洛克在他那个时代主要的哲学对手是笛卡尔主义者和莱布尼茨。很不合道理的是，洛克哲学在英法两国的胜利大部分归功于牛顿的威望。由于笛卡尔在数学和自然哲学方面的成果，他当时作为哲学家的权威得到提高。但他的旋涡说作为对太阳系的解释，绝对比不上牛顿的万有引力定律。牛顿派宇宙演化论的胜利削弱了人们对笛卡尔的尊崇，增强了人们对英国的尊崇。这两个原因促使人们偏向洛克。在18世纪的法国，知识分子正在反抗过时、腐败、无力的专制制度，他们把英国看作自由的故乡，所以洛克的政治学说使他们容易偏好其哲学。法国大革命前的最后时期，休谟的影响更加增强了洛克在法国的影响，因为休谟曾在法国居住过，与不少一流学者有私交。

将英国的影响传至法国的主要人物是伏尔泰。

在英国，直到法国大革命为止，洛克哲学的追随者对其政治学说从来不感兴趣。贝克莱是位不太关心政治的主教；休谟是追随博林布鲁克[1]的托利党员。在他们那个时代，英国政局平稳，哲学家大可不操心世界形势，乐得著书立说。法国大革命改变了这种形势，迫使最优秀的人士反对现状。然而，纯哲学中的传统仍未中断。雪莱的《论无神论的必然性》充满洛克的影响，雪莱因此被逐出牛津校门。[2]

到 1781 年康德发表《纯粹理性批判》为止，似乎笛卡尔、斯宾诺莎和莱布尼茨更古老的哲学传统明显正被更新的经验主义方法压制。不过这种更新的方法从未盛行于德国各所大学，而且 1792 年后，人们认为它应为法国大革命中各种恐怖事件负责。比如柯勒律治这种中途变卦的革命派，从康德身上发现他们反对法国无神论的智力支持。德国人在抵抗法国人之际，乐意有一种德国哲学来支持他们。拿破仑败亡后，甚至法国人也感激任何反对雅各宾主义的武器。所有这些因素都对康德有利。

像达尔文一样，康德引发了一场当初他会深恶痛绝的运动。康德是自由主义者、民主主义者和平主义者，但自称发展其哲学的那些人却不是。或者，若他们仍自称自由主义者，那他们就是另一种自由主义者。自卢梭和康德以后，历来有两派自由主义，这两派不妨区分为"冷头脑派"和"柔心肠派"。"冷头脑派"经由边沁、李嘉图和马克思，按逻辑阶段发展

---

[1] 博林布鲁克（1678—1751），英国托利党政治家。——译注
[2] 例如，雪莱的论断："某个命题一呈现与心，心立即感知构成该命题的那些观念的一致与不符。"

到斯大林;"柔心肠派"按另外的逻辑阶段,经过费希特、拜伦、卡莱尔和尼采,发展到希特勒。自然,这个说法过于简单概括,不完全正确,但可作为一种简单记忆法。思想发展的阶段向来带有几乎是黑格尔辩证法的性质:各种学说通过一些似乎每一步都很自然的步骤,发展成它们的对立面。但这些进展从来不是完全出于思想的内在活动;它们历来受外部状况及外部状况在人类情感中的反映所支配。可以用一个显著的事实说明:自由主义思想在美国没经历这一发展的任何阶段,至今仍保持洛克所讲的那个样子。

撇开政治不谈,我们考察哲学上两个学派的不同点,这两派大体可分为欧陆派和英国派。

首先是方法不同。英国哲学比欧陆哲学更详细而零散;每当它承认某个一般原理,就着手审查这一原理的种种应用来归纳证明它。所以,休谟宣布没有任何观念在印象之前,随即他提出以下的异议:假设你正在看两种相似而不相同的色调,并且假设你从未见过一种介乎二者之间的色调,你能否想象这种色调?他未给这问题下论断,而且认为即使与他的一般原理相反的论断,也不会成为他的致命伤,因为他的原理不是逻辑性的而是经验性的。再举一个对比的反例,莱布尼茨想要确立他的单子论时,他的论证大致是:凡复杂的东西都必是由一些简单部分组成;简单的东西不会有广延;因此万物全是由不具有广延的各部分组成。但不具有广延的东西不是物质。所以,事物最终的组成要素不是物质的,而若不是物质的,便是精神的。结果桌子实际上是一众灵魂。

这里,方法不同的特征可以概括为:洛克或休谟,根据对大量事实的广泛观察,得出一个比较有限的结论;相反,莱布尼茨则在一丁点儿逻辑原则上高筑起巨大的演绎大厦。在莱布尼茨看来,假若原则完全正确且步步演绎也彻底牢靠，万事大吉；但这个建筑不稳，任何地方有一点儿瑕疵，都会使之倾覆瓦解。洛克或休谟则相反，他们的金字塔地基建立在观测到的事实的坚实的大地上，塔尖不是朝下，而是朝上的；因此平衡稳定，什么地方出现缺陷的话，就可以修正而不至于全盘遭殃。康德打算吸取一些经验主义哲学的东西，但上述方法上的差别依然存在：一方从笛卡尔到黑格尔，另一方从洛克到约翰·穆勒，这种差别保持不变。

方法上的差别与其他种种差别相关。先说形而上学。

笛卡尔提出了关于神存在的形而上学证明，其中最重要的证明是11世纪坎特伯雷大主教圣安瑟伦首创的。斯宾诺莎有位泛神论的神，在正统教徒看来根本不是神；不管是不是神，反正斯宾诺莎的论证本质上是形而上学的，而且可归因于每个命题必有一个主语和一个谓语的学说（虽然他也许没意识到这一点）。莱布尼茨的形而上学也来自同一个根源。

洛克哲学中，他开创的哲学方向尚未得到充分发展；他承认笛卡尔关于神存在的证明正当合理。贝克莱创造了一个全新的证明；但休谟——到休谟，这种新哲学几近完成——完全否定了形而上学，他认为在形而上学所处理的那些主题上推理，什么也发现不了。这种观点持续存在于经验主义学派中，而相反的观点略做修改，则持续存在于康德及其弟子们的学说中。

这两派在伦理学方面有同样的区分。

由前文知道，洛克认为快乐就是善，这也是整个18世纪、19世纪经验主义者中很普遍的观点。相反，经验主义者的对手鄙视快乐，认为快乐可耻，他们有种种似乎更崇高的伦理体系。霍布斯重视权力，斯宾诺莎在一定程度上跟霍布斯意见一致。斯宾诺莎的思想中对伦理学有两个不能调和的观点，一个是霍布斯的，另一个是善在于与神的神秘合一。莱布尼茨

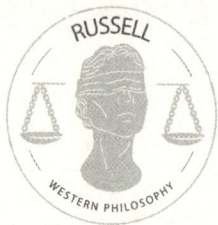

对伦理学无重大贡献，但康德把伦理学摆在首位，而且由伦理前提得出其形而上学。康德的伦理学之所以重要，是因为它是反功利主义的、先验的和所谓"崇高的"。

康德说，你若因为欣赏你的弟兄而待他好，你不算有道德价值：一个行为是由于道德律吩咐这样做，才有道德价值。虽说快乐不是善，然而善人受苦还是不公——康德这样主张。既然在如今的世界这种事屡见不鲜，所以定有另一个世界，善人死后得善报，而且定有一位神保证死后生活的正义。他否定关于神和永生的一切老式形而上学的论证，却认为其新式伦理学论证不可反驳。

康德本人对实际事务的看法是和善而人道的，但大多数否定幸福是善的人却不是这样的。据称是"崇高的"那种伦理，相比于认为应尽力让人更幸福这个较世俗的观点，跟改善世界的努力关系不大。这不奇怪。看轻别人的幸福比看轻自己的更容易。通常，幸福的替代品是某种英雄品质。这给了权力欲无意识的发泄口，给了残酷行为充分的借口。再不然，这种伦理看重的可能是强烈的感情；浪漫主义者便是如此。这造成对憎恨和复仇之类的激情的宽容；拜伦笔下的英雄就是典型，他们绝不是模范人物。对促进人类幸福最有贡献的人（基本可以认为）是认为幸福重要的人，而不是那些把幸福和什么更"崇高的"东西相比而鄙视幸福的人。而且，一个人的伦理观通常反映此人的性格，仁慈带来的是希望大家都幸福。因此，认为幸福是人生目的的人，往往更加仁慈，而以别的为目的的，不知不觉常常受残忍和权力欲支配。

这些伦理学上的差别，虽不尽然但通常和政治学上的差别相关。前文讲过，洛克在个人信仰上具有探索精神，一点儿不专制，愿意通过自由讨论解决每个问题。以他本人及其追随者为例，他们都相信改革，然而是渐进的改革。由于他们的思想体系零零散散，是对许多不同问题个别考察的结果，所以他们的政治见解自然也往往带有这种性质。他们尽力避开一整块的大纲领，喜欢就事论事。他们在政治上如同在哲学上一样，抱着探索和试验的态度。另一方面，他们的对手却认为能"完全看透这可怜的事态格局"，所以非常愿意"把它打碎，重新塑造得更贴合心意"。他们这样做，可能是作为革命者，或者可能是作为想要增强当权者权威的那种人；不管哪种，他们追求宏大目标时不避忌暴力，他们谴责爱好和平是卑鄙可耻的。

以现代观点看，洛克及其追随者严重的政治缺点是财产崇拜。但他们的批评者常常是为了比资本家更有害的阶级，例如君主、贵族和军阀的利益。古老的习俗是贵族地主坐享收入，他们不认为自己唯利是图，而没有透过优雅的外表下探究底细的人是看不出来的。相反，商人有意识地追逐财富，所以在他们的行为多少有些新鲜的时代，地主有绅士派头地榨取金钱引人怨恨。也就是说，中产阶级作家及其读者如此；但农民则不是，正如法国大革命和俄国革命中表现出的。但农民是发不出声音的。

洛克学派的反对者大多赞美战争，认为战争是英勇壮烈的，并鄙视舒适安逸。相反，有功利主义伦理观的人往往把大多数战争看成蠢事。至少在19世纪，这点又使他们和资本家结盟，因为战争妨害贸易，所以资本家厌恶战争。资本家的动机当然是纯粹自私自利的，但由此产生的观点比军国主义者及其文化吹手的观点更符合公众利益。确实，资本家对战争的态度向来摇摆不定。18世纪英国打的仗除美国独立战争以外，总体获利了，所以得到商人的支持；但整个19世纪直到末期，商人更想要和平。在现代，各地的大企业与民族国家有了如此密切的关系，以致形势大变。但即便现在，无论在英国还是美国，大企业通常厌恶战争。

开明的自私自利当然不是最崇高的动机，但那些贬斥它的人常常有意无意地换上一些比它糟得多的动机，例如憎恨、嫉妒、权力欲等。总之，源自洛克的倡导开明自利的学派，相比以英雄品质与自我牺牲的为名而鄙视开明自利的那些学派，对增加人类幸福做出了更多贡献，对增加人类苦难则贡献较少。我并没忘记早期工业社会的各种惨事，但到底在这制度内部缓和了。我再用以下的事例与那些惨事来做个对比：俄国农奴制、战争的祸患及战争的遗留伤害 —— 恐惧、憎恨，以及企图维持已丧失活力的旧制度的那些人不可避免的蒙昧主义。

第十六章　贝克莱

　　贝克莱（1685—1753）因为否定物质存在而在哲学上占有重要地位，他用许多巧妙的论证支持这一否定。他主张物质对象只有被感知才存在。这样来说，一棵树若没人看，它就不再存在。对此异议，他的回答是：神总在感知一切；若不存在神，那么物质对象会倏忽不定，我们一瞧它，它突然就存在了；但事实上，由于神的知觉作用，树木、岩石和石块如同常识认为的那样连续存在着。他认为，这是支持上帝存在的有力证据。

　　他最优秀的著作全部写于他还十分年轻时：《视觉新论》写于1709年，《人类知识原理》写于1710年，《海拉斯与斐洛诺斯的对话三篇》写于1713年。他文风迷人，文章打动人心。

　　他否定物质的论证发表在《海拉斯与斐洛诺斯的对话三篇》里，讲得头头是道。我打算只考察其中的第一篇和第二篇开头部分，因为这以下的所有内容在我看来不那么重要。在这本著作中我将要讨论的那部分，贝克莱提出了支持某个重要结论的一些合理论证，尽管这些论证并不完全支持他自以为在证明的那个结论。他以为是在证明一切实在都是心灵的；其实他证明的是我们感知的是性质，不是物本身，而性质与感知者相关。

　　贝克莱的论证分两部分。一方面，他论证我们没有感知到物质实体，

只感知到了颜色、声音等；而这些都是"心灵的"，或"在心中"。他前半句的推论令人信服，但后半句的问题在于"心灵的"一词缺少定义。事实上他也依赖公认的见解，认为一切事物必定要么是物质的，要么是心灵的，没有什么事物是二者兼有。

当贝克莱说我们感知到的不是"物"或"物质实体"，而是性质时，而且没有理由认为，在常识中被看作是全部都属于同一"物"中的不同性质，能在某一个区别于全部的实体内固定存在。这个的推论可以接受。但等他继续说可感性质（包括主性质）是"心灵的"，那些论证就各式各样，可信度也大有出入了。有些论证在证明逻辑必然性，另外一些则更以经验为依据。我们先来谈前一类论证。

贝克莱讲："可感对象必是可感觉的。甲是可感对象，所以甲必是可感觉的。"但如果"必"字指逻辑必然性，这一论证只有当甲必是可感对象时才合理。这一论证并不证明，从甲是可感觉的这个性质以外的甲的其他性质能推出甲是可感觉的。例如，它并不证明，与我们看见的颜色本质上区分不开的颜色能存在但又不被看见。我们基于生理机能不会相信有这种事，但这是以经验为依据的理由；就逻辑而论，没有理由说没有眼睛和脑子的话，就不该有颜色。

现在来谈贝克莱的经验论证。首先，把经验论证和逻辑论证杂糅在一起就是弱点，因为后者若站得住脚，前者就是多余的。[1] 如果我主张正方形不可能是圆的，我不该引据任何我们知道的城市里的广场没一个是圆的这一事实。不过，由于我们已否定了逻辑论证，就必须考虑经验论证本身。

---

[1]　例如："我昨晚没喝醉。我只喝了两杯；而且，大家都知道我滴酒不沾。"

第一个经验论证很怪：说热不会在对象中，因为"最强最炽的热（是）非常巨大的痛苦"，而我们无法设想"任何无知觉的事物能有痛苦或快乐"。"痛苦"一词有歧义，贝克莱正利用这点。它可以指某个感觉有痛苦的性质，也可以指具有这种性质的那种感觉。我们说一条断腿很痛，并不暗指这条腿在大脑中；同样，可能热造成痛苦，而我们说热是痛苦时应该指的也无非是这个意思。因此，这个论证很拙劣。

关于热的手和冷的手放进温水的论证，严格说来，恐怕只证明在该实验中我们所感知的不是热和冷，而是较热和较冷。没什么证明这些是主观的。

关于味道，贝克莱重复了快乐和痛苦论证：甜是快乐，苦是痛苦，因此二者都是心灵的。他还主张，人健康时觉得甜的东西，生病时也许觉得苦。非常类似的论证也用在气味上：因为气味不是让人愉悦的就是令人不快的，"气味不能存在于有知觉的实体，即心灵以外的任何实体中"。贝克莱一概假设，不是物质所固有的东西，必是心灵实体固有的，任何东西也不能既是心灵的又是物质的。

现在试着谈谈从贝克莱首创的那种论证，我们能得出什么肯定的结论。

我们所认识的事物是可感性质的集合：例如，一张桌子由其外观形状、硬度、叩击时发出的响声以及气味（假设有气味）组成。这些不同性质在经验中有某种邻近，因此常识把它们看成属于同一"物"，但"物"或"实体"的概念丝毫不增加感知到的性质，所以是不必要的。到此为止，我们的论证有力。

然而现在我们必须自问，所谓"感知"是什么意思。那么，把某物叫作"感知对象"，又是什么意思？除了说该物存在以外，还有何别的意义

吗？我们能否把贝克莱的断言倒过来，不说存在在于被感知，而说被感知在于是存在的？不管怎样，贝克莱认为存在不被感知的事物逻辑上是可行的，因为他认为某些实在的东西，即精神实体，是不被感知的。于是很显然，我们说某事被感知到，除了指它存在以外，还有别的意思。

这别的意思是什么呢？感知到的事件和未感知的事件有个明显的差别：前者可以记起，但后者记不起。还有什么其他差别吗？

"追忆"基本可以说是我们自然而然称为"心灵的"那种现象所独具的一整类作用之一。这些作用和习惯有关。被火烧过的孩子怕火；被火烧过的拨火棒不怕火。不过，生理学家把习惯及类似的事情当作神经组织的特性，他们没必要背弃物理主义的解释。按物理主义所说，一事件若有某种作用，就是"被感知到"了；如此，我们几乎可以说：河道"感知到"将它冲击得更深的雨水，河谷是对从前倾盆大雨的"记忆"。若用物理主义的说法，无生命的物质也不是完全没有习惯和记忆；在这点上，有生命与无生命物质的差别无非是程度上的差别。

照此看法，说某事件被"感知到"，就是说它具有某种作用，但无论从逻辑还是经验上，都没理由设想一切事件全具有这些作用。

认识论提出不同的观点。在认识论里我们并不从完备的科学出发，而从我们的科学信念依据的任何知识出发。贝克莱正是这样的做法。这时不必预先给"感知对象"下定义。方法大致如下：我们收集起我们觉得不经推论即可得知的各个命题，发现这些命题大部分与过去某些事件相关。我们将这些事件定义为"感知对象"。这样，感知对象就是我们不假推论而知的那些事件；或者把记忆考虑在内，至少说这种事件在过去某时曾是感知对象。于是我们面临的问题是：我们从自己的感知对象能推断出其他东西吗？关于这点可能有四种立场，前三种是唯心论的三种形式。

（1）我们可以全盘否定从自己当下的感知对象和记忆中产生的对其他事件的一切推论的有效性。凡是把推论局限于演绎的人必定持此观点。任何事件，或任何一组事件，在逻辑上都能单独自立。因此任何一组事件都不为其他事件存在的论证提供证据。所以，若把推论局限于演绎，已知的世界就只限于我们自己人生中感知的事件，或者若承认记忆，那么还限于曾经感知的事件。

（2）第二种是通常所理解的唯我论，这一立场容许从自己的感知对象做某种推论，但只限于对自己人生中的其他事件作推论。例如，试想在人清醒的任何时刻，总有些我们没注意到的可感对象。我们看见许多东西，却没暗自默念我们看见了这些东西；至少似乎是这样的。在一个我们完全觉察不到运动的环境里认真注目，我们能陆续注意到各色各样东西，于是我们觉得应该相信这些东西在我们注意到之前就是可见的；但在我们注意到之前，它们并非认识论的论据资料。人人都不假思索地从观察到的事物做出这种程度的推论，即使那些极希望避免把我们的认识过分扩张到超越经验以外的人也不例外。

（3）第三种（例如爱丁顿[1]似乎就是这一立场）是对和我们自己经验中的事件类似的其他事件，能够做推论。因此我们当然可以相信存在我们没看见而别人看见的颜色、别人感觉的牙疼、别人享受到的快乐和遭受的痛苦等，但我们全然不可推论谁也没经验到的、不构成任何"心灵的"一部分的事件。这一观点可用以下理由来论证：对自己观察范围以外的事件所下的一切推论都是靠类推，谁也没经历过的事件与自己的论据资料不够类似，不足以保证做类推推论。

---

[1]　亚瑟·斯坦利·爱丁顿（1882—1944），英国天文学家，物理学家。——译注

（4）第四种是常识和传统物理学的立场，按此立场，除了自己的和别人的经验，还有谁也没经历的事件，例如在自己睡着而卧室一片漆黑时的家具。乔治·爱德华·摩尔[1]曾指责唯心论者以火车乘客待在车内时看不到车轮为理由，主张火车停站时才有车轮。根据常识，人们当然不相信每次只要你看一眼，车轮就突然出现，而谁也不看它时，它就懒得存在这种事。若这种观点是科学的，则是以因果律作为对未感知事件的推论基础。

目前我不打算就这四种观点下论断。即使下得了，也只有仔细研究非论证性推论及概率论后才能下。我真想做的是指出讨论过这些问题的人所犯的某种逻辑错误。

我们看到，贝克莱以为有逻辑上的理由证明只有"心"和"心灵的"事件能存在。黑格尔及其追随者根据别的理由也持此观点。我认为这完全错误。像"曾有过一个时代，那时在此星球上不存在生命"这样的命题，真也好、假也好，犹如"有那种永远没人能算出来的乘法"一样，根据逻辑推理是驳斥不了的。所谓被察觉，即所谓成为感知对象，无非是说它具有某种功能，但我们无法从逻辑上推理出一切事件都会有这个功能。

然而还有一种论证，虽未把唯心论确立为一种形而上学，却把唯心论当作实践上的方针确立起来。这种观点认为，无法验证的命题不具有意义；验证要靠感知对象，所以，关于现实的或可能有的感知对象以外任何事情的命题都是无意义的。我以为严格解释起来，这一观点会使我们局限于上述四种理论中的第一种，让没有被主体亲自明确注意到的任何东西都不能被谈论了。假若如此，这是个在实践中谁也无法持有的观点，对于一个根据实践的理论，这是个缺陷。所有关于验证以及验证与认识关系的问

---

[1]　乔治·爱德华·摩尔（1873—1958），英国哲学家，属于分析哲学学派，主要贡献为伦理学。——译注

题都是困难且复杂的；所以我日前姑置不论。

　　上述第四种理论承认有谁也不感知的事件，这理论也能用不成立的论证为其辩护。可以主张因果律是先验的，除非有未被感知的事件，否则没有因果律。与此相反，可以强调因果律不是先验的，凡是能观察到的任何规律性，必定和感知对象有关。看来，好像凡是有理由相信的任何物理学定律，都能借感知对象表述出来。这种表述也许古怪而复杂，也许欠缺直到最近人们仍认为物理定律应有的特征——连续性。但也几乎不可能做不到。

　　我的结论是，以上四种理论哪一种也没有先验理论的缺点。然而，可能有人说一切真理都是实用的，这四种理论并无实际差别。若果真这样，我们可以按自己的意愿采纳任何理论，各理论间不过是语言上的差别。我无法接受这一观点，但这待后文再议。

　　人们仍会问，是否能给"心"和"物质"二词规定什么意义。尽人皆知，"心"是唯心论者以为舍此无他的东西，"物质"是唯物论者也以为如此的东西。但愿读者还知道唯心论者是善人，唯物论者是恶人[1]。但或许要说得不止于此。

　　我给"物质"下的定义似乎不令人满意。我愿意把"物质"定义成满足物理学方程的那种东西。也可能没什么东西满足这些方程；那样的话，不是物理学错了，便是"物质"概念错了。若我们摒弃实体，"物质"就得是逻辑结构。至于它能否是由事件（一部分是可以推断的）组成的什么结构，这是个难题，但绝不是无法解决的。

　　至于"心"，摒弃实体后，"心"必是种种事件所成的某种集团或结

――――――――――

[1]　西方大众认为"唯物论者"是"无神论者"，是"恶人"。罗素说的是讽刺的话。——译注

构。这种集团的划分是由我们愿意称作"心灵的"那类现象所特有的某种关系造成的。我们不妨拿记忆当作典型的关系。我们或许可以把"心灵的"事件定义成正在记忆的或已记忆的事件——固然这未免有些过于简单化。于是某已知的心灵的事件所属的"心",就是借记忆链向后或向前与这已知事件连接起来的那些事件的集团。

根据上述定义可见一个"心"和一个"物质"各自都是事件集团。没理由说一切事件都会属于这类或那类事件集团,也没理由说某些事件不会同属这两个集团;因此,某些事件可以既不是心灵的,也不是物质的,而另一些事件可以既是心灵的,又是物质的。关于这一点,只有详细的实证思考才能决断。

第十七章　休谟

大卫·休谟（1711—1776）是最重要的哲学家之一，因为他将洛克和贝克莱的经验主义哲学发展到了逻辑终点，使其自洽而令人难以相信。从某种意义上讲，他代表着一条死胡同：沿他的方向，不可能再前进了。自他著书以来，反驳他一直是形而上学家们最喜爱的消遣。我觉得他们的反驳也并不令人信服；然而，我只能寄希望于能发现比休谟的怀疑主义少些气味的什么体系。

休谟的主要哲学著作《人性论》是他在1734年到1737年间住在法国时写的。前两卷出版于1739年，第三卷出版于1740年。当时他很年轻，没什么名气，他的各种结论又几乎不会受任何学派欢迎。他期待着猛烈的抨击，并准备进行巧妙的回击。不料此书未引起任何关注；如他自己所说，"打从印刷机里出来，它就是个死胎了"。他又说："但我天生性格乐观，不久便从这个打击下恢复过来了。"他略去《人性论》中的精华部分及其结论的大部分依据，写成《人类理智研究》，该书很长时间内比《人性论》著名得多。将康德从"独断论的睡梦"中唤醒的就是此书；而康德似乎并不知道《人性论》。

休谟还写了《自然宗教对话录》，生前没有发表。照他要求，该书在

1779 年作为遗著出版。他的《论奇迹》成为名作，书中主张奇迹这类事绝不会有适当的历史证据。

他 1755 年及接下来若干年间出版的《英国史》，热衷证明托利党派胜过辉格党派，苏格兰人优于英格兰人；他认为历史不具备哲学客观性。1763 年他访问巴黎，深受 18 世纪法国启蒙运动时期哲学家器重。他不幸和卢梭结下友谊，他们之间曾发生了一次尽人皆知的口角。休谟表现得忍让可佩，但患有被迫害妄想症的卢梭坚持跟他一刀两断。

休谟的《人性论》有三卷，分别讨论理智、情感和道德。他的学说中新颖且重要的内容在第一卷里，所以这里只谈本书第一卷。

贝克莱摒弃了物理学中实体的概念，休谟则将其从心理学中摒弃。他说，不存在"自我"这种印象，因此也没有"自我"这种观念（第一卷，第四编，第六节）。"就我而言，当我极其密切地体察我被认为是我自己的状态时，我总要碰上某种特别知觉，冷或热、明或暗、爱或憎、苦或乐。我任何时候都不曾离开知觉而察觉自我，除了知觉外，我观察不到任何东西。"他讥讽地承认，也许有些哲学家能感知他们的自我；"但撇开这类形而上学家不谈，我敢大胆地对其他人说，自我无非是一团或一组不同的知觉，以难以想象的速度彼此接替，而且永远处于流变和运动中。"

但这并不见得不存在一个单纯自我；只可说我们不能知道它是否存在，而自我除了被看作一团知觉，不能组成我们的知识的任何部分。该结论去掉对仅存的"实体"的使用，在形而上学上很重要。它废除了关于"灵魂"的一切假想知识，则在神学上很重要。它在认识的分析上也重要，因为它指明主体和客体范畴不是根本性的。在这个自我问题上，休谟比贝克莱有重大的进步。

《人性论》中最重要的部分是"论知识和概然推断"一节。休谟所谓的"概率"不是数理概率论中的那类知识，例如用两只骰子掷出双六的机会等于三十六分之一。这类知识本身在任何专门意义上都不是偶然的；它具有知识所能具有的限度之内的确定性。休谟讨论的是靠非论证性推论从经验的资料中得到的那种不确定的知识。这包括有关未来以及未观察到的过去和现在的我们的全部知识。实际上，除了直接的观察以及逻辑和数学，它涵盖一切。通过对这种"偶然的"知识进行分析，休谟得出了某些怀疑主义的结论，这些结论既让人难以反驳，又让人难以接受。结果，这些结论成了那时哲学家的难题，我看至今也没很好解决。

现在谈谈我们应如何看待休谟的学说。他的学说有客观和主观两部分。客观部分讲：当我们断定"因为甲，结果乙"，就甲和乙而论，实际发生的是：经常观察到二者相连，也就是说甲后面历来立即跟着乙，或很快地跟着乙；但我们没理由说甲后面一定跟着乙，或在将来会跟着乙。而且无论甲的后面如何经常性地有乙跟着，我们也没任何理由设想其中包含有超乎"先后顺序"以外的什么关系。所以事实上，因果关系能用"先后顺序"来定义，但它并不是独立的概念。

休谟学说的主观部分讲：由于经常观察到甲和乙连结：因为有甲的印象，结果有了乙的观念。但是，假如我们要按这学说的客观部分的提法来定义"因为……结果……"，那么必须重新措辞以上的话。代入"因为……结果……"的定义，以上的话变为："一直经常观察到：经常观察到的两个对象甲和乙，其后一直跟着这种场合：甲的印象后面跟着乙的观念。"

但若承认休谟学说的客观部分，过去在这种情况下屡次形成了因果关系的这一事实，是不能成为设想这种关系将会继续或在类似情况下将形成新的因果关系的理由。事实上，就心理学而言，休谟还在相信存在通常他

501

所指责的那种意义的因果关系。举个例子：我看见一个苹果，预想中我要是吃了，会有某种味道的经验。照休谟的观点，没理由说我应该有这种味道的经验；习惯律说明了我这种预想的存在，却不证明它存在。而习惯律本身是个因果律。所以，我们若认真对待休谟的观点，必须这样讲：尽管在过去看见苹果一般都与某种预想中的味道相连，但没有理由说要继续这样相连。也许下次我看见苹果，会预想它吃起来像烤牛肉的味道。现在，你也许认为这不可能；但这并不成为预想中五分钟后你会认为这事不可能的理由。若休谟的客观学说正确，我们心理的预期也和物质世界的预期一样没有正当理由。

休谟把他的论点概括成了以下内容：

> 我意识到，在这本书内，到此我已经提出的或今后有必要提出的一切奇诡悖论中，目前这个要属于最极端的了，全靠坚实的证明与推理，我才能够期望它能被人们承认，从而打破人们根深蒂固的偏见。在对这学说心悦诚服之前，我们有必要经常地向自己重复这些话：任意两个对象或作用，不论彼此有怎样的关系，若只是单纯的看见它们，绝不能因此得出两者之间的力量或关联的观念，此其一；这种观念是由于两者反复结合而产生的，此其二；这种反复在对象方面既丝毫没有揭露什么，也丝毫没有引起什么，却靠它所显示的常例转变只对心灵发生影响，此其三；所以这种常例转变与灵魂感觉到，但在外界从物体上却感知不到的力量和必然性是同一个东西。

我想休谟一方最有力的论据或许在能从物理学中因果律的性质里找到。"因为甲，结果乙"这种形式的单纯规则，要是在科学中，除了在初期阶段作为不成熟的提法之外，大概是绝不会被允许的。在先进的各种学科中，代替这种单纯规则的因果律十分复杂，谁也无法认为它是在知觉中产生的；这些因果律显然都是从观察到的自然规律中做出的细致推论。我还没算上更进一步印证以上结论的近代量子论。就自然科学来讲，休谟完全正确，"因为甲，结果乙"这类说法是绝不会被认可的。我们之所以有认可它的倾向，可以用习惯律和联想律来解释。这两个定律本身精准来讲，便是关于神经组织 —— 首先有关生理，其次有关化学，最终有关物理 —— 的细致说法。

但休谟不满足于把因果关联的证据简化为事件屡次连结的经验；他进一步主张这种经验并不能成为预想中将来会有类似连结的理由。例如（重提前例）当我看见苹果时，过去的经验使我预想中认为它尝起来味道像苹果，不像烤牛肉；但这个预想并无合理的理由。若真有这种理由，它就得是从以下原理出发的："我们向来没有经验的那些事例跟我们已有经验的那些事例类似。"这个原理从逻辑上讲不是必然的，因为至少我们能想到的自然进程中的变化就不是如此。所以，它应当是一条概率原理。但一切或然论据都先假设这条原理，因此它本身便不能借任何或然论据来证明，任何这种论据甚至不能使它带有或然性。"未来和过去类似这个假设，不以任何论据为基础，而是完全来自习惯。"（第一卷，第三编，第四节。）于是结论是彻底的怀疑主义：

> 一切或然的推理无非是一种感觉作用。我们不只是在诗和音乐中必须遵循自己的趣味和感情，在哲学里也一样。我若确信某个原理，那不过是一个比较打动我的观念。我若认为这套论证比那套可取，只不过是认为这套论证的影响更优，依据个人情感做的决定而已。对象

之间没有可以发现的一体关联；而且我们从一个对象的出现推论另一个对象存在，根据的也不是什么别的原理，无非是作用于想象力的习惯罢了。（第一卷，第三编，第八节。）

　　休谟研究被当作知识的东西的最终结果，不是如我们所想的那种他想要的东西。他的《人性论》的副标题是"在精神科学中采用实验推理方法的一个尝试"。显然他一开始的想法就是：用科学方法推出真理、全部真理，而且只是真理；然而最终他却坚信，因为我们一无所知，所谓的信念绝不是合理的东西。陈述了支持怀疑论的种种论据后（第一卷，第四编，第一节），他没有继续批驳这些理论了，反而求助于人天生的轻信。

　　休谟认为，研究哲学对某些气质的人来说是打发时间的惬意方法，除此之外别无研究哲学的道理。"生活中的一切事件，我们仍应保持怀疑主义。我们要是相信火使人温暖，或相信水让人精神振作，那无非因为，不这样想，我们要吃大苦头。但是，若我们是哲学家，那就只应当是依据怀疑主义的原则，就应当认为这是出于我们感觉中使我们那样想的一种倾向。"若叫他抛弃思索的话，"我感觉我会失去一些快乐；这就是我哲学的来源"。

　　说休谟的哲学是对的也罢，是错的也罢，他都代表着18世纪重理精神的丧失。他同洛克一样，开始时想要明理性、重经验、不轻信，追求由经验和观察所能得到的任何知识。但因为其智力高于洛克，分析得更加敏锐，更加不能接受相差甚远的矛盾，所以他得出"从经验和观察中什么也不能知晓"这个失败的结论。所谓理性信念这种东西是没有的；"我们要是相信火使人温暖，或相信水让人精神振作，那无非因为，不这样想，我们要吃大苦头。"我们不得不抱有信念，但没有信念是根据理性的。而且，一串行为不会比另一串更合理，因为一切行为同样都以不理性的信念为基础。不过休谟似乎并未得出最后这个结论。甚至在他怀疑主义最浓的地方，也就是他总结第一卷各个结论的一章中，他说："一般来讲，宗教里的错误是危险的；哲学里的错误只是荒谬而已。"他完全没资格讲这话。"危险"是个表示因果的词，而一个怀疑因果关系的怀疑论者不可能知道任何事情是"危险"的。

实际上，在《人性论》后面一些部分，休谟的根本怀疑被他自己忘到九霄云外，其笔调变得几乎和当时任何其他开明的道德家的笔调一样了。他将自己推荐的补救方法，即"不关心和不留意"应用到了自己的怀疑上。某种意义上讲，他的怀疑主义是不真诚的，因为他在实践中没能坚持它。可它带来的尴尬后果是，让试图证明一串行为优于另一串行为的一切努力都化为泡影了。

不可避免地，紧随着这样的自我否定理性精神之后的，是非理性信念的大爆发。休谟和卢梭之间的争吵非常具有象征性：卢梭癫狂，但有影响力；休谟清醒，却无追随者。后来的英国经验主义者连反驳都没有，就否定了休谟的怀疑论；卢梭及其信徒同意休谟所说的任何信念都不是以理性为基础的，但他们认为情感高于理性，情感指引他们所持信念跟休谟在实践中的信念迥然不同。从康德到黑格尔的德国哲学家，都未能应对休谟的论证。我必须这样讲，尽管不少哲学家和康德自己都相信，《纯粹理性批判》已对休谟的论证作了解答，但其实这些哲学家——至少康德和黑格尔——都直指代表着一种前休谟形式的理性主义，用休谟式的论证就能够驳倒他们。凭休谟式论证驳不倒的哲学家是那种不以理性自居的哲学家，比如卢梭、叔本华和尼采。整个 19 世纪内及 20 世纪至今，非理性的发展是休谟破坏经验主义的自然结果。

所以，重要的是论证在一种完全属于或大体属于经验主义的哲学范围

内，是否存在对休谟的解答。若不存在，那么神志正常和精神错乱在理智上没有差别。指责一个认为自己是"水煮荷包蛋"的疯子，也只可能以他是少数派为理由，或者不如说（因为我们不可先假设社会是民主主义的）以政府跟他意见不一致为理由。这种观点让人感到无望，人们不得不寄希望于有什么逃避它的方法。

休谟的怀疑论完全以否定归纳原理为根据。归纳原理在使用因果关系的时候：若经常发现甲的出现伴随着乙，或者后面跟着乙，而且不知道甲不伴随有乙，或者后面不跟着乙的任何实例，那么大概下次观察到甲时，甲依旧伴随有乙或者后面跟着乙。要想使这条原理成立，必须有相当多的实例使这件事的偶然性更接近确定性。若这个原理，或其他推得出该原理的任何原理是对的，那么被休谟反对的因果论就是站得住脚的。而这并不在于它能得出确定性，而在于它能得出对实际需要来说充分的偶然性。但若是这条原理不正确，那么一切打算从个别观察结果得出普遍科学规律的事例就都是错的。休谟的怀疑论就成了经验主义者逃避不开的理论。如果不借助循环论证法，单从观察到的齐一性是推导不出这一原理本身的，因为任何这种推论都需要该原理证明其合理性。所以，它必是一个不基于经验的独立原理，或由这种独立原理推出来的原理。在这个限度内，休谟证明了纯粹经验主义不是科学的充足基础。但是，一旦承认这一原理，其他一切就都能按照"我们的全部知识基于经验"这个理论展开了。必须承认，这严重背离了纯粹经验主义，而非经验主义者或许会问，若一种背离是许可的，为什么别的得禁止。不过这些都不是由休谟的论证直接引起发的问题。他论证的是（我以为这个论点是无法辩驳的），归纳是个独立的逻辑原理，不能从经验或者其他逻辑原理中推导出来；没有这个原理，便不会有科学。

第二篇

从卢梭到现代

PART II FROM ROUSSEAU
TO THE PRESENT DAY

第十八章　浪漫主义运动

　　自 18 世纪后期至今，艺术、文学和哲学，甚至政治，皆受到广义上所谓的浪漫主义运动特有的一种情感方式或积极或消极的影响。本章主要就一些不一定是哲学的话题，简单讲讲浪漫主义观；因为它是我们即将要涉及的一段时间中大部分哲学思想的文化背景。

　　浪漫主义运动并无哲学背景，但不久便与哲学有了关系。通过卢梭，浪漫主义运动一开始便是与政治联系在一起的。但在了解其政治和哲学上的影响之前，必须以其最本质的形式来考察它，也就是作为对一般公认的伦理标准和审美标准的抗争这一点来了解它。

　　浪漫主义运动的头号大人物是卢梭，但某种程度上，他只是表达了已然存在的潮流倾向。18 世纪，法国有教养的人士对他们所谓的"善感性"推崇备至，这个词的意思是容易触发情感的，特别是容易触发同情。善感的人看到一户生活困顿的小农家庭会感动落泪，可对精心计划改善小农阶级命运的方案倒毫无兴趣。

　　卢梭发扬了已有的善感性崇拜，要不是他，善感性崇拜不会有这样的广度和范围。从其学说和品味上看，他是位民主主义者。他一生长期四处漂泊，穷困潦倒，一些境况比他略强的人对他好意照拂，他却对此常常忘恩负义，但他情感上的反应却是最狂热的善感性崇拜者所期望的。他有流浪者的偏好，厌恶巴黎上流社会的种种约束。浪漫主义者们跟他学会了鄙视习俗束缚——先是服饰和礼仪、小步舞曲和英雄双韵体方面，然后是艺术和恋爱上的，及至传统道德的方方面面。

浪漫主义者并非没有道德，他们的道德判断反倒尖锐而激烈。但这种道德判断依据的全非前人向来以为善的那些原则。1660年到卢梭这段时期，充满对法国、英国和德国的宗教战争和内战的追忆。人们十分清楚混乱的危险，意识到一切激烈热情的无政府倾向，意识到安全的重要性和为了安全而必须做出的牺牲。谨慎成为最高美德；理智被尊为对付狂热的破坏分子最有效的武器；优雅风度被歌颂成抵挡蛮风的一道屏障。牛顿的宇宙井然有序，各行星沿着合乎定律的轨道一成不变地绕日旋转，富有想象力的是，这成为贤良政治的象征。克制热情是教育的主要目的，也是有教养的人必需的。法国大革命时期，浪漫主义运动前的贵族们去世时毫无声息；浪漫主义者罗兰夫人和丹东去世时则有华美辞章相伴。

到卢梭时代，许多人已厌倦安全，开始渴望刺激。法国大革命和拿破仑让他们刺激了个够。1815年，政坛恢复平静，平静得死气沉沉、僵硬刻板，与一切蓬勃生机对立，只有吓破胆的保守派能耐得住。因此，太阳王[1]治下的法国以及法国大革命时代之前的英国特有的那种思想上的顺从在当时已不存在。19世纪时对神圣同盟体制的反抗有两种形式：一种是资本家和无产阶级的工业主义对君主制和贵族政治的反抗，这种几乎完全未受到浪漫主义影响，而且在许多方面又恢复到了18世纪——这次运动的代表是哲学激进派、自由贸易运动和马克思派的社会主义；另一种是与

---

[1] 太阳王是法国波旁王朝国王路易十四的别号。——译注

此完全不同的浪漫主义的反抗，它在一些地方是反动的，一些地方是革命的。浪漫主义者追求的不是和平与安静，而是活力和激情的个人生活。他们不赞成工业主义，认为它丑恶，因为他们觉得苦心敛财这件事配不上不朽的灵魂，认为近代经济组织的发展阻碍了个人自由。在后革命时代，民族主义逐渐将他们引入政治：他们感到每个民族都有共同的精神，只要国家的疆界和民族的界限有别，民族魂就不可能自由。19世纪上半期，民族主义是最有声势的革命原则，得到大多数浪漫主义者的热烈支持。

浪漫主义运动的特征总的来说是用审美的标准代替功利的标准。蚯蚓是益虫，但并不美丽；老虎是美的，却非有益的东西。达尔文（非浪漫主义者）赞美蚯蚓；布莱克赞美老虎 [1]。浪漫主义者的道德都有原本属于审美上的动机。

从小说中研究浪漫主义者的性格最好不过。他们喜欢奇异的东西：幽灵鬼怪、凋零的古堡、昔日昌盛家族忧郁的末代后裔、催眠术士和异术法师、没落的暴君和黎凡特的海盗。他们最爱中世纪和当下最具中古味的东西。他们经常脱离过去或现在的现实。在这点上，《古舟子吟》是典型代表，而柯勒律治的《忽必烈汗》也很难说是马可·波罗笔下的那位君主。浪漫主义者注意的尽是遥远的、亚洲的或古代的地方。

浪漫主义运动虽然起源于卢梭，但最初基本是德国人的运动。德国浪漫主义者影响了柯勒律治和雪莱；同样的浪漫主义观19世纪初在英国流行开，但不是由于德国的影响。在法国，自波旁王朝复辟直到维克托·雨果，浪漫主义大盛，尽管形式上有所弱化。在美国，从梅尔维尔、梭罗和

---

[1]　威廉·布莱克（1757—1827），英国第一位重要的浪漫主义诗人，英国文学史上最重要的伟大诗人之一。他的诗《虎》歌颂暴力的美。——译注

布鲁克农场[1]可见近乎纯粹的浪漫主义；爱默生和霍桑则稍缓和。虽然浪漫主义者倾向于罗马天主教，但他们对个人主义的看法，总有种根深蒂固的新教成分，而且他们在塑造风俗、舆论和制度方面不断取得的成功几乎完全限于新教国家。

英国浪漫主义的兴起可见于讽刺作家的作品。谢立丹的《情敌》（1775年）中，女主人公宁为爱情嫁穷汉，也不嫁有钱人来讨好她的监护人和公婆；而他们选中的那个有钱人却取了个假名，假装穷人追求她，赢得了她的爱情。简·奥斯汀在《诺桑觉寺》和《理智与情感》中揶揄了浪漫主义者。英国第一部真正的浪漫主义作品是柯勒律治1799年出版的《古舟子吟》。

柯勒律治、华兹华斯和骚塞成为反动分子后，对法国大革命和拿破仑的仇恨暂时遏制了英国浪漫主义的发展。但不久，拜伦、雪莱和济慈又使之复活，并在某种程度上支配了整个维多利亚时代。

玛丽·雪莱[2]的《弗兰肯斯坦》是在阿尔卑斯山充满浪漫情调的景色中，与拜伦谈话后受到启发写成，几乎可看作一部寓言体的浪漫主义发展预言史。

浪漫主义者崇尚炽热的情感，无论哪一类，也不论其社会后果如何。浪漫爱情，尤其是不幸的那种，强烈得足以博得他们的赞许；但最强烈的感情都有破坏性，如憎恶、怨愤和嫉妒，悔恨和绝望，恼羞成怒和被压迫者的狂怒，战争狂和对奴隶及懦弱者的蔑视。因此，受浪漫主义——特别是拜伦式浪漫主义——鼓舞的那类人，都是暴力且反社会的，不是无政府的叛逆者，便是好大喜功的暴君。

浪漫主义观打动人心的原因来自人性深处和人类境遇。因为自利，人

---

[1]　布鲁克农场（1841—1847），美国历史上最著名的合作社区。美国超验主义者乔治·瑞普莱夫妇在波士顿郊外创建。当时霍桑参与过，也受到爱默生赞同。——译注
[2]　玛丽·雪莱（1791—1851），诗人雪莱的第二妻子，经由雪莱与拜伦相识。——译注

类逐群而居，但本质上一直非常孤独；因此，需要有宗教和道德来强化自利的力量。但放弃当下享受，以期将来利益的习惯让人厌烦，所以热情一旦激发，对社会行为的种种谨慎约束便难以忍受。

孤独的本能对社会束缚的反抗，不仅是了解一般浪漫主义运动的哲学、政治和情操的关键，也是了解后浪漫主义运动至今的哲学、政治和情操的关键。受德国唯心主义的影响，哲学变成唯我论，把自我的发展说成伦理学的根本原理。至于情操，在追求孤独和追求激情与经济的必然之间不得不做出让人讨厌的折中。D. H. 劳伦斯的小说《爱岛的男人》里的主人公越来越鄙弃这种折中的做法，最后竟饥寒而死，他倒是享受着完全的孤独死去的；而那些颂扬孤独的作家们从未如此言行一致。文明生活里的健康快乐，隐士是无从获得的，若打算在著书或创作艺术作品期间活下去，不能没有人服侍。而为了继续感觉到孤独，他必须能防止服侍他的人侵犯其自我，若那些人是奴隶，这点最能够圆满完成。而热烈的爱情是个较难的问题。一对热情恋人只要被看作是在反抗社会桎梏，便受人赞颂；但现实生活中，恋爱关系本身很快就成为一种社会桎梏，于是恋爱的对方倒被憎恨上了，若情坚难断，则恨之愈烈。因此，恋爱才被看作一场战斗，双方都试图攻破对方的“自我”保护墙，消灭对方。这种看法通过斯特林堡的作品，尤其通过劳伦斯的作品，已众所周知。

按这种情感方式讲，不仅热烈的爱情，而且连和别人的一切友好关系，只有在能将别人看成自己的“自我”的投射转移的情况下才可能存在。若别人是血缘亲属，这看法就行得通，关系越近越容易做到。因此，人们强调氏族，结果像托勒密家系 [1]，造成了族内通婚。

---

[1]　托勒密家系是亚历山大大帝死后统治埃及的一个王朝（公元前 323—前 30）；托勒密二世娶了自己亲姐。——译注

拜伦倡导的民族原则是这同一种"哲学"的外延。一个民族被假设成一个氏族，拥有共同的祖先，共有某种"血缘意识"。马志尼经常怪英国人不能赏识拜伦，他把民族设想成具有神秘个性的，并将其他浪漫主义者在英雄人物身上寻求的无政府主义的伟大归于民族。民族自由不仅被马志尼，而且被比较稳重的政治家看作一种绝对的东西。这样一来，在实际上便不可能有国际合作存在。

对血统和种族的信仰自然是与反犹太主义联系在一起的。同时，浪漫主义观部分因其贵族属性，部分因其重热情、轻算计，所以极其鄙视商业和金融。于是浪漫主义观宣称反对资本主义，这和代表无产阶级利益的社会主义者反对资本主义完全不同，因为前一种反对的基础是厌恶经济事务，这种反对又由于联想到资本主义世界由犹太人统治而进一步增强。

浪漫主义运动本质上是将人类个性从社会习俗和道德的束缚中解放出来。这种束缚一部分纯粹阻碍了有益的活动，因为每个古代社会都曾制定过一些行为规矩，除了说它是古老的传统外，别的毫无可取之处。但一旦放任自我中心的热情，再要使其服从社会需要就难了。基督教或多或少成功地驾驭了"自我"，但由于经济、政治和思想认识上的各种原因，激起了人们对教会的反抗，而浪漫主义运动将这种反抗带入了道德领域。由于浪漫主义运动助长了新的目无法纪的"自我"，导致社会协作变得不可能，于是其追随者不得不面临无政府状态或独裁政治的两难抉择。在一开始，自我主义使人们指望从他人那里得到一种父母般的温情；但当他们发现别人也有"自我"时，便感到愤慨不已；祈求温情的欲望落空了，便转化成了憎恨和暴力。人不是独居动物，只要还有社会生活，自我实现就不可能是伦理的最高原则。

第十九章　卢梭

让·雅克·卢梭（1712—1778）虽是法语意义上 18 世纪法国启蒙运动时期的哲学家，却不是现在所说的那种"哲学家"。然而，其哲学上的影响如同他对文学、兴趣、潮流和政治的影响一样巨大。不论我们对其作为思想家的功过做何评价，必须承认他作为一种社会力量的极重要的地位。这种重要地位主要来自其打动人心以及打动了当时所谓"善感性"的力量。他是浪漫主义运动之父，首创从人类情感来推断非人类事实的思想体系，发明了与传统君主专制相反的伪民主独裁的政治哲学。从卢梭时代以来，自认为改革家的人向来分为追随卢梭和追随洛克的两派。有时两派合作，许多人便看不出其中有任何不相容的地方。但两派分歧日益明显。在现时，希特勒是卢梭一派的结果；罗斯福和丘吉尔则是洛克一派的结果。

卢梭的传记在其《忏悔录》里叙述得十分详细，但一点也不忠于事实。他乐于自称大罪人，且往往渲染夸大；不过，倒也有丰富的外部证据表明他缺乏一切平常道德。他对此也不以为意，因为他自认为一自以来他都古道热肠，事实上他对最好朋友的所作所为可谓卑鄙。

他在写作方面大器晚成。第戎科学院有奖征文关于艺术与科学是不是给予人类的恩泽这一问题。卢梭持否定论点并获奖（1750 年）。他主张科学、文学和艺术是道德最邪恶的敌人，由于让人产生了各种欲望，它们还是奴役的根源；因为像美洲野蛮人那种日常裸体的人，锁链何以能拴住他们？可见，他赞成斯巴达，反对雅典。他七岁时读过普鲁塔克的《希腊罗马名人传》，深受感染；他特别仰慕莱库格斯的生平。卢梭和斯巴达人一样，把战争中的胜利看作价值的标准；可他仍赞美"高贵的野蛮人"，虽然精明的欧洲人在战争中能够打败他们。他认为，科学与美德势不两立，而且一切科学的起源都不光彩。天文学源自占星术迷信；雄辩术出于野心；几何学来自贪婪；物理学出于无聊的好奇；连伦理学也发源自人类的自尊。教育和印刷术该遭谴；文明人有别于未开化的野蛮人的一切皆是邪恶的。

卢梭凭此文获奖，且迅速成名后，便照着文中的准则生活起来。他过上了朴素的生活，卖掉手表，说他再也需要知道时间了。

他在第二篇论文《论人类不平等的起源和基础》（1754 年）中详尽阐述了第一篇论文的思想，不过这篇论文并未获奖。他认为"人生来是善的，是种种制度把人变恶"——与原罪说和通过教会得救说对立。卢梭与同时代大部分政治理论家一样，也谈自然状态，只不过带着几分假设口吻，把它说成是"一种不复存在、或许从未存在过、大概将来也绝不会存在的状态，不过为适当判断现今的状态，对它仍需要有正确的观念"。自然法则是从自然状态推出来的，但只要我们仍旧对自然人一无所知，便不可能确定原来给自然人所规定的或最适合自然人的法则。我们所能知道的只是服从自然法则的那些人的意识，必定能察觉到他们在服从，而自然法则必定直接来自自然之声。卢梭不反对年龄、健康、智力等方面的天生不平等，只反对由传统惯例认可的特权所造成的不平等。

　　市民社会及其产生的社会不平等的根源，可以从私有制中找到。"第一个圈出了一块土地，想到说'这是我的'，而且发觉大家天真地信了他的那人，是市民社会真正的始创者。"他接着说，一次可悲的革命带来了冶金术和农耕；粮食是我们灾难的象征。因为欧洲的粮食和铁最多，也是最不幸的大陆。要消除此祸，只需抛掉文明，因为人性本善，野蛮人填饱肚子后与自然万物和平相处，跟所有族类友好，没有纷争。

　　卢梭把此文送给伏尔泰，伏尔泰回复说（1755年）："我收到阁下反人类的新书了，谢谢你。从来没人将这样的聪明才智用在设法让我们都变得愚蠢上面。拜读大作，就一心只想着用四脚走路。但我那习惯已丢弃六十多年了，很不幸，我感到不可能再把它捡回来了。我也不能从事寻找加拿大野蛮人的工作了，因为我疾病缠身，离不开一位欧洲外科医生；而且在那些地方正打着仗；而我们的行为榜样已使得野蛮人坏得和我们自己难分伯仲了。"

　　卢梭与伏尔泰最终分道扬镳并不意外；不可思议的是他们竟没有早些反目。

　　卢梭成名后，1754年他的故乡邀他回去。他答应了，可因为只有加尔文派信徒才能做日内瓦市民，于是他又一次改宗，恢复了原信仰。他早已养成了自称日内瓦清教徒与共和主义者的习惯，再改宗后便打算在日内瓦定居。他的《论人类不平等的起源和基础》题献给了日内瓦的长老们，可他们不买账；他们不希望被人看成只是和普通市民平等的人。他们的反对不是卢梭在日内瓦生活的唯一障碍，还有一层障碍更严重，那就是伏尔泰也在日内瓦居住。伏尔泰是剧作家，又是戏迷，但因为清教徒的缘故，日内瓦禁止上演戏剧。正当伏尔泰为撤销禁令努力时，卢梭加入了清教徒一方。野蛮人是绝不演戏的；柏拉图也不赞成戏剧；天主教会不会给戏子举行婚礼或葬礼的；博须埃[1]把戏剧称为"淫欲炼成之处"。这个攻击伏尔泰的良机难得，卢梭自然成了禁欲美德的斗士。

这不是这两位名人的第一次公开失和。第一次由里斯本地震（1755年）引发；关于那次地震，伏尔泰写了一首怀疑天意统辖世界的诗。卢梭怒火中烧，评论道："伏尔泰看似一直信仰上帝，其实除魔鬼外他谁都不信，因为他那个伪神是个据他说以恶作剧取乐的害人精。一个享受着各种荣耀的人，却在自己享受极致幸福的时候，用自己未遭受的一场残酷可怕的灾祸的影像，令他的同类满怀绝望，对于他这样的人来说，这种论调的荒谬尤其令人作呕。"

卢梭不明白人们为何对这次地震如此大惊小怪。时不时地有人丧命，这完全是件好事。况且，里斯本的人是因为住着七层高的房子，才遭了难；若他们安守人的本分，散居在森林里，本来可以逃脱灾难免受伤害的。

地震的神学问题和戏剧的道德问题使伏尔泰和卢梭之间产生了激烈的冲突，当时的所有哲人们各自站队。伏尔泰把卢梭当成不怀好意的疯子；卢梭说伏尔泰是"那个鼓吹不敬神的喇叭手，那个华丽的天才，那个低劣的灵魂"。

现在讲讲卢梭一生中最多产的时期。他的长篇小说《新爱洛伊丝》出版于1760年；《爱弥儿》和《社会契约论》于1762年问世。《爱弥儿》是自然原则论教育的著作；要不是书中《一个萨瓦省牧师的信仰告白》，当局原本还不认为此书有害，可那段"告白"中提出的卢梭所理解的自然

---

[1]　雅克－贝尼涅·博须埃（1627—1704），法国主教、神学家，以讲道及演说闻名，拥有"莫城之鹰"的别名。他被认为是法国史上最伟大的演说家。著有《哲学入门》《世界史叙说》等。——译注

宗教的原理，让天主教和新教正统信仰都大为光火。《社会契约论》则更危险，因为它提倡民主，否定君权神授说。虽然这两本书使他名声大振，却给他招引来了官方狂风暴雨般的谴责。他只好逃离法国，去了英国，因为休谟1762年曾提出能帮助他。

卢梭在英国最初一切顺利。他成了社会上的成功人士，乔治三世还许给了他一份年金。他几乎每天和埃德蒙·柏克见面，可他们的交情不久就冷到让柏克说出这话："他毫无原则，只有虚荣心左右着他的感情、指导着他的理智。"休谟对卢梭的友情最长久，他非常喜爱卢梭，说他们会是相互尊重一辈子的朋友。但此时，卢梭显然已患上被害妄想症，精神错乱，怀疑休谟要谋害他的性命。偶尔他清醒的时候，意识到这种猜疑的荒唐无稽，便抱着休谟高喊："不，不！休谟绝不是出卖朋友的人！"对此休谟（当然尴尬不堪）答道："什么，我亲爱的先生！"但最后卢梭没能战胜妄想，便逃走了。他的晚年在巴黎，于极度贫困中度过，人们怀疑他是自杀去世的。

两人绝交以后，休谟这样写道：

> 在他的一生中，只是有所感觉。在这方面，他的敏感性是我前所未见的，达到了无人能及的高度；然而这种敏感性带给他的是一种痛苦大于快乐的尖锐刺痛。他好像是一个不仅被剥掉了衣服，还被剥掉了皮肤的人，然后被赶了出去，和猛烈的狂风暴雨进行搏斗。

这段话是对卢梭的性格有几分贴近真相的最善意的概括。

卢梭的作品中有许多东西在别的方面非常重要，却与哲学思想史无关。他的思想只有两部分我要展开说一说：第一，神学；第二，政治学说。

他在神学上的一项革新如今已被大多数新教神学家接受了。在他之前，自柏拉图以来的每位哲学家，若信仰神，都会提出支持自己信仰的理性论据。[1]这些论据在我们看来或许没什么说服力，我们会感觉只要不是本就深信这些结论是真实的人，谁也不会觉得这些论据有力。但提出这些论据的哲学家的确相信它们符合逻辑，能让任何有足够哲学素养且公正的人相信神存在。而大多敦促我们信奉神的现代新教徒都轻视古老的论证，把自己的信仰基础放在人性的某一面——敬畏情绪、神秘情绪、是非观、渴望等上面。但为宗教信仰辩护的方式是卢梭首创的。如今人们已太熟悉这种方式，所以现代的读者如果没有特意将卢梭和（譬如说）笛卡尔或莱布尼茨进行比较，是不可能轻易认识到他的创见性的。

他的有神论态度十分坚决。有一次在宴会上，因为圣兰伯特（客人之一）对神的存在表示怀疑，卢梭威胁要离席，并高声怒喊："先生，我是信神的！"罗伯斯庇尔是卢梭的死忠信徒，在这方面也是亦步亦趋。

在我来说，我宁愿要本体论证明、宇宙论证明以及其他那些老套惯用的方法，也不喜欢卢梭首创的感情用事、不合逻辑。老套的论证起码诚实，若站得住脚，便证明其论点；若站不住脚，也容许任何批评者证明其不令人信服。但新派的心灵神学直接去掉了论证环节，无法被驳倒了，因为它并不准备证明其论点。基本上，承认这种神学唯一的理由就是它允许我们沉溺在美梦中。这个理由不足道，非要我在托马斯·阿奎那和卢梭中选一位，我会毫不犹豫选那位圣徒。

卢梭的政治学说发表在他1762年出版的《社会契约论》里。此书和

---

[1]　帕斯卡必须除外。"心自有其理，为理性所不知"完全是卢梭的笔调。

他大部分作品性质大不相同；书中没多少伤感情调，而是有大量周密的理性论证。书中学说在口头上支持民主政治，实际上有为极权主义国家辩护的倾向。或许是日内瓦和古代的影响让他喜欢城邦，而不喜欢法国和英国之类的帝国。他在扉页上自称"日内瓦公民"，还在引言中说："我身为自由邦的公民，自主国的一员，我感觉不管我的意见对公众事务影响有多微弱，由于我对公众事务有投票权，所以研究这些事务是我的义务。"书中屡次提到斯巴达，皆是溢美之词，就像普鲁塔克的《莱克格斯传》里写的那样。他说民主制在小国最理想，贵族政治在中等大小的国家最理想，君主制则在大国最理想。但我们要知道，依他的意见小国最佳，一部分原因是民主政治在小国更可行。他所说的民主政治的意思是像希腊人所说的那种，每一个公民直接参政；他把代议制政体称作"选举制贵族政治"。由于前者在大国不可能实现，所以他对民主政治的赞扬总暗含着对城邦的赞扬。我认为，大部分对卢梭政治哲学的描述都未充分强调其对城邦的这种热爱。

虽然此书整体上远不像卢梭大多数作品那样华丽浮夸，但第一章开篇就是一段极有力的宣言："人生而自由，却无往不在枷锁之中。自以为是其他一切主人的人，反而比其他一切更是奴隶。"名义上，卢梭思想追求的是自由，但实际上他重视甚至牺牲自由以求的是平等。

《社会契约论》成为法国大革命中大多数领袖的权威著作，不过和各种其他权威著作的命运一样，其众多信徒并未认真阅读过，更谈不上理解。该书在民主政治理论家中重新塑造了空谈形而上抽象概念的习气，而且通过其公意说，使领袖和其民众有了某种神秘的联系，因此用不着靠投票箱那样世俗的玩意去证实。其中的许多哲学思想，被黑格尔在为普鲁士独裁制度辩护时利用得十分充分。[1] 卢梭的政治思想在实践上的首次收获是罗伯斯庇尔政权；俄国和德国（尤其后者）的独裁统治一部分也是卢梭学说结的果。至于未来还有什么成就要奉给他的在天之灵，我就不再妄言了。

---

[1]　黑格尔专门称颂公意与众意的区别。他说："卢梭当初若一直重视这些区别，他对国家理论的贡献会更大。"（《逻辑学》，第 163 节。）

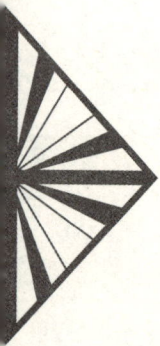

第二十章　康德

1. 德国唯心主义概论

洛克、贝克莱和休谟代表的英国经验主义派主导了 18 世纪哲学。他们似乎一直不知自身的矛盾，即他们的性格和他们的理论学说倾向之间的矛盾。他们在性格上是有社会心的公民，不一意孤行，也不过分渴望权势，赞成在刑法许可的范围内人人可以做自己喜欢的事的宽容社会。他们和蔼可亲、通情达理、善良宽容。

他们在性格上是社会化的，但他们的理论哲学却倾向主观主义。主观主义不是个新鲜的倾向，古代晚期就有，在圣奥古斯丁身上体现得最明显；到近代，笛卡尔的我思使之复活，在莱布尼茨没有窗户的单子论中暂时达到顶峰。莱布尼茨相信，即使世界的其他部分都湮灭了，他自己经验里的一切也不会改变；尽管如此，他还是致力于天主教教会与新教教会的重新统一。洛克、贝克莱和休谟身上也可见类似的自相矛盾。

洛克的自相矛盾在理论上。洛克一方面讲："因为在心灵的一切思维与推理中，除心灵思考或能思考的那些观念外，别无思考的直接对象，所以很显然，我们的认识只和这些观念有关。"又说："认识即关于两个观念一致或相左的知觉。"然而他又提出我们有三类关于实在的存在的知识：

关于我们自己的存在的直觉知识；关于神的存在的论证知识；关于呈现于感官的事物的感觉知识。他主张单纯观念是"事物按自然方式作用于心灵的产物"。他没解释如何得知这点；但这主张的确超出"两个观念一致或相左"以外了。

贝克莱朝着结束这种自相矛盾走了重要的一步。他认为，只存在心及其观念；外部的物质世界被废除了。但他还未能理解继承自洛克的认识论原理的全部后果。他若完全前后一致，就会否定关于神的知识以及除他自己的心以外的一切心的知识。作为教士和社会人，他的情感使他无法做出这样的否定。

没什么能阻挡休谟追求理论的一致性，但他没有让自己的实践符合其理论的冲动。休谟否定了自我，并对归纳和因果关系表示怀疑。他认可贝克莱废除物质，但不认可他以神的理念的名义提出的代替品。虽然他和洛克一样不承认任何不具有先前印象的单纯观念，而且他还把"印象"想象成心灵外的东西，但能直接使心灵具有的一种状态。然而他无法承认这是"印象"的定义，因为他质疑"因果"的概念。我很怀疑他及其门徒是否曾清楚认识到关于印象这个问题。显然，他认为"印象"既然不能据因果关系下定义，就得借它和"观念"赖以区别的某种内在特性来定义了。因此他便不能主张印象产生关于在我们之外的事物的知识，这是洛克曾主张的，也是贝克莱以一种修正形式主张过的。所以，他本来应当认为自己被关闭在一个唯我主义的世界里，除他自己的心灵状态及各心灵状态的关系以外，一概不知。

休谟通过其前后一致性，表明经验主义达到其逻辑的终点，得出了鲜有人能接受的结果，并在整个科学领域里消除了理性信念和盲从轻信的区别。洛克预见到这种危险。他借一个假想批评者的口说："假如认识在于

各种观念的一致，那么狂热者和理性清醒的人没什么差别。"洛克生在大家已厌倦激情的时代，轻而易举地让人相信他对这种批评的答复是恰当的。卢梭在众人又转而渐渐厌倦理性时登场，使激情复苏，而且承认了理性已沦丧，情感大可以去决断安歇理性犹疑不决的问题。从1750年到1794年，情感的声音越来越响亮；最终，至少在法国，热月政变[1]暂时终止了情感的激情表达。在拿破仑统治下，情感和理性同样失声。

在德国，反对休谟不可知论的形式比卢梭原先加给它的形式要深刻、精妙得多。康德、费希特和黑格尔发展了一种新的哲学思想，想要在18世纪末期破坏性的各类学说中捍卫知识和美德。康德，更甚的是费希特，把始于笛卡尔的主观主义倾向带到一个新的极端；从这方面讲，他们最初并没有反对休谟。对主观主义的反对从黑格尔开始，他通过其逻辑学，努力要确立一个离开个人、进入世界的新方法。

整个德国的唯心主义和浪漫主义运动关系密切。这种关系在费希特身上很明显，在谢林身上更加明显，在黑格尔身上最不明显。

德国唯心主义的奠基者康德，虽然关于政治问题也写了若干有趣的论文，但他本人并非重要的政治人物。相反，费希特和黑格尔都提出过一些深刻影响过，现在仍深刻影响历史进程的政治学说。但若不先研究康德，就无法了解费希特和黑格尔，所以本章要讲康德。

德国的唯心主义者有些共同特征。康德强调批判认识，作为达成哲学结论的手段，这也被其继承者所接受。他们强调和物质相对立的精神，最后得出唯独精神存在的主张。他们猛烈排斥功利主义的伦理，赞成那些被认为由抽象的哲学论证所证明的体系。他们身上有种从前法国和英国的哲

---

[1] 法国大革命中推翻雅各宾派罗伯斯庇尔政权的政变。——译注

学家身上没有的学究气；康德、费希特和黑格尔是大学教授，他们的听众都是学者，而非悠闲者对业余爱好者的讲演。虽然他们起的作用一部分是革命性的，他们本人并不是故意要有颠覆性；费希特和黑格尔绝对关切维护国家。所有这些人的生活是学院式的，且堪称典范；他们的道德观严格正统。他们改革神学，但是为了宗教而革新。

有了这些前述，现在我们来研究康德。

2. 康德的哲学大意

伊曼努尔·康德（1724—1804），被公认为最伟大的近代哲学家。我个人不赞同这一评价，但不承认其重要地位，就太愚昧了。

康德一生居住在东普鲁士的柯尼斯堡，或柯尼斯堡附近。虽然他经历了七年战争[1]（其中有一段时间俄国人占领了东普鲁士）、法国大革命及拿破仑事业的初期，但表面上他的生活是从事学术研究，可谓毫无波澜。他接受的是沃尔夫式的莱布尼茨哲学的教育，但受卢梭和休谟的影响而放弃。通过休谟对因果律概念的批判，康德从自以为是的沉睡中被唤醒了——至少他是这样讲的；但唤醒不过是暂时的，他不久就发明了一种能让他再次沉睡的催眠剂。对康德来说，休谟是必须予以驳斥的敌手，而卢梭对其影响更深远。据说康德是一个生活习惯十分规律的人，大家会根据他散步时经过各家门前的时间来核对钟表。有一回，他的时间线打乱了几天，那几天他在读《爱弥儿》。他说读卢梭的书他得来回读好几遍，因为在读第一遍时，卢梭的优美文笔让他没办法注意内容。尽管康德素来接受的是宗教虔诚的教育，但他在政治和神学上都是自由主义者；直到恐

---

[1]　七年战争（1756—1763）是英国 – 普鲁士联盟与法国 – 奥地利联盟之间发生的一场长达七年的战争，故称七年战争。——译注

怖统治为止，他向来同情法国大革命，而且信奉民主主义。我们能看到康德的哲学允许诉诸情感来反抗理论理性的冷酷指令；夸张一点说，不妨把他看成是"萨瓦省牧师"的一个学究式的翻版。他提倡的"人本身即是目的"这条原则，是人权说的一种；他下面这句（既关于成人又关于儿童的）话里流露出他酷爱自由："再没什么会比人的行为要服从他人意志更可怕的了。"

康德的早期作品会涉及比较多的科学内容，反而很少跟哲学有关。在里斯本大地震之后，他还写了文章讨论地震原理。他写过一篇关于风的文章，还有一篇关于欧洲的西风是否因为横断了大西洋所以含有较多水汽问题的短文。自然地理是他非常有兴趣的一门学科。

他还像所有同时代的人一样，写了有关崇高与美的作品。夜是崇高的，白昼是美的；海是崇高的，陆地是美的；男人是崇高的，女人是美的，等等。

《英国百科全书》这样描述康德："因为他从来没有步入婚姻，于是他把一心向学的习惯从青年时代保持到了老年。"不过我倒想知道这个词条的执笔人是独身汉还是个结了婚的人。

康德最重要的著作是《纯粹理性批判》（第一版 1781 年；第二版 1787 年）。这部著作是想证明，虽然我们没有任何知识能超越经验，但仍有一部分知识是先天的，不是从经验归纳推断得出。对此问题的解答及其各种结论，构成《纯粹理性批判》的主题。

康德对解决此问题的办法相当自信。他花了十二年寻求这个解决办法，但在他的理论成形后，他只用了几个月就完成了那本大部头著作。在第一版序言中他写道："我敢断言，至今未解决的或者至少尚未提出其解决关键的形而上学问题，一个也没有了。"在第二版序言里他自比哥白尼，说自己完成了哲学上的哥白尼革命。

《纯粹理性批判》一大部分内容是说明由于把空间和时间或各范畴应用于未经历到的事物而产生的种种谬见。康德主张，这一来，我们会发现自己困于"二律背反"——即困于两种互相排斥但又各自可被证明的看法或结论之间的矛盾。康德举出了四组这样的二律背反，每一组都由正题和反题组成。

第一组二律背反的正题是："世界在时间和空间上是有限的。"反题是："世界在时间和空间上是无限的。"

第二组证明每一个复合实体既由单一的部分构成，又不是由单一的部分组成。

第三组二律背反的正题主张因果关系有两类，一类依照自然律的因果关系，另一类依照自由律的因果关系；反题主张只有依照自然律的因果关系。

第四组证明，既有又没有一个绝对必然的存在。

《纯粹理性批判》的这部分深深影响了黑格尔，其辩证法完全是通过二律背反展开的。

康德在其《道德形而上学》（1785 年）中提出的伦理体系具有重大历史意义。书中讲到的"绝对命令"至少作为一个短语来讲，在职业哲学家的圈子外也耳熟能详。可以想见，康德不想跟功利主义或任何把道德本身以外的某个目的加到道德上的学说有丝毫关联。他说想要"一种不夹杂半点神学、物理学或超物理学的完全孤立的道德形而上学"。他接着说，一切道德概念都完全先天地存在于理性，发源于理性。因为自利而诚实的生意人，或因为仁爱冲动而助人的人，都不算有道德。道德的本质应当从规律概念中引申出来；因为虽然自然界的一切按规律而行动，但只有理性的

生物才有按规律的理念行动，也就是凭意志而行动的能力。

康德主张，我们应这样行动，即把每一个人当作其本身即是目的来对待。这一点可以被看作是一种抽象形式的人权说。但若是认真对待这条原则，当两个人的利益有冲突时，便很难调和。这种困难在政治哲学中特别明显，因为政治哲学需要某个原则，例如以人数过半的群体为主，根据这样的原则，在必要时，为了他人的利益，一些人的利益会被牺牲。不过也可以把康德的原则解释成，不必然认为每个人是绝对的目的，而是指在做那种影响到许多人的决定时，所有人都应当同样算数。如此解释的话，这原则可以看作为民主政治提出了伦理基础。

康德的《永久和平论》（1795年）体现了他晚年的精力和新颖的思维。他在书中倡导各自由国家根据禁止战争的盟约结成的一种联邦。他说，理性是完全谴责战争的，只有国际政府才能防止战争发生。联邦各成员国的内部政体应当是"共和"政体，但他对"共和"一词的定义是行政与立法分离。他并不是说不应有国王，实际上，他认为君主制下最容易建立起最佳的政府。这部书是在恐怖统治的影响下写的，所以他怀疑民主制；他说，民主制势必是专制政治，因为它确立了行政权。"执行自己政策的所谓'全民'，实际上并不是全体人，只不过是半数以上的人；于是在这一点上普遍意志便自相矛盾，而且与自由原则相矛盾。"这些话的措辞流露出卢梭对他的影响，但世界联邦作为保障和平的手段这一重要思想不是来自卢梭。

在《纯粹理性批判》中，康德认为，知觉的直接对象一半来自外界事物，一半来自我们自己的知觉器官。由于洛克，大家已经习惯了这个想法：颜色、声音、气味等次性质是主观的，并不属于对象本身。而康德就像贝克莱和休谟做的那样，前进了一步，把主性质说成是主观的，虽然他的方式跟这两位不太一样。康德在大多时候并不怀疑我们的感觉出现是有原因的，但他把这种原因称作"物自体"或"本体"。

"物自体"是康德哲学的累赘，他的后继者将其抛弃了，因而陷入了一种非常像唯我论的思想。康德哲学思想中的矛盾是那样的针锋相对，使得受他影响的哲学家要么迅速转向经验主义，要么转向绝对主义。而实际上，黑格尔去世后，德国哲学的发展转向了后者。

康德哲学的直接继承人费希特（1762—1814）摒弃"物自体"，将主观主义发展到简直荒唐的地步。他认为"自我"是唯一的终极实在。而自我之所以存在，是因为自我设定其本身；具有次级实在性的"非我"，也是因为自我设定它才存在。费希特在纯粹哲学家中算不上重要，他重要性主要体现在他通过《对德意志民族的演讲》（1807—1808）成为德国国家主义的理论奠基人；《对德意志民族的演讲》是为了唤起在耶拿战役之后德国人对拿破仑的抵抗。费希特很轻易地把形而上学概念中的"自我"和经验中的"自我"混为一谈了——自我是德意志人，由此德意志人比其他一切民族优越。费希特说："有人格力量和是德意志人，无疑指的是一回事。"在此基础上，他发展出了一整套深深影响德国民族主义的极权主义哲学。

费希特的后继者谢林（1775—1854）比较和蔼可亲，但主观程度也不低。他和德国浪漫主义者关系密切；虽然他当时赫赫有名，但哲学地位并不重要。康德哲学的重要发展是黑格尔哲学。

第二十一章　19 世纪的思潮

　　19 世纪的精神生活比以往任何时代的精神生活都复杂。有这几个原因：其一，涉及的地区比以往大了，美国和俄国做出了重要贡献，欧洲也比从前更关注古代和近代的印度哲学；其二，自 17 世纪以来就一直是新事物主要来源的科学取得了新胜利，特别是在地质学、生物学和有机化学方面；其三，工业生产极大改变了社会结构，使人类重新认识了自己在自然环境方面的能力；其四，针对思想、政治、经济中的传统体系，在哲学和政治上出现了深刻反抗，这引起了对一直以来被看作不容置疑的许多信念和制度的攻击。这种反抗有两个迥然不同的形式：浪漫主义和理性主义。（我按广义使用这两个词）。浪漫主义的反抗从拜伦、叔本华和尼采演变到墨索里尼与希特勒；理性主义的反抗始于大革命时期的法国哲学家，在经历了一定程度的缓和后，传给了英国哲学激进派，然后在马克思身上出现了更深入的形式，产生了苏俄这个结果。

　　德国在知识上的优势是个始于康德的新的因素。莱布尼茨是德国人，但基本上用拉丁文或法文写作，其哲学思想几乎从未受到德国影响。相反，康德之后的德国唯心主义也正如后来的德国哲学，深受德国历史的影响；德国哲学中很多看起来奇特的思想，反映出了这个精悍民族的心态。

530

由于历史上的偶然事件，它被剥夺了自己那份与生俱来的势力。德国曾仰仗神圣罗马帝国取得了国际地位，但神圣罗马帝国的皇帝逐渐丧失了对其名义上臣民的控制。最后一位强大的皇帝是查理五世，他的势力有赖于他在西班牙和低地国家[1]的领地。宗教改革运动和三十年战争破坏了德国统一的残局，留下许多在法国威慑之下的弱小公国。18世纪时，只有一个德意志国家，即普鲁士成功抵御了法国侵略；因此弗里德里希号称"腓特烈大帝"。但普鲁士在耶拿之战一败涂地，未能抵挡住拿破仑。在俾斯麦带领下的普鲁士复兴，似乎是阿拉里克一世、查理大帝和腓特烈一世英雄历史的复兴。（对德国人来说，查理曼是德国人，不是法国人。）俾斯麦说："我们不要到卡诺萨[2]去。"这显示了他的历史观。

不过，普鲁士虽政治上占主导地位，文化上却不及西德意志大部分地区先进；这就说明为何许多德国名人，包括歌德在内，并不为拿破仑在耶拿得胜感到痛惜。19世纪初，德国的文化和经济展现出不同寻常的多样性。东普鲁士农奴制残存；生活在农村的贵族大多沉浸于田园生活而孤陋寡闻，劳动者几乎没受过最基本的教育。反之，西德意志在古代某种程度上曾隶属罗马，并从17世纪以来，一直受法国影响，被法国革命军占领过，建立了和法国制度同样的自由主义制度。德国的亲王中有些很聪慧，在自己的宫廷里模仿文艺复兴时代的亲王，资助艺术与科学事业；最著名的例子是魏玛，魏玛大公即歌德的恩主。亲王们当然大部分反对德意志统一，因为这会破坏他们的独立。所以他们以及依附于他们的许多名士都反对爱国主义，在他们的心中，拿破仑是传播比德意志文化更优秀的文化的使者。

---

[1]　低地国家，指荷兰、比利时、卢森堡。——译注
[2]　卡诺萨在意大利北部，公元1077年神圣罗马皇帝亨利四世在此向教皇格里高利七世要求悔过时受辱。后来"卡诺萨"借指世俗权力屈服于天主教会。——译注

　　19 世纪中，新教德意志的文化逐渐日益普鲁士化。腓特烈大帝崇拜自由思想家和法国哲学，曾竭力把柏林建成文化中心。腓特烈大帝的种种努力无非和当时其他开明的专制君主一样，不是为了在经济或政治上改革，实际上就是雇了一帮捧场的知识分子。他去世后，大部分知识分子又聚集在西德意志。

　　比起德国文学及艺术，德国哲学跟普鲁士的关系更紧密。康德是腓特烈大帝的臣民；费希特和黑格尔是柏林大学的教授。康德几乎未受到普鲁士什么影响；因为他的自由主义神学，他和普鲁士政府还起了纠纷。但费希特和黑格尔都是普鲁士的哲学代言人，竭力为后来德国人的爱国精神与普鲁士崇拜合一铺平了道路。德国的史学家，特别是特奥多尔·蒙森和特赖奇克，继承了这方面的事业。俾斯麦最终促使德意志民族接受在普鲁士治下的统一，从而使德意志文化比较缺少国际主义精神的那一部分获胜了。

　　黑格尔去世后的整个时期，大部分学院哲学依旧是传统派的，所以不甚重要。英国经验主义哲学在英国一直盛行至近 19 世纪末，在法国则略早些时候就不再流行。后来康德和黑格尔逐渐征服了法国和英国的大学，就各大学里讲授专业哲学的教师来说是这样。不过有教养的大众几乎没怎么被这运动影响，所以这运动在科学家中没多少信徒。那些继续学院传统的作家们，没有人算得上一流哲学家，这其中经验主义的代表有约翰·穆勒，德国唯心主义的代表有赫尔曼·陆宰、西格瓦特、布莱德雷和鲍桑葵。他们大体上采纳某人的体系，而自己则无法与之匹敌。学院哲学以前和当代最有活力的思想常常脱节，例如 16 世纪和 17 世纪时，学院哲学主要仍是经院派的。每逢遇到这种情况，哲学史家就比较少谈到学校里的哲学教授们，而更多涉及非专业的异端者。

　　法国大革命时代的大多数哲学家把科学和各种与卢梭相关的概念捏合

起来。爱尔维修和孔多塞就是理性主义与狂热精神结合的典型。

爱尔维修（1715—1771）认同洛克的白板学说，认为个体间的差异完全是因为教育导致的。对于每个不同的个体，其才能和道德都是所受教育的结果。爱尔维修主张，天才常常是偶然出现的，若是当年莎士比亚没有被人抓住偷猎，他早就是毛织品商人了。人生来无知，但并非愚钝，而教育把人弄蠢了。

爱尔维修在伦理学上是功利主义者，认为快乐就是善。在宗教方面，他是一个自然神论者，激烈反对教会权力。在认识论上，他采取简化版的洛克哲学。而关于知识的价值，他与卢梭意见相悖，因为他对知识的评价非常高。

他的学说是乐观主义学说，认为人要想成为完善的人，只需要有完善的教育。他的意思可能是，只要把教士除掉，完善的教育就有了。

孔多塞（1743—1794）的观点和爱尔维修的观点很类似，但他受卢梭的影响更多。他认为人权就来自这样一个真理：人是有感觉的生物，是能推理和获得道德观念的，因而人不能够被分成统治者与被统治者、说谎者与受骗者。

孔多塞非常支持美国独立战争。他认为美国的宪法以人的天然权利为基础，美国独立战争让从涅瓦河到瓜达耳基维尔河的整个欧洲都知道了人权是什么。不过他认为法国大革命的原则"比指导了美国人的那些原则更纯粹、精密、深刻"。这些话是他在躲避罗伯斯庇尔的走狗监视时，藏起来写的；不久后，他被捕下狱，死在狱里，原因不详。

孔多塞信仰妇女平权，是马尔萨斯人口论的创始人。由他讲述的人口论可没有马尔萨斯那般阴暗的结论，因为他的人口论和节育的必要性是并行的。马尔萨斯的父亲是孔多塞的弟子，马尔萨斯由此知道的人口论。

孔多塞比爱尔维修还要狂热、乐观。他相信因法国大革命原则的普遍流传，其所有的主要弊病不久就会全部化为乌有。所以他没能活到1794年以后，也许是幸运的。

法国革命哲学家的学说少了些狂热，在精确化后由哲学激进派带到了英国，这一派中边沁是公认的领袖。最初，边沁几乎只专注意法学，随着他年纪越大，兴趣逐渐扩大，见解日益变得有颠覆性。1808年后，他成了共和主义者，信奉妇女平权，仇视帝国主义，还是位坚定的民主主义者。他这些意见许多来自詹姆斯·穆勒。二人都信奉教育万能。边沁采取"最大多数人的最大幸福"原则无疑出于民主情感，但这就导致了对人权说的反对，所以他直言不讳地说人权说是"胡言乱语"。

哲学激进派许多方面与爱尔维修和孔多塞等人不同。从性格上讲，他们有耐心，喜欢详细制定自己的理论。他们高度重视经济学，相信自己已把经济学当作一门科学发展了起来。边沁和约翰·穆勒有股狂热的倾向，马尔萨斯或詹姆斯·穆勒则没有；这种狂热倾向被这门"科学"牢牢控制住了，特别是马尔萨斯悲观的人口论，照其理论，除非瘟疫刚过，否则大部分雇佣劳动者的所得必然始终是可以维持自身及家庭生存的最低值。边沁主义者及其法国前辈之间另一个重大分歧是，在工业化的英国，雇主和雇佣劳动者之间一直有剧烈冲突，因此引出了工联主义和社会主义。在这冲突中，边沁主义者大体上站在雇主一方对抗工人阶级。不过，他们最后的代表人物约翰·穆勒逐渐放弃了他父亲严格的信条，随着年纪增长，他越发接受了社会主义，越发不相信古典经济学是永久真理了。他在自传中说，这个缓和的过程始于读浪漫派诗人的作品。

边沁主义者虽然开始带有相当温和的革命性，但也在逐渐失去。一部分是因为他们成功地使英国政府接受了他们的一些观点；一部分由于反对社会主义和工联主义的势力日益增长。我们前面提过，反抗传统的人分理性主义的和浪漫主义两类，但孔多塞等人身上则兼而有之。但边沁主义者几乎完全是理性主义的，社会主义者亦然，并且他们既反对边沁主义又反对现有经济秩序。这种社会主义运动直到后面的章节要讲的马克思才形成一套完整的哲学。

浪漫主义形式的反抗和理性主义形式的反抗虽都来自法国大革命和大革命之前不久的哲学家，但二者大不相同。浪漫主义形式可见于拜伦的作品，是裹在非哲学的外衣下的，但在叔本华和尼采的作品中，它则学会了使用哲学的语言。这种形式以忽略理智为代价而强调意志，耐不住推理的束缚，颂扬某种暴力。在现实政治中，它是民族主义重要的盟友。即便事实上它不总是，但倾向于明确地对俗称的理性充满敌意，而且往往是反科学的。它的一些最极端的形式见于俄国的无政府主义者，但在俄国最后得势的是理性主义形式的反抗。德国永远比任何其他国家都更容易受浪漫主义影响，也正是德国，为主张赤裸裸意志的反理性哲学提供了政治出路。

到此为止，我们考察的各派哲学向来是传统、文学或政治上的妙思。但哲学见解还有两个根源，即科学和机器生产。机器生产在学理上的影响从马克思开始，从那时起逐渐变得重要。科学则从 17 世纪以来一直很重要，但在 19 世纪期间有了各种新形式。

达尔文对 19 世纪的影响，犹如伽利略和牛顿对 17 世纪的影响。生物学的威望使思想受科学影响的人们将生物学范畴而不是机械论的范畴应用到世界。人们认为万物都在演化，这很容易让人联想到存在一个内在目标。于是许多人不顾达尔文，以为进化论证明了宇宙有目的的观念是正确的。人们认为有机体的概念是科学及哲学解释自然律的关键，而 18 世纪的原子论思想则已过时。这种观点最后甚至影响了理论物理学。在政治

上，造成了强调和个人相对立的社会。这和国家权力的逐渐增长一致，也和民族主义一致，因为民族主义可以引用达尔文的适者生存说，并把它应用于民族而不是个人。但这里我们说的是广大群众在未完全理解科学学说之下所理解的科学以外的见解。

虽然生物学对机械论的世界观向来不利，近代经济技术却起了反作用。一直到大约18世纪末为止，和科学学说相对的科学技术对舆论没什么重大影响。随着工业主义的兴起，技术才开始影响人们的思想。甚至那时，长期以来这种影响多少也是间接的。提出哲学理论的人一般不接触机器。浪漫主义者注意到且憎恨工业主义在历来优美的地方生产着丑恶，憎恨那些做"生意"发财的人的庸俗。这让他们和中产阶级对立了起来，因此有时他们看起来像和无产阶级斗士结成了联盟。恩格斯称赞卡莱尔，却不了解卡莱尔想要的不是解放雇佣劳动者，而是要他们服从中世纪时那种曾经的主人。社会主义者欢迎工业主义，但希望解放产业工人，不再被雇主势力压迫。他们在自己思考的问题上受工业主义的影响，但在解决问题时使用的思想方面，没有受到多大影响。

机器生产对人在想象中的世界观上的最重要影响，是使人类的权能感剧增。这一过程从人类有历史记载之前，为了减轻对野兽的恐惧而发明武器，为了减轻对饥饿的忧虑而学习耕种时，便已开始加速了。但这个加速度非常快，使那些拥有近代技术所创造的力量的人产生一种全新的看法。从前，山岳瀑布是自然现象；如今，人可以除掉碍事的山，照自己的心意创造瀑布。从前，沙漠是沙漠，沃土是沃土；如今，只要人们认为值得，可让沙漠像玫瑰一样盛开，而缺乏科学精神的乐观主义者则将沃土变成沙漠。从前，农民重复自己父母、祖父母的生活，信奉自己父母、祖父母的信仰；举教会之全力亦无法根除各种异教仪式，所以只好把这些仪式和本地的圣徒拉上关系，给它们披上基督教的外衣。如今，当局能够规定农民子弟在学校里应当学什么，一代之间即可改变务农者的心态；人们推测俄国已做到了这一点。

因此，在管理者中，或与管理者有接触的人中，滋生出一种权能的新信念：首先是在人与自然的斗争中人的权能，其次是统治者对一些人的权能，他们尽力通过科学的宣传，特别是通过教育，支配那些人的信念和志向。结果恒定性减弱；似乎没什么改变不了。大自然是原材料；没有实际参与统治的那部分人也是原材料。某些旧观念代表人们相信人力的局限；其中两个主要的观念是"神"和"真理"。(我并非说二者逻辑上有关联)。这类观念有消失的趋势；即使没遭到明确否定，也失去了重要性，只是徒有其名了。这是整套全新的观念，说不好人类要如何适应它。它已产生巨大的变革，将来无疑还要带来其他重大变革。当代最紧要的任务是建立一门哲学，既能对付那些陶醉于权能无限这一前景的人，又能应付无权者的冷漠。

虽然许多人仍深信人类平等和理论上的民主，但现代人的想象力受到由19世纪时根本不民主的工业体制所联结的社会组织形式的深刻影响。一方面有实业巨头，另一方面有广大的工人。民主国家的群众尚未认识到民主制度的这种内在分裂，但这一直以来也是自黑格尔之后大部分哲学家首要关心的问题，他们在多数人的利害与少数人的利害之间发现的尖锐对立，已在法西斯主义中实际表现出来了。在哲学家中，尼采公然站在少数人一边，马克思则全心全意站在多数人一边。或许边沁是唯一试图调和利害矛盾的重要人物，结果引来了双方的共同仇视。

要阐述任何一种关于人类关系的令人满意的现代伦理，最重要的是承认对于人类范围外的环境，人类权力的必然局限，以及人与人之间权力的适度范围。

第二十二章　黑格尔

　　黑格尔（1770—1831）是始自康德的德国哲学运动的顶峰哲学家；虽然他常批评康德，但没有康德的学说体系，绝不会有他的体系。黑格尔的影响现在虽日渐衰退，但从前可谓铺天盖地，而且他的影响不只在德国，甚至德国也不是主要阵地。19世纪末，英美一流的学院哲学家大多是黑格尔派。在纯哲学之外，许多新教神学家也采纳其学说，其历史哲学对政治理论也影响深远。众所周知，马克思青年时代是黑格尔的信徒，他在自己已完成的学说体系中保留了一些重要的黑格尔派特色。即使（我个人认为）黑格尔的学说几乎全部是错的，但作为别人看来没那么一致、那么全面的某类哲学思想的最佳代表人物，他保持着不只是历史意义的重要地位。

　　黑格尔时年轻十分热衷神秘主义，他日后的见解或多或少可以被看作是对他最初神秘洞察的理智化。他在大学讲授哲学，起先是耶拿大学无俸讲师——他提到过耶拿战役开始的前一天，他在这里写成了《精神现象学》，后又在纽伦堡大学做无俸讲师，后为海德堡大学教授（1816—1818），自1818年在柏林大学任教授直至去世。他晚年是普鲁士爱国者，忠诚于国家，享受着他在哲学上的名望；但他年轻时却是藐视普鲁士的，他崇拜拿破仑，还为法军在耶拿的胜利欢呼。

黑格尔的哲学非常艰涩，我想在所有大哲学家中数他最难懂了。开始详细讨论前，让我们先大致勾勒其哲学特点，或许能起到些帮助。

他早年对神秘主义的兴趣使他保留了"分立性并不实在"的观念。他认为世界不是一些各自完全自立的坚固单元（不管它是原子还是灵魂）的集成体。有限事物外观上的自立性，在他看来是幻觉；他主张除全体外任何东西都不是根本完全实在的。

黑格尔主张现实的即合理的，合理的即现实的。但他说这话时，他的"现实的"一词并不是经验主义者所指的意思。他承认并且强调，经验主义者所以为的事实必然都是不合理的；只有把事实视为全体的样相，从而改变其外部特征，才将其看作合理的。然而，把现实的和合理的等同起来，势必导致有点与"凡存在的都合理"这一信念不可分的自满。

复杂万象的全体，黑格尔称之为"绝对"。"绝对"是精神的；斯宾诺莎认为全体不仅有思维属性且有广延性的见解被摈弃了。

黑格尔同其他持有多少相似的形而上学观的人区别有二。一是强调逻辑：黑格尔认为，只考虑"实在"必须不自相矛盾这个唯一因素就能推演出"实在"的本性。另一个（与第一点密切相关的）区别特征是"辩证法"的三元运动。他最重要的著作是他的两部《逻辑学》，想要正确理解他对其他问题见解的依据，必须读懂这两部书。

现在来谈黑格尔哲学的一个非凡特征，这使其哲学与柏拉图或普罗提诺、斯宾诺莎的哲学区别开来。虽然终极实在没有时间性，且时间无非是由于我们不能看到"全体"而产生的一种幻觉，但时间的过程却跟辩证法的纯逻辑过程关系密切。事实上，世界历史经历了从中国的"纯有"（黑格尔除了知道有它，其他一概不知）到"绝对理念"的各范畴发展，绝对

理念在普鲁士国家即便看似没有完全实现，也差不多实现了。根据黑格尔的形而上学，我看不出世界历史重复辩证法各个转变这一看法道理何在，但这是他在《历史哲学》中的论点。这是个有趣的论点，赋予人类事务的种种变革以统一性和意义。该论点也和其他历史理论一样，若要讲得有理，需要对事实做一些歪曲加上一定程度的无知。多么奇怪，一种被说成是宇宙性的进程竟全部发生在我们这个星球上，而且大部分在地中海附近。并且，若实在没有时间性，也没有任何理由说这进程后来的部分要比前面的部分体现出更高的范畴。除非我们秉持一种亵渎神明的设定：宇宙在逐渐学习黑格尔的哲学。

黑格尔说，时间进程从伦理和逻辑两方面的意义来讲，都是从较不完善到较完善。确实，这两种意义在他看来不能真正区别开，因为逻辑的完善性在于一个严密的全体，没有参差不齐的边缘、没有独立的部分，而像人体一样，或者说更像有理性的精神一样，结成一个各部分互相依存、共同趋向单一目标的有机体；这也构成伦理的完善性。

精神及其发展过程，是历史哲学的实在对象。对比精神及其对立物即物质，便可理解精神的本质。物质的实质是重量；精神的实质是自由。物质在自身外，而精神在自身内有其中心。"精神是自足的存在。"

精神的历史发展曾有三个主要阶段：东方人、希腊人与罗马人，以及日耳曼人。"世界历史是对无约束的天然意志的训练，使其服从普遍原则，并赋予其主观自由。东方过去直到今天只知道唯一者自由；希腊与罗马世界知道若干者自由；日耳曼世界知道所有者自由。"大家可能认为，在所有者自由的地方，民主制恐怕是适当的政体，但是不然。民主政治和贵族政治同样属于若干者自由的阶段，专制政治属于唯一者自由的阶段，君主制则属于所有者自由的阶段。这和黑格尔使用的"自由"一词极古怪的意义相关。在他看来，没有法律就没有自由（到此为止，我们可以同意）；但他倾向于反向思维，主张有法律便有自由。因而对他来说，"自由"所指的无非是服从法律的权利。

不出所料，"精神"在地球上的发展中，他将最高的角色赋予日耳曼人。"日耳曼精神是新世界的精神。它的目的是实现绝对真理，作为自由的无限自决 —— 以自己的绝对形式本身作为其目的的那种自由。"

这是非常优质的那种自由。这种自由不意味着你可以不进集中营。不意味着民主，或新闻自由[1]，或任何通常的自由党口号，这些都被黑格尔鄙弃。当精神赋予自己法律时，它做这事是自由的。照我们世俗的眼光看来，好像君主体现了施加法律的"精神"，而其臣民体现了被加上法律的"精神"。但从"绝对"的观点看来，君主与臣民的区别也像其他一切区别一样是幻觉，当君主把有自由思想的臣民关进监狱时，这仍是精神在自由地决定它自己。黑格尔称赞卢梭区别了公意和众意。黑格尔的意思大概是，君主体现公意，而议会多数不过体现众意。这真是个趁手的学说。

黑格尔把日耳曼历史分成三个阶段：第一阶段，到查理大帝止；第二阶段，查理大帝到宗教改革；第三阶段，自宗教改革以后。这三个时期又分别叫作圣父王国、圣子王国和圣灵王国。圣灵王国竟是在镇压农民的战争中犯下的令人发指的血腥暴行开始的，似乎有点古怪；但黑格尔自然不提这样的小事。他对马基雅维利大加赞赏也不奇怪了。

黑格尔对罗马帝国灭亡以来的历史的解释，一部分是德国学校里世界史教学的结果，一部分又是其原因。在意大利和法兰西，虽然像塔西佗和马基雅维利那样的少数人也曾对日耳曼人有过浪漫憧憬，但一般来说，日

---

[1] 他说，新闻自由不是允许写想要写的东西；这种看法幼稚且浅薄。比如，不应允许媒体使政府或警察机关显得卑鄙。

耳曼人一直被视为"蛮族"入侵的始作俑者、教会的仇敌：他们先是在那些伟大皇帝领导下，后来又领导宗教改革。直到 19 世纪为止，拉丁民族都瞧不起日耳曼文明。德意志的新教徒自然看法不一。他们认为晚期罗马人软弱，认为日耳曼人征服西罗马帝国是走向复苏的重要一步。对中世纪神圣罗马帝国与教皇政治的冲突，他们采取吉伯林党的态度；直到今天，德国小学生仍接受对查理曼和巴巴罗萨无限崇拜的教育。在宗教改革后的时代，德意志在政治上的软弱和分裂受到谴责，普鲁士的逐渐崛起受到了欢迎，因为普鲁士使德意志摆脱了奥地利有些软弱的旧教领导，在它的新教领导下强盛了起来。黑格尔在对历史做哲学思考时，想到的是西奥多里克、查理曼、巴巴罗萨、路德和腓特烈大帝这类人物。要想理解黑格尔，得根据这些人的英雄事迹，以及德意志当时刚刚受到拿破仑欺辱这件事。

德意志受到黑格尔的高度赞扬，以至于人们理所当然地认为也许德意志就是"绝对理念"的最终体现。但黑格尔并不这样认为。他反而说美洲是未来之地。他好像认为一切重大事件都要以战争形式体现。要是有人提醒过他，美洲对世界历史的贡献或许是建立老人一个没有极端贫困的社会，他也不会感兴趣的。相反，他说至今在美洲还没有真正的国家，因为真正的国家需要划分出贫富两个阶级。

黑格尔讲的民族起着马克思的阶级所起的作用。他说，历史发展的本原是民族精神。每个时代都有某一个民族担负着带领世界坚持已达到的辩证法的阶段的使命。当然，在我们的时代，这个民族就是德意志。除民族以外，我们也必须考虑世界历史性的个人；这种人的目标就是体现当代应发生的辩证转变的人。他们是英雄，可能违反平常的道德律，这也无可非议。黑格尔举出亚历山大、恺撒和拿破仑的例子。我怀疑，依黑格尔之见，若无武力征服是否算得上"英雄"。

《历史哲学》里说"国家是现实存在的、实现了的道德生活"，只有通过国家，人才能具有全部的精神现实性。"因为人的精神现实性就在于此：人的本质，即理性，是客观呈现给他的，这说明有客观的直接存在。由于'真的东西'是普遍意志和主观意志的统一，而'普遍的东西'正是在国家中，由国家的法律、国家普遍且合理的制度中发现。国家是地上存在的神的理念。"黑格尔又说："国家是理性自由的体现，在客观形式中实现并认识自己……国家是人的意志及自由的外在表现中的精神的理念。"

《法哲学原理》的国家一节中更充分地阐释了这一学说。"国家是道德理念的现实，即作为显现可见的、不言而喻的实体性意志的道德精神；这道德精神思索并知道自身，在其所知的限度内实现它所知的。"国家是自在、自为的理性者。若国家（像自由党人所主张的那样）仅为个人利益而存在，那么个人就可以是也可以不是国家的成员。然而，国家和个人有种与此完全不同的关系。因为国家是客观的"精神"，而个人仅以他是国家的成员而论才具有客观性、真实性和伦理性，这种结合才是国家的真实意义和目的。他承认可能有坏的国家，但这种国家只是存在而已，没有真正的实在性，而理性的国家本身是无限的。

可以看出黑格尔赋予国家的地位跟圣奥古斯丁及其天主教后继者们赋予教会的地位大致相同。不过，天主教的要求有两点比黑格尔的要合理些：第一，教会不是偶然形成的地域性社团，而是由共同信仰团结起来的团体，并且团体成员都认为这一信仰存在且无比重要，因而教会在本质上是黑格尔"理念"的体现。第二，天主教会只有一个，国家却有若干。当把每个国家与其国民的关系设定成黑格尔所说的那样专制，很难找出什么哲学原则来调节不同国家之间的关系。实际上，在这一点上黑格尔抛弃了其哲学空谈，转而求助自然状态和霍布斯讲的所有人对所有人的战争。

只要"世界国家"不存在，那么像只有一个国家似的来谈"国家"的习惯恐怕会造成误解。在黑格尔看来，所谓义务完全是个人与国家的关系，所以没留下任何使各国的关系道德化的原则。黑格尔承认这点。他认为在对外关系上，国家是一个个体，每个国家对于其他国家都是独立的。他继续讨论并反驳了使各个国家的独立性受到限制的任何种类的国际联盟。公民的义务（从国家的对外关系角度来说）就是要维持本国的实质个体性，即独立与主权。以此推之，战争不全然是罪恶，我们不应尽力废止。国家的目的不只是维持公民的生命财产，这一事实构成了战争的道德根据，因此不应把战争看作绝对罪恶或偶然的，也不应认为战争的原因是某种不该发生的事。

黑格尔不只是指在某种形势下，一个民族无法回避战争的情况。他的意思远不止于此。他反对创立能预防这种情况发生的机构，如世界政府，因为他认为不时有发生战争是好事。他说战争是让我们认识到现世财物不过梦幻泡影的一种状态。（这个见解应和与之相反的理论，即一切战争都有经济原因进行对比。）战争有实际上的道德价值："战争还有更崇高的意义，通过战争，各民族在对稳定各种有限规定的冷漠中保全了道德。"和平就是僵化，神圣同盟和康德的和平联盟都错了，因为一众国家需要一个敌人。国与国的争端只能由战争解决；因为国家彼此处于自然状态，它们的关系既不是法的关系，也不是道德关系。各国的权利在它们的个体意志中有其现实性，而每个国家的利益就是其最高法律。道德与政治无法放在一起对比，因为国家不受平常道德律约束。

这就是黑格尔的国家学说。如果人们认可这样的学说，那么我们能想象到的所有国内暴政和所有对外侵略都有了借口。黑格尔的偏见的力量在这件事上暴露了：他的国家理论与他的形而上学理论基本是不一致的，而这些矛盾全都倾向于为残酷行为和国际掠劫辩护。一个人若是逻辑使然，无可避免地推论出了自己谴责的结论，尚可原谅；但为了肆意鼓吹犯罪而违反逻辑，则不可宽恕。黑格尔的逻辑使他相信，全体中的实在性或优越性（他认为二者是同义词）比部分中的多，而且全体越组织化，其实在性和优越性也越大。这证明他喜欢国家而不喜欢无政府的个人集群，而相同的逻辑应该是让他不喜欢无政府式的国家集群而喜欢世界国家才对。在国家内部，他的哲学也应该使他对个人感到更高的敬意，因为他的《逻辑学》论述的全体不像巴门尼德的"太一"，甚至不像斯宾诺莎的神。在他的全体中的个人不消失，而是通过与更大的有机体的和谐关系获得更充分的实在性。忽视个人的国家不是黑格尔的"绝对"的雏形。

在黑格尔的形而上学中，也没有任何不重视其他社会组织而只重视国家的站得住脚的理由。我只看到了他不重视教会而重国家的新教偏见。不过若像黑格尔认为的那样，社会尽可能地组织化是好事，那么除国家和教会外，若干社会组织也是必要的。因此黑格尔的理论原本应推论出，每一项对社会无害且能够通过合作而得到提升的事业都应有合适的组织，每一个这样的组织都应有一份有限独立性。也许会有这种反对意见：最高权力总需归属某个地方，除归属国家外不可能归属别处。而即便如此，当最高权力的压迫企图超出某个限度时，如果它不是不可抗拒的，那它就还是可取的。

这带来评判黑格尔全部哲学时的一个基本问题。全体比部分是否有更多实在性？或者说是否有更多价值？黑格尔对此的回答都是肯定的。

黑格尔及其他许多哲学家都认为：宇宙任何部分的性质都会受到自身与其他各部分和全体关系的深刻影响，所以关于任何部分，除指定它在全体中的位置外，不可能做任何真正描述。因为这部分在全体中的位置依赖所有其他部分，所以对它在全体中的位置的真正描述，同时会指出其他每

一部分在全体中的位置。因此，只能有一个真正描述；除全体真理外别无真理。同样，除全体以外，也没有完全实在的东西，因为任何部分一孤立出去了，便会因孤立而改变其性质，不再能显出十分真的面目。那么从另一个角度，从全体的角度看待部分，也理应如此。部分并不能自立，它除了作为唯一真正实在的全体的部分外，不能单独存在。

若该学说是对的，那么主张价值不存在于部分而存在于全体的伦理学说必是对的；若该学说错了，它未必也错。它还可能对某些全体说来正确，而对其他全体说来不正确。这个伦理学说在某种意义上对生命体来讲显然是对的。眼睛一跟身体分离便毫无价值；一堆残肢即使完整时，也失去了原属于未取下这些肢体的那个肉体的价值。黑格尔把公民与国家的伦理关系看成类似眼睛与身体的关系：公民在其位，是有价值的全体的一部分，但孤立开就和分离的眼睛一样无用了。不过这个类比值得商榷；某种全体在伦理上是重要的，并不能推出一切全体在伦理上都重要。

那么公民为国家而存在？还是国家为公民而存在呢？黑格尔支持前一种看法；起始于洛克的自由主义哲学则支持后一种看法。显然，只有认为国家有属于自己的生命，在某种意义上是一个人格，我们才会把内在价值归于国家。一个人是具有单一生命的复合全体。那么能不能有一种由众人格构成一个超人格，像身体由各器官构成那样，但又不是众人格生命总和的单一生命？按照黑格尔的想法，若能有这种超人格，那么国家可能就是这样的，而国家就可以像整个身体与眼睛的关系一样，高居我们本身之上。

黑格尔以为，如果我们对一个东西有了充分的认识，就足以把它与其他东西区别开，而它的所有性质都能被逻辑推理出来。这显然是错误的，但正是在这种错误的基础上，诞生了他的整个庞大的哲学大厦。这说明了一条重要真理：你的逻辑越糟糕，得出来的结论越有趣。

第二十三章　拜伦

与当代相比，19世纪显得理性、进步且满足；然而自由乐观主义时代许多最杰出的人物具备了一些与当代相反的素质。如果我们不把人看作艺术家或发现者，不看作是不是与自己品位相合的人，而是看作一股力量，看作社会架构、价值判断或理智见解的变化原因，那我们会发现，考虑到最近的事态发展，我们必须重新调整评价了，有些人的评价要比以往降低些，有些人的评价要比以往抬升些。在评价抬升的人中，拜伦应处前列。在欧洲大陆，这种看法没什么奇怪的，但在英语为母语的国家，大家可能认为这种看法很奇怪。拜伦的主要影响在欧洲大陆，在英国反而难寻其精神传承。英国大多数人往往认为，他的诗篇乏善可陈，观点令人厌恶。但在国外，他的情感方式及其人生观经过传播、发扬和转化后广为流传，成为引起重大事件的因素。

当时拜伦是贵族叛逆者的典型代表，贵族叛逆者和农民叛乱或无产阶级叛乱的领袖是十分不同得类型。食不果腹的人无需周密的哲学来刺激他的不满或为不满开脱，任何此类东西在他们看来只是有钱有闲者的娱乐。他们想要的是别人已有的东西，不是什么看不见、摸不着的形而上学的好处。虽然像中世纪共产主义叛逆者那样，他们也可能宣扬基督徒的仁爱，

但他们这样做的真实理由非常简单：由于有钱有势的人缺乏这样的仁爱，造成了穷人的苦难，而叛乱的同志们之间有这样的仁爱，他们认为这是成功必备的。但斗争的经验让他们对仁爱的力量感到绝望，只有赤裸裸的恨能成为动力。这类叛逆者，若像马克思那样创造一门哲学，便是专门打算证明其党派最后能胜利的哲学，而不是关于价值的哲学。他们的价值观仍是原始的：能吃饱就是好的，其余皆扯淡。任何挨饿的人不可能有别的想法。

贵族叛逆者既吃得饱，必定有其他不满的原因。我说的叛逆者不包括暂时不当权的派系首领；只包括那些比起个人成功，自己的人生哲学要求更大变革的人。也许权力欲是他们不满的潜在根源，他们意识思维中存在对现世政治的批判，若这种批判足够深入，便表现出巨大的无边无际的自我主张，或者在一些有点迷信的人身上，则表现出撒旦崇拜。这两种形式都在拜伦身上出现了。这两种形式主要通过受他影响的人，在算不上是贵族阶层的广大社会阶层中很常见。贵族式的叛逆哲学，随着成长、发展，又在快成熟时发生转变，从拿破仑败亡后的烧炭党到1933年希特勒上台的一长串革命运动都曾受其启发；而且在每个阶段，这种叛逆哲学都在知识分子和艺术家中唤起一种相应的思想情感方式。

显然，一个贵族除非气质和环境有些特别，否则不会成为叛逆者。拜伦的成长环境非常特殊。他最早的记忆是关于父母的争吵；他母亲残酷得让他害怕，庸俗得让他鄙视；他的保姆邪恶又笃信加尔文主义神学；他对自己的跛足感到羞耻，因此在学校里不合群。过了一段苦日子后，他十岁时突然成了男爵，成了纽斯特德府的主人。他的爵位来自叔祖父，这位叔祖父"恶男爵"三十三年前在决斗中杀了人，此后便被周围人疏远。拜伦家族向来目无法纪，他母亲的先辈戈登族则更甚。还是孩子的拜伦在阿伯丁肮脏的后街生活过后，自然为自己的爵号和府第兴奋不已，一心想展现其祖先的品格以感谢他们赠予的土地。

有一首他早期的诗歌《离开纽斯特德府》记载了他当时的心情。表达了他对曾在十字军、克雷西、马斯顿荒原中征战的祖先得敬仰。诗的结尾是他的虔诚决心：

> 他像你们一样的生，像你们一样的死
> 在尸体腐败后，愿他的骸骨与你们浑然同在

这显然不是一个叛逆者的状态。当他读大学时，第一次拿到了自己的收入，感觉自己的独立自主像是"下令铸造钱币的德意志亲王，或者是一位不铸钱币却拥有更宝贵的东西，也就是自由的切罗基人酋长一样。"虽然拜伦后来写出了大量歌颂自由的诗篇。不过我们得知道，他可不是在歌颂普通人可以拥有的那种低等自由，他热烈歌颂的是德意志亲王和切罗基人酋长所有的那种自由。

尽管他有家世、爵号，但贵族亲戚们也不愿跟他交往，他感觉与他们的圈子格格不入。人们对他母亲厌恶至极，并用同样怀疑的眼光看待他。他知道母亲庸俗，暗暗害怕自己也有同样的缺陷。因此他身上集合了特有的那种势利与叛逆。所以他要是成不了近代派的绅士，会就做个大胆的贵族，或者像他参加过十字军的祖先那种风格，还有可能是像吉伯林党党魁那种更凶猛但更浪漫的风格——一面诅咒神和人，一面大步悲壮走向灭亡。他从中世纪的骑士小说和历史中学习礼仪。他像霍亨斯陶芬皇族一样作孽犯罪，又像十字军战士一样在与伊斯兰教徒的战斗中死去。

他的羞怯和孤独导致他从恋爱中寻求安慰，但因为他总是不自觉地在

寻找一个母亲而非情人，所以除了奥古斯塔[1]，其他人都令他失望。1816年，他对雪莱介绍自己是"循道公会教徒、加尔文主义信徒、奥古斯丁派"，他一直未摆脱掉的加尔文主义使他感到自己的生活方式是邪恶的；但他对自己说，邪恶是他血统中的世代诅咒，是全能的神给他注定的厄运。若事实就是如此，既然他注定不同寻常，他要成为那个不同寻常的罪人，敢于逾矩去做那些他轻视的时髦浪荡子们没勇气去做的事。他真心爱奥古斯塔，因为他们有同样的血统，而直接的是因为她作为姐姐那般亲切照顾他的日常。但这还不是她给予他的全部。她纯朴和乐于助人的温和性情使他感到最愉快自得的悔恨。他能感觉自己堪与最恶的罪人匹敌，他是跟曼弗雷德[2]、该隐甚至撒旦同等的人。作为加尔文主义信徒、贵族、叛逆者，他同样都得到了满足；因失去人间唯一能引起心中怜爱柔情的人而伤心的这位浪漫情人也满足了。

拜伦虽自认可与撒旦匹敌，却从不怎么敢把自己放在神的位置上。尼采则将傲慢推进了一步，他说："若有列神，我怎能忍受我不是神！所以没有神。"注意这个推理中没明说的前提是："凡伤我自尊的，必为错。"尼采和拜伦一样，也受过宗教教养，甚至程度更深，但因他才智更胜一筹，所以找到了一条比撒旦主义更高明的逃避现实的道路。不过尼采对拜伦始终非常同情。他说：

> 悲剧在于，若我们相信在情感和理智中有严格的求真方法，就不能相信宗教和形而上学里的教条。然而我们已在人类的发展过程中变

---

[1]　奥古斯塔·拜伦（1783—1851）是拜伦同父异母的姐姐。——译注

[2]　曼弗雷德是拜伦代表作《曼弗雷德》中的主人公，是个埋首知识却未得幸福的罪人，与继妹恋爱后，感到懊悔，杀死了继妹。——译注

成了脆弱敏感受苦受难的人，亟须一种最高形式的拯救和安慰。由此便生出了会因为认识到真理而流血至死的危险。拜伦用他不朽的诗句表达出这一点：

　　知识是痛苦的：那些知道得最多的人

　　注定深深叹息这不祥的真理——

　　知识之树终非生命之树

有时拜伦也比较接近尼采的观点。但一般说来拜伦的伦理见解与其实际行动相反，一直是严格传统的。

在尼采看来，伟大的人物像神一样；在拜伦看来，他们是和他自己战斗的巨人。不过有时他也会描绘出一个和"查拉图斯特拉"不无相似的贤人——"海盗"，他如此对待部下：

　　以驭人之术掌握他们的灵魂

　　引导卑劣的人心，使之战栗昏聩

拜伦搜寻英雄，并非限于黎凡特和中世纪不可，因为给拿破仑披上浪漫主义的外衣不难。拿破仑深刻影响了19世纪欧洲人的想象：克劳塞维茨、司汤达、海涅、费希特和尼采的思想，意大利爱国者的行动，都受其精神感召。整个时代里，拿破仑的身影阴魂不散，是唯一强大得可以去反抗工业主义和商业贸易的力量，可以对和平与商业嗤之以鼻。托尔斯泰的《战争与和平》试图驱除这个幽灵，但徒劳无功，因为这鬼怪的势力现在更势不可挡了。

"百日王朝"期间，拜伦公开表示希望拿破仑获胜；听说滑铁卢之战

后又说："我真难过死了。"只有一次他暂时转而反对他的英雄：那是在 1814 年，拜伦认为此时自杀要比退位来得体面。他只好从华盛顿的美德中寻求安慰，但当拿破仑从厄尔巴岛返回，他就不需要这种努力了。拜伦去世时，法国"许多报纸上讲本世纪的两大伟人拿破仑和拜伦几乎同时离去"。卡莱尔当时认为拜伦是"欧洲最高尚的人士"，感到自己好像"失去了一个兄弟"；他后来喜欢歌德，但仍将拜伦和拿破仑相提并论。

卡莱尔认为，歌德和拜伦是对立人物；缪塞则认为，他们是往快活的高卢灵魂中注入忧郁毒药这场罪恶勾当里的同谋犯。那个时代大多数法国青年似乎只认识《少年维特之烦恼》的歌德，根本不认识威严的、神一般的歌德。缪塞批评拜伦没有从亚得里亚海和圭乔利伯爵夫人[1]那里得到安慰——这批评不准确，因为他认识伯爵夫人后就没再写《曼弗雷德》了。而且在法国，《唐璜》[2]和歌德比较轻快的诗可是少有人读。尽管有缪塞的恶评，但从那时开始，大多数法国诗人就习惯了以拜伦式的不幸作为他们诗歌最好的素材。

在缪塞看来，只有在拿破仑以后，拜伦和歌德才算得上是最具天才的世纪人物。缪塞生于 1810 年，属于他在一首关于法兰西帝国的盛衰的叙事抒情诗里形容的两次战役之间孕育的一代。在德国，对拿破仑的感情更有分歧。海涅那样的人，把拿破仑看成自由主义的强力传播者、农奴制的破坏者、正统主义的仇敌，让世袭的小王公们颤抖；也有人把拿破仑看作基督之敌，是意图摧毁高贵的德意志民族的人，是彻底证明德意志的美德只有靠法国对无法遏制的憎恨才能得以保全的恶徒。俾斯麦将二者综合起

[1]　圭乔利伯爵夫人（1802—1873）是拜伦于 1819 年在亚得里亚海滨的威尼斯结识的情妇。——译注
[2]　《唐璜》是拜伦的最著名的长诗。主人公唐璜是欧洲民间传说中著名的风流浪子。——译注

来，他认为拿破仑仍是基督之敌，但不能只是单纯憎恨他，还要效法他。尼采很认同这种折中的办法，他带着令人毛骨悚然的喜悦欢呼古典战争时代就要到来了，这恩惠不是法国大革命赠予的，而是拿破仑。就这样，拜伦的遗产——民族主义、撒旦主义和英雄崇拜，成了德意志精神复合体的一部分。

拜伦并不温和，他如雷雨般爆裂。他对卢梭的评价也适用于他自己。他说卢梭：

> 让激情充满魔力，从悲伤中绞出滔滔雄辩……
> 而他知道
> 如何美化疯狂，
> 如何给错误的行为和思想抹上美妙的颜色

但二者区别极大。卢梭感伤，拜伦狂热；卢梭的怯懦暴露在外，拜伦的则隐藏在内；只要是纯朴的美德，卢梭就会赞赏；而只要是霹雳雷火般的罪恶，拜伦就会称颂。虽然这不过是反社会本能的反抗在两个阶段的区别，但他们的区别很重要，也表现出运动正在发展的方向。

不得不承认，拜伦的浪漫主义只有一半真诚。有时他会说波普的诗比自己的好，但这个评价多半只是他特殊时刻的想法。世人执意把拜伦简单化，妄图抹去他无边无际的绝望及对人类公然蔑视中的故作姿态。拜伦和许多其他著名人物一样，比起真实的他，作为神化了的人物的他更重要。只要把他看作一个神化了的人物，在欧洲大陆他就尤其重要。

第二十四章　叔本华

在哲学家中，叔本华（1788—1860）许多方面当属另类。几乎所有其他哲学家某种意义上都是乐观主义者，而他是悲观主义者。他不像康德和黑格尔那样完全是学者型的，但也不完全在学院传统以外。他厌恶基督教，喜欢印度的宗教，印度教和佛教他都喜欢。他修养广泛，对艺术和伦理学同样感兴趣。出乎意料的是，他没有民族主义精神；他对英法两国的作家如同对本国作家一样熟悉。他对职业哲学家的吸引力向来不如对那些寻求一种自己信得过的哲学的艺术家及文人的吸引力。他开创了代表19世纪和20世纪许多哲学思想特征的对"意志"的强调；但他认为，"意志"虽然是形而上学中基本的东西，但在伦理学上是罪恶的——这是一种悲观主义者才可能有的对立。他承认自己的哲学有三个渊源，即康德、柏拉图和《奥义书》[1]，但我以为他从柏拉图处得到的不如他想得那么多。他的态度跟希腊化时代有某种气质上的相似；恹恹无力，崇尚和平而轻胜利，崇尚淡泊无为而轻改良，他认为各种改良的努力终究要落空。

叔本华生于但泽，父母都出身当地商业世家。父亲是伏尔泰主义者，

---

[1] 《奥义书》是印度古代哲学典籍。——译注

把英国看成自由和理智的国度；和但泽大部分名流一样，憎恨普鲁士侵犯了这个自由城市的独立。1793 年但泽并入普鲁士，叔本华的父亲义愤填膺，不惜大量经济损失也要迁到汉堡。叔本华 1793 年到 1797 年同父亲住在汉堡，然后在巴黎生活了两年，两年后父亲很高兴这孩子几乎忘了德语。1803 年，叔本华被送进英国一所寄宿学校，但他厌恶学校里的伪善说教。为了讨好父亲，叔本华在两年后成了汉堡一家商号里的职员，但他又十分厌恶商业生涯，一直向往文人的生活。他父亲的死亡（很可能是自杀）让他如愿以偿。叔本华的母亲倒是一直想让他放弃商业去大学的。因为这个，看起来他会更喜欢母亲、厌恶父亲，但正好相反，他更讨厌母亲，对父亲则保持着亲切的回忆。

叔本华的母亲是位有文学志向的女子，在耶拿战役前两周定居魏玛。她在那里主办文艺沙龙，自己写书，结交文化人。她对儿子缺乏慈爱，对他的毛病倒是洞察秋毫。她告诫他不得夸夸其谈，不得空虚悲戚；而他则因为母亲的轻浮而恼火。他成年后继承了一份还算说得过去的资产；此后，他和母亲越发互不相容。他对妇女的轻视，显然至少一部分是与母亲的不合造成的。

叔本华在汉堡时已受到浪漫主义者的影响，特别是路德维希·蒂克、诺瓦利斯及霍夫曼的影响，这些人教叔本华学会了欣赏希腊、批评基督教里的希伯来成分。另一位浪漫主义者弗里德里希·施莱格尔坚定了他对印度哲学的敬仰。他成年那年（1809 年）进入哥廷根大学，学会了欣赏康德。两年后他进入柏林大学主攻科学；他听过费希特的课，但瞧不上他。在激荡人心的解放战争中，他一直无动于衷。1819 年他成为柏林大学的无俸讲师，自傲到把自己的课安排在和黑格尔的同一时段，却没能吸引到黑格尔的学生，不久就停课了。最后他在德累斯顿安心过上了老单身汉的

生活，养了一只叫"宇宙精神"的狗，每天散步两小时，用长烟斗吸烟，阅读伦敦《泰晤士报》。他反民主思想，憎恶 1848 年革命，相信降神术和魔法。他的书房里摆着一尊康德的半身像和一尊铜佛。除了早起这一点，他在生活方式上都努力模仿康德。

他的主要著作《作为意志和表象的世界》发表于 1818 年底。叔本华十分看重这部书，竟说书中某些段落是圣灵亲口说与他的。让他极为难堪的是，此书竟一败涂地。1844 年，他说服出版社出了第二版，但直到若干年后，他才得到了些微他一直渴望的认可。

叔本华的体系批判地继承了康德体系。费希特或黑格尔与《纯粹理性批判》中强调各点完全不同，他们摒弃了物自体，使认识成为形而上学的基本。叔本华则保留了物自体，但把它与意志等同起来。他主张，知觉中的我的身体其实是我的意志。大可说这种见解是康德思想的发展产物，虽然大部分康德派不愿承认这种看法。康德曾说研究道德律能把我们带到现象的背后，并带给我们感官知觉所不能给予的知识；他也认可道德律根本是关乎意志的。康德认为，好人和坏人的差别是物自体世界里的差别，是关于意欲的差别。所以在康德看来，意欲属于实在界而不属于现象界。和意欲对应的现象是身体的运动；这就是叔本华说身体是表象、意志是实在的理由。

但在各种现象背后的意志，不能由许多不同的意欲构成。康德认为时间和空间都仅属于现象，叔本华在这点上跟他意见一致；物自体并不在空间或时间中。因此，按我的意志是实在的这种意义来说，我的意志不能有日期，也不会是一些单独的意志动作构成的。所以我的意志只有一个，而且不受时间影响。不仅如此，还应将其与全宇宙的意志等同起来；我的独立性乃是错觉，来自我的主观器官产生的时空知觉。实在者是一个庞大的意志，出现在全部自然历程中，既存在有生命的，又有无生命的。

至此，我们大概会想叔本华要将其宇宙意志等同于神，倡导一种与斯宾诺莎学说类似的泛神论学说，这种学说里所谓德性在于遵从神的意志。但在这点上，他的悲观主义导向了不同的发展。他认为宇宙意志是邪恶的，所有意志都是邪恶的，或者至少是人们无边苦难的根源。苦难是一切生命必不可少的，而且随着知识的增长，苦难也随之加深。意志没有那种若达到了便会带来满足的固定目的。尽管死亡最后必胜，我们仍追求我们无益的目的，"就像我们把肥皂泡尽量吹得久、吹得大，虽然我们十分清楚它总归要破裂"。所谓幸福是不存在的，因为愿望得不到满足会产生痛苦，愿望达成则只带来满足。本能促使人们繁衍后代，这又生出苦难和死亡的新机缘；这便是为何性行为和羞耻相关。自杀是无用的；轮回即使确实不是真的，也以神话形式传递了真理。

这一切都非常悲惨，但也有出路，这条出路是在印度发现的。

神话中最好的是涅槃神话（叔本华把涅槃解释成寂灭）。他承认这神话与基督教教义相左，但"人类的远古智慧[1]不会被加利利[2]发生的事所取代"。苦难的起因是意志强烈；我们运用意志越少，则受苦越少。于是知识到底还是有用的。一个人和另一个人的区别是表象界的一部分，按真相来看世界，这区别就消失了。对善人来说，"摩耶"（幻相）的面纱已变成透明的；他看到万物都是一个，他自身和他人的区别不过是表面上的。他通过爱有了这种洞察力，所谓爱永远是同情心，跟他人的痛苦相关。"摩耶"的面纱一除下，人类便承担起全世界的苦难。善人对全体的认识平息了一切意欲；善人的意志离开生命，否定自己的本性。"他心中生出

---

[1]　指出现在基督教之前的知识、哲学和信仰。——译注
[2]　加利利在古巴勒斯坦北部地区，史学观点认为耶稣生于加利利的拿撒勒。——译注

一种对本性的恐惧，他自己可感知的存在是那种本性的一种表现，即已认识到充满着悲惨的那个世界的核心内在的本性。"

因此，至少实践方面，叔本华同禁欲的神秘主义完全达成一致。正统基督教信仰中有些是精华，但遗憾的是，福音书里缺乏形而上学。他说，佛教是最高的宗教；佛教的伦理除了在"可恨的伊斯兰教义"盛行的地方以外，在整个亚洲被视为正统。

善人会践行绝对守贞，甘愿清贫，遵守斋戒和苦行。在所有事情上，他会一心破除其个人意志。但善人这样做，并非像西方神秘主义者那样为了达到与神的和谐。善人不是要追求这种积极的善，他所追求的善是全然消极的：

> 我们必须消除那种像儿童怕黑一样对"虚无"的悲观印象，这种"虚无"是我们透过一切美德与神圣背后认清的其最终目标；我们甚至不能像印度人那样，借神话和空话，如回归梵天或佛教徒的涅槃，来逃避它。我们宁可坦然承认意志完全废除后留下的东西，对一切仍满怀意志的人来说确实一无所有；但反之，对意志已转化且已否定它自身的人来说，尽管有一个个恒星与银河，这个如此真实的我们的世界才是虚无的。

这里模模糊糊地暗示圣者能看出别人看不出的某种积极的东西，但它究竟是什么，一点线索也没有，所以我想这种暗示不过是修辞上的。叔本华说，世界及其一切表象不过是意志的客观化。随着意志的降服，

> 所有那些表象也被废除了；使世界构成的，在客观性的所有阶段

上无终结、无休止的那种不断的紧张和努力；在潜移默化中彼此接续的多种多样的形式；意志的全部表现；最后还有此表现的普遍形式，即时间与空间，及其最终的基本形式，即主体与客体——一概废除了。没有意志：没有表象、没有世界。我们前面只有虚无。

我们只能把这段话的意思解释成圣者的目的是要尽可能接近非存在以外；而由于某种从未说清的理由，圣者靠自杀是达不到非存在的。为什么圣者比总是喝醉的人受欢迎，这不太容易理解；也许叔本华认为清醒的时刻过于频繁了。

如果根据叔本华的生活来判断，我们就能知道他的论调并不真诚。他常常在高档餐厅里吃好的；他有过多次色情而不热情的琐碎恋爱；他特别爱吵架，而且异常贪婪。有一回，一个上了年纪的女裁缝在叔本华门外与朋友讲话，愤怒的叔本华把她推下了楼，造成女裁缝终身残疾。法院判决叔本华要在她活着的时候每季度付给她固定数量的钱（十五塔拉）。二十年后她终于死了，当时叔本华就在账本上写下了："老妇死，重负释。"除对动物的仁慈外，在他一生中很难找到任何美德的痕迹，而他对动物倒是仁慈到了反对为科学而做活体解剖的程度。在其他各方面，他完全是自私的。这真是令人难以相信，一个深信禁欲主义是美德的人，会从来也不曾打算在实践中体现自己的信念。

关于叔本华有两点具有重要历史意义，即他的悲观论及其意志高于知识的学说。有了他的悲观论，人们就不必相信能为一切恶辩解也能致力于哲学，这样，他的悲观论当作一种对抗手段是有用的。从科学角度来看，乐观论和悲观论同样不能被接受：乐观论假设，或者打算证明，宇宙存在是为了取悦我们；悲观论则说是为了触怒我们。从科学上讲，没有证据证

明宇宙跟我们有前者或后者的关系。信奉悲观论抑或乐观论，不是理性问题而是气质问题，但西方哲学家中，乐观气质一直更普遍。所以，有个反对派代表人物提出一些本来会被人忽视的问题，还是有好处的。

　　比悲观论更重要的是其意志第一的学说。显然这个学说同悲观论并无必然的逻辑联系，叔本华以后主张此学说的人经常从中发现乐观论的基础。许多近代哲学家，尤其是尼采、柏格森、詹姆斯和杜威，一直以这种或那种形式主张过意志至上说。该学说在职业哲学家圈外也流行了起来。于是，意志的地位上升了多少，知识的地位就下降了多少。我认为，这是我们这个时代哲学气质最显著的变化。卢梭和康德为此变化打下基础，不过是叔本华首先以完全纯粹的形式提出来的。因此，其哲学思想就算前后矛盾且多少有些浅薄，但作为历史发展中的一个阶段，还是相当重要的。

第二十五章　尼采

尼采（1844—1900）自认是叔本华的后继者，这没错；但他在许多地方，尤其是学说的前后一致、条理分明上超越了叔本华。叔本华的东方式克己伦理与其意志全能的形而上学似乎并不调和。对于尼采来说，意志不但在其形而上学居第一位，在伦理上也高居第一位。尼采虽是位教授，却是个文艺的哲学家，算不上学院哲学家。他在本体论或认识论方面没创造任何新的专项理论；他的重要地位首先在于伦理学，其次是作为犀利的历史批评家。下面我差不多只谈其伦理学及其对宗教的批评，因为他的影响正是来自他著作中的这一面。

尼采生平简单，父亲是位新教牧师，家庭教育极具宗教色彩。他在大学里就是位杰出的古典及语言学研究者，1869 年他甚至还未取得学位，巴塞尔大学就聘他做古典语言学教授。他健康状况一直不佳，最终不得不在 1879 年退休。此后，他在瑞士和意大利住过；1888 年精神失常直至去世。

尼采不觉得自己是浪漫主义者，他还经常猛烈抨击浪漫主义者。他觉得观点是希腊式的，但去掉了俄耳甫斯教义的成分。他钦佩苏格拉底以前的哲学家，毕达哥拉斯除外。他同赫拉克利特的思想十分相似。亚里士多

德讲的"大度之人"与尼采所谓的"高贵的人"非常像，但基本上他认为苏格拉底以后的希腊哲学家都比不上他们的前辈。他无法原谅苏格拉底出身卑贱，称他为"平民"，责斥他以一种民主的道德偏见带坏了雅典的贵族青年。柏拉图对教化的兴趣而尤其受到尼采谴责。不过尼采显然不十分愿意谴责他，所以为了给他开脱，又暗示或许他并非真心实意，说他宣扬美德只是作为使下层阶级守秩序的手段。尼采有一回把柏拉图说成是"了不起的卡缪斯特罗 [1]"。他喜欢德谟克利特和伊壁鸠鲁，可他对后者的仰慕若不解释成其实是对卢克莱修的景仰，似乎有些不合逻辑。

不出所料，他对康德评价很低，称他为"卢梭式的道德狂徒"。

尽管尼采批评浪漫主义者，其见解却不少得益于他们；他和拜伦一样，持有贵族无政府主义的见解，所以他赞美拜伦不足为奇。他试图同时具有不易调和的两种价值观：一方面他喜欢无情、战争和贵族的高傲；另一方面他又爱好哲学、文学和艺术，尤其是音乐。历史上，这些价值观在文艺复兴时期曾经共存；尤利乌斯二世教皇既为博洛尼亚而战，又任用米开朗基罗，他或许可以被看作是尼采希望看到掌权的那种人。尼采和马基雅维利二人尽管有些重要差别，但拿尼采跟马基雅维利相比是很自然的。谈到差别：马基雅维利见过世面，他的意见是由于经常有公务往来而形成的，与其时代相符；马基雅维利没有学究气，也不成体系，其政治哲学简直不构成连贯的整体。相反，尼采是大学教授，基本上是个书呆子，是有意识地与当时占上风的政治、伦理潮流对立的哲学家。而两人的相似点更深一层。虽然尼采的政治哲学完成并应用到更广的范围，但和《君主论》（非《罗马史论》）里的政治哲学类似。尼采和马基雅维利都持一种讲求权

---

[1] 卡缪斯特罗（1743—1795），意大利江湖骗子，魔术师兼冒险家，冒充伯爵在欧洲各地卖假药，在各大城市算命行骗，最后被判处终身监禁，死在狱中。——译注

力、存心反基督教的伦理观，而尼采在这方面更坦率。拿破仑之于尼采，就如恺撒·博尔吉亚之于马基雅维利：一个被不起眼的对手击败的伟人。

尼采对各派宗教及哲学学派的批评，完全出于伦理上的动机。他赞扬那些他认为（他或许是对的）只有贵族少数派才可能有的某种品质；他认为，多数者应当只是极少数人达到优秀的手段，不该认为他们有要求幸福或福利的独立权利。他习惯影射普通人为"拙劣的"，要是他们受苦受难对产生伟人是必要的，他认为无可无不可。因此，他将 1789 年到 1815 年这段时期的全部重要性都概括在拿破仑身上："法国大革命使拿破仑成为可能：那就是其合理的理由。若结果是这种回报，我们该渴望全部文明都混乱崩溃。拿破仑使民族主义成为可能，那即是后者的理由。"他说，本世纪差不多一切更大的希望都归功于拿破仑。

尼采的伦理思想不是任何普通意义上的自我放纵的伦理思想；他信奉斯巴达式的纪律，信奉为了重大目标既能忍受痛苦也能加给人痛苦的气度。他赞赏意志的力量高于一切。他说："我按照一个意志能抵抗的程度和它能忍受的痛苦与折磨的程度来检验其力量，并且我知道如何使它对自身有利。我不指责生存的罪恶和痛苦，反而心存希望有一天生活会变得比一直以来更罪恶、更充满苦痛。"他认为同情心是必须被抵制的弱点。"目标是要达到那种巨大的伟大能力：它能通过纪律且通过消灭千百万个拙劣的人来塑造未来的人，却能避免因看见如此而造成的、以前从未见过类似的苦难而崩溃。"他带着某种狂喜预言将要有一个大战时代；我们不知道要是他活到亲眼得见其预言实现，是否会快乐。

不过，他不崇拜国家，绝不。他是狂热的个人主义者，是信仰英雄的人。他说，整个民族的不幸还不如一个伟大个人的苦难重要："所有这些小民的灾难，除了在强人的感情中以外，并不在一起构成一个总和。"

尼采不是国家主义者，没有对德国表现出过分赞赏。他希望有一个国际性的统治种族来当全世界的主人。"一个以最严格的自律为基础的庞大新贵族阶级，那里有哲学思想的掌权者和有艺术气质的专制君主的意志会流传青史。"

他也不一定反犹太主义，不过他认为德国的犹太人够多了，再多就同化不了了，所以不应允许犹太人继续流入。他讨厌《新约圣经》，却不讨厌《旧约圣经》，谈及《旧约圣经》皆溢美之词。为尼采说句公道话，我们必须强调，许多和他的伦理观有一定关联的近代发展，跟他清楚表明的意见相反。

他的伦理思想有两点值得注意：一是他对女性的蔑视；二是他对基督教的无情批判。

他不厌其烦地痛骂女性。在其拟预言体的著作《查拉图斯特拉如是说》里，他说女性现在还不能谈友谊；她们仍是猫或鸟，大不了是母牛。"应当训练男人作战，训练女人供战士娱乐。其他一概是愚蠢的。"若我们可以相信他在这个问题上最有力的警句："你要去女人那里吗？带上你的鞭子！"就知道战士的娱乐很是别致。

尼采反对基督教是因为让人们接受他所说的"奴隶道德"。观察对照他的论证和法国大革命前哲学家的论证是很奇特的。当时法国的哲学家们主张基督教教义不真实；基督教教导人服从人所相信的神的意志，而有自尊心的人不应向任何高级的权能低头；基督教会已成为暴君的同盟，正帮助民主政治的仇敌否定自由，不停地压榨贫民。但尼采并不关心基督教或其他任何宗教在形而上学方面的真实性，他更认为没有一种宗教有实际真理，所以他完全从宗教的社会效果来评价一切宗教。他和法国哲学家们的意见一致，也反对服从假想的神的意志，但他要拿现世的"有艺术气质的专制君主"的意志代替神的意志。服从是正当的，除非是向着这类超人，而服从基督教的神不正当。关于基督教会是暴君的同盟和民主政治的仇敌，他说这恰恰与真相相反。据他讲，法国大革命及社会主义和基督教从精神上是一样的，这些他同样都反对，理由也相同：在任何方面他都不会平等对待所有人。

尼采希望看到他所谓的"高贵的人"取代基督教圣徒的地位，但"高贵的人"绝不是一种普遍类型，而是有统治权的贵族。"高贵的人"干得出残忍的事，也干得出世俗认为是犯罪的事；他只对和自己平等的人才会承认义务。他会保护艺术家、诗人以及所有精通某种技艺的人，但他这么做时，是认为自己是更高阶级中的一员，而不是那种只会做点事的人。从战士们的榜样身上，他学会把死亡和他正奋斗、维护的利益联系在一起；他学会牺牲多数人，对待其事业严肃到不饶人；他学会实行严酷的纪律；学会在战争中施展暴虐和狡猾。他会认识到残忍在贵族优越性里所起的作用："几乎凡是我们称作'高等教养'的，都建立在对残忍的崇高化和强化的基础上。""高贵的人"本质是权力的意志化身。

我们该如何看待尼采的学说？它有几分真实性？有几分用处？里面有点什么客观的东西吗，抑或只是病人的权力幻想？

不可否认，尼采的巨大影响向来不是在专业哲学家中，而是在有文学和艺术修养的人士中。也得承认，他关于未来的种种预言，如今被证实比自由主义者或社会主义者的预言更几近正确。若他仅是个病人，这种疾病在现代社会一定很流行。

然而他身上有许多不可理会的只是狂妄自大的东西。说到斯宾诺莎，他说："一个病恹恹的隐者，他的伪装暴露出多少他自己的怯懦和脆弱！"完全同样的话也可以用来说他自己，既然他毫不犹豫地这样说了斯宾诺

莎，用来说他也没什么不合适的。显然，他幻想自己是战士而非教授；他崇拜的都是军人。他对女性的评价，和所有男人的一样，是他自己对女性情感的物化，显然是一种恐惧。"带上你的鞭子！"但十个女性有九个要废掉他的鞭子，他正是知道这一点，所以躲着女性，用刻薄的语言抚慰自己受伤的虚荣心。

尼采批评基督徒的爱，认为这种爱是恐惧的结果：我怕邻人会害我，所以我让他相信我爱他。要是我更强大、更勇敢，就会公开表示出对他的轻蔑。尼采不可能想到人会真有博爱，显然因为他自己怀有几乎普遍的憎恨和恐惧，他乐意把这种憎恨和恐惧伪装成老爷式的冷淡。他的"高贵的人"，也就是白日梦里的他自己，是个完全缺少同情心的人，无情、狡猾、残忍，只在乎自己的权力。李尔王濒临发疯时说：

　　　　我一定要做那种事
　　　　是什么我还不知道
　　　　但会让全世界恐惧

这就是尼采哲学的缩影。

尼采从未想到，他赋予其超人的那种权力欲本身就是恐惧的结果。不怕他们邻人的人认为没必要欺压他人。征服恐惧的人没有尼采所谓的"有艺术气质的专制君主"那种尼禄式的疯狂，尼禄那样的暴君享受着音乐和大屠杀，内心却充满对不可避免的宫廷政变的恐惧。我不会否认，一部分是由于他的学说，现实世界已和尼采的噩梦非常相似了，但这丝毫没减轻那噩梦的恐怖。

我们还需要探究一下尼采提出的主要伦理问题，即我们的伦理是否应是贵族式的，或者在某种意义上是否应对所有人一视同仁呢？这个问题照我刚才这样的提法，没有非常清晰的意义，所以显然首先是进一步明确问题。

我们首先必须区分贵族式的伦理和贵族式的政治理论。信奉边沁的最大多数人的最大幸福原则的人，抱有民主的伦理思想，但他也许认为贵族式的政体最能促进一般人的幸福。这不是尼采的立场。他认为平常人的幸福不是善本身的一部分。本身就是善的或恶的全都只存在于少数优越者；其余的人如何则无足轻重。

下一个问题是：如何定义少数优越者？实际上，这种人向来通常是获胜的氏族或世袭贵族，而贵族至少理论上一般是获胜氏族的后裔。我想尼采会接受这个定义。"没有好出身就不可能有道德，"他这样告诉我们。他说贵族阶级最初也是野蛮人，但人类的每次进步都归功于贵族社会。

我们不清楚尼采认为贵族的优越性是先天的，还是教育和环境造成的。若是后者，那么把其他人排除在按理来说具备同样资格的有利条件之外，这很难说得通。所以我假设他认为获胜贵族及其后裔比受他们统治的人天生优越，就像人比家畜优越一样，不过程度弱点罢了。

"天生优越"要指什么意思呢？解释尼采时，意思是指属于优越氏族的个人及其后裔更可能是尼采讲的"高贵的人"：他们更有意志力量、更有勇气、更有权力欲、更缺乏同情心、更少恐惧和温柔。

我们现在可以据此描述一遍尼采的伦理。我想下文是对其伦理公正的剖析。

战争胜利者及其后裔通常比战败者天生优越。所以他们掌握所有权力，完全为他们自己的利益处理事务是可取的。

这里还有"可取的"一词需要考虑。在尼采的哲学里什么是"可取

的"呢？以旁观者的角度看，尼采所谓的"可取的"就是尼采想要的。有了这个解释，尼采的学说不妨更简单、更老实地一言蔽之："我要是生活在伯里克利时代的雅典或美第奇时代的佛罗伦萨就好了。"但这称不上一种哲学；这是关于某个人的传记事实。"可取的"一词和"我想要的"不是同义语；这个词要求某种普遍的立法，不管这要求多么不明确。有神论者可能说，可取的是神想要的，但尼采不可能说这话。他本可以说他凭伦理的直观知道什么是善，可他不会这样讲，因为这听上去太像康德的口吻。作为"可取的"一词的外延，他所能说的是："若大家读我的书，有一定比例的人对社会组织问题会和我有同样的愿望；这些人在我的哲学会给予他们的精力和决心的激励下，能保全和复兴贵族社会，由他们自己做贵族或（像我一样）奉承贵族。这样他们就会比作为人民的仆从生活得更充实。"

尼采思想里还有一个成分，和"坚定的个人主义者"极力主张反对工会非常相近。在所有人对所有人的斗争中，胜利者可能具有尼采赞赏的某些品质，例如勇气、多谋和意志的力量。但若不具备这些贵族品质的人（他们是绝大多数）团结一致，尽管他们个人是低下的，也可能获得胜利。这场愚民集体对抗贵族的斗争，就像法国大革命曾是战斗的前线，基督教是意识形态的前线。因此我们应反对软弱个体之间所有形式的联合，防止他们的集合力量压倒强大个体的集合力量；另一方面，我们应促进人群中强大、坚韧、健壮者之间的联合。创造这种联合的第一步就是宣扬尼采哲学。由此可见，区别伦理学和政治学绝非易事。

假如我们想——我确实很想找到一些反驳尼采的伦理学和政治学的理由，能找到什么呢？

有一些重要的实际理由，说明要想试图达到他讲的目标，实际上会取得完全不同的东西。出生就是贵族的现在已名誉扫地；唯一现实的贵族社会形式是像法西斯或纳粹那样的组织。那样的组织激起人们的反对，可能在战争中被打败；但若它没被打败，不久必定成为十足的极权国家，国家的统治者生活在暗杀的恐怖中，英雄人物都进了集中营。在这种社会里，忠义和气节被告密耗尽，自封的超人贵族阶级退化成战战兢兢的懦夫集团。

不过，这些道理只适用现代；在贵族政治不成为问题的过去时代，这些道理就不会适用。埃及的政府照尼采式的原则统治了几千年。直到美国独立和法国大革命，几乎所有大国的政府都是贵族政府。因此，我们不得不自问，我们是否有什么充分的理由可以不喜欢有这样悠久和成功历史的政体，而喜欢民主制；或者因为我们谈的不是政治而是哲学，更应该问问排斥尼采借以维护贵族政治的那种伦理是否有客观根据。

和政治问题相对而言的伦理问题，是关于同情心的问题。从别人的痛苦使自己不快乐这个意义来讲，同情心多少对人类来说是天然就有的；小孩子听到别的孩子哭自己也苦恼。但这种感情的发展在不同人身上大不相同。有人以折磨别人为乐，还有人像佛祖，只要还有任何生灵在受苦，他们就不可能彻底快乐。大多数人在感情上把人分为敌人和朋友，同情后者而非前者。像基督教或佛教伦理那样的伦理，其感情基础是建立在普遍同情上，而尼采的伦理则毫无同情。（他常常宣扬反同情，在这方面我们觉得他很容易遵守自己的准则。）所以，要是佛祖和尼采能当面对质，他们之中能否提出来一些能吸引公正听众的论证呢？我指的不是政治论证。我们可以想象他们像在《约伯记》第一章里那样，出现在上帝面前，就上帝应创造什么样的世界提出建议。两人会说什么呢？

佛祖会以被社会排斥、悲惨可怜的麻风患者开始论证；穷人四肢疼痛

也要辛苦劳作，靠仅有的食物活命；战争中的伤兵，在痛苦中慢慢死去；孤儿遭到残忍的监护人虐待；甚至最得志的人也常常受到失败和死亡的想法的困扰。他会说，必须找到一条拯救所有痛苦的道路，而只有通过爱才能拯救。

只有全能的神才能制止尼采这样的人插话，轮到他讲时，他会突然叫道："天哪，老兄！你必须学得坚强些。为什么因为些小人物受苦而哭哭啼啼呢？还是说伟大的人物受苦你也这样呢？小人物受得那点苦不算什么，伟大人物遭受的才是极大的痛苦，巨大的痛苦是不该惋惜的，因为这种痛苦是高贵的。你的理想是纯粹消极的理想 —— 只有不存在才能完全实现没有痛苦。相反，我有积极的理想：我钦佩亚西比德[1]、腓特烈二世和拿破仑。为了这样的人，遭什么不幸都值。所以主啊，我恳求您，您是最伟大的最有创造力的艺术家，可不要让您的艺术冲动受制于这个不幸的精神病人那颓废、充满恐惧的胡言乱语啊。"

由于佛祖在极乐世界的殿堂学了自他死后的全部历史，还精通科学，并以掌握这种知识为乐，还为了人类使用这种知识的方法而难过，所以他不急不躁、彬彬有礼地回答道："尼采教授，您认为我的理想是纯粹消极的理想，这您就弄错了。当然，它包含消极成分，就是它缺少了痛苦；但它也有积极的东西，和您学说中的一样多。我并不是很崇拜亚西比德和拿破仑，我有我的英雄：我的后继者耶稣，他叫人去爱自己的敌人；还有那些发现怎样控制自然的力量、用较少的劳力获取食物的人；那些让我们看到如何减轻疾病的医生；那些瞥见神的祝福的诗人、艺术家和音乐家。爱和知识与对美的喜悦不是消极的；这些足够充实最伟大的人物的一生。"

---

[1]　亚西比德（前450—前404），雅典将军和政治家。——译注

尼采回答："就算这样，你的世界会枯燥无味。你当研究赫拉克利特，他的著作在天国图书馆里完整保存下来了。你的爱是怜悯心，那是由痛苦引发的；如果你坦诚，你的真理也是令人不快的东西，且只有通过痛苦才能认识它；至于说美，有什么比由于凶猛而光彩照人的老虎更美的呢？不成，若主竟然判断你的世界更好，恐怕我们都会烦死。"

佛祖回答："您也许会烦死，因为您爱痛苦，您对生活的爱是假的。但真正爱生活的人在我的世界里，会感受到在现世中谁都未曾拥有的那种幸福。"

至于我，我认同我想象出的佛祖的观点。但我不知如何用数学或科学问题里可以使用的那种论证来证明他意见正确。我不喜欢尼采，因为他喜欢冥想痛苦，因为他把自负升格为义务，因为他最钦佩的一些人是征服者，这些人的荣耀在于一将功成万骨枯。但我反对尼采哲学的根本理由，也和反对任何让人讨厌但内在一致的伦理观的根本理由一样——不谈论事实，而谈论感情。尼采蔑视博爱；而我感觉博爱是关于这个世界我所想要的一切事物的原动力。尼采的门徒已活跃了一段时间，但我们可以希望这个时期迅速结束。

第二十六章　功利主义者[1]

从康德到尼采的这段时期，英国的职业哲学家几乎始终未受同时代德国人的影响，除了威廉·汉密尔顿爵士，不过他影响力不大。的确，柯勒律治和卡莱尔深受康德、费希特和德国浪漫主义者影响，但他们算不上专业意义上的哲学家。有人似乎向詹姆斯·穆勒提起过康德，穆勒粗略看了一遍康德的著作后说："我十分清楚可怜的康德的用意。"但这样程度的承认是例外的，基本上，当时的英国人绝口不提德国人。边沁及其学派的哲学纲领全都来自洛克、哈特莱和爱尔维修；他们的重要地位与其说是哲学上的，不如说是政治上的，他们是英国激进主义的领袖，是无意间为社会主义学说铺路的人。

杰里米·边沁是"哲学激进派"公认的领袖，他本人却不是大家想象中能成为此类运动首领的那种人。他生于 1748 年，直到 1808 年才成为激进派。他非常腼腆，不得不与生人相处时总是焦虑万分。他很多产，但从来不操心发表的事情；以其名义发表的都是被他朋友们善意取用的。他主要对法学感兴趣，承认在法学方面对他最重要的先驱是爱尔维修和贝卡

---

[1]　关于这一主题以及关于马克思更详细的论述，见拙著《自由与组织》第二编。

里亚。通过法的理论，他才对伦理学和政治学产生了兴趣。

他全部哲学以两个原则为基础，即"联想主义原则"和"最大幸福原则"。哈特莱 1749 年已强调过联想主义；在他之前，人们虽承认有观念联想，但只把它看成细小错误的来源，比如洛克。边沁追随哈特莱，把联想主义当作心理学的基本原理。他承认观念和语言的联想以及观念与观念的联想。凭该原则，人们可以给各种精神现象做出决定论的解释。该学说本质上和基于巴甫洛夫实验的比较现代的"条件反射"论一样。唯一的重大区别是，巴甫洛夫的条件反射属于生理学，而观念联想则是纯粹心理的。因此，巴甫洛夫的成果能加上像行为主义者加给它的那种唯物的解释，而观念联想却向着跟生理学关系不大的心理学发展。从科学上讲，条件反射定律毫无疑问比旧的理论更进一步。巴甫洛夫的定律是这样的：设有一个反射，即由乙刺激产生丙反应，再设某个动物在受到乙刺激的同时屡次受到一个甲刺激，那么往往最终即使没有乙刺激，甲刺激也会产生丙反应。决定这种事在什么情况下发生，是个实验问题。显然，若把甲、乙、丙换成观念，巴甫洛夫的定律就成了观念上的联想主义。

无疑，这两个理论在一定范围内都是正确的；唯一引起争论的问题是该范围的广度。边沁及其追随者讲哈特莱原则时夸大了这个范围的广度，正如某些行为主义者讲巴甫洛夫定律时也进行了夸大。

对边沁来说，心理学中的决定论很重要，因为他想要制定一部会自动使人有德的法典，从更广阔的范围来说，是制定一个这样的社会制度。在这点上，为了给"德"下定义，他的第二个原则即最大幸福原则就是必要的了。

边沁主张，所谓善即快乐或幸福（他将这两个词用作同义词），所谓恶即痛苦。因此，一种事态若它包含的快乐超过痛苦，或痛苦少于快乐，

那它就比另一种事态善。在一切可能的事态中，快乐超过痛苦最多的那种是最善的。

这个学说没什么新意，结果被称作"功利主义"。哈奇森早在1725年已提倡过。边沁将其归功于普利斯特里，但普利斯特里并未特别主张过该学说。实际上它包含在洛克的著作中。边沁的功绩不在于该学说本身，而在于积极将其应用到种种实际问题上。

边沁不仅主张善是普遍幸福，且主张每个人都追求他所认为的自己的幸福。所以，立法者的职责是调和公共利益和个人利益。我不偷窃符合公众利益，但只有存在有效的刑法，这才符合我的利益。因此刑法是使个人利益和社会利益一致的方法；这便是刑法存在的理由。

刑法用来惩治人是为了防止犯罪，不是因为我们憎恨犯人。刑罚分明比刑罚严厉重要。当时在英国，许多很轻微的罪也会被判处死刑，结果陪审员们觉得刑罚过度，常常不肯判罪。边沁提倡除最重的罪，对一切罪行废止死刑，他去世前，刑法在这点上有所缓和。

他说民法应当有四个目的：生存、富裕、安全、平等。他没提自由。事实上，他不太喜欢自由。他钦佩法国大革命前仁慈的独裁统治者——叶卡捷琳娜二世和弗朗西斯皇帝。他非常瞧不上人权说。他说人权纯粹是胡话；绝对的人权是无稽之谈。法国革命者提出《人权宣言》时，边沁称之为"一个形而上学的作品——形而上学的极点"。他说《人权宣言》的条文可分为三类：第一类，无法理解的；第二类，错误的；第三类，既无法理解又错误的。

边沁的理想和伊壁鸠鲁的一样是安全而非自由。"战争与暴风骤雨读来最妙，但和平与风平浪静则更易承受。"

他逐渐向激进主义发展有两个根源：一方面是平等的信念，这是从关于快乐和痛苦的计算推算出来；另一方面是坚定的决心，要把一切事情都用他所理解的理性去裁定。他对平等的热爱早年曾促使他主张一个人的财产由儿女平分，反对遗嘱自由。晚年又促使他反对君主制和世袭贵族政治，倡导包括妇女有投票权的彻底民主制。他拒绝没有理性根据的信念，所以他排斥宗教，不信仰上帝。这也使他强烈抨击法律中荒谬和反常的地方，不管其历史起源多么神圣古老。他不会为任何事找借口，就因为它是传统的。他从青少年时期起就反对帝国主义，不论是英国人在美洲推行的帝国主义，或是其他民族的帝国主义；他认为保有殖民地是愚蠢之举。

是詹姆斯·穆勒的影响使边沁在实际政治主张上持有特定立场。詹姆斯·穆勒比边沁小二十五岁，是边沁学说的狂热信徒，还是个积极的激进派。詹姆斯·穆勒非常钦佩孔多塞和爱尔维修。他和那个时代所有的激进派一样，信奉教育万能。他在儿子约翰·穆勒身上实践自己的理论，结果有好有坏。最重大的负面后果是，约翰·穆勒甚至在发觉父亲的见解很狭隘后，也没有办法完全摆脱父亲的影响。

詹姆斯·穆勒和边沁一样，认为快乐是唯一的善，痛苦是唯一的恶。但他又像伊壁鸠鲁，最看重适度的快乐。他认为知识上的乐趣是最高的乐趣，节制是首要美德。他儿子这样评价他："他会轻蔑刁难激烈的事物。"还说他反对现代人的重感情。和整个功利主义学派一样，他完全反对各种形式的浪漫主义。他认为政治可以被理性支配，并希望人的意见可以由证据的分量来决定。若争论中的对立双方以同等的技巧各抒己见，那么万无一失的是——他是这样主张——过半数人得出的是正确判断。他的观点受限于他缺乏感性，但在他能力范围内，勤奋、无私、理性是他的长处。

考虑到边沁派完全缺乏动情的力量，整个19世纪中期他们对英国的立法和政策的影响可谓大得惊人了。

边沁提出各种论证支持全体幸福即至善。其中有些论证尖锐地批评了其他伦理学说。在他讨论政治谬误的著作里，他用一种似乎为马克思打下伏笔的语言说，温情道德和禁欲道德满足统治阶级的利益，是贵族政体的产物。他继续说，宣扬牺牲道德的人不是谬误受害者：他们是想要别人为他们而牺牲。他说，道德秩序来自利害平衡。统治集团假称统治者和被统治者之间已经利害一致，但改革家指明这种一致还不存在，并努力要使它实现。他主张只有效用原则能在伦理学和立法中给出一个判断标准，并奠定一门社会科学的基础。他支持这条原则的明确理由主要是，这条原则实际是表面相异的各种伦理学体系暗指的。不过，给他对各种伦理学体系的审视加上严格限制，他这话才似乎有道理。

边沁学说体系中有一处明显疏漏。若人人总是追求自己的快乐，我们怎能保证立法者要追求全人类的快乐呢？边沁自己本能的仁慈心（他的心理学理论使他没有注意到它）使他看不见这个问题。要是他受聘为某国草拟一部法典，他会按照他所认为的公众利益制定其提议，而不为了促进他个人利益或（有意识地）促进本阶级的利益。但要是他那时认识到这个事实，当初就得修改他的心理学学说了。他好像是这样想的：通过民主政体，结合适当监督，可以控制立法者，使得他们只有凭自己对一般公众有用处才能促进他们的个人利益。当时，要给种种民主制度的作用下一个判断，材料不多，所以他的乐观主义或许情有可原，但在我们这个幻想破灭的时代，这种乐观主义似乎天真了点。

约翰·穆勒在其《功利主义》中提出一个论证，这论证如此荒谬，以至于很难理解他怎么会认为它是有效的。他说：快乐是人唯一想要的东西；因此快乐是唯一值得拥有的东西。他主张，看得见的东西只有人看见的东西，听得见的东西只有人听见的东西，同样，值得拥有的东西只有人想要的东西。他没注意到，一件东西能被看见，就是"看得见的"，但它应该被想要，才叫"值得拥有的"。因此"值得拥有的"是一个以某种伦理学说为前提的词；我们从想要的事物推不出值得拥有的事物。

而且，若每个人实际上必然追求自己的快乐，那么说他应该做别的事是没有意义的。康德极力主张"你应该"暗指"你能够"；反之，若你不能够，说你应该也是白费。假如每个人必定总是追求自己的快乐，伦理学便简化成谨慎精明：你推动他人利益，希望他们反过来会推动你的利益。同样，在政治中一切合作成了互相吹捧。以功利主义者的前提，没别的结论能合理推论出来。

这里涉及两个性质不同的问题。第一，每个人都追求自己的幸福吗？第二，全体幸福是人类行为的正当目标吗？

说每个人都想要自己幸福，可以有两个意义，一个意义是真理，另一个是假的。不论我碰巧想要什么，我达到愿望时会得到些快乐；按这个意义讲，无论我想要是什么，那总是一种快乐，于是可以不那么严格地说我想要的就是快乐。该学说在这个意义上是一条真理。

但若指的是，当我想要什么，我之所以想要它是因为它会给我快乐，这通常是不对的。我饿的时候想要食物，只要我的饥饿还继续存在，食物会给我快乐。然而，饥饿这种欲望是先有的；快乐是这种欲望的后果。我不否认有些场合中人有直接求快乐的欲望。假如你已决定在戏院里度过一个空暇的晚上，你会选择你认为会使你得到最大快乐的戏院。但这些由直接求快乐的欲望所决定的行为是例外的、不重要的。每个人的主要活动都是由欲望决定的，欲望在对快乐和痛苦的计算之前。

不论什么事都可能是欲望的对象；受虐狂想要自己痛苦。无疑，他们从他们想要的痛苦中得到快乐，但这种快乐是由于这种欲望，反之则不

然。一个人可能想要某种除了由于他的欲望而外对他个人没有影响的事情，例如，在一场他本国守中立的战争中某一方的胜利。他可能想要增进全体幸福，或减轻全体苦难。或者他也可能像卡莱尔那样，想要的与此正相反。随着他的欲望不同，他的快乐也不同。

人的欲望彼此冲突，因此伦理学是必要的。冲突的根本原因是利己主义：比起别人的幸福，大多数人更关心自己的幸福。但在毫无利己的情况下同样可能有冲突。有人也许希望人人都是天主教徒，也有人也许希望人人都是加尔文派教徒。社会斗争中常包含这种非利己的欲望。伦理学有双重目的：第一，找出一条借以区别善欲望和恶欲望的准则；第二，通过赞扬和责备，促进善欲望，抑制恶欲望。

功利主义的伦理学部分在逻辑上与心理学部分无关，伦理学部分讲道：那些实际上促进全体幸福的欲望和行为是善的。促进全体幸福不一定要是某个行为的动机，却只需要是其效果。理论上有什么站得住脚的理由赞成或反对这种学说吗？关于尼采，我们曾遇到同样的问题。他的伦理学与功利主义者的伦理学不同，因为他的伦理学主张人类中只有少数人具有伦理重要性，其余人幸福或不幸是应当忽视的。显然，那些被排斥在尼采式贵族社会以外的人会反对，因此问题就不是理论性的，而是政治性的了。功利主义的伦理学是民主的和反浪漫主义的。民主主义者可能承认它，但那些喜好拜伦式世界观的人，依我看只能从实践上反驳他们，而非凭借一些不诉诸欲望、只诉诸事实的理由去反驳。

哲学激进派是个过渡学派。他们的学说体系产生了两个比它本身更重要的学说体系，即达尔文主义和社会主义。达尔文主义是马尔萨斯人口论对全体动植物界的应用，而马尔萨斯人口论是边沁派政治学和经济学不可分割的一部分。达尔文主义讲的是一种全体规模的自由竞争，在这种竞争中，胜利属于和成功的资本家极其类似的动物。达尔文本人受马尔萨斯的影响，大体支持哲学激进派。不过，正统经济学家所赞赏的竞争和达尔文认为的进化原动力的生存竞争有一重大区别。在正统经济学中，"自由竞争"是个受法律限制的非常人为的概念。你可以以低于你竞争对手的价格出售货品，但你不得杀害他。你不得使用国家的军队帮你战胜外国厂商。那些没运气拥有资本的人不得寻求革命来改善自己的命运。边沁派所理解的"自由竞争"绝非真正自由。

达尔文学说中的竞争可不是这种有限制的竞争；它没有禁止不公正手段的规则。法律体制在动物中不存在，也不排斥把战争当竞争手段。在竞争中利用国家取胜，违反了边沁派理解的规则，却无法被排除在达尔文学说的那种竞争以外。事实上，虽然达尔文本人是自由主义者，虽然尼采每每提到他无不带着轻蔑，但达尔文的"适者生存"若被人彻底吸收，会产生比边沁哲学更类似尼采哲学的东西。不过，这种发展结果是后来的事，因为达尔文的《物种起源》出版于1859年，其政治含义起初还未被察觉。

相反，社会主义始于边沁学说全盛时期，是正统经济学的一个直接结果。跟边沁、马尔萨斯和詹姆斯·穆勒有密切交往的李嘉图，主张商品的交换价值完全出于生产该商品时花费的劳动。他于1817年发表该理论，八年后，前海军军官托马斯·霍吉斯金发表了第一篇社会主义的答辩——《保护劳动反对资本的要求》。他论证说，若像李嘉图主张的那样，全部价值都是劳动赋予的，全部报酬便应归劳动者；现在地主和资本家所得的那份必是纯粹敲诈。同时，罗伯特·欧文在当了工厂主，有了丰富的实际体验后，坚信不久就被称为社会主义的学说。（最早使用"社会主义者"一词是在1827年，当时把它应用于欧文的信徒。）他说，机器正渐渐取代劳动者，而自由放任政策没有使工人阶级得到和机械力量相抗争的适

当手段。他提出处理这一弊病的方法，是近代社会主义的最早期形式。

虽然欧文是边沁的朋友，边沁在欧文的企业里还投资了一大笔钱，但哲学激进派并不喜欢欧文的新学说；事实上，社会主义的来临使他们和以前相比，激进主义色彩和哲学色彩都减弱了。霍吉斯金在伦敦争取到一些追随者，结果吓坏了詹姆斯·穆勒。他写道：

> 他们的财产观显得真丑陋……他们似乎认为财产不应当存在，存在财产对他们是种祸害。毫无疑问，有恶棍在他们当中活动……这些傻瓜，看不到他们疯狂追求的东西对他们来说将是那种他们亲手带来的灾难。

1831 年的这封信，可看作资本主义与社会主义长期斗争的开端。在后来的一封信里，詹姆斯·穆勒把社会主义的根源归于霍吉斯金的"疯狂的胡说"，他又说："这种见解要是传播开了，只会使文明社会毁灭；比匈奴人和鞑靼人排山倒海的破坏还恶劣。"

社会主义只是政治或经济学说，在此意义上它不在哲学史范围内。但到卡尔·马克思手中，社会主义获得一套了哲学思想。下一章将讨论马克思哲学。

第二十七章　卡尔·马克思

人们通常认为卡尔·马克思自称把社会主义科学化，还认为他通过对人的吸引和排斥，在发起一个有影响力的、支配了欧洲近期历史的运动方面，比任何人的贡献都大。其经济学或其政治学（除某些一般方面外），不在本书讨论范围；我打算只把他当作哲学家和影响他人哲学的人来谈。在这点上，很难将马克思归类。一方面，他跟霍吉斯金一样，是哲学激进派的产物，继续发扬他们的理性主义，反对浪漫主义者。另一方面，他复兴了唯物主义，重新解释了唯物主义，使其与人类历史有了新的关联。再从另外一个方面看，他是伟大体系创立者中最后一人，是黑格尔的后继者，也像黑格尔一样，相信有一个合理的公式能概括人类的进化。以上几方面，以牺牲其他方面为代价而强调任何一方面，都会错误、歪曲地看待其哲学。

马克思与边沁和詹姆斯·穆勒一样，跟浪漫主义毫无瓜葛；他的目的一直是符合科学。他的经济学是英国古典经济学的产物，只是把原动力改了。古典经济学家自觉地或不自觉地，都着眼于谋求既同地主又同雇佣劳动者相对立的资本家的福利。与之相反，马克思开始代表雇佣劳动者的利益。1848年的《共产党宣言》表现出了他在青年时代怀着新革命运动所

应有的火热激情，如同自由主义在密尔顿时代曾有过的一样。但他总是非常希望讲求证据，从不依赖任何超科学的直觉。

马克思自称唯物主义者，但非18世纪的那种。在黑格尔哲学的影响下，他称自己的哲学是辩证唯物主义，这种唯物主义同传统的唯物主义有很重要的不同，更接近现在所说的工具主义。他说，旧唯物主义误把感觉看作被动的，因而把活动基本上归于客体。马克思认为，一切感觉或知觉都是主客体的交互；离开知觉者活动的单纯客体，只是原材料，这原材料在被认识到的过程中发生转变。从被动沉思这种旧意义上，认识是个非真实的抽象概念；真正发生的过程是处理事物的过程。他说："人的思维是否具有客观的真理性，这并不是一个理论的问题，而是一个实践的问题……人应该在实践中证明自己思维的真理性，及自己思维的现实性和力量……关于离开实践的思维是否具有现实性的争论，是一个纯粹经院哲学的问题……哲学家们只是用不同的方式解释世界，而问题在于改变世界。"（《关于费尔巴哈的提纲》）

我想，可以把马克思的主张解释为：哲学家向来称为追求认识的那种过程，不像一直认为的那样，是客体恒定不变而一切适应全在认识者一面的过程。相反，主体与客体、认识者与被认识的事物，都在不断相互适应的过程中。因为这一过程永远不完全结束，他称其为"辩证的"过程。

否定英国经验派认为的那种"感觉"的现实性，对这一理论是必要的。现实中发生的事情，当它最接近于英国经验派所说的"感觉"的意思时，还是叫作"察觉"更好，因为这意味着能动性。实际上马克思会这样主张，我们察觉的事物，只是作为关于这些事物的行动过程的一部分，任何不考虑行动的理论都是错误的抽象观念。

据我所知，马克思是第一位从这种能动性观点批评"真理"概念的哲学家。他的著作并未十分强调这一批评，所以我在此不多谈，后面的章节再考察该理论。

马克思的历史哲学是黑格尔哲学和英国经济学的混合体。他和黑格尔一样，认为世界按照一个辩证法公式发展，但关于这种发展的原动力，他和黑格尔的意见完全不同。黑格尔相信有一个叫"精神"的神秘实体，使人类历史按照黑格尔的《逻辑学》中所讲的辩证法各阶段发展。"精神"为何必须历经这些阶段，我们不得而知。不过"精神"想必正努力理解着黑格尔的著作，每到一个阶段就着急忙慌地把读到的东西客观化。马克思的辩证法除了某种必然性外，完全没有这种性质。马克思认为，推动性的力量不是精神而是物质。但那是一种我们谈到的特别意义的物质，不是原子论者讲的完全非人化的物质。这意味着，在马克思看来，推动性的力量其实是人与物质的关系，其中最重要的部分是人的生产方式。这样，马克思的唯物论实际上成了经济学。

马克思认为，人类历史上任何时代的政治、宗教、哲学和艺术，都是那个时代生产方式的结果，其次是分配方式的结果。我想他不会认为这适用于文化的所有细节，而是只适用于文化的大体轮廓。这个学说被称作"唯物史观"。这是个非常重要的论点，特别是它和哲学史家有关。我个人不接受这一论点本身，但我认为它包含极重要的真理成分，而且我意识到它已影响本书中我个人关于哲学发展的见解。首先，我们结合马克思的学说来考虑哲学史。

主观上，每位哲学家都自以为在从事追求某种可称作"真理"的东西。哲学家关于"真理"的定义意见不一很正常，但无论如何，真理总是客观的东西，是某种意义上人人都该承认的东西。若人们认为全部哲学只是无理偏见的表现，便不会从事哲学研究。但每位哲学家都认为很多其

他哲学家习惯性有偏见，习惯性对自己许多见解不自觉地有超乎理性的理由。

　　事情的真相其实很简单。大家习惯说的"哲学"由两种非常不同的要素组成。一方面，有一些科学性或逻辑性的问题，这些问题能用意见统一的方法处理；另一方面，还有一些很多人十分感兴趣，但在任何一方面都没有确实证据的问题。后一类问题中有些是不可能超然对待的实际问题。战争开始时，我必须支持本国，否则一定会与朋友和官方都发生痛苦的冲突。一直以来有许多时期，在支持和反对公认的宗教之间没有中间路线。出于种种原因，我们都感到在许多纯粹理性不涉及的问题上不可能保持怀疑的超然态度。按"哲学"一词的普遍意义来讲，一套"哲学"就是这种超乎理性的各种决定的一个有机总体。就这个意义的"哲学"来说，马克思的主张基本正确。但就算按这个意义讲，一套哲学既由经济性的原因决定，也由其他社会原因决定。特别是战争在历史因果关系上起的作用；而战争中的胜利并不总归于经济资源最丰富的一方。

　　马克思将其历史哲学纳入黑格尔辩证法提出的模型，但事实上他关心的只有一个三元组：地主代表的封建主义，工业雇主代表的资本主义，雇佣劳动者代表的社会主义。黑格尔把民族看作辩证运动的媒介，马克思将民族换成阶级。他一贯否认他选择社会主义或支持雇佣劳动者是因为任何道德或人道主义的原因，他坚持这不是支持雇佣劳动者在道德上更高，而是说这是辩证法在其彻底决定论运动中所采取的立场。他本可以讲他并没有倡导社会主义，只是预言了社会主义。不过，这么说不算完全正确。他无疑相信一切辩证运动在某种非个人的意义上都是进步，而且他肯定认为社会主义一旦建成，会比以往的封建主义或资本主义带给人类更多幸福。这些信念大约支配了他的一生，但其著作中并未明确体现这些信念。不过，有时他也抛开冷静的预言，极力激励反叛，他所有文章中都隐含貌似科学预言的情感基础。

把马克思纯粹看作哲学家的话，他有严重的缺点。他过于实际，过于专注他那个时代的问题。他的眼界局限于我们这个星球，在这个星球之内，又局限于人类。自从哥白尼以来已经很显然，人类并没有从前人类自诩的那种宇宙的重要性。凡是没彻底领会这个事实的人，没有资格称自己的哲学是科学的。

伴随局限于地上事务的，是愿意相信进步是一种普遍规律。这种态度是 19 世纪的特色，马克思与其同时代的人都持同样的态度。只是由于相信进步的必然性，马克思才认为无需道德上的考虑。若社会主义将要到来，那必是一种进步。他很乐意承认社会主义在地主或资本家看来不像是进步，但这无非说明他们与时代的辩证运动不协调罢了。马克思自称无神论者，却又保持了一种只能从有神论里找到根据的宇宙乐观主义。

大体上马克思哲学里来自黑格尔的一切成分都是不科学的。

马克思为其社会主义披上的哲学外衣，也许与其见解的基础关系不大。丝毫不提辩证法而重申其主张最重要的部分也很容易。恩格斯以及（英国）皇家专门调查委员会的报告，使他彻底了解了一百年前英国那种工业制度骇人听闻的残酷，并给他留下深刻印象。他看出这种制度很可能要从自由竞争向垄断发展，而且其不公平必定引起无产阶级的反抗运动。他认为在彻底工业化的社会中，唯一替代私人资本主义的只有土地和资本国有。这些主张不是哲学问题，所以我不打算讨论其真假。问题是若这些主张正确，便足以确定其学说体系中真正重要的地方，因而放弃那一套黑格尔哲学的装饰倒有好处。

马克思的名声在历史上一直很特殊。在他的本国，他的学说产生了社

会民主党的纲领，社会民主党稳步发展壮大，直到在 1912 年的普选中获得了投票总数的三分之一。第一次世界大战后不久，社会民主党一度执政，魏玛共和国首任总统艾伯特就是该党党员；但此时社会民主党已不再坚持马克思主义正统。同一时间，在俄国，马克思的狂热信徒取得了统治权。而在西方，历来没有一个大规模工人阶级运动是纯粹马克思主义的；英国工党似乎朝那个方向发展过，但仍一直坚持一种经验主义式的社会主义。不过在英美，大批知识分子深受马克思影响。在德国，对其学说的倡导全都遭到强行禁止，但推翻纳粹后（我写作时是在 1943 年）预计可以再复活。

现代欧洲和美洲因此在政治和意识形态上分成了三个阵营。自由主义者在可能的范围内仍信奉洛克或边沁，但不同程度地适应了工业组织的需要。马克思主义者在俄国掌权，而且在其他一些国家的势力很可能要越来越大。这两派意见从哲学上讲相差不太远，两派都是理性主义的，目的都是科学和经验主义的。但从实际的政治观点来看，两派界限分明。上一章引证的詹姆斯·穆勒那封讲"他们的财产观显得真丑陋"的信里，已然表明这一点。

可是必须承认，在一些观点上马克思的理性主义是有限度的。虽然他认为他对发展趋势的解释是正确的，会被种种事件证实，他却相信这种论证只会打动那些在阶级利益上与其一致的人（除了极少数例外）。他对说服劝导不抱什么希望，而是希望从阶级斗争中得到一切。因而，他在实践上陷入了强权政治，陷入了主宰阶级论，虽然不是主宰民族论。确实，由于社会革命的结果，阶级划分有望最终消失，取而代之的是政治和经济上的完全和谐。而这如基督再临，是个遥远的理想。而在达到理想之前，还有斗争、独裁以及坚持思想意识正统化。

政治上以纳粹党和法西斯为代表的第三派现代见解，从哲学上讲同其他两派的差异比那两派之间的差异深得多。这一派反理性、反科学，其哲学先驱是卢梭、费希特和尼采，强调意志，特别是权力意志；认为权力意志主要集中在某些民族和个人身上，那些民族和个人因此有了统治的权利。

直到卢梭时代为止，哲学界是有某种统一的。现在这种统一暂时消失了，但大概不会一直消失。使理性主义重新征服人心就能恢复这种统一，其他别无办法，因为对统治权的要求只会酿成冲突。

第二十八章　柏格森

亨利·柏格森是 20 世纪最重要的法国哲学家。威廉·詹姆斯和怀特海都受其影响，而且他对法国思想的影响也相当大。柏格森哲学的主要影响是保守的，很容易与那个最终发展为维希政权的运动相一致。抛开政治不谈，我们必须考察的是其纯哲学的一面。柏格森的非理性主义是反抗理性极好的典范，这种反抗始于卢梭，一直以来逐渐支配了人们生活和思想里越来越广大的领域。[1]

柏格森哲学与以往大多数哲学体系不同，是二元论的：在他看来，世界分为迥异的两部分，一部分是生命的，另一部分是物质的——或者说是被理智看成物质的某种无自动力的东西。整个宇宙有两种反向运动，即向上攀登的生命和向下降落的物质之间的冲突矛盾。生命是自从世界开端便出现了的力量，是一种巨大的有活力的冲动，它遇到了物质的阻碍，奋力在物质中间打开了一条道路，逐渐学会通过组织化来利用物质。它像街头拐角处的风，被自己遭遇的障碍物分成方向不同的潮流。正是由于做出物质强要它做出的适应，它的一部分被物质制服了；而它总在保持自由活

---

[1]　本章的余下部分基本上是重印发表在 1912 年《一元论者》上的一篇文章。

动的能力，总在奋力寻找到新的出路，总在一些对立的物质屏障中寻求更大的运动自由。

柏格森主张进化如同艺术家的作品，是真正创造性的。预先存在一种行动冲动、一种不明确的要求，但直到该要求得到满足为止，不可能知道那个会满足要求的事物的性质。比如，我们不妨假设无视觉的动物有某种想在接触到物体之前能够知晓物体的模糊欲望，由此付出的各种努力的最后结果就是创造出了眼睛。视觉的出现满足了这个欲望，但视觉不是事先能想象的。因此，进化是无法预言的，决定论驳不倒提倡自由意志的人。

柏格森叙述了地球上生物的实际发展来补充这个大纲。生命潮流的首次分岔是植物和动物：植物是为了在储藏库里蓄积能量，动物则在于利用能量进行快速突然的运动。但后期，动物中出现一个新的分支：本能与理智或多或少地分开了。二者不可能彼此完全独自存在，但基本上理智是人类的不幸，而本能的最佳状态可以从蚂蚁、蜜蜂和柏格森身上看到。理智与本能的划分在其哲学中至关重要，他的哲学一大部分有点桑福德与墨顿[1]意味，本能是好孩子，理智是坏孩子。

本能的最佳状态叫作直觉。他说："我所说的直觉是指那种已成为无私的、自觉的、能够反思自己的对象并能将该对象无限扩大的本能。"他对理智活动的叙述并不是很容易能让人看懂，但想要理解柏格森的哲学，就必须尽全力理解它。

柏格森认为，使事物分离的理智是种幻梦；我们整个生命本应是能动的，而理智不是，它纯粹是沉思的。他说，我们做梦时，我们的自我分散开，我们的过去破裂成碎片，实际彼此渗透着的事物被看作一些分离的固

---

[1]　18世纪英国小说《桑福德与墨顿的故事》，作者托马斯·戴。该书力图将卢梭的自然主义哲学同较完善的道德协调起来。——译注

体单元：超空间的退化成空间性，所谓空间性无非是分离性。因此，全部理智既然起分离作用，都趋于几何学；而讨论彼此完全外在概念的逻辑学，实际上是按照物质性的指引从几何学产生的结果。演绎和归纳的背后都需要有空间直觉。"在终点有空间性的那个运动，沿着自己的途程不仅设置了演绎能力，而且设置了归纳能力，实际上，设置了整个理智能力。"这个运动在精神中创造出上述能力，又创造出理智在精神中所见到的事物秩序。因而，逻辑学和数学不代表积极的精神努力，仅代表一种意志中止、精神不再有能动性的梦游症。因此，不具备数学能力是优雅的标志，好在这种标志极常见。

正如理智和空间联系在一起，同样本能或直觉和时间联系在一起。柏格森和大多数作家不同，其哲学的一个显著特色是把时间和空间看成两种截然不同的东西。物质的特征，即空间，产生于实际上是错觉的分割流，虽然某种程度上在实践上有用处，但理论上完全误导。相反，时间是生命或精神的根本特征。他说："凡是有什么东西生存的地方，明显在某处就存在正把时间记下来的记录器。"但这里说的时间不是数学时间，即不是相互外在的诸瞬间的均匀集合体。柏格森说，数学时间实际上是空间的一种形式；对生命万分重要的时间是他所谓的"绵延"。绵延这个概念是其哲学的基本概念；他最早期的著作《时间与自由意志》中就已出现这一概念。

伯格森说："纯粹绵延是当我们的自我让自己生存的时候，即当自我制止把它的现在状态和以前各状态分离开的时候，我们的意识状态所采取的形式。"

绵延尤其会在记忆中表现出来。因为在记忆中，过去残留到了现在。因而记忆论在柏格森的哲学里非常重要。《物质与记忆》一书就是要说明物质与精神的关系。因为记忆"是精神与物质的交叉"，通过对记忆进行分析，书中断言精神和物质都是实在的。

现在需要回过来讲同理智相对的本能或直觉这个主题。有必要先说说绵延和记忆，因为柏格森对直觉的论述是以其绵延和记忆理论为前提的。以现在存在的人类来说，直觉是理智的边缘或半影，但因为直觉在行动中不及理智有用而被强行挤出中心，但直觉自有其更妙的用途，因此最好恢复其更显要的地位。柏格森想要使理智"向内转向自身，唤醒至今还在其内部酣睡的直觉的潜力"。他把本能和理智的关系比作视觉和触觉的关系。他说，理智不会给人关于远处事物的知识；确实，科学的功能据他说是从触觉的观点来解释一切知觉。

以上各种概述中，我基本上只涉及柏格森的各种见解，没有提他为了说明这些见解而列出的各种理由。这样对待柏格森比对大多数哲学家更容易，因为他一般很少给自己的见解提出理由，而是依赖这些见解自身的魅力和一手文笔极美的动人力量。他像写广告文案的人一样，用鲜活生动、灵活多变的描述，对许多隐晦的事实做出表面解释。他尤其善用类推和比喻，在他向读者介绍他的见解时，这两种方法经常出现。

在他的著作中，你能看到的关于生命的比喻，其数量超过我所知的任何诗人的作品。他说生命像一颗炮弹：它炸成了碎片，每个碎片又各自是颗炮弹。生命像是一种聚集：最初，它"就像草木的绿色部分正积聚着绿意一样，在蓄水池中积蓄着力量"，但这个蓄水池里灌满了喷着蒸汽的沸水，"一股股水流不断地喷涌出来，每一股水流落回去就是一个世界"。他又说："生命整体是一个巨大的波浪，由一个中心起始向外铺展，被四周阻拦，转化成了振荡：只有一个地方没有阻拦成功，冲击力自由地通过了。"他还把生命比作骑兵突击，这是他比喻的最高潮：

一切有机物，从最下等的到最高级的，从生命的最初起源到我们所处的时期，在一切地点和一切时代，都在证明一种冲击，它是物质运动的反面，是不可分割的。一切活的东西都会结合在一起，一切都被同一个巨大的冲击推动。动物占据植物的上位，人类跨越过动物界，在空间和时间里，人类全体是一支庞大的军队，在我们每个人的前后左右纵马奔驰，这个排山倒海的突击能够打倒一切阻拦、扫除诸多障碍，甚至能突破死亡。

像柏格森哲学这样反理智哲学的一个负面影响是，这种哲学靠理智的错误和混乱发展壮大。因此，它更喜欢坏思考而不是好思考——断言一切暂时的困难都不可解决，把一切愚蠢的错误都看成是理智的丧失和直觉的胜利。柏格森著作中有许多暗指数学和科学的话，再粗心的读者都能看出来这些暗指巩固了他的哲学。关于科学，特别是生物学和生理学，我无力批评他的各种解释。但就数学方面，他的解释故意采取了传统谬见，忽略了近八十年来数学家中流行的新式见解。在这个问题上，他其实模仿的是大多数哲学家的做法。18 世纪至 19 世纪初期，微积分学作为一种方法虽然已十分成熟，但它的基础还是靠许多谬误和大量混乱思想支撑着。黑格尔及其门徒就是利用了这些谬误和混乱，企图证明全部数学都是自相矛盾的。因此黑格尔对这些问题的讲法便传入了哲学家的理性思想中。在数学家屏蔽掉哲学家依赖的一切难点后很久，黑格尔的讲法依然存在于哲学家的流行思想里。只要哲学家的主要目的是说明，靠耐心和详细思考什么也学不到，那我们确实可以用"理性"（若我们是黑格尔主义者），或用"直觉"（若我们是柏格森主义者），去崇拜无知者的偏见。而数学家为了除掉黑格尔从中得到好处的那些错误而做的工作，就会被哲学家故意忽略。

除了我们已谈的数学问题，柏格森涉及数学的主要一点是，他否定对世界的"电影式的"描述。数学把变化甚至把连续变化理解为由一连串的状态构成；相反，柏格森主张任何一连串的状态都不能代表连续的东西，事物在变化中根本不处于任何状态。认为变化是由一连串变化中的状态构成的被他称为电影式的；他说，这种见解是理智特有的，但根本是有害的。真变化只能由真绵延来解释；真绵延包含过去和现在的相互渗透，而不是各静止状态的一个数学演替。

柏格森的绵延说与其记忆理论密切相关。按照记忆理论，记住的事物留在记忆中，因此渗透在现在的事物中：过去和现在并非相互外在的，而是在意识的整体中混合起来。他说，构成为存在的是行动；但数学时间只是个被动的容器，它什么也不做，因此什么也不是。他讲，过去即不再行动者，而现在即正在行动者。但在这句话中，其实在他对绵延的全部说法中都一样，柏格森不自觉地假设了普通的数学时间；离了数学时间，他的话没有意义。

柏格森关于绵延和时间的全部理论，从头到尾基于一个基本混淆，即混淆"回忆"这样一个现在事件和所回忆的过去事件。若不是我们非常熟悉时间，那么他企图把过去当作不再活动的东西推出过去，这种做法中包含的恶性循环会立刻一清二楚。实际上，柏格森叙述的是知觉与回忆——二者都是现在的事实——的差异，而他以为自己所叙述的是现在与过去的差异。只要一认识到这种混淆，他的时间论简直就是一个完全可以省略掉时间的理论。

对现在的记忆行为和过去事件记忆的混淆，似乎是柏格森时间论的根源，这是更普遍的混淆的一个例子罢了。要是我没弄错，这个普遍的

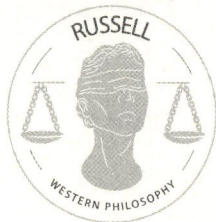

混淆损害了他许多思想，也在实际上损害了大部分近代哲学家的许多思想——我指的是对认识行为与认识到的事物的混淆。在记忆中，认识行为是在现在，而认识到的事物是在过去；因而，二者若混淆起来，过去与现在的区别就模糊了。

所有这些混淆都是因为在最初混淆了主观与客观。主观和客观的混淆并非柏格森特有，而是许多唯心论者和唯物论者共有的。很多唯心论者说的客观其实是主观，很多唯物论者说的主观其实是客观。他们一致认为这两个说法差别很大，但在他们的观点中主观和客观其实没有差别。我们可以承认，在这点上柏格森是有优点的，因为他既乐意把客观和主观同一化，也乐意把主观和客观同一化。只要否定这种同一化，他的整个体系便瓦解了——首先是其空间论和时间论瓦解，其次是偶然性是实在的信念瓦解，然后是他对理智的批判，最后是他对精神和物质关系的解释，全都瓦解了。

当然，柏格森哲学中有很大部分，或许是带给它大部分名气的那部分，本来就不依据论证，所以无法用论证推翻它。他对世界充满了想象的描绘，被看作诗意的作品，基本上既不能被证明也不能被反驳。莎士比亚说生命不过是行走的影子，雪莱说生命像一个多彩的玻璃圆屋顶，柏格森说生命是一颗炮弹，它炸裂成的各部分也是炮弹。若你更喜欢柏格森的比喻，那也完全合理。

柏格森希望这个世界中实现的善是为行动而行动。他把一切纯粹沉思称为"做梦"，且用一连串不客气的形容词，斥责它是静止的、柏拉图式的、数学的、逻辑的、理智的。他告诉那些想要对行动要达到的目的有些预见的人：目的预见到了也没什么新鲜的，因为愿望和记忆一样，也跟它的对象是同一的。因此，在行动上我们注定是本能盲目的奴隶：生命力从后面不休止、不间断地推我们向前。可在此哲学中，不允许我们认识到我们超脱动物生命，把人从禽兽生活中挽救出来的更伟大的目标这样沉思洞察的时刻。那些觉得无目的的活动是充分的善的人，会在柏格森的书里发现对宇宙的描绘令人愉悦。但假如行动要有什么价值，那些行动必须出于某种梦想、出于某种充满想象的预示，预示一个不像我们日常生活的世界那么痛苦、那么不公道、那么充满斗争的世界；总之，那些把行动建立在沉思上的人，在此哲学中找不到丝毫他们寻求的东西，不会因为没有理由认为它正确而感到遗憾。

第二十九章　威廉·詹姆斯

　　威廉·詹姆斯（1842—1910）主要是位心理学家，其哲学重要地位基于以下两点：他创立了他称为"彻底经验论"的学说；他是"实用主义"或"工具主义"理论的三大倡导者之一。他晚年当之无愧成为美国哲学公认的领袖。

　　威廉·詹姆斯的哲学兴趣有两方面：科学的与宗教的。在科学的一面，他对医学的研究使其思想有唯物主义倾向，不过这种倾向被其宗教情绪抑制住了。他的宗教感情是十足新教徒式的，非常有民主精神，非常充满人情的温暖。

　　詹姆斯的彻底经验论，最初发表于1904年的一篇题为《真的存在"意识"吗》的论文中。文章的主要目的是否定主客体关系是根本性的关系。直到当时为止，哲学家一直认为当然存在一种叫"认识的作用"的东西：一个实体即认识者或称主体，意识到另一实体，即被认识的事物或客体。认识者被看作心灵或灵魂；被认识的对象也许是物质对象、永恒本质、另一个心灵，或者在自意识中和认识者同一。在一般公认的哲学思想中，几乎一切都和主体、客体的二元对立密不可分。若不承认主体和客体的区别是根本的区别，那么精神与物质的区别、沉思的理想以及传统的

"真理"概念，一切都需要从根本上重新考虑了。

就我而言，我深信詹姆斯在此问题上是正确的，仅此理由，他就应在哲学家中得到很高的地位。我原不这样认为，后来詹姆斯以及与他意见相同的人使我相信其学说是对的。我们来谈谈他的论证。

他说意识"是一种非实体的名称，无资格在第一原理中占一席之地。那些至今仍坚持它的人，不过是在坚持一个回声，那渐渐消逝的'灵魂'留在哲学空气里依稀可闻的余音"。他继续说，没"什么原始的素材或存在的质料，与构成物质对象、构成我们关于物质对象的思维材料的素材或存在的质料是相对立的"。他解释说他不否认我们的思维执行着一种被叫作"意识到"的认识功能，他否定的是，或许可以粗略地说是——意识是一种"事物"这一见解。他认为"仅有一种原始的素材或材料"，世界的一切都由它构成。他称这种素材为"纯粹经验"。他说，认识作用就是纯粹经验的两个部分之间的一种特别关系。主体客体关系是导出的关系。"我相信经验不具有这种内在的两重性。"经验一个已定的未分割部分，可以在这种关系中是认识者，在另一种关系中是被认识的东西。

他把"纯粹经验"定义为"直接的生命流转，它为我们后来的反省提供材料"。

可见，若把精神和物质的区别看作两类不同的詹姆斯所谓的"素材"之间的区别，上述学说则废除了这一区别。因此，在此问题上同意詹姆斯意见的人倡导他们所说的"中性一元论"，根据该理论，构成世界的材料既不是精神也不是物质，而是先于二者的某种东西。詹姆斯本人并未在其理论中展开这一含义；相反，他使用"纯粹经验"一词，表明了一种或许不自觉的贝克莱派的唯心主义。哲学家常用"经验"一词，但很少给它下定义。我们暂且考虑一下这个词能有什么意义。

常识认为，有许多出现了的事物未被"经验到"，例如发生在月球看不见的背面的事件。贝克莱和黑格尔出于不同的理由，都否定这一点，他们主张凡是未经验到的就没有。现在大多数哲学家都认为他们的论证不正确，我看也是如此。若我们要坚持世界的"素材"是"经验"这样一种观点，就不得不精心编织一些不可信的理由，解释像月球看不见的背面之类的东西。除非我们能够从经验到的事物推出未经验到的事物，不然很难找出理由相信除我们自身外存在的任何事物。詹姆斯确实否定这一点，但其理由却不太有说服力。

我们说的"经验"是什么意思呢？找到答案最好的办法是提问：未被经验到的事件和被经验到的事件有何不同？看见或身体感觉到正在下着的雨是被经验到了，但完全没有生物存在的沙漠中下的雨未被经验到。于是我们得出第一个论点：除非在有生命的地方，否则不存在经验。但经验和生命的范围不同，许多事件发生在我身上，可我没注意，那很难说我经验了这些事件。显然，凡是我记得的事总是我经验到的，但有些我不明确记得的可能形成了至今仍存在的习惯。被烧伤过的小孩怕火，即便他已完全不记得他被烧的那次。我以为一个事件若形成习惯，就可以说它"被经验到"。（记忆即一种习惯。）显然，习惯只在生物身上形成。拨火棍不管如何经常被烧得通红，也不怕火。所以，根据常识上的理由，我们说"经验"和世界的"素材"范围不同。我个人看不出有任何合理的理由在这点上不顾常识。

除了关于这个"经验"的问题，我同意詹姆斯的彻底经验论。

至于他的实用主义和"信仰的意志"，那就不同了。特别是后者，我认为它故意给某些宗教教义进行了貌似正确实则诡辩的辩护，连真诚的教徒都接受不了这种辩护。

《信仰的意志》出版于 1896 年；《实用主义——一些旧思想方法的新名称》出版于 1907 年。后一部书中的学说进一步充实了前书的学说。

《信仰的意志》主张，在没有任何适当理论根据可以下决断的情况下，我们实际上常常不得不做出决断，因为即便什么也不做，也是种决断。詹姆斯说，宗教问题就属于此类；他说虽然"我们纯粹的逻辑理智可能未受到强制"，我们也有权采取一种信仰的态度。这基本是卢梭的萨瓦省牧师的态度，但詹姆斯重新发挥了一下。

他说，求实的道德义务包括两个同等的准则，即"相信真理"和"避开错误"。怀疑主义者错误地只注意第二条，因而他们不相信即使比较粗心的人也会相信的许多真理。若相信真理和避开错误同等重要，那么二选一时，我最好随意相信各种可能性中的一个，因为这样我相信真理的机会均等，如若悬而不决，则毫无机会。

若拿这学说当真，产生的会是一种极古怪的行为准则。假设我在火车上遇见一个陌生人，我心想："他是否名叫埃比尼泽·威尔克斯·史密斯？"若我自认不知道，那么关于此人的姓名我确实没有真信念。反之，我决定相信这就是他的名字，倒有可能抱的是真信念。詹姆斯说，怀疑主义者怕受骗，由于这种恐惧，会丢失重要的真理；他补充说："因为希望而受骗比因为恐惧而受骗糟糕得多，这有何证据呢？"似乎由此可见，假如我几年来一直在希望遇到一个叫埃比尼泽·威尔克斯·史密斯的人，那么在我得到确凿的反证前，与消极求实相对的积极求实就应当促使我相信我遇到的每一个陌生人都叫这名字。

你会说："这个实例很荒诞，你虽不知道那陌生人的名字，你总知道极少数人叫埃比尼泽·威尔克斯·史密斯。所以你在选择自由上，不是那种预先假设的完全无知的状态。"说来奇怪，詹姆斯在其通篇论文中绝口

未提概率，然而关于任何问题，几乎总可发现某种概率上的考虑。姑且承认（尽管正统信徒没一个会承认），没有任何证据支持或反对世界上任何宗教。假设你是中国人，让你接触儒教、佛教和基督教。逻辑规律不许你以为这三者各是真理。现在假设佛教和基督教是真理的可能性均等，那么设已知二者不会都是真理，则其中之一必定是真理，因而儒教必定不是真理。假设三者都有均等的可能性，则每一个不是真理的机会要大于是真理的机会。如此，只要允许我们考虑概率，詹姆斯的原理随即崩塌。

奇怪的是，尽管詹姆斯是位心理学大家，却在这点上异常不成熟。他的语气仿佛唯一的选择只有完全相信或完全不信，不理会重重疑云。譬如说，假设我正从书架上找本书。我心想"书可能在这个架子上"，于是我去瞧；但在我看见这本书前我并不想"书就在这个架子上"。我们习惯根据假设采取行动，但不完全根据我们确定的事物去行动；因为按假设行动时，我们留心新的证据。

照我说，求实的准则不是詹姆斯认为的那种。我认为是："给予任何一个值得考虑的假说，恰恰证据所证明的那种信任度。"而若这假说相当重要，更有进一步探寻其他证据的义务。这是明白的常识，与法庭上的程序一致，但与詹姆斯介绍的程序完全不同。

孤立地考察詹姆斯信仰的意志是不公平的。这是个过渡性的学说，经过一段自然发展，产生了实用主义。詹姆斯著作中出现的实用主义主要是"真理"的一个新定义。还有两位实用主义的倡导者，即弗里德里希·席勒和约翰·杜威博士。下一章中要讨论杜威博士；席勒地位稍逊其他二人。詹姆斯和杜威博士侧重不同。杜威博士的观点是科学的，其论证大部分出自对科学方法的考察；但詹姆斯主要关心宗教和道德。大体上，任何有助于使人道德高尚且幸福的学说，他都乐于提倡；一个学说假若如此，按照他所使用的"真理"一词的意义来说便是"真理"。

据詹姆斯所说，实用主义的原理最初由查尔斯·桑德斯·皮尔斯提出，他主张，在我们关于某个对象的思维中要想做到清晰，只需考察一下这对象可能包含什么想得到的实际效果。为说明这点，詹姆斯说哲学的职能就是弄清若这个或那个世界定则是真理，对你我有何不同。这样，理论成为工具，不是对疑难事物的解答。

詹姆斯讲，观念只要帮助我们同自己的经验中其他部分的关系令人满意，便成为真的："一个观念，只要相信它对我们的生活有好处，便是'真的'。"真是善的一个种，不是单独的范畴。真发生于观念；事件使观念成为真的。依唯理智论者的说法，真观念必须符合实际是对的；但"符合"不是"摹写"的意思。"最广义上所谓'符合'实际，只能指一直被引导到实际，或被引导到实际的周围，或者指与实际发生这样一种实行上的接触：处理实际或处理与实际相关的某种事物，比不符合的情况下要处理得好。"他又说："所谓'真'无非是我们思考方法中的方便手段……就长期和事物整个过程来看。"换句话说："我们追求真理的义务是我们做合算的事这个一般义务的一部分。"

我们来谈詹姆斯的宗教观与过去宗教信徒宗教观的一个根本区别。詹姆斯把宗教当作一种人间现象来关心宗教，对宗教思考的对象没什么兴趣。他想要人幸福，若信仰神能使人幸福，让他们信好了。到此为止，这仅是仁爱，不是哲学。但说到这信仰使人幸福便是"真的"时，就成了哲学。对一个想要崇拜对象的人来说，这令人很不爽——他不想说："如果我信神，我就幸福。"他更愿意说："我信神，所以我幸福。"如果他信神，就如同信罗斯福、丘吉尔或希特勒的存在一样；对他说来，神乃现实存在，不仅是人的一个具有良好效果的观念。具有良好效果的是这种真诚信

仰，而非詹姆斯软弱无力的替代品。显然，我如果说"希特勒存在"，我并没有"相信希特勒存在的效果是好的"这个意思。对虔诚的信徒来说，关于神也是如此。

詹姆斯的学说试图在怀疑主义的基础上建造一个信仰的上层建筑，这和所有类似的企图一样都依赖谬误。对于詹姆斯来说，谬误来自他打算忽视一切超人类的事实。贝克莱派的唯心主义加上怀疑主义，使他以信仰神来代替神，装作这同样行得通。然而这不过是近代大部分哲学所特有的主观主义疯病的一种罢了。

第三十章　约翰·杜威

　　约翰·杜威生于 1859 年[1]，公认是美国现存的首屈一指的哲学家。对此我完全赞同。他不仅对哲学家，而且对研究教育学、美学以及政治理论的学者，都影响深远。杜威品行高洁，思想上自由主义，与人交往时宽厚温暖，工作中兢兢业业。他的很多意见我几乎完全赞同。由于对他的尊敬和敬仰，而且我亲身感受过他的友好善意，我倒真愿和他意见完全一致，但很遗憾，我不得不就其最独特的哲学学说，即以"探究"代替"真理"当作逻辑和认识论的基本概念，表示异议。

　　杜威 1894 年成为芝加哥大学哲学教授时，教育学是其讲授科目之一。他创立了一个进步学派，关于教育学有大量著述。他此时的著述囊括在其《学校与社会》（1899 年）一书中，大家认为这部著作是其所有作品中影响最大的。他一生始终不断在教育学方面坚持写作，数量几乎不亚于哲学方面的。

　　从严格的哲学观点来看，杜威工作的重要性主要在于他对传统"真理"概念的批评，这个批评表现在他称为"工具主义"的理论中。大多数

————————

[1]　1952 年杜威去世，晚于本书写作时间。——译注

职业哲学家所理解的真理是静止而定型的、完善而永恒的；用宗教术语来说，可以把它与神的思维同一化，与我们作为理性生物和神共有的那种思维同一化。真理的完美典型是九九乘法表，它精确可靠，没有任何世俗杂质。自毕达哥拉斯以来，尤其自柏拉图以来，数学历来跟神学联系在一起，深刻影响了大多数职业哲学家的认识论。杜威的兴趣不是数学的而是生物学的，他把思维理解为一种进化过程。当然，传统的看法会承认人所知的逐渐多了起来，但得到每个知识后，他们就把它看成最后确定的东西了。黑格尔确实不这样看待人类的知识。他把人类的知识理解为一个有机整体，所有部分都逐渐成长，在整体达到完善之前，任何部分都不会完善。虽然黑格尔哲学影响过青年时代的杜威，但这种哲学仍有其"绝对"，有其比现世过程实在的永恒世界。杜威思想中不会有这些东西，按杜威的思想，一切实在都有时间性，而所谓过程虽是进化的过程，却不是黑格尔讲的那种永恒理念的展开。

到此为止，我同意杜威的意见。我与他意见一致的地方还不止这些。

杜威并不追求那些绝对"真的"判断，也不把这种判断的矛盾对立面视为绝对"假的"。他认为有一个叫"探究"的过程，这是有机体同它的环境之间的相互调节。显然杜威所理解的探究是使世界更有机化的一般过程的一部分。而一个"统一的整体"应该是探究的结果。杜威喜欢说有机的东西，一部分是由于生物学，一部分是由于黑格尔的影响阴魂不散。但对于杜威来说，凭借探究才能给真理下定义，而不是用真理来定义探究；他赞同并引用了皮尔斯的定义，该定义说：真理就是命中注定的一切进行研究的人最终要同意的意见。

我以为杜威博士的理论不妨叙述如下。有机体与其环境之间的关系有时令有机体满意，有时不满意。当关系不满意时，可以通过相互调节改善局面。当改善局面的种种变化主要在有机体一边（这些变化绝不完全在任何一边），该过程叫探究。例如在战斗中，你主要的目的是改变环境，即对付敌军；但在作战前的侦察期，你主要要做的是使自己一方的兵力适应敌军的部署。这个较早的时期就是"探究"。

在我看来，该理论的难点在于切断了一个信念跟一般来说"证实"了这个信念的那个或那些事实之间的关系。我们继续用将军计划作战这个实例。他的侦察机向他报告敌军的某些准备，他随后做出一些对抗准备。假如事实上敌军采取了他据以行动的报告中所说的行动，依常识就说该报告是"真的"，那么就算将军后来打了败仗，这报告仍是真的。这种见解遭到杜威博士否定。他不把信念分成"真的"和"假的"，但他仍有两类信念：若将军打了胜仗，我们就说信念是"满意的"，打了败仗，就叫"不满意的"。直到战斗发生，他才能知道对他的侦察兵打来的报告该有什么意见。

概括来讲，可以说杜威博士和其他所有人一样，把信念分为两类，一类是好的，另一类是坏的。不过他认为，一个信念可能此一时是好的，彼一时是坏的；不完美的理论比以前的好，却比后来的坏，就是这种情况。一个信念是好是坏，取决于抱有此信念的有机体产生的活动是否具有令该有机体满意或不满意的后果。因而一个有关以往某事件的信念该划为"好的"还是"坏的"，并不根据这事件是否真的发生了，而根据这信念未来的效果。这一来结果便令人费解。假设有人对我说："您今天早晨吃早餐时喝咖啡了吗？"若我是个普通人，就要回想一下。但我若是杜威博士的弟子，我要说："稍等；我得先做两个实验，才能告诉你。"于是我先让自己相信我喝了咖啡，然后观察可能有的后果；然后我让自己相信我没喝咖啡，再观察可能有的后果。于是我比较这两组后果，看哪一组我觉得更满

意。若一方的满意程度较高，我就决定使用那个回答。若两方不相上下，我只得自认我无法回答这个问题。

杜威背离迄今所认为的常识，是由于他拒绝在其形而上学中在"事实"不容改变、无法操纵的意义上承认"事实"。在这点上，也许常识是在变化，也许其观点与常识要变成的情况似乎不矛盾。

我和杜威博士的主要分歧是，他从信念的效果来判断信念，而我则在信念涉及过去的事件时从信念的原因来判断。一个信念若与其原因有某种（有时很复杂的）关系，我认为这样一个信念是"真的"，或尽可能接近是"真的"。杜威博士认为，一个信念若有某种效果，就有"有根据的可断言性"，他用这个代替"真实性"一词。这种意见分歧与世界观的不同有关。我们所做的事不能影响过去，所以，若真实性是由已发生的事决定，真实性和现在或未来的意志都不相干；在逻辑形式上，这代表人力的限度。但若真实性，或者不如说"有根据的可断言性"，依未来而定，那么，就改变未来在我们的能力范围内来说，改变应断言的事便在我们的能力范围内。这增大了人力和自由之感。恺撒是否渡过卢比孔河？我以为根据过去某个事件回答必然是肯定的。杜威博士要靠评估未来事件才决定是肯定或否定的回答；没有理由认为这些未来事件不能凭人力安排一下，让否定的回答令人更满意。若我不喜欢恺撒渡过卢比孔河这个信念，我不必苦闷绝望地坐下；若我本事够大，就能谋划一个让恺撒没有渡过卢比孔河的说法有"有根据的可断言性"的社会环境。

本书始终尽可能把各派哲学与有关的各哲学家的社会环境联系起来。我一直以为，相信人力和不愿承认"不容改变的事实"，同机器生产及我们对自然环境的科学操纵带来的希望分不开。杜威博士的许多支持者也有同感。比如乔治·雷蒙德·盖格在一篇颂扬文章中说杜威博士的方法"会意味着一个思想上的革命，和一个世纪前的工业革命同样是中产阶级特有的，同样不引人注目，但同样令人惊叹"。似乎我以下的话，说得也是这回事："杜威博士观点的与众不同之处在于同工业主义与集体企业的时代相协调。自然，他最能打动美国人，而且几乎同样得到中国和墨西哥等国的进步人士的赏识。"

让我遗憾而惊讶的是，我本以为毫无恶意的这段话，却惹恼了杜威博士，他答道："罗素先生把实用主义的认识论同美国工业主义可憎的各方面联系在一起的这种根深蒂固的习惯……很像是我把他的哲学与英国地主贵族的利益联系起来。"

至于我，我已习惯自己的意见被人解释成我和英国贵族的关系特别；而我也十分愿意认为我和别人的见解一样，都受社会环境的影响。但谈到杜威博士，若我把他受到的社会影响搞错了，我为此感到遗憾。但我发现犯这个错的不止我一人。例如，桑塔亚那说："在杜威的著作中，也正像时下的科学和伦理学中一样，渗透着一种准黑格尔主义倾向，不但把一切实在而现实的事物消融到某种相对且暂时的事物里，而且把个人消融到他的社会功能里。"

我以为杜威博士的世界是人类充满想象力的世界；他当然承认天文学上的宇宙，但大多时候对其置之不理。他的哲学是一种权能哲学，虽不像尼采的个人权能哲学。觉得宝贵的是社会权能。我们对自然力量的新的控制能力，虽然仍受限制，但给很多人造成了深刻印象。我认为，正是这种社会权能使工具主义哲学吸引到了这些人。

人类对待非人类环境的态度，不同时代曾经差别很大。希腊人害怕傲慢，信仰一位甚至高于宙斯的必然之神或命运之神，他们小心避免那种他们觉得会对宇宙傲慢无礼的事情。中世纪时更加恭顺了：对神谦卑是基督

徒的首要义务。独创性被这种态度束缚，伟大的创见几乎不可能。文艺复兴恢复了人类的自尊，但又让自尊达到了导致无政府状态与灾难的程度。文艺复兴的成果大部分被宗教改革运动和反宗教改革运动破坏。近代技术虽不全然适于文艺复兴时期倨傲的个人，却使人类社会的集体能力感复活了。曾经过于谦卑的人类，几乎开始把自己当作神。意大利的实用主义者帕皮尼就极力主张用"效法神"代替"效法基督"[1]。

　　所有的这些事情让我感到一种严重的危险，一种不妨叫作"宇宙式不虔诚"的危险。把"真理"看成主要依赖在人力控制以外的事实的东西，这个真理概念向来是哲学迄今教导谦卑的必要元素。一旦去除这个对傲慢的抑制，在奔向某种疯狂的道路上便更进了一步 —— 这种疯狂就是随着费希特而侵入哲学领域的权能陶醉，这是近代人，无论是不是哲学家都容易陷入的一种陶醉。我认为这种陶醉是当代最大的危险，任何一种哲学，不论多么不经意地助长了这种陶醉，就是在事实上增加社会祸患的危险。

---

[1]　中世纪天主教修道士托马斯·厄·肯培（约 1380—1471）著有《效法基督》。——译注

第三十一章　逻辑分析哲学

　　自毕达哥拉斯时代以来，一直有对立的两派哲学：一派思想主要在数学的启发下产生，另一派则受经验科学的影响比较深。柏拉图、托马斯·阿奎那、斯宾诺莎和康德不妨叫作数学派，德谟克利特、亚里士多德及洛克以来的近代经验学派属于相反一派。后来兴起一个哲学派别，着手消除数学原理中的毕达哥拉斯主义，并把经验主义和注意人类知识中演绎部分结合起来。该学派目标不及过去大多数哲学家的目标恢宏，但它的一些成就却像科学家的成就一样牢靠。

　　上述这派哲学的根源在于数学家取得的成绩，他们着手消除了各种错误主题及不严谨的推理。17世纪的大数学家们都很乐观，急于求得速决的结果；因此，他们听任解析几何与微积分停留在不稳固的基础上。莱布尼茨相信有实际的无穷小，这个信念虽适合其形而上学，但在数学上没有确实根据。19世纪中叶后不久，魏尔施特拉斯指明如何不借助无穷小而建立微积分学，最终使微积分学合乎逻辑。随后格奥尔格·康托尔发展了连续性和无穷数的理论。"连续性"在他定义以前向来是个含混的字眼，方便了黑格尔等想把形而上学的混乱引入数学的哲学家。康托尔赋予该词一个精确的含义，并说明他定义的那种连续性正是数学家和物理学家需要

的概念。通过这种手段，大量的神秘幻想，例如柏格森的神秘幻想，显得陈旧过时了。

格奥尔格·康托尔把"无穷"集团定义成一个其各部分和整个集团包含着一样多项的集团。在此基础上，他得以建立起一种很有意思的无穷数的数学理论，从而把以前专用于神秘幻想和混乱状态的整个领域纳入严密逻辑的范围。

下一位重要人物是弗雷格，他1884年发表其"数"的定义；他的各种发现是划时代的，但直到1903年我唤起大家对他的注意前，他始终完全未得到认可。值得注意的是，在弗雷格之前，大家提出的一切数的定义都有基本逻辑错误。通常把"数"和"多元"当成一回事。但"数"的具体实例是一个特指的数，比如3，而3的具体实例则是一个特指的三元组。三元组是一个多元，但一切三元组构成的类——弗雷格认为那就是3这个数本身——是由一些多元组成的一个多元，而以3为其一实例的一般的数，则是由一些多元组成的一些多元所组成的一个多元。由于把这个多元与一个已知的三元组的简单多元混淆，犯了基本的语法错误，使弗雷格以前关于数的全部哲学变成了废话，是最严格意义上的"废话"。

由弗雷格的工作可推断出，算术及一般纯数学无非是演绎逻辑的延长。这证明康德认为的算术命题是"综合的"、包含时间关系的理论是错的。我与老师怀特海合著的《数学原理》中详细讲述了如何从逻辑开展纯数学。

有一点已逐渐清楚：哲学中有一大部分能简化成某种可称作"句法"的东西，不过句法这个词得按照比迄今习惯意义更广的意思来使用。有些人，特别是卡尔纳普，曾提出一个理论：一切哲学问题实际都是句法问题，只要避开句法上的错误，一个哲学问题要么因此便解决了，要么证明无解。我认为这言过其实，但无疑哲学句法在传统问题方面的用处非常大。

我想简单解释一下所谓摹状词理论，来说明哲学句法的用处。我所说的"摹状词"是指像"美国现任总统"一类的短语，不用名字来指明一个人或一件东西，而用某种假设或已知他或它特有的性质。这样的短语造成了很多麻烦。假设我说"金山不存在"，再假设你问"不存在的是什么？"如果我说"是金山"，那么就仿佛我把某种存在加给了金山。显然，我说这话和说"圆正方形不存在"是不一样的陈述。这似乎意味着金山是一种东西，圆正方形是另一种东西，尽管二者都不存在。摹状词理论就是用来应付这个以及其他难题。

根据这一理论，若正确分析一个含有"如此这般者"（the so-and-so）形式的短语的陈述，短语"如此这般者"便没有了。以"司各特是《威弗莱》的作者"这个陈述为例。摹状词理论把它解释为："有且只有一个人写了《威弗莱》，那个人是司各特。"或者，说得更完全一些是："有一个实体 c，若使得 x 是 c，'x 写了《威弗莱》'这个陈述便是真的，否则它是假的；而且 c 是司各特。"

这句话的前一部分，即"而且"之前的部分，定义为"《威弗莱》的作者存在（或曾存在，或将存在）。"因而，"金山不存在"的意思是："没有一个实体 c，使得当 x 是 c 时，'x 是金的而且是多山的'是真的，否则就不是真的。"

有了这个定义，关于说"金山不存在"是指什么意思的难题就没有了。

根据这一理论，"存在"只能用来给摹状词下断言。我们能说"《威弗莱》的作者存在"，但说"司各特存在"不合语法，更确切地讲，不合

句法。这澄清了从柏拉图的《泰阿泰德篇》开始的，长达两千年的关于"存在"的思想混乱。

以上推论的结果是，否定了自毕达哥拉斯和柏拉图以来数学一直占据的崇高地位，并打破了从数学得来的那种反经验主义的假想。的确，数学知识不是由经验归纳获得，我们相信 2 加 2 等于 4，并不在于根据观察我们常常发现两件东西跟另外两件东西合在一起是四件东西。在此意义上，数学知识依然不是经验的知识，但也不是关于世界的先验知识。这种知识其实只是语言上的知识。"3"的意思是"2 + 1"，"4"的意思是"3 + 1"。由此可见（虽然证明起来很长）"4"和"2 + 2"是一个意思。因而数学知识不再神秘。它和一码有三英尺这个"绝对真理"的性质完全相同。

不仅纯数学，物理学也为逻辑分析哲学提供了材料；尤其是通过相对论和量子力学。

相对论对哲学家的重要意义在于以时空替代空间和时间。常识认为物理世界是由一些在某一段时间内持续且在空间中运动的"东西"组成。哲学和物理学把"东西"的概念发展成"物质实体"概念，并把物质实体看作由一些粒子构成，每个粒子都非常小且永远存在。爱因斯坦以事素（events）代替粒子；事素与事素之间有种叫"间隔"的关系，可以按不同方式把这种关系分解成一个时间因素和一个空间因素。这些不同方式的选择是任意的，其中哪一种方式在理论上也不比其他任何方式更为可取。假设在不同的区域内已知两个事素 A 和 B，那么有可能按照一种约定，两者是同时的，按照另一种约定，A 比 B 早，再按照另一种约定，B 比 A 早。没有任何物理事实和这些不同的约定相当。

从这一切似乎可以推断，事素而非粒子应是物理学的"素材"。以往我们认为的粒子，将不得不被认为是一系列事素。代替粒子的这种事素系列具有某些重要的物理性质，因此值得我们注意；但它并不比我们可能任意选出的其他任何事素系列具有更多的实体性。因而"物质"不是世界基本材料的一部分，只是把种种事素集合在一起的一个便利方式。

量子论巩固了这一结论，但量子论哲学上的重要意义主要在于把物理现象看成可能是不连续的。量子论指出，在一个原子内（如上面解释的那种），某种事态持续一段时间，然后突然换成一种有限不同的事态。过去一直认为的运动连续性，似乎一直只是偏见。但量子论特有的哲学尚未充分发展起来。我想量子论会比相对论更彻底地推翻传统的空间与时间学说。

物理学一直在减弱物质的物质性，而心理学则一直在减弱精神的精神性。我们前面有一章比较了观念联合与条件反射。后者已代替前者，更具生理学色彩了。（这只是其中一个例子，我不想夸大条件反射的范围。）因此物理学和心理学一直在从两端彼此靠近，这让威廉·詹姆斯对"意识"的批判中所暗示的"中性一元论"之说更有可能成立。精神与物质的区别从宗教转到哲学中，尽管在过去很长一段时间这种区别似乎有某种确定的理由。我以为精神和物质都仅是给事素分组的便捷方式。我要承认，有些单独的事素只属于物质组，但另外一些事素同属于两组——既是精神的，又是物质的。这个学说让我们对世界构造的描绘极大地简化了。

近代物理学和生理学提出了有助于说明知觉这个古老问题的新证据。若有可以称作"知觉"的东西，知觉在某种程度上必是所知觉的对象的效果，且知觉若有可能是关于对象的知识的来源，必或多或少与对象相似。只有存在着与世界其余部分多少有些无关的因果链，头一个必要条件才能得到满足。根据物理学，就是这样的。光波从太阳到地球上，遵守光

波定律。这话只是大致正确。爱因斯坦已证明光线受重力影响。当光线到达大气层时受到折射，有些光线比其他光线分散得更厉害。当光线到达人眼时，发生了在别处不会发生的各种事情，结果就是我们所说的"看见太阳"。但我们视觉经验中的太阳虽和天文学家的太阳很不一样，却仍是后者的一个知识来源，因为"看见太阳"与"看见月亮"的不同，与天文学家的太阳和天文学家的月亮的不同有因果关系。可是，我们能这样认识的物理对象，只是某些抽象的结构性质。我们能够知道太阳某种意义上是圆的，虽然不完全按我们所看见的情况是圆的这种意义来说的；但我们没有理由假设太阳是亮的或暖的，因为即便不假设它如此，物理学也能说明它为何如此。所以，我们关于物理世界的知识只是抽象的数学知识。

以上是我对现代分析经验主义的概述；它与洛克、贝克莱和休谟的经验主义不同在于，它结合了数学，并发展出了一种有用的逻辑技术。这样对某些问题就能得出与其说是哲学的，不如说是科学的明确答案。现代分析经验主义和各大体系缔造者们的哲学派别相比，优势是能逐一处理问题，而不必一举创造关于宇宙的一整套理论。在这一点上，它的方法与科学方法相似。我毫不怀疑，只要有哲学知识，就得靠这种方法来探求；我也毫不怀疑，许多古老的问题完全可以借这种方法解决。

不过仍有一个传统上包括在哲学内的广阔领域不适用科学方法。这个领域包括种种关于价值的根本问题。例如，仅凭科学，我们无非证明以施虐为乐是坏事。凡是能够知道的，都能通过科学知道；但那些理应算是情感问题的事情则在科学范畴之外了。

整个哲学的历史一直由不调和地混合在一起的两部分构成：一部分是关于世界本质的理论；另一部分是关于最佳生活方式的伦理学或政治学。没有足够清楚地分开两部分一直是大量混乱想法的一个根源。从柏拉图到威廉·詹姆斯，哲学家自己关于宇宙构成的见解都受到对道德教化的渴望的影响：他们自以为知道哪些信念会使人有道德，于是编造了一些往往非常诡辩的论证，以证明这些信念是真的。而我基于道德和理智原因，谴责这类偏见。从道德上讲，一个哲学家除了无私地探索真理外，若利用其专业能力做其他任何事情，都是失节。若他在研究前，先假设某些信念不论真假，总归是促进良好行为的信念，他就限制了哲学思辨的范围，就会使哲学变得琐碎；真正的哲学家准备审视一切先入之见。若有意无意地给追求真理加上任何限制，哲学会被吓瘫，会为政府惩罚表达"危险思想"的人的审查制度铺平道路 —— 而事实上，哲学家已经给自己的研究工作加上了这样的审查。

从理智上讲，错误的道德因素对哲学的影响一直极大妨碍了进步。我个人不相信哲学能证明宗教教条是不是真理，但自柏拉图以来，大多数哲学家都把提出关于永生和神存在的证明看成自己任务的一部分。他们批评前人的证明 —— 圣托马斯否定圣安瑟伦的证明，康德否定笛卡尔的证明 —— 但他们都提出了新的证明。为了使自己的论证显得有根据，他们曲解逻辑，把数学神秘化，并把一些根深蒂固的偏见装作是天赐直觉。

这一切遭到了那些把逻辑分析当作哲学主要任务的哲学家否定。他们坦承，人的理智无法为许多对人类极为重要的问题找出最终答案，但他们不肯相信有某种"高级的"认识方法，使我们能够发现科学和理智所见不到的真理。因为否认这点，他们得到的回报是发现可以精确地解答许多从前被形而上学迷雾所蒙蔽的问题，而且是靠除求知欲外与哲学家个人气质毫无关系的客观方法来解答的。以这样一些问题为例：数是什么？空间和时间是什么？精神是什么，物质又是什么？我不是说我们在此时此地能给所有这些古老问题以确切的答案，但我确实说了已经发现了一个像在科学

里那样能逐步逼近真理的方法，其中每一个新阶段都是改良而非否定以前的阶段。

在混乱繁杂的各种对立的狂热见解中，在少数起统一作用的力量里，有一个是科学的实事求是；我所说的科学的实事求是，是指把我们的信念建立在人类有可能做到的——不带个人色彩、抛弃地域性及气质性偏见的——观察和推论上的习惯。我所属的哲学派别的主要功绩在于一贯坚持把这种美德引入哲学，创立一种能使哲学产出丰富成果的有效方法。在实践这种哲学方法中，我们养成的细心求实的习惯，可以推广到人类活动的全部领域；在凡有这种习惯存在的地方，狂热减弱，而同情与相互了解的能力随之增强。哲学可以摒弃一部分武断与做作，但仍旧能启发一种生活方式。

人的一生就应该像一条河，开始是涓涓细流，被狭窄的河岸所束缚，然后，它激烈地奔过巨石，冲越瀑布。渐渐地，河流变宽了，两边的堤岸也远去，河水流动得更加平静。最后，它自然地融入了大海，并毫无痛苦地消失了自我。

——罗素

图书在版编目（ＣＩＰ）数据

西方哲学史 /（英）罗素著；毛婷，易乐湘译著
. -- 南京：江苏人民出版社，2023.8
ISBN 978-7-214-28157-9

Ⅰ.①西… Ⅱ.①罗… ②毛… ③易… Ⅲ.①西方哲
学—哲学史 Ⅳ.① B5

中国国家版本馆 CIP 数据核字（2023）第 102113 号

书　　　　名　西方哲学史
著　　　　者　[英]罗　素
译　　　　者　毛　婷　易乐湘
责 任 编 辑　张延安
封 面 设 计　木　春
版 式 设 计　夏　天
出 版 发 行　江苏人民出版社
地　　　　址　南京市湖南路 1 号 A 楼，邮编：210009
印　　　　刷　天津光之彩印刷有限公司
开　　　　本　710 毫米 ×1000 毫米　1/16
印　　　　张　40
字　　　　数　492 千字
版　　　　次　2023 年 8 月第 1 版
印　　　　次　2023 年 8 月第 1 次印刷
标 准 书 号　ISBN 978-7-214-28157-9
定　　　　价　128.00 元

（江苏人民出版社图书凡印装错误可向承印厂调换）